FRANÇOISE HARDY

DU MÊME AUTEUR
CHEZ LE MÊME ÉDITEUR

Patrick Bruel au fil des mots, abécédaire illustré, L'Archipel, 2022
Julien Doré, à fleur de pop, L'Archipel, 2021.
Serge Lama, la rage de vivre, L'Archipel, 2021.
Jacques Dutronc, l'insolent, L'Archipel, 2021.
Patrick Bruel, des refrains à notre histoire, L'Archipel, 2019.
Johnny immortel, L'Archipel, 2017.
Jane Birkin, la vie ne vaut d'être vécue sans amour, L'Archipel, 2016.
Johnny, la vie en rock, L'Archipel, 2014, édition augmentée 2015.
Johnny live, L'Archipel, 2012.

CHEZ D'AUTRES ÉDITEURS

Johnny Hallyday, femmes et influence, Mareuil, 2020.
Sophie Marceau, en toute liberté, Mareuil, 2019.
Sheila, une histoire d'amour, City, 2018.
Michel Sardou, sur des airs populaires, City, 2018.
Jean-Jacques Goldman, vivre sa vie, City, 2017.
Julien Doré, løve-trotter, Didier Carpentier, 2015.
Sardou, vox populi, Didier Carpentier, 2013.
Sheila, star française, Didier Carpentier, 2012.
Juliette Binoche, instants de grâce, Grimal, 2011.
Sophie Marceau, la belle échappée, Didier Carpentier, 2010, édition augmentée 2015.
Les Années 60, rêves et révolutions, Didier Carpentier, 2009.
Le Chemin d'enfance, Éditions GabriAndre, 2009, prix Vallée-Livres.
Édith Piaf, le temps d'illuminer, Didier Carpentier, 2008.
Sylvie Vartan, jour après jour, Didier Carpentier, 2008.
Sheila, biographie d'une idole, Tournon, 2007.
Johnny Hallyday, l'éphéméride, Tournon, 2006.

FRÉDÉRIC QUINONERO

FRANÇOISE HARDY

Un long chant d'amour

Nouvelle édition

l'Archipel

Notre catalogue est consultable à l'adresse suivante :
www.editionsarchipel.com

Contact : serviceclients@lisez.com

Éditions de l'Archipel
92, avenue de France
75013 Paris

ISBN 978-2-8098-4720-8

« Je crains toujours, – ce qu'est d'attendre !
Quelque fuite atroce de vous. »

Paul Verlaine, « Spleen »,
Romances sans paroles, 1874.

« Les plus désespérés sont les chants les plus beaux
Et j'en sais d'immortels qui sont de purs sanglots. »

Alfred de Musset,
La Nuit de mai, 1835.

AVANT-PROPOS

En 2015, lorsque je m'attelle à l'écriture de ce livre biographique consacré à Françoise Hardy, je le fais sans elle. Par la force des choses. On m'a donné une adresse mail qui n'est plus valide, alors je lui écris une longue lettre, confiée à son éditeur littéraire, qui ne lui sera pas transmise. Elle me dira plus tard, lorsque je lui en ferai parvenir copie : « Vous pensez bien que si j'avais reçu une telle lettre j'y aurais répondu ! » Et on pouvait la croire sur parole, car elle était d'une rare franchise, décapante à bien des égards... À la lecture des premières pages de mon livre, elle dira à un ami commun avoir trouvé cela « bien écrit en ce qui concerne la forme et très juste pour le fond », ce qui venant de sa part me paraît le plus bel éloge que je puisse espérer.

Puis, un jour, dans ma voiture, j'entends une chanson, « La Rose et l'Armure » d'Antoine Élie, dont la douce mélancolie m'évoque spontanément l'univers de Françoise Hardy. Comme je ne cesse de l'écouter et de penser à elle, je finis par lui envoyer un mail (entre-temps je me suis procuré la bonne adresse) pour le lui dire – je partage avec elle cette manie, qui peut se révéler insupportable pour l'entourage, d'écouter de façon obsessionnelle une chanson « coup de cœur » ou de visionner dix fois le même film ! Elle répond dans la minute qui suit, estomaquée que je puisse écouter en boucle la même chanson qu'elle, et surtout que j'aie pu le pressentir. Elle parlera plus tard de cet engouement pour la chanson d'Antoine Élie, notamment dans son dernier livre[1] mais à l'époque je n'en sais rien. Un signe ? Notre dialogue par mail commence là.

Régulièrement, mais pas trop souvent car je la sais malade et n'ose pas l'importuner, je lui envoie des petits mots auxquels systématiquement elle donne suite. Je me sens privilégié mais, pour elle, cela semble naturel. Nous parlons chanson, bien sûr, de sa carrière à elle mais aussi d'artistes de la nouvelle génération qui trouvent grâce à ses yeux. En période électorale, elle cherchera – en vain – à me convaincre de voter pour son candidat. « Dites-moi ce que vous lui reprochez, m'écrit-elle, et je vous dirai pourquoi vous vous trompez sur son compte ». Mais elle finira par me cataloguer au rayon des idéologues invétérés.

Bien sûr, je la sollicite au moment où j'écris ma biographie de Jacques Dutronc[2] et elle accepte bien volontiers de répondre à mes questions. Je lui en envoie vingt-cinq, lui demandant de choisir celles qu'elle juge les plus pertinentes. Elle répond longuement à toutes. Me le fait remarquer : « Vous m'avez épuisée avec vos questions ! » Son implacable sincérité. Comme le jour de son anniversaire où, pour marquer le coup sans vraiment le lui souhaiter (elle ne supportait plus depuis longtemps qu'on le fasse), je lui envoie une vieille photo de Jacques et d'elle, trinquant au champagne et riant aux éclats, et où elle réplique tout à trac : « Quelle photo hideuse ! Mais merci quand même. » Françoise, telle qu'en elle-même… Nos échanges vont me manquer.

1. *Chansons sur toi et nous*, Les Équateurs, 2021.
2. *Jacques Dutronc, l'insolent*, L'Archipel, 2021.

PROLOGUE

« CE QU'IL FAUT DE MALHEUR POUR LA MOINDRE CHANSON… »

« … Ce qu'il faut de regrets pour payer un frisson
Ce qu'il faut de sanglots pour un air de guitare
Il n'y a pas d'amour heureux[1] »

« L'amour fou a inspiré toutes mes chansons[2] », observait Françoise Hardy en 2012, alors qu'elle publiait à un mois d'intervalle un livre, somme de notes écrites pendant trente ans, et un album de chansons qui portaient tous deux ce titre déjà utilisé au début du XXe siècle par André Breton dans un recueil surréaliste qu'elle qualifiait, avec sa franchise décapante, d'illisible et qui ne l'avait donc pas inspirée. Cette double actualité coïncidait avec le cinquantième anniversaire de ses débuts. En octobre 1962, elle apparaissait à l'écran sanglée dans un ciré noir, évoluant telle une âme en peine parmi les réverbères d'un

1. « Il n'y a pas d'amour heureux ». Poème de Louis Aragon écrit en 1943 et publié dans *La Diane française* en 1946, mis en musique et interprété par Georges Brassens en 1953. Françoise Hardy l'enregistrera en 1967.
2. *Le Progrès*, 25 novembre 2012.

décor de télévision, et « tous les garçons et les filles » de son âge tombaient en pâmoison pour elle, alors qu'elle se plaignait de ce que personne ne l'aimait. De la presque adolescente à la femme arrivée au crépuscule de sa vie, elle n'avait cessé de raconter son mal-être amoureux et de partager ses secrets intimes. Par l'écriture et le chant, elle avait cherché inlassablement à élucider le mystère de la relation entre un homme et une femme à travers le prisme de son vécu. Avec une impudeur élégante, une grâce exigeante. Construisant une œuvre cohérente, mêlant l'intime à l'universel. Entre mélopées délicates et rythmiques pop. Jusqu'au bout, la difficulté d'aimer a été sa thématique de prédilection, inépuisable.

« Être amoureuse, c'est être malheureuse », affirmait déjà Françoise Hardy à vingt et un ans, persuadée néanmoins que « le bonheur c'est le cœur qui bat, la tête qui éclate, la gorge sèche. C'est fou ou ça n'est pas[1] ». Elle voulait chanter d'abord pour l'être aimé et avoir « besoin d'aimer pour chanter[2] ». Se vantait d'être fidèle, mais se plaignait d'aimer « à sens unique », parce que toujours attirée par « des garçons qui ne pensent qu'à eux… très égocentriques… Vous voyez ? Je n'y peux rien, je ne cherche plus à comprendre[3] »… Mais si ! Elle a passé sa vie à chercher des réponses à ses questions…

Les derniers temps, elle persistait à se qualifier de midinette, à reconnaître que l'amour avait toujours été son moteur, son énergie créatrice. « Sinon, je n'aurais jamais fait de chansons. J'ai été amoureuse toute ma vie. De l'enfant de chœur quand j'étais petite, de personnages de BD plus tard. C'est vraiment virtuel, mais le virtuel, c'est mon fort aussi. […]. Le fantasme est de l'ordre du rêve, il en faut pour idéaliser, pour sortir de la vraie vie. Cela a toujours été une constante pour moi. »

---

1. *Elle*, n° 997, 27 janvier 1965.
2. *Lui*, n° 36, décembre 1966.
3. *20 ans*, n° 57, février 1967.

1944-1962

« ME SORTIR UN JOUR DE L'ENFANCE »

« Je restais seule dans ma chambre
Rêvant de celui qui viendrait
Me sortir un jour de l'enfance
Et avec qui je partirais[1]... »

La clinique Marie-Louise est nichée dans une voie privée entre la rue des Martyrs et la rue Victor-Massé, au numéro 3 de la cité Malesherbes, dans le IXe arrondissement de Paris. Bernard Buffet, Jean-Max Rivière et Jean-Philippe Smet, futur Johnny Hallyday, y ont vu le jour. Françoise Madeleine Hardy, qui croisera plus tard leur route, y naît le 17 janvier 1944, un lundi, à 21 h 23.

Ce jour-là, un convoi de déportés (près de deux mille hommes, la plupart arrêtés pour faits de résistance) part de Compiègne en direction du camp de concentration de Buchenwald. La déportation de masse s'accélère, dans le cadre de la « solution finale de la question juive », programmée par

1. « Première Rencontre », 1973. Paroles et musique de Michel Berger. © WEA-Filipacchi Music.

Adolf Hitler. Trois jours plus tard, le soixante-sixième convoi des juifs de France quitte le camp de Drancy pour Auschwitz, d'où peu de déportés reviendront. Cependant, on s'accorde à croire à la libération prochaine, l'un des souhaits formulés le 1er janvier précédent sur Radio Londres par Pierre Dac, l'une des voix de la France libre. La guerre n'a que trop duré. Le pays n'en peut plus de l'oppression allemande. Le vent de l'Histoire s'apprête à tourner. Les bombardements s'intensifient tout au long de l'année, laissant augurer le débarquement prochain des Alliés. Dans cette perspective et dans le but de ralentir l'ennemi, la Résistance s'applique à saboter différents points stratégiques : dépôts, gares, usines. Côté allemand, les troupes ont pour mission de bombarder Paris. Les alertes croissent en nombre, invitant la population à se réfugier dans les caves, les escaliers d'immeuble, les stations de métro. Le premier cri de Françoise Hardy se perd dans le signal sonore de l'une d'elles.

Le général de Gaulle, qui n'a eu de cesse qu'il n'ait rassemblé à distance les énergies de la France combattante, incarne la souveraineté nationale. En pénétrant dans l'intimité des foyers par l'écoute clandestine de la radio de Londres, sa voix est devenue familière et porteuse d'espoir. Pour beaucoup, il incarne l'homme providentiel, le « sauveur ».

« C'est ton enfance/Qui se promène à cloche-pied/Dans ta mémoire...

Ta mère était
Partie souvent
Pas de chance
C'est ton enfance
Qui te réveille
Quelquefois[1]... »

1. « Ton enfance », 1977. Paroles de Pierre Grosz, musique d'Alain Goldstein. © EMI Music Publishing France.

Dans les années 1940 et 1950, on ne reconnaît à la Française que le triple rôle d'épouse, de mère et de ménagère. De cet archétype, Madeleine Hardy se démarque par son statut de fille-mère, comme il est alors coutume de désigner les mères célibataires. Un statut marginal, réprouvé par la morale. Pour Madeleine, il ne s'agit pas d'un accident. À une époque où les femmes n'ont pas le droit de travailler ou d'ouvrir un compte sans l'autorisation de leur mari[1], Madeleine Hardy entend disposer de son indépendance. Le hasard se conforme à son désir : séduite par un homme marié qui l'aborde dans la rue et tombe amoureux d'elle, elle s'engage dans une relation que la différence d'âge – elle a vingt-trois ans, il en a quarante-trois – et de milieu social condamne à la clandestinité. Lui est fasciné par sa beauté altière ; elle, par le milieu d'où il vient.

Madeleine, qui met un terme à une première grossesse dans cette période où les avortements se pratiquent de manière illicite, éprouve bientôt un désir d'enfant. Elle le conçoit un jour d'avril 1943 dans une étreinte amoureuse, en accord avec son partenaire, tous deux assumant les conséquences en parfaite connaissance de cause. La situation de famille du père l'empêche de reconnaître l'enfant. Une seconde fille, Michèle, naît dix-huit mois plus tard, qu'il ne reconnaît pas non plus. Longtemps après, peu avant sa mort et à la demande insistante de Madeleine, il légitimera ses deux filles afin qu'elles puissent bénéficier de son héritage. Pour l'heure, il consent à subvenir aux besoins de sa progéniture illégitime. Mais l'engagement n'est pas longtemps suivi d'effet, à cause d'une propension marquée à l'avarice.

---

1. Le régime matrimonial de 1804 n'a été réformé que le 13 juillet 1965, date à laquelle la femme peut enfin gérer ses biens, ouvrir un compte en banque, exercer une profession sans l'autorisation de son mari (source : Vie-publique.fr).

« Ma mère a choisi d'avoir des enfants sans père, parce que mon père était marié, donc elle savait qu'elle n'avait rien à espérer de ce côté-là. En même temps, mon père était d'un milieu beaucoup plus riche que le sien, et elle pensait qu'il allait pouvoir l'aider financièrement, puis qu'il serait un bon père, ce qu'il n'a pas été[1] », résume Françoise Hardy.

Cet homme, Étienne Dillard, est le neuvième de dix enfants, trois filles et sept garçons, tous nés à Blois dans la maison familiale, l'ancien hôtel d'Épernon et d'Amboise, place du Château[2]. Son père, Adrien Dillard, issu de la haute bourgeoisie catholique normande, s'y installa avec son épouse en 1860 pour y tenir commerce de rouennerie en gros (variétés de toiles et lainages en provenance de la région de Rouen). L'une des sœurs fut religieuse, une autre épousa un architecte de Dieppe. Six des garçons furent mobilisés lors de la Grande Guerre et décorés de la croix de l'ordre de la Légion d'honneur (l'un, Pierre, lieutenant de vaisseau, fut tué sous le feu ennemi en 1915). Scolarisés à Notre-Dame-des-Aydes, premier établissement privé blésois qui accueillit sur ses bancs le père de François Mitterrand, ils firent tous une brillante carrière : médecin, contre-amiral, éditeur, commerçant. Victor, prêtre-ouvrier de la Compagnie de Jésus, est demeuré célèbre pour son engagement comme aumônier clandestin et travailleur volontaire auprès des travailleurs français du STO (Service du travail obligatoire) en Allemagne pendant la Seconde Guerre mondiale : dénoncé comme religieux catholique, il

1. Série de onze entretiens pour la RTS (Radio télévision suisse) à l'occasion des soixante-dix ans de la chanteuse, 17 janvier 2014.
2. Bâti au XVIe siècle, l'édifice fut détruit pendant la Seconde Guerre mondiale. En juin 1940, les bombardements de Blois par l'aviation allemande déclenchèrent de nombreux incendies qui s'étendirent aux contreforts du château. Les autorités allemandes décidèrent alors de détruire les deux hôtels, en les dynamitant, afin de stopper la propagation du feu et protéger ainsi le château (*cf. La Nouvelle République*, 25 novembre 2011).

fut emprisonné à Wuppertal, puis déporté à Dachau où il mourut en janvier 1945. Une fondation d'enseignement catholique et une rue portent son nom à Blois, ainsi qu'une place à Wuppertal[1].

Mobilisé au quatrième bataillon de chasseurs à pied en août 1918, Étienne Dillard suivit après la guerre un honorable cursus universitaire en droit et devint dépositaire des premières machines à écrire Remington[2]. Lorsqu'il rencontre Madeleine Hardy à Paris, il dirige la papeterie de la rue Saint-Lazare dont Françoise gardera des rares moments passés à l'intérieur en sa compagnie un souvenir impérissable.

Élevée dans un milieu plus modeste d'employés de banque, Madeleine est la benjamine des trois filles de Jeanne Milot et d'Alexandre Hardy, qui résident dans un petit pavillon au 5 rue du Tilleul à Aulnay-sous-Bois, devenue « ville-champignon » pendant l'entre-deux-guerres en raison de l'essor de la population constituée de classes moyennes et populaires. L'aînée des sœurs, Suzanne, se mettra en ménage avec un ouvrier en usine et élèvera neuf enfants. Artiste peintre et militante communiste, Marie-Louise, la cadette, vendra *L'Humanité* à la criée le dimanche matin, au grand dam d'une famille d'obédience gaulliste, attachée aux valeurs chrétiennes.

« Beaucoup de gens de ma génération, qui sortent du petit peuple et pas de la bourgeoisie – ce qui est mon cas –, ont grandi dans des familles qui votaient à droite, déclare Françoise Hardy. Chez moi, on était gaulliste. J'ai gardé cette sensibilité. Je n'apprécie pas tout ce qui se dit ou se fait à droite, et je ne dénigre pas tout ce qui se fait ou se dit à

1. Les éditions Socéval ont publié en 2005 un livre biographique, écrit par Philippe Verrier, curé de Chambord, et préfacé par l'évêque de Blois : *Le Père Victor Dillard, jésuite, Blois 25 décembre 1897-Dachau 12 janvier 1945 : l'un des cinquante.*

2. *Cf.* Notes de guerre de Michel Dillard, rapportées par son petit-fils Jérôme Dillard et *La Nouvelle République*, 15 juillet 2009.

gauche. À vrai dire, fondamentalement, je suis plutôt centriste[1]. » Au sortir de la guerre et jusqu'aux événements de 1968, gaullistes et communistes constituent les deux piliers antagonistes de la politique française. « Les communistes, je ne les aime pas », lance *ex abrupto* Françoise Hardy dans l'une de ses premières interviews de vedette. À l'écrivain François Nourissier qui lui demande si elle en connaît, elle répond par l'affirmative en évoquant sa tante. « Ils sont butés, argumente-t-elle. On ne peut pas discuter. Et puis, ça ou autre chose... Déjà, s'engager dans un parti, c'est idiot. S'ils se sont embrigadés, c'est qu'ils sont un peu idiots, non[2] ? » Le temps affinera son jugement sur la noblesse de l'engagement politique, en particulier à l'égard de cette tante dont l'abnégation et le courage, malgré une santé fragile marquée par la tuberculose, lui inspireront plus d'estime qu'elle n'en éprouvera pour ses grands-parents, catholiques fervents : « Contrairement à eux, ma tante donnait de sa personne, laissant son argent au Parti quand elle en avait, autrement dit mettait en pratique les généreux idéaux communistes, si proches au fond des idéaux chrétiens. Crachant le sang mais dans le sacrifice permanent d'elle-même au détriment de sa santé, elle aura été une sorte de sainte, comme on en trouve parfois dans les rangs communistes ou chrétiens[3]. »

Dès qu'elle décroche son brevet des écoles, Madeleine Hardy s'en va vivre à Paris. Opposée à la bien-pensance familiale par son choix de vie hors norme, elle travaille comme aide-comptable à mi-temps et vit en vase clos avec ses deux filles dans un deux-pièces-cuisine au quatrième étage, porte gauche, du 24 de la rue d'Aumale, à quelques enjambées de la place Saint-Georges. Les fenêtres de l'appartement donnent sur une courette surplombée d'un mur

1. *Télérama*, n° 3277, 31 octobre 2012.
2. *Vogue France*, septembre 1963.
3. Françoise Hardy, *Avis non autorisés...*, Éditions des Équateurs, 2015.

qui obstrue le passage de la lumière. Françoise partage sa chambre avec sa sœur, tandis que leur mère occupe l'autre pièce, laquelle se convertit en salle à manger une fois l'an, à l'occasion du déjeuner de Noël et de la venue exceptionnelle des grands-parents. Le père est supposé payer le loyer de l'appartement, mais n'y vient pas. « Ma mère n'a jamais pu passer une seule nuit avec un homme[1] », témoigne Françoise Hardy. Une fois, pendant l'Occupation, Étienne est venu demander l'hospitalité à Madeleine qui l'a renvoyé malgré le couvre-feu. Leur relation amoureuse prend fin alors que Françoise n'a que trois ans. Jusqu'à l'âge adulte, les deux sœurs croient leurs parents divorcés, une situation déjà déshonorante pour l'époque. Leur scolarité à l'Institution La Bruyère, sous la tutelle des sœurs trinitaires, n'arrange pas les choses – c'est leur père qui a voulu pour elles ce type d'enseignement, afin de perpétuer un certain niveau d'éducation familiale. L'écart d'origine sociale induit des différences visibles, dans l'habillement et le comportement, et l'enfant isolée par cette distance de classe et les regards méprisants de ses camarades vit dans un état permanent de honte et d'humiliation. Ses vêtements « faits main » par sa grand-mère, taillés dans des tissus bon marché et robustes afin qu'ils durent longtemps, ses cheveux nattés par sa mère, sa longue taille et sa maigreur qui l'empêchent de passer inaperçue aggravent l'inconfort physique et psychologique de Françoise Hardy. La honte est accentuée par la négligence du père qui oublie de s'acquitter des frais de scolarité en temps voulu. « J'ai toujours eu honte – de moi, de ma famille, de tout. La honte est le premier sentiment que j'ai connu, le premier dont je me souvienne, et elle ne m'a jamais quittée[2]. »

1. Françoise Hardy, *Le Désespoir des singes… et autres bagatelles*, Robert Laffont, 2008.
2. Gérard Miller, *Le Divan et le Confessionnal*, Desclée de Brouwer, 2010.

Les rares visites paternelles (trois ou quatre dans l'année) se font pendant les petites vacances (Pâques ou Pentecôte) à Aulnay-sous-Bois, dans la maison de la rue du Tilleul. Secrètement, presque avec culpabilité. « Lorsque nous partions en vacances, notre mère nous demandait d'envoyer un mot à notre père, mais dans une enveloppe, sans aucune indication de nom ni d'adresse. Cette obligation de se cacher a dû influencer ma façon d'être, en particulier le sentiment de ne pas avoir de place, d'être en trop[1]. »

Françoise Hardy sait peu de choses de son père. Elle se souvient d'un homme élégant dans les manières et dans le discours, tranchant avec le comportement ordinaire de son ascendance maternelle. L'une des premières images gravées dans sa mémoire, qui conforte l'aspect raffiné de la personnalité de ce père mystérieux, c'est lui jouant au piano. Elle-même, à l'initiative de sa mère, commencera l'apprentissage du piano à l'âge de six ans, mais jugera vite l'expérience rébarbative et y renoncera après un sentiment d'angoisse incontrôlable qu'elle éprouvera lors d'une représentation publique, salle Gaveau. Françoise Hardy se rappelle surtout l'événement extraordinaire que représentait la venue de son père, tant elle l'espérait avec ardeur. Et ce surnom qu'il lui donnait et qui sonnait délicieusement à ses oreilles d'enfant : « Patchouli ».

Un jour, il l'emmène voir *Bambi*. C'est la première fois qu'elle va au cinéma, elle a quatre ou cinq ans. Elle se souvient d'avoir beaucoup pleuré. Les sorties sont rares chez les Hardy et le cinéma est un luxe que l'on s'autorise une fois l'an, pour les fêtes de Noël. On y voit *Sur la piste des éléphants*, *Les Trois Lanciers du Bengale*, *Sous le plus grand chapiteau du monde*... Plus tard, éblouie devant *Roméo et Juliette*, le film d'un ballet russe dansé par Galina Oulanova

1. *Gala*, n° 1069, 4-10 décembre 2013.

et Youri Jdanov, de la troupe du Bolchoï, Françoise formule le rêve impossible d'être danseuse étoile. Mère et fille partageront en outre une passion pour Robert Hossein : « J'ai vu quasiment tous ses films. Notamment *Toi le venin*... Je dois l'avouer, j'étais aussi amoureuse de lui ! Dans une papeterie de la place de Clichy, j'achetais des cartes postales avec des photos d'acteurs et je lisais *Cinémonde* et *Ciné Revue*[1]... »

Une photographie en noir et blanc, prise dans le jardin de la maison d'Aulnay, montre la fille et le père, elle toute petite, le regard distrait par quelque chose à sa droite, et lui la serrant dans ses bras, souriant à l'objectif. Il semble que ce soit la seule photo les montrant tous les deux ensemble. Leur tenue légère indique qu'elle a été prise un jour de printemps ou d'été. En arrière-plan, ignorant l'objectif, on aperçoit la grand-mère Jeanne, qui vaque à ses occupations.

Le manque de père génère une vénération à son endroit, d'autant qu'on le sait haut placé, intelligent, cultivé, et que l'on perçoit une réelle affection venant de lui, dont on est seule à bénéficier : « J'ai toujours senti que mon père avait un faible pour moi, ce qui m'a incitée à l'idéaliser[2]. » L'absence nourrit par ailleurs l'imaginaire et l'attente d'un Prince charmant qui aurait des traits communs avec ce père vénéré, une sorte d'homme idéal qui n'existe pas. « Mon père était bien plus féminin que masculin... Il avait probablement un côté artiste, bohème... J'ai su plus tard qu'il était homosexuel. Et les rares hommes par lesquels j'ai été attirée étaient musiciens et ambigus[3]. »

A contrario, Madeleine Hardy, que son statut de mère célibataire astreint à assumer seule l'autorité parentale, manifeste une énergie typiquement masculine. C'est une femme

1. *Studio Magazine*, n° 209, février 2005.
2. *L'Obs*, 9 octobre 2012.
3. *Les Inrockuptibles*, n° 22, avril 1990.

de devoir. « Je tiens d'elle l'horreur des consensus et de la morale bourgeoise[1] », déclare Françoise Hardy. Ses priorités consistent à tout mettre en œuvre pour le confort et l'avenir de ses enfants, au détriment de sa vie personnelle. « Le fait de la voir trimer pour gagner six sous et se priver de vacances pour que ses enfants en aient m'a sensibilisée au sacrifice et inculqué le respect du travail et de l'argent gagné à la sueur du front[2]. » La relation entre Madeleine et sa fille aînée est fusionnelle. Françoise voue à sa mère un amour absolu. Au point qu'elle ne se sent apaisée, rassurée qu'en sa présence et passe le plus clair de son temps à l'attendre. « Ma mère était extraordinairement isolée, elle n'avait aucun ami, rien du tout, et quand il n'y a qu'une seule personne à aimer, on a des sentiments exclusifs et exacerbés par peur de perdre cette personne[3]. » Il suffit que Madeleine, le soir, soit en retard de quelques minutes à son retour du travail pour que Françoise touche le fond du désespoir, imaginant le corps de sa mère sous les roues d'une voiture. Cette peur panique de perdre les gens qu'elle aime ne la quittera jamais.

Les week-ends et les petites vacances se passent chez les grands-parents, à Aulnay-sous-Bois. Les séparations sur le quai de la gare sont baignées de larmes. Pendant les vacances, Françoise guette tous les jours le passage du facteur, espérant qu'il apportera une lettre. Dans le train du retour, la joie des retrouvailles avec Madeleine emporte tout. Y compris le ressentiment à l'égard de cette grand-mère honnie, plus tard qualifiée d'« égocentrique, bornée, frigide et castratrice[4] », qui ne manque aucune occasion de la dénigrer. Quoi de plus pervers pour déstabiliser un enfant que d'alourdir le poids d'une situation familiale déjà délicate ? Médire ainsi sur un

1. Gilles Verlant, *Françoise Hardy, Ma vie intérieure*, Albin Michel, 2002.
2. *Psychanalyse magazine*, n° 19, janvier 2004.
3. Série d'entretiens pour la RTS, *op. cit.*
4. Françoise Hardy, *Le Désespoir des singes… et autres bagatelles*, *op. cit.*

père débauché et stigmatiser le comportement des hommes qui seraient tous des salauds obsédés par « la chose », pousser l'humiliation jusqu'à comparer sa petite-fille à cet homme si décrié : « Tu es bien la fille de ton père ! » Puis, la rabaisser sur son physique, entretenir des complexes et un manque d'estime de soi qui aura des conséquences chroniques sur sa vie affective. « Elle était de ces gens qui font le malheur autour d'eux sans s'en rendre compte[1]. » Le grand-père Alexandre, lui, se réfugie dans le mutisme, préférant s'occuper de son jardin et de ses poules, ou se plonger dans la lecture de romans-photos. Une seule fois, au commencement de la carrière de sa petite-fille, il fera preuve d'intérêt à son égard en lui demandant si elle est heureuse.

Sensation de honte, encore. Et de rejet : « Dès mon plus jeune âge, j'ai souffert d'avoir affaire à des gens qui ne m'aimaient pas, que je n'aimais pas, avec qui je n'avais aucun atome crochu et qu'il fallait supporter, qu'il fallait aimer, parce que c'était la famille !... Pour moi, il n'y avait que ma mère que j'aimais dans mon enfance. Je n'aimais personne d'autre[2]. » Pas même sa sœur cadette, qui lui dispute l'amour maternel. Les deux caractères s'opposent : l'une, Françoise, est un modèle de sagesse et d'obéissance, cependant que l'autre, Michèle, se révèle insoumise, capricieuse, prompte à susciter des conflits. Bien que Madeleine s'applique à ne montrer aucun favoritisme à l'égard d'une de ses filles, chacune évalue la relation à travers le prisme de son monde émotionnel. Longtemps après, en révélant dans son autobiographie[3] la schizophrénie paranoïde de sa sœur et sa fin tragique en mai 2004, Françoise Hardy insistera sur le poids de

1. Étienne Daho et Jérôme Soligny, *Françoise Hardy, Superstar et ermite*, Jacques Grancher, 1986.
2. Ariane et Béatrice Massenet, *Mères et Fils : Ce que je voudrais te dire*, Aubanel, 2008.
3. Françoise Hardy, *Le Désespoir des singes... et autres bagatelles*, *op. cit.*

l'histoire familiale dans le destin de chaque être et les conséquences psychologiques parfois dramatiques qui peuvent en découler, en particulier dans le cas d'enfants non désirés – ce qui fut le cas de Michèle. « Ma sœur n'avait pas grand monde vers qui se tourner parce que même avec moi ça ne se passait pas très bien. Une des rares fois où elle m'avait fait des confidences, elle m'avait dit qu'elle n'avait jamais éprouvé d'affection pour notre mère et que le seul sentiment que notre mère lui avait inspiré c'était la peur. Et ma mère était quelqu'un qui pouvait être assez effrayant. Même pour moi. Parce qu'elle avait quelque chose de très autoritaire[1]. »

Cette éducation régentée par des femmes constitue l'ossature profonde de la personnalité de la future chanteuse, contrariée par un manque d'assurance, le sens aigu de la culpabilité à l'égard d'une mère qui s'est sacrifiée pour bâtir une bonne existence à ses enfants et un sentiment d'insatisfaction permanente qui ne la quitteront jamais. Plus tard, après la rédaction de son autobiographie, elle prendra conscience de la persistance accrue des souvenirs d'enfance dans sa vie d'adulte : « Contrairement à ce que je pensais, en ce qui me concerne, l'enfance est toujours là. J'ai toujours eu l'impression de vivre au présent, parfois au futur, mais jamais l'impression de vivre au passé. Finalement, je vis plus au passé, dans le passé, que je ne l'imaginais[2]. »

« Dans mon lit/Je dors, je rêve ou je lis[3] »

Dans les années 1950, l'Institution La Bruyère a élu domicile dans deux hôtels particuliers qui occupent l'angle de la rue homonyme et de la rue Léonie. Elle se situe à quelques

1. « Vie privée, Vie publique », de Mireille Dumas, France 3, 22 novembre 2006.
2. *La Libre Belgique*, 24 octobre 2008.
3. « J'ai coupé le téléphone », 1969. Paroles et musique de Françoise Hardy. © BIEM.

foulées de la rue d'Aumale. Passé la lourde porte à deux vantaux, aussitôt refermée après l'entrée et la sortie des élèves, on pénètre dans un univers feutré, aux odeurs d'encens, où le silence n'est rompu que par des chuchotements et des bruits étouffés. La vie scolaire s'y envisage dans une perspective religieuse, rythmée par les paroles et rituels chrétiens, dans un décor d'enluminures et de statues de plâtre. Les cours sont dispensés par les sœurs trinitaires qui se répartissent les classes depuis les petites sections jusqu'au baccalauréat.

Françoise Hardy y fera toute sa scolarité et ses deux communions. L'école ne la rend pas heureuse, mais elle donne le change par amour pour sa mère qui se sacrifie pour lui payer des études, et sans doute pour capter l'admiration de son père. Le règlement intérieur de l'institut exige le port d'une blouse bleu marine et de jupes couvrant les genoux. Françoise abhorre les jupes froncées que sa grand-mère lui confectionne et qu'elle porte avec des socquettes et des chaussures à talons plats. Elle détonne par rapport à ses camarades bien nées. À l'heure de la récréation, pour éviter toute moquerie, elle se réfugie dans la chapelle de l'école. Maladroite dans la pratique des jeux collectifs – ses chutes fréquentes lui valent le surnom de « Mademoiselle Poum », donné par sa mère – et peu encline à la vie en groupe, elle préfère se tenir à l'écart de la faune volubile de ses camarades qui jouent à chat perché ou au ballon prisonnier dans la cour ceinte de très hauts murs. Les sœurs l'observent avec bienveillance, persuadées que sa propension à la prière et à la contemplation préfigure de grandes dispositions à la foi chrétienne. Or, cette éducation contrainte aura plutôt tendance à la braquer contre « la morale primaire et rigide[1] » des religieuses qui en sont chargées et, de façon plus générale, contre la pratique religieuse traditionnelle et son refus de concevoir le monde dans sa complexité, avec les valeurs d'amour et de charité dont

1. Françoise Hardy, *Avis non autorisés…*, *op. cit.*

elle se prévaut. « À l'adolescence, quand le moralisme étriqué du judéo-christianisme m'est apparu, je me suis détachée de la religion, dit-elle. Je n'ai cependant pas tardé à m'apercevoir que la frontière est difficile à trouver entre le moralisme rigide et l'amoralité, ou l'absence d'éthique, qui me rebutent autant. Entre ces deux extrêmes, un juste milieu n'est pas évident à trouver. Bref, j'ai classiquement laissé tomber la religion de mon enfance, tout en restant attirée par les mystiques et les textes de spiritualité[1]. »

D'autres facteurs concourent à distinguer la jeune Françoise Hardy de ses camarades au fil des ans, accentuant son malaise : « Mes complexes ont grandi avec moi. Quand j'ai commencé, à l'école, à dépasser toutes les autres d'une tête, à être toujours d'une année à l'autre, la plus jeune, la plus grande, la plus maigre et la plus moche, je me suis mise à devenir tellement gauche, tellement mal dans ma peau qu'il ne me restait qu'une solution : devenir aussi la première de la classe. La forte-en-thème, la besogneuse méprisée des cancres bien plus doués et bien habillés[2]. » Animée par la certitude que seule la réussite scolaire permet de s'extraire d'un univers familial de labeur et d'ennui, elle s'applique donc à avoir un comportement irréprochable et à obtenir de bons résultats. L'excellence de son travail lui vaut très tôt de sauter une classe, une avance qu'elle conserve jusqu'au baccalauréat.

Rue d'Aumale, Madeleine Hardy impose à ses filles une discipline de vie et des horaires réguliers à respecter, comme se lever à 6 h 30 pour faire les devoirs et réviser les leçons avant le départ pour l'école. Cela implique de se coucher de bonne heure le soir, juste après le repas. Dans leur chambre commune, une fois la lumière éteinte, les deux sœurs jouent à la marchande avant de pouvoir trouver le sommeil : « Je me

1. *Clés*, octobre-novembre 2010.
2. *Elle*, n° 997, *op. cit.*

rêvais crémière. J'adorais le fromage et le beurre. Ma mère m'envoyait de temps en temps faire quelques courses, et j'adorais regarder ce qu'il y avait chez le crémier ; en plus, à l'époque, dans les années 1950, on avait des boîtes à lait que le crémier remplissait, le beurre était à la motte, c'était de grosses mottes de beurre et l'on prenait la quantité souhaitée : c'était magnifique, j'adorais ça[1]. »

Le plus souvent, Françoise s'adonne à des activités solitaires : jouer à la poupée ou lire. « J'ai toujours été seule. En classe, retranchée derrière mes bonnes notes et mes dictionnaires. À la maison, attendant des heures le retour de ma mère qui rentrait tard de son travail[2]. » Cet isolement lui restera familier quand elle deviendra célèbre : « La notoriété vous enferme dans une bulle. Les autres, même les proches, vous traitent différemment et, en général, vous mentent, parfois avec les meilleures intentions... Quant aux rencontres, elles sont presque toujours superficielles. Vous ne connaissez finalement que les gens avec qui vous travaillez, et encore, avec des rapports hiérarchiques qui faussent les données. L'objectivité est donc encore plus difficile qu'elle ne l'est pour tout le monde[3]. »

Depuis qu'elle sait lire, les livres sont ses plus fidèles amis. Ils lui procurent à la fois l'évasion, l'immersion dans un monde sublimé, mais aussi la possibilité d'accéder à une réalité personnelle par le détour de l'imaginaire, indépendamment de la situation et du contexte. « C'est confondant comme un enfant peut être inspiré par des lectures qui ont la couleur de ce que sera sa vie[4] », commentera-t-elle des années plus tard. À huit ans, elle est captivée par *La Petite Sirène* d'Andersen, qui traite d'un amour impossible entre une

1. Série d'entretiens pour la RTS, *op. cit.*
2. *Elle*, n° 997, *op. cit.*
3. *Clés*, *op. cit.*
4. *Le Figaro*, 25 mars 2010.

nymphe des eaux et un beau prince de la terre des hommes. Émue par l'acte sacrificiel de l'héroïne qui par amour est prête à endurer toutes les souffrances, la jeune Françoise Hardy trouve un écho familier dans ce conte qui interroge sur la rencontre de deux mondes opposés et la difficulté de vivre ensemble : être différent sous le regard de l'autre est une situation qui lui parle au cœur, ajoutée au mythe romanesque destiné à séduire les petites filles. Sur le même thème du sacrifice amoureux – l'auteur, Charles Robert-Dumas, dresse le portrait d'un jeune homme attiré par une femme au visage de craie, personnification de la mort –, le conte de *La Dame au blanc visage* retient également son attention[1]. Elle place en outre *Le Petit Prince* de Saint-Exupéry parmi les chefs-d'œuvre de la littérature : « Tout ce qui m'importe y est dit de la façon la plus délicate qui soit[2]. » À l'adolescence, son choix s'oriente vers les romans mélodramatiques, tels que *Rebecca* de Daphné du Maurier et *Jane Eyre* de Charlotte Brontë, dont les héroïnes lui renvoient l'image idéalisée de la femme amoureuse à laquelle elle s'identifie. Elle s'enthousiasmera encore pour *Jean-Christophe* de Romain Rolland, un roman-fleuve du début du siècle qui retrace la destinée initiatique d'un jeune musicien, héros romantique inspiré de Beethoven, partagé entre la France et l'Allemagne. « Il suffisait de me laisser dans un coin avec un livre, pour être sûr de m'y retrouver deux ou trois heures plus tard, exactement dans la même position[3]. » Au fil du temps, son penchant pour le roman intimiste la portera plus volontiers vers les auteurs femmes, comme Colette ou Simone de Beauvoir. Les œuvres de Sartre et de Camus ne lui inspireront qu'ennui,

1. Cette histoire figure dans un vieux recueil intitulé *Contes verts de ma Mère-Grand*, illustré des dessins de Maurice Berty, Boivin, 1951.
2. *Astrologie naturelle*, n° 2, avril 1998.
3. Françoise Hardy, *Je chante, donc je suis*, une autobiographie de Françoise Hardy, recueillie par Claude Dufresne, Union générale d'éditions, coll. « Voici ceux dont on parle », 1964.

à l'exception de *La Chute* de ce dernier, « un chef-d'œuvre absolu [...] tant l'analyse de la psychologie humaine y est poussée, lucide, et d'un cynisme extrême[1] ».

Dans son coin de chambre, au-dessus d'un meuble secrétaire à abattant en bois clair, ses précieux livres sont alignés avec soin sur une étagère. Plus tard, venu à sa rencontre pour une première séance de photos, Jean-Marie Périer éprouvera à la vue de ce petit espace de vie d'adolescente une étrange émotion, presque une gêne, comme s'il portait atteinte à son intimité : « Je me souviens d'être resté un instant devant cette chose, ressentant bien qu'il s'agissait là d'un petit coin privé, d'un domaine réservé, émouvant, un peu dérisoire, et qui ne me regardait pas[2]. » Les livres auront toujours une place privilégiée chez Françoise Hardy. Commencement de fortune faite, elle les rangera à l'abri de la poussière et de l'humidité dans des bibliothèques fermées : « Ce sont pour moi des objets précieux, même les livres de poche[3]. »

Crémière ou parfumeuse ?

Le jeudi, jour sans école, les sœurs Hardy sont confiées aux bons soins de leur grand-mère qui vient d'Aulnay à Paris. Le matin est consacré aux devoirs et à quelques corvées domestiques, l'après-midi à la promenade. Lorsque le temps le permet, on descend à pied la rue Saint-Georges en direction des Grands Boulevards, faisant parfois une halte au square de la Trinité où l'on prend le goûter. À l'approche de Noël, on poursuit par la rue de la Chaussée-d'Antin jusqu'au boulevard Haussmann pour contempler les vitrines animées des Galeries Lafayette et du Printemps. Les fillettes s'émerveillent à l'étage devant les innombrables jouets et s'enivrent

1. Françoise Hardy, *Avis non autorisés...*, *op. cit.*
2. Jean-Marie Périer, *Mes années 60*, Filipacchi, 1998.
3. *Les Chroniques de Mandor* (blog de François Alquier), 6 novembre 2012.

au rez-de-chaussée des effluves des parfums, savons et cosmétiques. Le soir, dans ses jeux avec Michèle, Françoise troque le rôle de crémière contre celui de parfumeuse. Au printemps et en été, passant par la place de l'Opéra et la Madeleine, on s'achemine plus loin encore, « au bout du monde », vers le jardin des Tuileries. Sous les majestueuses arcades de la rue de Rivoli, on longe les hôtels et boutiques de luxe, humant les odeurs de café et de viennoiseries qui s'échappent des troquets, salivant devant la devanture des pâtisseries, en particulier celle de la rue Boissy-d'Anglas dont Françoise garde un souvenir vivace. Son horizon parisien s'arrête là ; il n'excède pas la place de la Concorde. « Avant de m'y rendre pour la première fois, dira-t-elle, j'avais toujours pensé qu'on ne rencontrait sur les Champs-Élysées que des célébrités, des personnalités du spectacle[1]. »

Les étés autrichiens

Bientôt, Madeleine Hardy tombe amoureuse d'un baron autrichien qui la convainc de faire étudier l'allemand à ses filles. Dès lors, chaque été, on les envoie parfaire la langue de Goethe dans une famille à Plumeshof, près d'Innsbruck. Françoise a huit ans et sa sœur sept. Elles prennent seules l'*Orient-Express* et dorment dans un wagon-lit sous la surveillance d'un contrôleur. Pendant huit années consécutives, même si elle noue des liens affectifs avec la famille Welser qui l'accueille tous les étés, Françoise supporte si mal la séparation d'avec sa mère qu'elle gardera à jamais l'horreur des voyages et des vacances : « Je m'ennuyais en vacances. Je n'aimais pas ça, parce que pendant les vacances j'étais séparée de ma mère. C'était un peu une espèce d'amour fou que j'ai reporté par la suite sur les quelques hommes avec qui

1. Étienne Daho et Jérôme Soligny, *Françoise Hardy, Superstar et ermite*, *op. cit.*

j'ai vécu des relations sentimentales[1].» Lorsqu'elle repense aux étés autrichiens, c'est néanmoins avec une réelle nostalgie liée à ses tendres années, étant donné que son histoire s'est en partie construite là, dans cette maison isolée en haut d'une colline, avec la ville d'Innsbruck dans la vallée en contrebas. Quand sa mémoire la porte sur les pas de l'enfance, c'est dans ce coin de terre, avec ses douces couleurs et ses odeurs chatoyantes, les prairies vertes où paissent les vaches, le lait mousseux que l'on va chercher à la ferme, les champs de maïs que l'on foule pour gagner le petit village de Natters et son église baroque, toute blanche. Puis, le délicieux parfum des gâteaux confectionnés par Tante Hedi. Et les photos en couleurs de l'acteur Peter Van Eyck et du chanteur Freddy Quinn découpées dans le journal allemand *Film Revue* et punaisées au mur de la chambre…

Pour Françoise, la nouvelle relation amoureuse de sa mère coïncide avec sa découverte de la musique classique grâce au pick-up et aux disques offerts par le baron autrichien : elle aime en particulier la *Septième Symphonie* de Beethoven, et surtout le *Concerto numéro 2* de Rachmaninov.

« Des chansons plein la tête[2] »

En 1958, la quatrième République vit ses dernières heures. Le poids de la guerre d'Algérie lui sera fatal. On rappelle alors Charles de Gaulle, encore auréolé de son prestige de sauveur de juin 1940. Encouragés par le vibrant plaidoyer d'André Malraux, les Français approuvent en masse l'installation du Général à la tête d'une future cinquième République, lors du référendum du 28 septembre.

Françoise Hardy a quatorze ans, elle entend l'actualité politique à la radio mais n'accorde d'intérêt qu'aux chansons.

---

1. « Le Tête-à-tête », de Frédéric Taddeï, France Culture, 2 décembre 2012.
2. « Ma jeunesse fout le camp », 1967. Paroles et musique de Guy Bontempelli. © Éditions EMI.

Son idole du moment : Georges Guétary, dont elle écoute en boucle « Valse des regrets », une chanson composée sur une musique de Brahms, qu'elle enregistrera des années plus tard, accompagnée au piano par Hélène Grimaud[1]. Le texte et sa mélodie lancinante répandent en elle une mélancolie douce et pénétrante :

> « L'orgue de la nuit
> Au clair de lune gémit
> Gémit toujours
> Dans mon cœur lourd
> Qui n'attend plus que votre amour[2]… »

Elle a baptisé un petit baigneur en celluloïd offert pour Noël du doux prénom de Georges, sous prétexte qu'il ressemble à son chanteur favori. Parmi les crooners à accent qui monopolisent l'audience, Michèle a jeté son dévolu sur Tino Rossi. Françoise trouve Guétary bien plus séduisant. Au point de vouloir l'approcher. En novembre, comme il joue avec Bourvil dans l'opérette *Pacifico* au Théâtre des Champs-Élysées, Madeleine réserve des places pour la représentation du dimanche après-midi afin d'exaucer le vœu de sa fille. Les sorties étant rares, Françoise savoure le moment. Le spectacle fini, elle tire sa mère par la manche vers la sortie des artistes afin d'intercepter l'objet de sa fascination et obtenir un autographe. « C'est drôle parce qu'il a su beaucoup plus tard que je l'avais apprécié, attendu, et il m'avait envoyé une lettre, confiera-t-elle en 2012 à la journaliste Marie Drucker. C'est extraordinaire quand ça arrive cinquante ans après et que l'artiste dont on a été tellement fan d'un seul coup vous envoie toute une lettre[3]. »

---

1. Album *(Parenthèses…)*, 2006.
2. « Valse des regrets », 1945. Paroles de Louis Poterat, musique de Johannes Brahms. © Éditions Salabert.
3. « Les Essentiels », RTL, 11 novembre 2012.

Ses goûts musicaux la portent très tôt vers les ballades sentimentales, à l'image de celles qu'elle chantera plus tard. Avant d'obtenir un électrophone, elle achète les partitions ou petits formats des chansons qu'elle entend à la radio et qui lui plaisent, comme « Rue Saint-Vincent » ou « La Complainte de la Butte », ce genre de valses lentes et envoûtantes aux scénarios fatalistes qui interpellent le chaland au détour d'une rue ou sur une place, jouées par les tourneurs d'orgues de Barbarie. Sans être une grande admiratrice de Jacques Brel, elle s'émeut aussi pour « Le Plat Pays » et « Je ne sais pas », dont chaque couplet énumère une série de choses ignorées et s'achève par cette phrase-leitmotiv : « Mais je sais que je t'aime encor'. » Mais c'est « La rue s'allume », chantée par Cora Vaucaire, qui retient surtout son attention : « Une très belle mélodie, un texte à la fois simple et sophistiqué, poétique[1] ». Elle y décryptera trente ans plus tard, en réécoutant le disque, le condensé de sa vie personnelle :

> « Il avait un beau costume,
> Couleur d'un soir de Paris,
> Bleu ou gris, couleur de brume,
> Imprécis comme lui,
> C'est lui pourtant qui m'avait apporté
> Ces quelques roses
> Que je ne peux supporter[2]. »

« En musique, j'aime avant tout les mélodies lentes, tristes, qui remuent le couteau dans la plaie. Pas d'une façon qui plombe, mais d'une façon qui élève. Parce que cela fait du bien que les douleurs des sentiments se transforment en quelque chose de beau : un beau texte, une belle mélodie. J'aspire toujours à trouver la mélodie déchirante qui me

---

1. *Ibid.*
2. « La rue s'allume », 1955. Paroles de Louis Ducreux et musique d'André Popp. © Éditions Jacques Plante.

mettra les larmes aux yeux. Une mélodie dont la qualité lui confère une dimension sacrée[1]. »

Françoise Hardy découvre aussi par la radio des artistes qu'elle ne cessera d'apprécier. Au cabaret Chez Moineau, rue Guénégaud, elle applaudit Barbara, dont elle aime l'écriture inspirée, servie par une interprétation déchirante et un style épuré. Elle affectionne tout autant le minimalisme apparent et la poésie de Georges Brassens, ainsi que le génie de Charles Trenet qui consiste à aborder derrière une fantaisie pétillante des thèmes aussi graves que le désespoir amoureux, la solitude ou la mort – « Que reste-t-il de nos amours ? », nostalgique à souhait, est la chanson qu'elle qualifie de parfaite, au point s'il le fallait de la choisir entre toutes –, puis aussi les mélodies sentimentales de Charles Aznavour, « Trousse-Chemise » et « Il faut savoir », ou encore « Le Mur », composée et interprétée par Gilbert Bécaud, sur des paroles de Maurice Vidalin.

« Les chansons m'ont toujours apporté tellement de joie, de bonheur, de rêve ! Quand elles sont belles et même tristes à pleurer, elles sont comme un baume[2]. »

Un jour, en promenant sur le cadran du poste l'aiguille des fréquences, Françoise découvre avec délice l'antenne de Radio Luxembourg, mieux connue sous le nom de « 208 » (sa longueur d'ondes, 208 mètres), dont elle devient une fervente auditrice. C'est la seule radio dans toute l'Europe qui cible un jeune public et diffuse sans discontinuer les derniers tubes anglo-saxons. Au mitan des années 1950, elle privilégie rock et country. « J'avais l'impression d'être la seule à entendre cette musique, ce style mélodique qui me transcendait littéralement. Je n'ai jamais vraiment pris de drogue, mais j'ai toujours comparé la musique à ça. On commence à ne plus pouvoir se passer d'une mélodie, et

1. *L'Obs*, 9 octobre 2012, *op. cit.*
2. *Le Monde*, 5 novembre 2012.

puis, quand ça retombe, on n'a de cesse d'en trouver une autre qui vous fasse le même effet[1]. » Lors, elle se rêve programmatrice de radio. À chaque nouvelle mélodie entendue et appréciée sur « The Great 208 », elle se précipite dans une boutique fichée au fond d'une cour, rue de la Chaussée-d'Antin, pour en acheter le disque avec le peu d'argent qu'elle a gagné en donnant des cours d'allemand. « Et ils n'avaient jamais ce que je demandais – enfin, ils l'avaient beaucoup plus tard. D'une certaine manière, ça flattait ma vanité ! Je me disais : je connais des choses que personne ne connaît[2]. »

C'est l'époque où l'adolescence s'impose comme une nouvelle classe d'âge qui englobe garçons et filles sans distinction sociale. Instigateurs sur Europe n° 1 de l'émission « Pour ceux qui aiment le jazz », Daniel Filipacchi et Frank Ténot sentent le vent tourner. Le 19 octobre 1959, en plein boum du poste à transistors, ils créent « Salut les copains », une émission faite par les jeunes, pour les jeunes. Au même moment, à l'initiative du barman Henri Leproux, le Golf Drouot s'affirme comme l'endroit le plus prisé de la jeunesse parisienne qui se rassemble autour du juke-box Seeburg pour danser le rock venu d'Amérique. L'endroit se situe à faible distance de la rue d'Aumale et compte parmi sa clientèle des voisins voués à une célébrité prochaine, comme Johnny Hallyday et Jacques Dutronc – le premier vit chez sa tante rue de la Tour-des-Dames, l'autre a grandi rue de Provence, et ils se retrouvent parfois pour jouer ensemble avec d'autres amis musiciens dans une cave à Clichy.

Mais Françoise Hardy, que l'on ne rencontre même pas dans les surprises-parties, demeure confinée dans sa chambre et rêvasse au beau garçon aux yeux bleus aperçu subrepticement dans le train des vacances à Innsbruck,

---

1. *Les Inrockuptibles*, n° 255, 5 septembre 2000.
2. *Télérama*, n° 3250, 28 avril 2012.

tout en écoutant les ballades sentimentales de sa station de radio favorite : « I'm Sorry » de Brenda Lee, « Living Doll » et « Travelin' Light » de Cliff Richard, « So Sad » et « Don't Blame Me » des Everly Brothers…

« Cette chanson, "So Sad", est mon modèle, celle qui m'a le plus influencée, c'est exactement le genre de mélodie et de texte qui m'inspire. J'ai toujours essayé de faire cette chanson-là[1]. » Finalement, l'ami Étienne Daho lui suggérera un jour de l'enregistrer en duo[2]…

Elvis Presley, dont elle affiche le portrait au mur dans son coin de chambre, la charme moins par son déhanché scandaleux que par sa voix envoûtante quand il susurre des slows langoureux tels qu'« Are You Lonesome Tonight ? » et « Where Do You Come From ? ». Bercent également l'adolescence de Françoise Hardy les succès de Neil Sedaka, en particulier « Oh ! Carol » qu'elle écoute jusqu'à saturation. Mais c'est Paul Anka qui a sa préférence : pour l'achat d'un seul single de sa nouvelle idole, elle est disposée à sacrifier une pile entière de disques de Georges Guétary, du jour au lendemain relégué aux oubliettes. À l'automne 1959, la tournée du crooner américain passe par l'Olympia de Paris. Françoise n'a pas de quoi se payer un billet d'entrée, mais elle se précipite quand même rue Caumartin et trépigne devant l'entrée des artistes en espérant intercepter l'interprète de « Lonely Boy », cette chanson tant aimée qui raconte le désespoir d'une âme en peine (« I'm just a lonely boy/Lonely and blue/I'm all alone/With nothin' to do ») et lui inspirera bientôt « Tous les garçons et les filles ». Las ! Elle rentre dépitée, sans l'avoir vu. En désespoir de cause, elle fait tourner inlassablement son disque sur le pick-up familial.

1. « Les Essentiels ».
2. Album *Clair-obscur*, 2000.

« Un air de guitare… »

> « Berce la nuit
> Comme par magie
> Je largue les amarres
> Mots qui parlent
> Mots qui taisent[1]… »

Françoise Hardy, qui a conservé son avance scolaire, devient bachelière en 1960, à seize ans. Son père, sous l'impulsion de Madeleine, la félicite comme il se doit, par un cadeau de son choix. D'abord tentée par un poste à transistors, l'adolescente finit par opter pour une guitare folk. Une méthode pour débutants lui enseigne les trois accords fondamentaux grâce auxquels elle ébauche quelques compositions en s'inspirant des hits entendus sur Radio Luxembourg. « J'en faisais une par jour à ce moment-là. Dès que je pouvais, j'étais enfermée dans la cuisine, parce qu'il y a toujours une acoustique meilleure dans les pièces avec du carrelage, et je ne faisais presque plus que ça. Que ça, que ça[2]. » Ses premières chansons, intitulées « Tu es passé sur la route » et « Teenager Blues », sont soumises à l'avis du seul public dont elle dispose : sa mère et sa sœur.

Cependant, ses velléités de chanteuse n'émeuvent guère Madeleine qui brigue un avenir autrement glorieux pour sa fille aînée et l'inscrit d'autorité à Sciences Po – l'obtention de son baccalauréat avec deux mentions lui autorise l'accès à la prestigieuse école sans avoir à passer le concours écrit. Il ne lui faut pas plus de dix jours pour s'apercevoir qu'elle n'a pas sa place rue Saint-Guillaume, parmi ces jeunes gens dotés d'une aisance naturelle, alliée à une élégance irréprochable, tandis qu'elle se recroqueville de honte dans son

1. « Un air de guitare », 2004. Paroles de Françoise Hardy, musique de Jacno. © Virgin/EMI.
2. *Télérama*, n° 3250, *op. cit.*

imperméable en popeline bleu ciel à boutons dorés et ses chaussures jaunes à talons hauts. À peine a-t-elle le temps de remarquer dans l'amphithéâtre les fils d'André Malraux, Gauthier et Vincent, « beaux au point qu'on ne voyait qu'eux », nés l'un en 1940, l'autre en 1943, qui se tueront ensemble le 23 mai 1961 dans un accident de voiture, sur une route de Bourgogne… Elle s'enfuit aussi vite que le lui permettent ses escarpins jaunes en direction de la Sorbonne, où une licence en allemand lui paraît plus appropriée à ses compétences.

Mais c'est après ses rêves, surtout, que court Françoise Hardy…

En marge des cours, l'apprentie chanteuse cherche à tester son répertoire au contact du public. Elle relève des adresses de cabarets parisiens dans les encarts publicitaires de la revue *Music-Hall*, dont elle est une fidèle lectrice, et trouve à se produire devant un auditoire de retraités sur la petite scène du Moka Club (ou Club des mordus), situé dans les caves de l'hôtel du Louvre et dirigé par une journaliste nommée Claude Sylvane, passionnée de chanson, sous le parrainage prestigieux de Charles Trenet. Sa mère l'y accompagne chaque jeudi.

Un jour de septembre, dans la rubrique « Les Potins de la commère » de *France Soir*, un entrefilet de quatre lignes retient son attention. Depuis l'avènement de Johnny Hallyday en 1960 et, avec lui, celui d'une culture jeune qui est en train de chambouler le paysage musical et l'industrie du disque, tous les directeurs artistiques de la place de Paris s'affairent à auditionner des jeunes talents, espérant trouver l'oiseau rare en mesure de rivaliser. On lui cherche également un pendant féminin sur la scène rock. L'annonce du journal provient de la plus grande maison de disques du moment, Pathé-Marconi. « Peut-être serez-vous l'idole de demain », lit-on en accroche. Françoise Hardy n'a aucune prétention de cet ordre, elle se rend au 19 de la rue Lord-Byron où se tiennent les bureaux de la firme, dans le seul but de se confronter à l'avis de professionnels. D'aucuns trouveront paradoxal qu'une jeune fille aussi inhibée brigue l'un des métiers les plus exposés qui soit. « Le paradoxe, dit-elle, c'est qu'il n'y avait que ça qui m'intéressait. Je m'étais dit que si je ne tentais pas ça, peut-être que je le regretterais toute ma vie[1]. » Jacques Sclingand, qui la reçoit, a déjà signé un contrat avec Les Chats sauvages et s'apprête à engager le jeune Michel Berger, venu à cette même audition avec trois de ses copains musiciens. L'expérience n'est pas concluante pour Françoise : son auditeur ne la trouve pas assez moderne, elle lui fait penser à Marie-Josée Neuville, une chanteuse coiffée de nattes qui s'accompagnait aussi à la guitare et avait obtenu un joli succès dans les années 1950 sous le surnom de « collégienne de la chanson ». La postulante ne trouve pas la comparaison flatteuse, mais s'estime satisfaite du temps qu'on lui accorde et de l'opportunité qui lui est faite d'entendre sa voix enregistrée. « Je n'aime pas ma voix, je n'aime pas ce qu'elle trahit de mes limites physiques[2] », avoue-t-elle. Or, ce qu'elle entend ce jour-là ne lui déplaît pas trop et l'encourage à la persévérance. Elle démarche alors auprès de Philips, où sans même l'écouter on lui recommande de prendre des cours de chant.

La voilà donc élève du « Petit Conservatoire de la chanson », où elle se rend tous les mercredis pendant deux ans. Jacques Dutronc et Hadi Kalafate, qui sont presque voisins (l'un habite rue de Provence, l'autre rue Taitbout) et viennent de fonder leur groupe El Toro & Les Cyclones, la voient passer dans la rue, sa guitare à la main. « On s'est parlé quelquefois. Avec Jacques on lui a demandé un jour où elle allait comme ça avec sa guitare, elle nous a répondu gentiment qu'elle se rendait à ses cours de chant, puis on l'a

1. « Le Divan » de Marc-Olivier Fogiel, France 3, 16 février 2016.
2. *Télérama*, n° 2417, 8 mai 1996.

invitée à venir nous voir jouer dans une cave en bas de la rue de Clichy. Et elle est venue. Hallyday était là aussi – il a été notre premier chanteur avant Les Cyclones. On a un peu parlé, sans plus. C'est après, quand on l'a revue chez Vogue, qu'on a sympathisé[1] », raconte Hadi Kalafate.

Fondée en 1955 par la chanteuse et compositrice Mireille Hartuch, dite Mireille, à la suite d'un défi lancé par le dramaturge Sacha Guitry qui lui trouvait l'avantage de n'être « pas desservie par une grande voix » et voyait en elle le professeur idéal « pour enseigner le chant à tant de malheureuses, à tant de malheureux, qui piaillent vainement, qui hurlent sans raison, ou qui bêtifient[2] », la classe du « Petit Conservatoire », gratuite et ouverte à tous, sous réserve d'être sélectionné à l'audition, s'inscrit dans l'histoire de la chanson comme la première école pour interprètes à la radio, puis dès juin 1960 à la télévision avec l'émission « En attendant leur carrosse ». Lorsque Françoise Hardy en pousse la porte au mois d'octobre, elle ne sait rien de Mireille, sa carrière, son influence sur la chanson française, elle découvre une petite dame à la voix flûtée, pédagogue pertinente et passionnée, à la fois drôle et sévère, ouverte et intransigeante, favorisant un lien de proximité avec ses élèves. « Mireille a eu une grande importance dans ma vie. Elle a été la première personne à me faire confiance. Comme je voyais de temps en temps son émission sur le téléviseur de mes grands-parents, je suis allée auditionner et elle m'a prise tout de suite, alors qu'elle était très sélective[3]. » Mireille aura cette réflexion louangeuse : « La première fois que Françoise est entrée dans la classe pour auditionner, je ne savais pas si elle chantait, si elle jouait de la guitare, ce qu'elle faisait, j'ai simplement regardé et j'ai eu l'impression qu'il y avait

1. Entretien avec l'auteur, juillet 2016.
2. Article paru dans *L'Officiel du spectacle*, le 2 mars 1954.
3. « Les Essentiels ».

comme une étincelle, quelque chose qui s'illuminait[1]. » De cet échange va naître une longue et solide amitié, faite d'estime réciproque. « Notre relation ressemblait à celle d'une mère et d'une fille[2]. » Parmi les camarades de promotion de la nouvelle recrue, certains, comme Jean-Max Rivière, Gérard Bourgeois ou Guy Bontempelli, lui écriront bientôt quelques succès notoires. Françoise sympathise également avec la future chanteuse et compositrice Alice Dona, chez qui elle fait sa première surprise-partie ! À la même période, alors qu'elle a toujours vécu à l'écart des garçons, l'adolescente connaît sa première expérience sexuelle avec un étudiant d'origine tunisienne. Il se prénomme Kelil, elle l'a rencontré sur les bancs de la Sorbonne : « Convaincue d'avoir un avenir de nonne et flattée de l'attention que me portait pour la première fois un garçon, je me crus amoureuse alors que j'étais seulement attirée par l'image de moi-même qui m'était renvoyée et réparait, si peu que ce soit, un narcissisme défaillant. » De l'événement lui-même, elle ne garde en mémoire que le « soulagement intense, presque joyeux, en sortant, à la pensée que l'opération était derrière moi et que j'avais effectué un premier pas vers la normalité[3] ».

Un autre pas est bientôt franchi : poursuivant ses démarches auprès des maisons de disques, elle sollicite une audition chez Vogue. Jugeant les premiers enregistrements de Johnny Hallyday médiocres, elle se dit que la firme qui l'a signé doit être moins exigeante que les autres !

---

1. « Télé Dimanche », 1re chaîne de l'ORTF, 13 novembre 1966.
2. *L'Express*, 27 avril 2000.
3. Françoise Hardy, *Le Désespoir des singes… et autres bagatelles*, *op. cit.*

II

1962-1963

« LE TEMPS DES COPAINS »

« C'est le temps de l'amour
Le temps des copains
Et de l'aventure[1]. »

« Mon ambition, au début de ma carrière, était de faire un disque et, bizarrement, je ne pensais pas que ce soit possible. Ce n'était même pas une ambition – en réalité, c'était un rêve[2]. »

En Vogue

Françoise Hardy entrevoit chez Vogue une piste prometteuse pour rendre son rêve possible. Jusqu'ici spécialisé dans le jazz et le musette, le label cent pour cent français s'est

1. « Le Temps de l'amour », 1962. Paroles d'André Salvet et de Lucien Morisse, musique de Jacques Dutronc. © Éditions musicales Alpha.
2. *Les Inrockuptibles*, n° 250, 4 juillet 2000.

offert un nouvel élan avec Johnny Hallyday et, depuis lors, se glorifie d'être « la plus jeune des grandes marques ». Au téléphone, comme il est décidé de demeurer dans l'air du temps, on informe la postulante que l'on recherche des talents d'obédience rock. Elle en prend bonne note, sélectionne les titres les plus rythmés de sa composition et, l'après-midi du 14 mai 1961, sa guitare sous le bras, se rend à Villetaneuse, en Seine-Saint-Denis, où Vogue possède un local qui tient lieu de studio d'enregistrement et d'espace pour les auditions. Les directeurs artistiques qui la reçoivent, Serge Goron et Léo Vidaly, apprécient son grain de voix et lui fixent un nouveau rendez-vous afin de l'entendre avec un orchestre dans deux chansons du répertoire de Johnny, « Oui mon cher » et « 24 000 baisers ». Elle revient donc à la fin d'une session de l'accordéoniste Aimable, qui consent à l'accompagner avec ses musiciens. L'exercice se révèle laborieux. Habituée à chanter seule avec sa guitare dans l'ambiance résonnante de la cuisine familiale, la néophyte ne parvient pas à suivre l'orchestre. « Cette catégorie de chanteurs adolescents, dont j'ai fait partie, sortait de nulle part : un milieu populaire dépourvu de culture musicale, explique-t-elle. Johnny, Sylvie ou moi, on n'avait pas cette conscience de nous-mêmes. Sinon, je pense qu'on n'aurait jamais rien fait. À dix-huit ans, je ne savais même pas qu'un chanteur devait chanter en mesure, je croyais que les musiciens suivaient[1]. » On lui recommande alors de profiter de ses vacances d'été pour prendre des cours de solfège et d'harmonie auprès d'un pianiste. Elle n'en fait rien. Dépitée, elle se demande s'il n'est pas préférable d'achever sa propédeutique d'allemand afin de s'orienter vers le professorat ou l'interprétariat.

André Bernot, preneur de son chez Vogue et futur accordéoniste de Jacques Dutronc, avant une reconversion en

---

1. *Libération*, 4 avril 2009.

bouquiniste sur les quais de la Seine[1], en décide autrement. Séduit par la chanteuse lors de ses essais, pas forcément pour des raisons musicales, il l'appelle à la rentrée pour prendre des nouvelles et se propose de lui donner quelques rudiments de solfège afin d'améliorer son sens du rythme. « Elle chantait juste et avait une plastique de Garbo, témoigne-t-il. Je me disais que ça ferait une belle pochette de disque[2]. » Lors, tous les samedis après-midi pendant deux mois, la jeune élève retrouve son obligeant professeur dans la loge de concierge d'un immeuble de l'avenue de l'Opéra, voisin du cinéma Le Vendôme, où il vit avec sa mère. L'accompagnant au piano, il lui fait répéter deux adaptations françaises de rocks de Cliff Richard par Les Chaussettes noires, « Je t'aime trop » (« I Gotta Know », également au répertoire d'Elvis Presley), et Richard Anthony, « Trois en amour » (« "D" in Love »), ainsi qu'un original que Françoise a elle-même écrit et composé, « Pense à moi ».

Lorsqu'il juge son élève prête, André Bernot lui fait enregistrer une bande qu'il soumet à Jacques Wolfsohn, le plus influent directeur artistique du label Vogue depuis qu'il a lancé Johnny Hallyday. « [Bernot] m'a amené Françoise Hardy non pas parce qu'elle chantait bien, mais parce qu'il avait envie de la sauter[3] », dira-t-il sans ambages. Petit homme à l'œil franc et malicieux, il a pour réputation d'être direct et perspicace en affaires. « De ses yeux bleus perçants, Wolfsohn jugeait vite et il jaugeait bien », estime Jean-Marie Périer, qui lui reconnaît par ailleurs une volonté opiniâtre, parfois irraisonnée : « Il était doté d'un sens aigu de la contradiction. S'il faisait beau, il vous disait qu'il pleuvait

1. Une passion pour l'œuvre de Louis-Ferdinand Céline, dont il devient un fervent collectionneur et spécialiste, incitera André Bernot à se convertir en bouquiniste à la fin des années 1970 et à tenir jusqu'à sa mort, en 2014, un éventaire sur le quai des Grands-Augustins.
2. Michel Leydier, *Jacques Dutronc, la Bio*, Seuil, 2004 et 2010.
3. *Ibid.*

et, croyez-moi, il pleuvait[1] ! » Au moment où on lui présente Françoise Hardy, Jacques Wolfsohn est en quête d'une chanteuse pour reprendre un rockabilly de l'Américain Bobby Lee Trammell, « Uh, Oh », prévu pour Johnny qui entre-temps a claqué la porte pour rejoindre Philips. Devenu « Oh oh chéri » sous la double plume de Jil et Jan (Gilbert Guenet et Jean Setti, pour l'état civil) et refusé par Petula Clark, autre grande vedette maison, le titre est alors proposé à la débutante qui ne dispose pas d'une grande marge de manœuvre. Dans les bureaux du 54 rue d'Hauteville, près de la porte Saint-Denis, on consent cependant à l'entendre dans ses propres créations. Elle gardera gravé dans sa mémoire le souvenir de cette séance où, avec sa guitare comme seul esquif, elle a entonné des bribes de chansons à l'attention de son auditeur, debout face à elle, dans l'étroite et intimidante promiscuité d'une pièce vide de la taille d'une grande penderie. Puis, soudainement : « Bon, quel âge as-tu ? », l'interrompt-il, avant de lui demander les coordonnées de ses parents.

Un contrat est signé le 14 novembre 1961, pour une durée d'un an. « Quand je suis sortie et que je me suis retrouvée dans la rue avec ma petite guitare, je crois que je n'ai jamais éprouvé dans ma vie une joie si forte sur le plan professionnel[2]. »

Charles Benarroch, dit « Charlot », alors batteur du groupe El Toro & Les Cyclones avec ses copains Jacques Dutronc (guitare solo), Hadi Kalafate (guitare basse) et Daniel Dray (chant), se souvient d'apparitions furtives de Françoise Hardy dans les couloirs de la maison Vogue : « C'était notre QG à tous. Après Les Cyclones, j'ai formé un autre groupe qui s'appelait Les Fantômes, toujours sous le label Vogue. Et pendant ce laps de temps j'ai assisté à tout ce qui s'y passait, en particulier à l'avènement de Françoise Hardy. Je la voyais

1. Jean-Marie Périer, *Le Temps d'apprendre à vivre*, XO éditions, 2004.
2. Série d'entretiens pour la RTS, *op. cit.*

régulièrement passer dans les locaux, sa guitare à la main, timide et traqueuse, mais avec quelque chose de magique qui se dégageait d'elle. Tout était déjà là en place, intemporel[1]. »

Le 6 février 1962, dans sa classe du « Petit Conservatoire », Mireille présente « Mademoiselle Hardy » aux téléspectateurs comme une artiste au genre inclassable, qui s'inspire de l'air du temps tout en nageant à contre-courant. La néophyte porte son pull-over en V sens devant derrière et, la guitare en bandoulière, interprète « La Fille avec toi », une chanson de sa composition que l'on retrouvera sur un troisième 45 tours EP (*extended play*) et le premier album en fin d'année. La légende accréditée par la chanteuse veut que, devant son poste, Henri Salvador l'ait remarquée et se soit porté volontaire pour la produire dans sa maison de disques (en fait, Salvador ne créera son propre label, Rigolo, qu'en 1964).

« Des projets d'avenir[2] »

Françoise Hardy enregistre au printemps. La jeunesse française est alors atteinte de folie twisteuse. Pour obéir aux exigences de la mode et s'immiscer bon gré mal gré dans la ronde des « copains », bientôt qualifiés de « yé-yé » par le sociologue Edgar Morin, elle ajoute à « Oh oh chéri », imposée par son producteur, deux chansons rythmées de sa composition : « Il est parti un jour » et « J'suis d'accord », ainsi qu'une ballade sentimentale, « Tous les garçons et les filles », reléguée en face B du disque car jugée trop mélancolique. Inscrite comme autrice à la Sacem, mais inapte à satisfaire au contrôle des connaissances musicales (elle invente ses mélodies en s'accompagnant à la guitare, mais ne sait ni lire ni écrire une partition), Françoise Hardy ne peut prétendre au

1. Entretien avec l'auteur, juin 2016.
2. « Tous les garçons et les filles », 1962. Paroles de Françoise Hardy, musique de Françoise Hardy et de Roger Samyn. © Éditions musicales Alpha.

statut de compositrice et se résigne à cosigner ses premières chansons avec le sociétaire Roger Samyn, arrangeur et chef d'orchestre (guitare et basse) dont elle improuve le travail: «Je me suis rendu compte, bien que je sois tout à fait novice, que les musiciens n'étaient pas à la hauteur, que ce qui se passait derrière les chansons était lamentable, que le son était typiquement le vilain son de casseroles[1].» Mais elle ne va pas s'en plaindre! «Mettez-vous à ma place! Quand je me suis entendue pour la première fois à la radio, j'étais folle de joie[2].» C'est dans la cuisine de l'appartement de la rue d'Aumale qu'elle entend pour la première fois sa voix sortie du transistor et elle se pince pour se convaincre qu'elle n'est pas en train de rêver.

Gravé sur quatre pistes en trois heures de temps et d'abord tiré à cinq mille copies, le disque sort en mai. Françoise Hardy en réserve la primeur à sa professeure et amie Mireille dans l'émission télévisée «En attendant leur carrosse»: elle présente l'objet, soigneusement abrité dans une boîte car la pochette n'est pas encore sortie de l'imprimerie – elle sera en noir et blanc par souci d'économie, avec son portrait réalisé par André Nisak, photographe attitré de Vogue, et son nom écrit en lettres rouges; au verso, on lit: «Une voix fraîche, juste, moderne, composant elle-même ses chansons, Françoise Hardy vous plaira!»

Répondant au souhait de Jacques Wolfsohn, les programmateurs de radio commencent par diffuser «Oh oh chéri». La chanteuse, qui passe l'été en Autriche, l'interprète à Vienne dans un show télévisé présenté par Peter Kraus, l'idole locale des adolescents, et diffusé sur la première chaîne allemande (ARD) le 7 novembre – en France, on découvrira sa prestation le 13 avril suivant dans l'émission d'Albert Raisner «Âge tendre et tête de bois». À son retour à Paris, elle apprend

1. Série d'entretiens pour la RTS, *op. cit.*
2. *Les Inrockuptibles*, n° 250, *op. cit.*

que son disque s'est écoulé à deux mille exemplaires, ce qui lui semble pharamineux. Jean Peigné, adjoint au directeur des programmes d'Europe n° 1, présage que les ventes vont bientôt égaler celles de « Deux enfants au soleil », le succès de Jean Ferrat. Il est loin du compte ! On mise alors sur « J'suis d'accord », une autre chanson dynamique du disque, à la musique copiée sur « "D" in Love » de Cliff Richard et aux paroles ingénues :

« J'suis d'accord pour le cinéma
Pour le rock, le twist ou le cha-cha
J'suis d'accord pour tout c'que tu voudras
Mais ne compte pas sur moi pour aller chez toi[1]... »

Françoise Hardy ne l'est point, d'accord. Pas plus qu'André Salvet, qui produit l'émission « Toute la chanson » et reçoit la chanteuse le 8 octobre. Elle souhaite défendre « Tous les garçons et les filles », plus adaptée à sa sensibilité. C'est aussi le choix de Salvet qui n'en démord pas et lâche à Jacques Wolfsohn : « C'est cette chanson-là ou rien ! » La séquence est enregistrée la veille de la diffusion, dans les studios de la rue Cognacq-Jay. Sous l'œil du réalisateur Pierre Badel, mari de l'actrice Rosy Varte, Françoise évolue parmi des couples d'amoureux dans un décor de réverbères, sanglée dans un ciré noir et égrenant sa mélancolie :

« Tous les garçons et les filles de mon âge
Se promènent dans la rue deux par deux...
Oui, mais moi, je vais seule
Par les rues, l'âme en peine
Oui, mais moi, je vais seule
Car personne ne m'aime[2]... »

---

1. « J'suis d'accord », 1962. Paroles de Françoise Hardy, musique de Françoise Hardy et de Roger Samyn. © Éditions musicales Alpha.
2. « Tous les garçons et les filles », *op. cit.*

« Électre en ciré noir »

La soirée télévisée du dimanche 28 octobre est consacrée aux résultats du référendum proposant à l'initiative de De Gaulle l'élection du président de la République au suffrage universel direct. Lors d'un intermède musical, Françoise Hardy apparaît dans la séquence rediffusée de « Toute la chanson ». Rassemblée devant l'unique programme en noir et blanc, une large majorité de Français est charmée par la douceur de cette nouvelle chanteuse à la longue et gracile silhouette, survenue en plein tumulte yé-yé. La découvrant à l'écran dans le salon de sa propriété de Château l'Arc, près d'Aix-en-Provence, le peintre à la mode Bernard Buffet aurait déclaré à sa femme, Annabel : « C'est Électre en ciré noir. Demain, toutes les filles chanteront sa chanson et voudront lui ressembler[1]. »

Il a vu juste : Françoise Hardy recueille l'adhésion immédiate du jeune public, les filles en particulier, dès lors que « Tous les garçons et les filles » devient l'un des succès matraqués par les radios, à commencer par Europe n° 1, la station préférée des *teenagers*. Elle sera « la confidente des jours de pluie ». Avec ou sans parapluie.

Marie-Hélène Taphorel fait partie de ces adolescentes qui la prennent pour modèle. Elle a treize ans en 1962. « J'étais toute jeune quand j'ai vu apparaître Françoise Hardy à la télévision le soir des élections de De Gaulle, raconte-t-elle. Ce fut le choc pour moi d'entendre quelqu'un chanter exactement ce que j'avais dans la tête, mes peines de cœur, mes préoccupations de préadolescente. Comme je suis une fille curieuse et que j'aime concrétiser mes rêves, j'ai très vite cherché à me rapprocher d'elle. Une copine, qui avait fondé un fan-club, m'a donné le téléphone du secrétaire

1. Propos rapportés par Yves Salgues, *Jours de France*, n° 446, 1er juin 1963.

de Françoise, Lionel Roc, qui était justement en quête de jeunes gens pour l'aider à répondre au courrier volumineux qui arrivait par sacs[1]. »

Issu d'une famille de vignerons bordelais, Lionel Roc est entré au service de Françoise Hardy après un bref parcours dans le show-business. On l'a connu assistant de Johnny Stark, figurant dans *Lemmy pour les dames*, un film de Bernard Borderie avec Eddie Constantine, en 1962, puis danseur au Casino de Paris. Marie-Hélène l'évoque en termes élogieux et reconnaissants : « Lionel était un personnage haut en couleur, grand, mince, assez beau, qui parlait fort. Il avait une belle prestance et une intelligence du métier. Engagé comme secrétaire particulier de Françoise, il s'est vite montré plein d'initiative et indispensable. Il était à la fois son assistant, son manager, son chauffeur. Il faisait un boulot dingue. Et, même si elle lui a souvent reproché d'être envahissant, il a été bénéfique dans son parcours car il a su servir ses intérêts et la décharger de bien des contraintes[2]. » Cet homme polyvalent a en effet occupé à partir de 1967 le poste d'agent artistique de Françoise Hardy, chargé d'établir ses plannings, de gérer ses relations avec les médias et la conseiller dans l'orientation de sa carrière, ce qui n'a pas été sans créer des frictions avec la principale consultante de la chanteuse, à savoir sa mère, Madeleine Hardy.

Quand elle appelle Lionel Roc, Marie-Hélène tombe à pic : « Il m'a donné rendez-vous et demandé si je pouvais venir avec des amies le jeudi après-midi pour lui prêter main-forte. Notre mission était de répondre au courrier de Françoise, d'envoyer des photos dédicacées, autour de gâteaux et de jus de fruits. Nous étions une dizaine de mômes, entre quatorze et dix-sept ans, à nous retrouver chaque semaine rue Rodier, où Lionel vivait avec une vieille

1. Entretien avec l'auteur, juillet 2016.
2. *Ibid.*

dame de sa famille qui s'appelait Mme Védrine. Le soir, comme nous n'étions pas rémunérés, il nous emmenait dans de bons restaurants pour nous récompenser. Nous étions ravis, bien sûr, car c'étaient nos premières sorties. Et nous découvrions, stupéfaits, ce monde incroyable du show-business qui fait tant rêver. Très vite nous avons tissé un réseau de fans dans toutes les régions de France, ainsi qu'à l'étranger. J'ai fait mes premiers voyages à ce moment-là, en Suède, au Maroc, à la rencontre d'autres fans ! De temps en temps, Lionel organisait des rencontres avec Françoise. Elle n'aimait pas beaucoup se prêter à ce genre de démarches, mais Lionel lui expliquait l'importance que cela représentait pour sa carrière, son succès. Notre première rencontre fut particulièrement émouvante. Lionel avait réussi à obtenir qu'elle libère tout un jeudi après-midi à notre intention. Inutile de dire que nous étions aux anges ! J'ai conservé des photos de ce moment inoubliable[1]. » Par la suite, Marie-Hélène aura l'opportunité d'être plusieurs fois reçue chez elle par son idole et de rencontrer aussi sa mère : « Madeleine Hardy était une femme exigeante et autoritaire, mais elle savait faire preuve d'attention à notre égard. Grâce à elle, nous obtenions ce que nous cherchions, c'est-à-dire des informations sur Françoise[2]. » L'aventure s'est poursuivie quelques années pour le groupe de jeunes fans : « Nous avons suivi Lionel Roc jusqu'à ce qu'il quitte le service de Françoise Hardy, vers 1972, et même un peu au-delà. Il a produit ensuite des disques avec Luc Aulivier, qui a officié un temps comme chauffeur de la Rolls de Françoise, avant d'être auteur de chansons et doubleur professionnel pour Télétota – il a également collaboré avec Lionel pour des productions. » Marie-Hélène Taphorel voue une reconnaissance sans faille à cet homme qui, en plus de lui

1. *Ibid.*
2. *Ibid.*

avoir fait rencontrer son idole, a accompagné les débuts de sa vie professionnelle : « Je suis entrée dans le métier grâce à Lionel Roc, il m'a fait obtenir ma première place d'assistante de direction aux éditions Bagatelle et ce fut pour moi un merveilleux tremplin[1]. Je lui dois beaucoup. J'ai souvent eu vent de rumeurs pas très sympathiques à son sujet, mais je peux dire qu'il a été extraordinaire non seulement pour moi mais aussi pour nous tous, les jeunes fans des jeudis après-midi[2]. »

Mais revenons à la fin de 1962. Jusqu'alors, l'avènement de Françoise Hardy avait fait débat au sein de la bande à Filipacchi, à l'origine composée de puristes du jazz assez sectaires. Raymond Mouly, rédacteur en chef de *Jazz Magazine*, puis de *Salut les copains*, s'en expliquera *a posteriori*, analysant la différence de perception que la chanteuse a suscitée chez les adultes et les jeunes à son arrivée sur la scène musicale : « Elle était pour les plus de trente ans une sorte de néo-Gréco qui aurait chanté juste du premier coup. Les *teenagers*, eux, étaient plus réservés. "Elle n'est ni rock, ni twist, elle croule", disaient-ils. Pourtant, quand les magazines hebdomadaires à l'usage des adultes eurent épuisé le pittoresque du sujet Hardy, souligné que son art tendait à redonner à la chanson française sa dignité perdue, insisté sur le fait qu'aux futurs récitals de cette chanteuse on n'aurait jamais à déplorer le moindre bris de fauteuil, ils revinrent à leurs familles princières favorites et oublièrent Françoise pendant un an. Cette durée de temps suffit aux jeunes pour acheter deux millions et demi des disques de

1. Après une expérience d'une dizaine d'années chez Warner/Chappell, Marie-Hélène Jarno-Taphorel s'est occupée en indépendante vers 1991 de la coédition internationale entre Jean-Jacques Goldman et Céline Dion pour l'album *D'eux*, puis a fondé sa propre société d'éditions musicales, conseil et formation, Tinuta, implantée à Levallois-Perret (*cf.* site internet de la société Tinuta).
2. Entretien avec l'auteur, juillet 2016.

Françoise Hardy. Ils l'avaient reconnue pour une des leurs, et finalement ne la trouvaient pas aussi "réactionnaire" qu'ils l'avaient supposé de prime abord[1]. »

Il aura fallu le temps que « Tous les garçons et les filles » s'emparent des ondes et envahissent les cafés de France à la faveur du Scopitone en couleurs de Claude Lelouch. Pour illustrer la chanson, celui qui n'est encore qu'un apprenti cinéaste promis à un bel avenir a posé sa caméra au jardin des Tuileries, un jour de fête foraine : il filme la nouvelle idole à l'avant d'un bateau à bascule et zoome avec malice sur deux jeunes figurantes en arrière-plan, dont les jupes se soulèvent au gré du vent, dévoilant leurs dessous. Les ventes du disque s'envolent aussi : en quelques mois, on franchit le seuil du million. *Paris Match* consacre un article à ces millionnaires du disque et sa une à Françoise Hardy[2], qui vient de signer un nouveau contrat de cinq ans avec Vogue, ainsi qu'un accord avec les Éditions musicales Alpha, créées par son directeur artistique Jacques Wolfsohn. Cinq ans ! Une éternité pour la débutante qui n'a jamais planifié à long terme : « J'ai toujours escompté que ça ne durerait pas, que tout allait s'arrêter[3]. »

« L'amour d'un garçon/Peut tout changer[4] »

Est-ce en juillet ou septembre ? Jean-Marie Périer, rentré du service militaire, doit réaliser un reportage pour *Paris Match* à la demande de son patron, Daniel Filipacchi. Il s'agit de donner un coup de projecteur sur trois artistes débutants : Françoise Hardy, Leny Escudero et Lucky Blondo. Rendez-vous a été pris place du Tertre, à Montmartre. C'est la

1. *Musica Disques*, n° 118, 1er janvier 1964.
2. N° 717, 5 janvier 1963.
3. *Les Inrockuptibles*, n° 250, *op. cit.*
4. « L'Amour d'un garçon ». Titre original : « The Love of a Boy » (par Timi Yuro). Musique de Burt Bacharach, paroles françaises de Françoise Hardy. © Éditions Tropicales.

première rencontre de la chanteuse et du photographe. Elle ne se révèle guère enthousiasmante, de part et d'autre. Lui se montre mal inspiré, elle peu conciliante. « C'était pratiquement sa première séance, elle avait dix-huit ans et moi vingt-deux, on ne savait pas quoi se dire, alors on se baladait[1] », résume Jean-Marie Périer. Les cheveux blonds tirant vers le châtain, la frange droite, un trait de crayon noir épais sur les bords des paupières au ras des cils, la chanteuse pose néanmoins de bonne grâce devant l'objectif du photographe, parmi les peintres et croqueurs à l'affût de touristes. Un plan rapproché sur son visage témoigne d'une grande beauté mystérieuse et distante. Cela saute aux yeux de Jean-Marie Périer lorsqu'il découvre les photos. Il s'en remet alors à Jean Georgieff, chargé des relations publiques pour Vogue, afin d'arranger une nouvelle entrevue.

L'occasion fait le larron : Daniel Filipacchi et Frank Ténot ont lancé pendant l'été la version papier glacé de leur émission radiophonique « Salut les copains », à destination des adolescents, et Jean-Marie Périer en est le principal photographe. « Pour la première fois, dans un monde établi par des plus de vingt ans, les moins de vingt ans ont le droit à la parole », lit-on en première ligne de l'éditorial. Le visuel y est coloré, l'iconographie copieuse et de qualité, les rubriques ludiques, le tout dépourvu d'esprit critique, baignant dans un univers candide où tous (chanteurs, lecteurs, rédacteurs, photographes) seraient copains. Le premier numéro, tiré à cinquante mille copies et aussitôt réimprimé à la suite de l'émeute dans les kiosques qu'il suscitera, affiche en couverture le coryphée de cette communauté idyllique de copains, Johnny Hallyday. Le succès éclatant mobilise l'équipe et assure une belle continuité. Un stand à l'effigie du magazine s'installe du 4 au 11 novembre au Salon de l'enfance, porte de Versailles, où les nouvelles idoles – Lucky Blondo, Dick

1. *Françoise par Jean-Marie Périer*, Éditions du Chêne, Paris, 2011.

Rivers, Frankie Jordan, Sylvie Vartan et Françoise Hardy – dédicacent disques et photos à leur jeune public.

Pour leur deuxième rencontre, le photographe se rend chez la chanteuse, rue d'Aumale. Ses souvenirs sont d'une précision remarquable, il la décrit comme s'il ne l'avait jamais vue auparavant : « C'est sa mère qui ouvrit la porte, derrière, il y avait cette apparition qui ne me quitta plus. C'était une longue chose, avec un air pas fini. Au bout de bras interminables, des mains fines, indolentes, caressaient l'air comme à regret, presque en s'excusant. Elle souriait peu et parlait encore moins. Un trop grand pull-over en V tombait sur ses épaules, la jupe était bien droite, les chaussures à talons bas, un peu usées[1]. » Dans cet appartement modeste, il perçoit la distance sociale qui le sépare d'elle, lui qui a reçu une éducation bourgeoise dans une famille d'artistes.

Né en 1940 dans un hôtel particulier de Neuilly dont les jardins donnent sur la Seine, Jean-Marie est le fils de l'acteur François Périer. Il ne connaîtra l'identité de son père biologique – le chanteur Henri Salvador – qu'à l'âge de seize ans. Sa mère, l'actrice Jacqueline Porel, est la petite-fille de Réjane, une grande figure du théâtre concurrente de Sarah Bernhardt au tournant du XXe siècle. Autour de la table familiale, lors des soupers d'après spectacle, se retrouvent couramment de prestigieux convives tels que Sacha Guitry, Louis Jouvet, Simone Signoret, Yves Montand, Pierre Brasseur ou encore Yul Brynner. « Je descendais en pyjama et je venais jouer du piano devant tous ces gens connus, raconte Jean-Marie Périer. Et ça ne m'étonnait pas, je trouvais ça normal. Ça m'a permis aussi de voir les coulisses de la célébrité, le côté sombre, le côté négatif, les inquiétudes, les peurs. Et par la suite quand j'ai rencontré tous ces mômes qui démarraient leur carrière, qui avaient

1. *Françoise par Jean-Marie Périer*, *op. cit.*

entre seize et vingt ans, j'en savais beaucoup plus qu'eux sur ce qui allait leur arriver[1]. »

Ainsi, sa rencontre avec le photographe star de *Salut les copains* se révèle primordiale dans la vie et la carrière de Françoise Hardy. Leurs différences les attirent : elle admire son aisance naturelle ; il est ému de la simplicité qui émane d'elle et de sa famille. Il aime ce décalage entre l'expression de mélancolie inscrite sur son visage et la gaieté irrésistible dont elle fait preuve par ailleurs ; elle se laisse porter par son enthousiasme et son dynamisme permanents. Grâce à lui, elle prend conscience du rôle et de l'importance de son apparence dans un métier où l'image est prépondérante : « Il s'occupait de tout ce qui était extérieur, promotionnel, la façon de s'habiller, les rapports avec les journalistes. Il me grondait comme une enfant – que j'étais d'ailleurs – à cause de mes façons tout à fait inadéquates de m'habiller, de répondre aux journalistes. J'étais très gaffeuse, beaucoup trop jeune[2]. » Leur histoire d'amour contribue au sortir de l'enfance et à lui ouvrir le monde.

« À vingt ans/On est les rois du monde[3] »

Profitant de l'élan produit par l'énorme succès de « Tous les garçons et les filles », les dirigeants de Vogue éditent presque simultanément deux super 45 tours, relayés par un *long play* qui rassemble les douze chansons enregistrées en 1962 – toutes, à deux exceptions près, sont écrites et composées par leur interprète, même si, pour les raisons déjà évoquées, Roger Samyn en cosigne les musiques. Ce premier album est bientôt couronné du Trophée de la télévision et du prestigieux Grand Prix de l'académie Charles-Cros, ce qui ne fait pas jaillir un enthousiasme débordant

1. swissinfo.ch, 29 juillet 2008.
2. *Les Inrockuptibles*, n° 22, *op. cit.*
3. « Le Temps de l'amour », *op. cit.*

chez la lauréate : « Ça m'aurait fait encore plus plaisir si je l'avais reçu un peu plus tard pour des disques mieux faits que celui-là », confie-t-elle le 21 avril à Denise Glaser dans son émission dominicale, « Discorama ». La photographie de pochette, issue d'une escapade parisienne au mois d'octobre, est du plus bel effet : à l'abri sous un parapluie, les cheveux à peine décoiffés par le vent, Françoise Hardy pose sous l'œil amoureux de Jean-Marie Périer[1]. Le texte publicitaire imprimé au verso tend à aguicher un jeune public, en prenant soin d'inscrire les arguments les plus porteurs en lettres capitales :

> « LA JEUNESSE CHANTE LA JEUNESSE... FRANÇOISE HARDY l'a prouvé ! À dix-huit ans, une jeune fille étudiante, simple, jolie et naturelle, a apporté une fraîcheur nouvelle dans la chanson. Elle compose des mélodies à son image, sur des poèmes où l'amour parle jeune. Elle interprète ses chansons avec un charme très personnel qui la distingue entre toutes. FRANÇOISE HARDY est la RÉVÉLATION de l'année que le public tout entier a adoptée et plébiscitée ! À travers le sourire des nouvelles chansons qu'elle vous présente dans cet album, Françoise marche à coup sûr sur les traces des plus grands succès. FRANÇOISE HARDY... C'EST LE RENOUVEAU DE LA JEUNE CHANSON FRANÇAISE ! »

Un soutien rythmique tendance twist tempère l'humeur mélancolique de la chanteuse, qui fait volontiers usage d'onomatopées du style « *wo ouh wo*, *yéyé*, *hmm-mm* » (« Il est tout pour moi », « La Fille avec toi », « On se plaît »). Fallait-il céder à quelque compromission pour coller à l'air du temps ? Les radios s'accordent avec la maison de disques, afin d'appâter l'auditeur, à promouvoir « C'est à l'amour auquel je pense », dont la thématique s'inscrit dans la lignée du tube

1. Sa notoriété n'est pas encore acquise : on attribue sur le verso de la pochette la paternité de la photographie à... Jean-François Perrier !

précédent. C'est un joli succès, au grand désespoir de son interprète qui, découvrant *a posteriori* la faute de syntaxe dans le titre, en sera affreusement navrée. Filmée par Maurice Cazeneuve, elle l'étrenne le 24 novembre à la télévision dans « Soirée rose pour jours gris », une émission originale de Pierre Cour alternant chansons et sketches.

Mais le grand public retiendra surtout « Le Temps de l'amour », qu'elle chante également dans ce programme du samedi soir. Il s'agit à l'origine d'un morceau instrumental composé par Jacques Dutronc pour le groupe Les Fantômes[1], formé par son copain Charles Benarroch, dans un style emprunté aux Shadows, en particulier au jeu du soliste Hank Marvin, qui éveilla la flamme de nombreux *guitar heroes*. Le titre initial, « Fort Chabrol », outre son évocation historique[2], rappelle *Le Massacre de Fort Apache*, célèbre western de John Ford – « Apache » étant par ailleurs le tube des pionniers du rock britannique. « Moi, je trouvais que cette musique n'avait rien de guerrier et donc que le titre n'était pas approprié, déclarera André Salvet, chargé avec Lucien Morisse de plaquer des paroles sur la trame mélodique. J'avais proposé à Wolfsohn "Le Temps des copains". À cause du feuilleton télé[3], ce n'était pas possible. J'ai donc inversé les deux principaux vers et changé le titre. [...] Jacques Dutronc m'en

---

1. L'Écossais Dean Noton, soliste des Fantômes, est crédité comme co-compositeur de « Fort Chabrol ». Son nom disparaît ensuite des crédits de la chanson « Le Temps de l'amour ».
2. L'expression « Fort Chabrol » puise ses origines dans un événement de la politique de la fin du XIXe siècle : le siège de trente-huit jours d'un groupe de fascistes face à la police, en 1899, rue Chabrol à Paris, en pleine affaire Dreyfus. Passée dans le langage commun, elle désigne un endroit réputé imprenable par la force (source : « Le siège du fort Chabrol », *Le Parisien*, 20 juillet 2001).
3. Témoignage sur la vie des étudiants parisiens à cette époque, « Le Temps des copains » est un feuilleton à succès de 115 épisodes, réalisé par Robert Guez, sur un scénario de Jean Canolle, et diffusé sur la RTF à partir du 16 octobre 1961.

a voulu pendant quelques années d'avoir changé le sens de sa chanson[1]. » D'abord proposée à la chanteuse Colette Rivat, puis enregistrée par José Salcy, un jeune auteur-compositeur niçois sous contrat chez Vogue – la chanson figure en quatrième plage de son premier 45 tours EP –, ou encore par Jean-Claude Pascal, « Le Temps de l'amour » est finalement popularisé par Françoise Hardy, en français, puis en italien (« L'Eta dell'Amore »). Jacques Dutronc en donnera une version pop synthétique en 1980, sur son album *Guerre et Pets*.

> « Car le temps de l'amour
> Ça dure toujours
> On s'en souvient[2]... »

En vedette du troisième EP et présenté le 21 janvier 1963 dans « Toute la chanson », « Ton meilleur ami » s'impose ensuite dans les hit-parades, sans réitérer le succès des précédentes créations. Au verso du disque, une revue de presse rend compte de l'ascension fulgurante de Françoise Hardy.

Premières scènes

Entre-temps, la chanteuse est allée à la rencontre de son public.

« Il faut absolument que je m'échappe du transistor et du tourne-disque pour devenir une réalité pour les milliers de jeunes gens qui font de moi une vedette avant même que je sache que je suis une artiste[3] », se résigne-t-elle, même si la perspective de l'épreuve est loin de l'enchanter.

C'est à Nancy qu'elle foule pour la première fois les planches le 11 décembre, à l'invitation de Jean-Louis

1. *Platine*, n° 7, août/septembre 1993.
2. « Le Temps de l'amour », *op. cit.*
3. Françoise Hardy, Claude Dufresne, *Je chante, donc je suis*, *op. cit.*

Berthon, enfant du pays et fondateur de *Disco Revue*: le gala propose un échantillon varié de la jeunesse rock, avec, outre Françoise Hardy qui interprète quatre chansons («J'suis d'accord», «J'ai jeté mon cœur» et ses deux tubes, «Le Temps de l'amour» et «Tous les garçons et les filles»), Arielle, Lucky Blondo, Les Champions, Billy Bridge, Danyel Gérard et Dick Rivers. La veille de Noël, on la retrouve à l'auditorium Léonard-de-Vinci, à Anderlecht (Bruxelles), puis, en fin d'année dans le sud de la France, où elle partage l'affiche avec le chanteur marseillais Robert Ripa. Au Théâtre municipal de Montpellier où elle donne deux galas en matinée et en soirée le 30 décembre, elle est annoncée comme l'étoile montante de la Nouvelle Vague. «Quand je suis apparue sur scène, j'ai été saluée par un tonnerre d'applaudissements. J'en avais les larmes aux yeux. J'ai chanté mes chansons sans chercher à me donner en spectacle, et cela a très bien marché», se réjouit-elle dans le numéro de novembre de *Bonjour les amis*, le concurrent catho de *Salut les copains*. Son programme compte les huit titres de ses deux premiers 45 tours EP. L'accompagne Marcel Hendrix, premier prix en accordéon classique au Conservatoire de Paris, puis pianiste du «Petit Conservatoire» de Mireille. «Au début, elle chantait sans orchestre; j'étais seul à l'accompagner, racontera-t-il. Cela a duré au moins six mois[1].» Colette Piette, une danseuse que le musicien vient alors de rencontrer et d'épouser, se souvient: «Je dansais avec les ballets d'Arthur Plasschaert. J'ai connu mon mari lors d'une répétition au studio de l'Olympia, avec Sylvie Vartan, il était notre accompagnateur. Ensuite, j'ai été engagée comme Clodette par Claude François. On se retrouvait souvent en tournée. Marcel était le chef d'orchestre de Françoise Hardy et l'auteur des arrangements des

1. Étienne Daho et Jérôme Soligny, *Françoise Hardy, Superstar et ermite*, *op. cit.*

premières chansons qui ont fait son succès. On habitait à ce moment-là à Fontenay-sous-Bois, à côté de Jean-Jacques Debout et de Chantal Goya, qui étaient des amis intimes. Mon mari faisait ses arrangements dans le sous-sol de notre maison. Françoise arrivait avec une mélodie en tête, elle fredonnait en s'accompagnant à la guitare et il se chargeait d'écrire la musique et les arrangements. Par ailleurs, ma mère travaillait rue des Saints-Pères dans un magasin de couture renommé, chez Marie-Martine, d'où provenaient les premières tenues de scène de Françoise[1]. »

Charles Benarroch, qui intégrera l'orchestre de la chanteuse en 1968, y fait une brève prestation au cours de cette première tournée : « C'est mon ami Ticky, le roadie des Fantômes, qui me l'a rappelé récemment, car je n'ai pas toujours une mémoire très vive des événements. Lui était alors chargé de conduire Françoise à ce moment-là. Il manquait sans doute un batteur, on m'avait appelé pour dépanner[2]. »

De même, le Niçois Jean-Claude Bouvarel, guitariste soliste de son compatriote José Salcy, se rappelle avoir participé aux débuts scéniques de Françoise Hardy à la fin de 1962 sur la Côte d'Azur. Son souvenir est plus vivace : « Dès l'introduction de sa première chanson, elle entre en scène habillée d'une robe noire avec des manches longues en mousseline noire, sous les ovations d'un public très nombreux. Elle va vers son micro et entame ses premières paroles. Pas de son… panne de micro ! Elle retourne dans sa loge, en pleurs. Marcel Hendrix nous fait poursuivre l'instrumental de son premier morceau pour combler, en attendant son retour sur scène. Le micro réparé, après quelque cinq bonnes minutes, le public déchaîné, scandant son nom, explose dès son retour. Elle chanta son répertoire

1. Entretien avec l'auteur, juin 2016.
2. *Ibid.*

et fit un triomphe. Nous avions dû bisser presque tout son répertoire, le public en réclamait encore et encore[1]. »

Le triomphe se renouvelle quatre fois de suite dans la nuit du Nouvel An, avec une première prestation vers 21 heures au Casino municipal de Nice, avant de regagner prestement celui de Juan-les-Pins où elle arrive deux heures plus tard, de revenir sur Nice autour de minuit pour un gala à l'hôtel Le Negresco, sur la promenade des Anglais, et terminer à 2 heures du matin au casino municipal de Saint-Raphaël. « Françoise Hardy aura accompli un record durant cette nuit. Elle aurait pu, si elle l'avait voulu, tenir la scène bien plus longtemps tant elle fut applaudie », écrit *Nice-Matin* dans son édition du lendemain tandis que la chanteuse est attendue pour une matinée et une soirée supplémentaires au casino de la ville, puis à une réception organisée par le préfet de région en présence de Jean Cocteau.

Sa tournée compte encore quelques dates dans le Nord pendant les premiers jours de 1963, puis elle occupe la scène du Théâtre du Gymnase de Marseille du 25 au 28 janvier, en première partie de Richard Anthony qui triomphe avec « J'irai twister le blues » et surtout « J'entends siffler le train ». Un journaliste du *Provençal*, venu couvrir l'événement, voit en elle une « Madeleine Sologne dans *L'Éternel Retour*, en plus maigre ».

Enfin, la voilà qui s'apprête à affronter l'Olympia de Paris ! Intrigué par la jeune vedette, Bruno Coquatrix s'est laissé convaincre par l'agent artistique Charley Marouani, venu à la demande de Jacques Wolfsohn, de lui ouvrir les portes de son music-hall. Si l'on en croit Françoise Hardy, le directeur de la mythique salle du boulevard des Capucines en aurait manifesté le désir bien plus tôt : « Dès la sortie de mon premier disque, Bruno Coquatrix voulait que je passe à l'Olympia alors que je n'avais que quatre chansons. Et il

1. Témoignage daté du 3 septembre 2007 et relevé sur le forum Totally Hardy.

voulait que je chante en cape écossaise, car j'étais habillée comme ça à l'époque, jupe de cuir et talons plats [*rires*] ! Il m'a souvent reproché d'avoir refusé[1]. » On se risque cependant avec prudence en programmant une représentation unique le 3 février, retransmise en direct sur les ondes d'Europe n° 1 dans le cadre d'un « Musicorama », avant d'appréhender un plus long séjour à l'automne, toujours en vedette « américaine » de Richard Anthony. Forte de ses deux tubes réclamés à cor et à cri en rappel, Françoise Hardy propose au menu de sa première prestation parisienne « Ça a raté », « J'ai jeté mon cœur », « J'suis d'accord » et son dernier succès « Ton meilleur ami ». Le challenge est remporté haut la main, comme en témoigne *La Discographie française* dans son numéro de février : « Elle a une voix très fraîche et pure qui convient parfaitement à son style de compositions. [...] En terminant sur son grand succès "Tous les garçons et les filles", Françoise Hardy a reçu une ovation très justifiée qui lui permet d'entreprendre sous les meilleurs augures la tournée du "Gala des étoiles". »

Les Trois Grâces

En attendant, on retrouve la nouvelle brûleuse de planches le 1er février dans « Cinq colonnes à la une », le magazine télévisuel de l'information qui s'interroge sur ce jeune phénomène de la scène française. S'accompagnant à la guitare, elle présente en exclusivité un extrait de « L'amour s'en va », une chanson inédite qu'elle dira plus tard avoir écrite à l'attention de Brigitte Bardot et que Lucien Morisse, directeur des programmes d'Europe n° 1, destine au concours de l'Eurovision. Puis, devant la caméra d'Hubert Knapp, elle reçoit chez elle le journaliste

1. « D'hier et d'aujourd'hui », émission rétrospective d'André Pergament, présentée par Pierre Bouteiller et diffusée le 30 juillet 1971 sur la première chaîne de l'ORTF.

et romancier Philippe Labro qui découvre une chambre encore toute proche de l'enfance, où trônent poupées et peluches. Elle lui avoue avoir un penchant pour les chansons tristes, se définit comme une fille timide, solitaire, qui sort peu. Elle ne fait pas partie d'une bande de copains et le regrette. Elle se dit romantique, comme la plupart des jeunes gens. Au mur, elle a punaisé une photo du comédien Jacques Perrin, à peine plus âgé qu'elle, qu'elle trouve « pas mal ». Elle refuse qu'on la considère comme le symbole d'une génération. Les « grands mots », très peu pour elle !

Le reportage, qui emprunte le titre de sa chanson fétiche « Tous les garçons et les filles de mon âge », présente en parallèle l'autre figure féminine la plus courtisée de sa génération : Sylvie Vartan, dont on murmure qu'elle est fiancée à Johnny Hallyday. Françoise Hardy voit alors en sa consœur l'archétype de la fille sexy qui plaît à tous les hommes : « Elle était et elle avait tout ce que je n'étais pas et que je n'avais pas. Elle savait se mettre en valeur, elle savait danser, bouger, elle avait des chansons que j'aimais beaucoup. Elle représentait une jeune fille que j'aurais aimé être[1]. » Quinze jours plus tard, dans les studios de Radio Luxembourg, Jacques Garnier et Philippe Adler les réunissent pour « Les Ailes de la chanson », en présence d'une jeune débutante nommée Sheila (Annie Chancel, pour l'état civil), laquelle secoue énergiquement ses couettes au rythme de son premier tube : « L'école est finie ». La presse élucubre sur « la guerre des filles » ! Dans les couloirs de la radio, Sheila cherche à vaincre sa timidité : « Pour moi qui débutais, voir Françoise Hardy c'était voir le Messie. C'était un idéal, Françoise. Par son côté difficile d'approche, elle n'était pas de celles à qui on tape sur l'épaule. Non pas parce qu'elle était antipathique, loin de là. Mais parce

1. « Comment te dire Hardy ? », feuilleton radiophonique de Didier Varrod, France Inter, épisode du 9 juillet 2016.

qu'elle était très renfermée, timide et pas aussi sûre d'elle qu'on voulait bien le croire[1].»

Selon une appréciation future du journaliste et académicien Bernard Pivot, «Françoise Hardy possédait ce que les autres n'avaient pas ou avaient plus chichement: la grâce, une grâce particulière qui ajoutait à son évidente intelligence et qui ferait d'elle non pas une idole mais une icône de la chanson[2]».

Il n'empêche que ce n'est pas fortuit si la mémoire collective a sacralisé ces trois filles-là plutôt que d'autres, mais c'est la conséquence de ce que chacune a su imposer d'emblée son style et sa spécificité à un public de *teenagers* en manque d'identification. Chacune incarne un prototype de jeune fille moderne. Des années plus tard, même si la presse et l'opinion publique s'évertuent à la différencier des autres en lui attribuant un statut d'intellectuelle (qu'elle conteste, à raison) lié au fait qu'elle a étudié à l'université et écrit elle-même ses chansons, Françoise Hardy évoquera ce lien de sororité qui l'unit à Sylvie Vartan et Sheila: «Je trouve que le fait d'avoir le même âge, de débuter en même temps, dans le même métier, crée des liens presque malgré soi. Je me sens tout à fait solidaire de Sylvie et de Sheila, même si mes goûts artistiques me portent davantage vers France Gall et Véronique Sanson[3].» Elle dira, en outre, comme pour mieux affirmer cette solidarité entre elles: «Je sentais bien que nous n'étions pas très appréciées de la génération précédente, ou de certains journalistes. Je n'ai jamais ressenti une très grande sympathie, une très grande réceptivité, chez quelqu'un comme Denise Glaser notamment. Ou Pierre Dumayet (entre autres), qui voulait nous coincer par rapport à notre inculture – on sortait souvent de milieux populaires

1. *Ibid.*
2. *Le Journal du Dimanche*, 23 octobre 2008.
3. *Platine*, n° 156, décembre 2008.

relativement défavorisés, tandis que la vague suivante des Alain Souchon, Véronique Sanson, Michel Berger, Julien Clerc... venait de la bourgeoisie[1]. »

Et c'est pour ce statut revendiqué d'idole des jeunes qu'on l'accueille en vedette de « Télé Dimanche » le 10 février, puis dans l'émission d'Albert Raisner à destination des adolescents, « Âge tendre et tête de bois », exceptionnellement enregistrée au club Saint-Hilaire, rue de Rennes, institution de la nuit parisienne des années 1960, et diffusée le 16 février. Au mitan du mois, la chanteuse s'offre avec son amoureux une escapade à Rome, où commence à retentir l'écho de sa voix.

Chacun chez soi

À leur retour, Jean-Marie Périer persuade Françoise Hardy de prendre son indépendance et de placer l'argent gagné en prévision de lendemains qui déchantent. Dans la presse, elle témoignait de son intention d'acheter une parfumerie, un commerce de luxe ou une compagnie de taxis, sur les conseils de sa mère qui gère désormais ses affaires personnelles (secrétariat, comptabilité). Jean-Marie lui recommande plutôt d'investir dans la pierre. Elle achète alors son premier appartement, un studio sous les toits, au quatrième étage sans ascenseur du 8 rue du Rocher, près de la gare Saint-Lazare. Pour l'aménagement intérieur, elle s'en remet à un ami de son compagnon, Jean Demachy, journaliste et illustrateur, plus tard fondateur de la revue *Elle Décoration*. Une description détaillée nous est livrée par un reporter de la presse écrite : « Une grande pièce mansardée, une salle de bains à dominante bleu, une kitchenette (inutilisée) et des WC avec la photo de Terence Stamp au mur. Le décor de Françoise : un immense divan gris, un fauteuil en cuir noir, des murs rouges nus, un électrophone, un magnétophone et des disques en vrac.

1. *Télérama*, n° 3250, *op. cit.*

La bibliothèque surprend : Durrell, Pouchkine, Montherlant côtoient Zola, Simone de Beauvoir, Violette Leduc[1]. »

La nouvelle millionnaire de la chanson installe bientôt sa mère et sa sœur dans un confortable appartement au 29 de la rue d'Anjou, proche de chez elle. Jean-Marie Périer, lui, partage avec la famille de son meilleur ami Régis Pagniez, metteur en pages des publications du groupe Filipacchi, deux ateliers mitoyens de la rue du Faubourg-Saint-Honoré où l'ambiance est la plupart du temps festive et musicale. « Avec les Pagniez, nous vivions un peu en communauté, bien avant que les hippies y pensent, mais sans les chemises à fleurs et les chèvres du jardin[2] », fait-il remarquer. La situation n'enchante guère Françoise Hardy qui espérait une union plus étroite avec son amoureux.

« Gala des étoiles » et concours de l'Eurovision

Patronnée par Europe n° 1 et *Salut les copains*, la tournée du « Gala des étoiles » démarre en fanfare le 26 février à Calais et sillonne une quarantaine de villes jusqu'au 10 avril, jour de clôture à Périgueux. La seule présence de la créatrice de « Tous les garçons et les filles », sans jeu de scène particulier, juste sa silhouette longiligne devant le micro, ses longs cheveux lisses encadrant son visage, son pied gauche battant au rythme de la musique, sa voix fragile et envoûtante magnétise les foules. « Chaque soir de cette longue tournée, cinq ou six cents fans nouveaux la trouvaient belle, l'écoutaient avec un recueillement inhabituel, sentaient la parfaite harmonie entre la personnalité de cette jeune fille à la fois romantique et sauvage et toute une part secrète d'eux-mêmes[3] », s'enflamme Raymond Mouly. Richard Anthony, vedette

1. *Elle*, n° 1090, 10 novembre 1966.
2. Portrait de Régis Pagniez dans *Le Blog de Jean-Marie Périer*, 19 février 2014.
3. *Musica Disques*, n° 118, *op. cit.*

du spectacle, est pareillement conquis : « J'ai découvert une jeune fille aussi jolie qu'intelligente. Une Capricorne comme moi, plutôt réservée. Elle se livrait peu mais quand elle parlait c'était toujours intéressant. Comme tous les autres hommes [...], je suis évidemment tombé amoureux d'elle[1]. » Mais c'est Jean-Marie Périer, fidèle accompagnateur, qui a gagné le cœur de la belle et garde les meilleurs souvenirs de ce périple, en particulier leur première nuit d'amour dans un hôtel de Marseille : « Elle est entrée sans dire un mot et moi, je l'ai suivie comme un somnambule. [...] Sans rien décider, sans geste ni formule, c'était fait, nous étions "ensemble"[2]. »

Entre deux galas, la chanteuse s'échappe pour Londres où elle doit défendre les couleurs monégasques au concours de l'Eurovision avec « L'amour s'en va », un titre de sa composition. « À l'époque, je considérais que, pour être prise au sérieux dans son travail, il y a des propositions qui ne se refusent pas. J'ai accepté beaucoup de choses dans cet état d'esprit qui provenait de mon éducation. J'étais consciente de vivre un rêve qui pouvait s'arrêter du jour au lendemain[3]. » L'événement a lieu le samedi 23 mars, dans les studios de la BBC. Le concours compte seize concurrents. Tétanisée par l'épreuve du direct devant un si large auditoire, Françoise Hardy livre une prestation qu'elle juge épouvantable. Elle se classe toutefois cinquième *ex æquo* avec Alain Barrière pour la France (« Elle était si jolie »), chacun recueillant un total de vingt-cinq points. Les vainqueurs sont les duettistes Grethe et Jorgen Ingmann pour le Danemark (« Dansevise »).

En exergue d'un quatrième EP, dans les bacs depuis le début de l'année, « L'amour s'en va » ne révolutionne pas les hit-parades. Dans les cafés, on préfère diffuser « Comme tant d'autres », dont le Scopitone est à nouveau l'œuvre d'un

---

1. *La Dépêche*, 8 décembre 2012.
2. Jean-Marie Périer, *Le Temps d'apprendre à vivre*, *op. cit.*
3. *Platine*, n° 10, février-mars 1994.

Claude Lelouch à l'inspiration coquine: «Je chantais sur le toit d'un immeuble du quartier Saint-Lazare et en voyant par la suite les images (à l'époque, il n'était pas possible de voir les rushes), je me suis aperçue qu'il m'avait filmée avec en arrière-plan une enseigne lumineuse qui représentait un soutien-gorge qui clignotait[1] !»

> «Pourquoi donc vouloir à tout prix
> Que je sois différente?
> Pourquoi me vouloir plus jolie
> Ou plus intéressante?
> Regarde-moi bien!
> Ça n'est pas ma faute
> Si je ne suis rien
> Qu'une fille comme tant d'autres[2].»

Actrice malgré elle

Télé Magazine la croit différente des autres filles de son âge et publie à la une le portrait de «cette idole de dix-huit ans, boudeuse et blasée», que l'on compare à Juliette Gréco: «Elle en a cet air de Bonaparte au pont d'Arcole[3]». Toutes deux sont justement les partenaires de Roger Vadim dans *Lettres d'amour*, une lecture de la correspondance amoureuse de Casanova sur Europe n° 1. Françoise Hardy prête sa voix à Marine, l'une des jeunes conquêtes du séducteur vénitien. L'expérience tient lieu d'essai cinématographique, puisque Vadim a l'intention de diriger ses premiers pas de comédienne dans une adaptation de *Château en Suède*, la première des trois pièces de théâtre écrite par Françoise Sagan et créée en 1960 au Théâtre de l'Atelier dans une mise en scène

1. Étienne Daho et Jérôme Soligny, *Françoise Hardy, Superstar et ermite*, *op. cit.*
2. «L'amour s'en va», 1963. Paroles et musique de Françoise Hardy. © Éditions musicales Alpha.
3. *Télé Magazine*, n° 383, 24 février 1963.

d'André Barsacq. La chanteuse et le cinéaste à la réputation donjuanesque, connu tant pour ses conquêtes féminines (Brigitte Bardot, Annette Stroyberg, Catherine Deneuve, bientôt Jane Fonda) que pour son talent artistique, se sont rencontrés un soir au club Saint-Hilaire. Vadim a demandé à faire sa connaissance. Elle est venue s'asseoir à sa table. Il lui a parlé de cinéma et a émis l'éventualité de l'engager pour un film. Elle a joué franc jeu en arguant qu'elle n'avait aucune formation d'actrice et que si l'envie lui prenait de la faire tourner, il devait en assumer l'entière responsabilité. Vadim, qui voit en elle une beauté rêveuse et lunaire, incarnation parfaite de la femme-enfant, estime qu'elle n'aura qu'à paraître à l'écran pour être convaincante dans le rôle d'Ophélie, femme fantôme qui vit en recluse dans un château isolé par la neige. C'est ainsi qu'elle justifie le choix du réalisateur au micro de François Chalais qui l'interviewe dans ses « Reflets de Cannes » à quelques jours du Festival, ajoutant avec une implacable lucidité qu'il a jeté son dévolu sur elle parce que « publicitairement pour le film, c'est très bien » ! Vadim ? Elle n'a vu qu'un seul de ses films, *Le Repos du guerrier*, pour les beaux yeux de Robert Hossein, et n'a pas été très emballée. Mais Jean-Marie Périer l'encourage à signer le contrat. « Si Jean-Marie me donnait son feu vert, j'y allais[1]. » Ajoutée au montant du cachet (deux millions et demi d'anciens francs), la présence à ses côtés d'acteurs confirmés, comme Jean-Claude Brialy, Jean-Louis Trintignant, Curd Jürgens, Michel Le Royer, Suzanne Flon et surtout la belle et envoûtante Monica Vitti qu'elle rêve de rencontrer, achève de la convaincre.

Elle se plie donc aux impératifs promotionnels, à commencer par un bain de foule au Festival de Cannes. On l'y aperçoit au bras de Jean-Claude Brialy, son futur partenaire venu présenter le film *Carambolages*, de Marcel Bluwal.

1. *Les Inrockuptibles*, n° 22, *op. cit.*

Revêtant un manteau noir griffé Pierre Cardin, elle dissimule sous des sourires polis une angine si carabinée qu'elle occultera toute autre réjouissance associée à cette première et unique expérience festivalière : « Mon seul souvenir, c'est que Robert Hossein, l'idéal masculin de mon enfance, qui est hypocondriaque et ne se déplace jamais sans une valise de médicaments, a débarqué dans ma chambre, m'a filé un sirop et m'a guérie. Et là, ce n'était pas du cinéma[1]... »

Quelques prises de vues de *Château en Suède* sont réalisées en Laponie et à Stockholm en avril, mais l'essentiel du tournage se passe en intérieur, dans les studios de Boulogne-Billancourt, jusqu'au début de juillet. Entre deux prises, l'actrice débutante s'isole pour gratter sa guitare ou écouter Europe n° 1, l'oreille collée à son transistor, se demandant parfois ce qu'elle fait là : « Sur le plateau, je m'embêtais. Je ne savais pas qu'un tournage consiste à attendre les neuf dixièmes du temps avant de balancer sa réplique[2]. »

Françoise Hardy a pour principaux atouts sa photogénie et sa grâce naturelle. Vadim s'applique à saisir chez elle l'émotion de l'instant, la justesse du verbe, la vérité spontanée d'un geste ou d'un regard, en peu de prises. À la perspective de recommencer plusieurs fois une scène, l'ennui la gagne et sa concentration se relâche. « Françoise est insaisissable, observe Jean-Claude Brialy, on discute avec elle et tout d'un coup... hop ! son attention n'est plus là, elle pense à autre chose. On a l'impression de tenir une anguille entre ses mains[3]. » Ses yeux verts ne s'illuminent que lorsque Jean-Marie Périer vient la chercher le soir au volant de son Aston Martin. « Si j'avais le temps, si j'en avais envie, j'inventerais pour elle un personnage qui colle à sa peau, à sa vie, à ce qu'elle est, déclare

1. *Studio Magazine*, n° 209, *op. cit.*
2. *Ibid.*
3. *Salut les copains*, n° 12, juillet 1963.

Vadim. [...]. Un document sur les jeunes gens, simplement. Une espèce de condensé de l'ennui et de l'aboulie des jeunes gens. Elle pourrait exprimer cela, j'en suis sûr[1]. »

Vêtue d'un élégant tailleur blanc confectionné dans les ateliers Dior, elle fait sensation le 20 novembre à l'avant-première donnée au Colisée sur les Champs-Élysées, avant une soirée festive au Bilboquet, le nouveau club à la mode de Saint-Germain-des-Prés. Devant les caméras du journal télévisé défile le Paris des grandes premières : outre le réalisateur et ses comédiens, on reconnaît Françoise Sagan et son ex-mari Bob Westhoff, Gérard Oury et Michèle Morgan, Jean Seberg et Romain Gary, Micheline Presle, Mylène Demongeot, Marie-José Nat, Juliette Gréco, Sophie Daumier, Jean Marais, Paul Meurisse, Sacha Distel... Seuls invités inopportuns, la pluie et le vent.

Malgré un casting quatre étoiles, *Château en Suède* peine à franchir le million d'entrées. Pour la revue *Elle*, la présence de Françoise Hardy « emporte tous les suffrages. Elle est drôle, espiègle, comique et poétique. [...] Nous n'en avons pas fini avec elle[2] ». Dans l'intervalle qui sépare le tournage et la sortie en salles du film, elle est redevenue chanteuse et a sillonné entre le 2 juin et le 22 août le littoral du sud de la France, puis foulé en novembre la scène prestigieuse de l'Olympia. Parmi les télégrammes épinglés au mur de sa loge, celui de Claude Nougaro : « Au milieu de la cohorte des copines que l'on tutoie, je tiens à vous dire, Mademoiselle Hardy, que vous avez beaucoup de talent. »

La vie de tournée

Le phénomène yé-yé, fruit d'une nouvelle classe adolescente, fait l'objet d'une analyse sociologique signée Edgar

1. *Vogue France*, septembre 1963, *op. cit.*
2. *Elle*, n° 935, 22 novembre 1963.

Morin et publiée dans *Le Monde* du 6-7 juillet, à la suite de la fête musicale événementielle organisée sur la place de la Nation par Daniel Filipacchi à l'occasion du premier anniversaire de *Salut les copains*. Cependant, la tournée de Françoise Hardy organisée par le magazine concurrent *Bonjour les amis* s'annonce moins triomphale, voire décevante. « Peut-être parce que mon genre est déjà périmé, ou simplement parce que j'ai déçu[1] », énonce-t-elle avec fatalisme. Bientôt, *Télérama*, qui lui offre sa couverture, formule à son sujet des conjectures sur les « étoiles filantes et [...] comètes à longue chevelure qui brillent d'autant plus que la fin de leur course est proche[2] ». Il est vrai que son disque d'été, rassemblant deux chansons de sa composition, « Saurai-je ? » et « Bien longtemps », et deux reprises de succès américains, « Qui aime-t-il vraiment ? » (« Your Nose Is Gonna Grow » de Johnny Crawford) et « On dit de lui » (« It's Gonna Take Me Some Time » de Connie Francis), n'a pas séduit un large auditoire. Elle se plaindra *a posteriori* d'une mauvaise planification de son périple estival, pointant le doigt sur l'éclectisme du programme et l'incongruité du calendrier : « Je passais entre Mouloudji et Les Fantômes. Mouloudji était un peu oublié à ce moment-là. Le public venait pour moi, je n'avais aucune expérience et je passais après Les Fantômes, un groupe de rock, toute godiche avec mes chansons naïves. [...]. Le pire que j'ai connu, c'est d'être au fin fond de l'Italie un soir et le lendemain devoir chanter à Colmar[3]. » De fait, on la retrouve à plusieurs reprises dans les studios milanais en cet été 1963, ainsi que nous le verrons au chapitre suivant...

La personnalité de la chanteuse ne cesse cependant d'attirer l'attention et la prestigieuse revue *Vogue* affiche à la une

1. *Bonjour les amis*, n° 19, novembre 1963.
2. *Télérama*, n° 721, 15 décembre 1963.
3. *Rock & Folk*, n° 497, janvier 2009.

de son numéro d'août un portrait d'elle réalisé par l'illustre photographe Helmut Newton. « Depuis l'apparition de Brigitte Bardot, écrit-on en exergue, aucune silhouette, aucune manière d'être, aucune autre façon d'être jeune n'avaient suscité autant d'intérêt que la silhouette, le style et la jeunesse de Françoise Hardy. » Dans la version américaine de la luxueuse revue, elle pose devant l'objectif du New-Yorkais William Klein. Le mois suivant, l'écrivain François Nourissier tente de définir son profil : « Dessiné au crayon fin, aigu et flou à la fois, et toujours cet œil fatigué, les cheveux – comme le regard – hésitant sur la couleur, mais de toute façon dans des tons d'automne, de feuilles. [...]. La tête un peu trop droite de l'adolescente résolue à ne pas remarquer les regards des messieurs. Une fierté de sortie de collège. [...]. Elle a inventé la grâce ennuyée[1]. »

Disons-le tout net : la vie de tournée n'enthousiasme point notre lectrice assidue, partisane du voyage casanier. D'autant que le succès remporté par le magazine *Salut les copains* oblige son photographe bien-aimé à s'échapper en permanence pour aller shooter les autres idoles, ce qui n'est pas sans altérer sa tranquillité d'esprit : « J'avais toujours peur de le perdre. Je devenais folle à l'attendre des heures[2]. » Jean-Marie Périer reconnaîtra plus tard que leurs plannings respectifs ne favorisaient guère une vie de couple épanouie : « Johnny, Eddy, Cloclo, j'allais des uns aux autres, à toute allure, sur les routes la nuit, dormant dans les avions, changeant chaque jour de ville et, pendant ce temps-là, Françoise attendait que nos chemins se croisent. Nos coups de fil duraient des heures, entre Bruxelles et Nice, nous nous souhaitions la meilleure nuit possible et chacun se retrouvait seul dans des chambres inconnues. Alors, elle

1. *Vogue France*, septembre 1963, *op. cit.*
2. *Elle*, n° 1090, *op. cit.*

composait, assise sur une valise, d'autres mélodies tristes qui l'emmenaient plus loin[1]. »

La hantise d'être trompée lui inspire une chanson qu'elle écrit un soir dans sa chambre d'hôtel et enregistre à la rentrée :

> « Je la trouvais trop belle, j'aurais voulu être elle
> Pour que tes yeux me regardent comme ils la regardaient[2]... »

« L'inspiration, pour mes textes, m'est venue, en partie, de mes angoisses, confesse-t-elle. Dans de nombreuses chansons, j'ai évoqué ma crainte de ne pas être à la hauteur et d'être quittée pour une femme *a priori* mille fois plus intéressante et plus attirante que moi. Une crainte pas forcément infondée[3]... » Deux ou trois ans plus tard, accompagnée par Jean-Marie Périer, elle croisera la chanteuse Nico à l'aéroport de Londres : « On prenait le même avion... J'étais éblouie tout en ayant cette impression tout à fait extraordinaire d'avoir, devant moi, moi-même sans les défauts, en parfait. Ce que j'aurais aimé être. J'étais à la fois éblouie et terrifiée, me disant que Jean-Marie allait tomber éperdument amoureux d'elle car c'était moi en tellement mieux [*rires*]... C'est après que j'ai su que c'était Nico[4]. »

Adaptée de « Think About It » de Paul Anka, « Avant de t'en aller » exploite le même thème d'un partenaire tenté d'aller butiner ailleurs et que l'on met en garde de ne point sacrifier une belle histoire d'amour à une aventure sans lendemain. La lassitude annonce-t-elle la fin d'un couple ? Des chansons comme « Le sais-tu ? » et « L'amour ne dure pas toujours » le laissent entrevoir. Dans « Saurai-je », Françoise

1. Jean-Marie Périer, *Enfant gâté*, XO éditions, 2002.
2. « J'aurais voulu », 1963. Paroles et musique de Françoise Hardy. © Éditions musicales Alpha.
3. *L'Express*, 23 mai 2013.
4. *Les Inrockuptibles*, n° 22, *op. cit.*

Hardy se remet elle-même en question. De l'album sorti en octobre, dont le contenu se décline en 45 tours, se dégagent une tristesse diffuse et un sentiment de pessimisme annoncé dès la première plage par « Le Premier Bonheur du jour », qui induit inévitablement son opposé :

> « Le premier chagrin du jour
> C'est la porte qui se ferme
> La voiture qui s'en va
> Le silence qui s'installe[1]... »

L'accompagnement de cordes, minimaliste, augmenté du chant lointain et mélancolique du violon, magnifie la voix douce de l'interprète. Écrite par Franck Gérald sur une musique de Jean Renard, la chanson (de courte durée : 1 minute 42 secondes) était destinée à Brigitte Bardot, mais fut écartée au profit de « La Madrague » que ses auteurs, Jean-Max Rivière et Gérard Bourgeois, lui apportèrent le même jour. L'éditeur Rolf Marbot eut alors l'idée de la soumettre à Françoise Hardy qui cherchait à renouveler son répertoire pour l'Olympia. Jean Renard, alors pianiste et chanteur de bal, en fut ravi : « J'aimais [son] côté transparent et tendre. J'aimais son personnage tout en douceur, tout en fragilité qui donnait envie de l'aborder avec délicatesse. J'aimais sa voix nonchalante, aux vibrations chaudes et légères à la fois. J'aimais sa façon de respecter le sens et le son du mot qui collaient parfaitement à l'image de l'étudiante sage et jolie qu'elle véhiculait, en s'accompagnant à la guitare. En un mot, j'étais amoureux[2]. »

Sur le même disque, « Va pas prendre un tambour » a été écrit par Maurice Vidalin sur une musique de Jacques

1. « Le Premier Bonheur du jour », 1963. Paroles de Franck Gérald et musique de Jean Renard. © Éditions Méridian.
2. Jean Renard, *Que je t'aime... la vie*, Marque-Pages, Montesson, 2003.

Dutronc, à qui Jacques Wolfsohn accorde sa confiance depuis le succès du « Temps de l'amour ». À son retour de l'armée, en février 1964, il l'engagera comme assistant des Éditions Alpha. En parallèle, Dutronc est enrôlé comme guitariste dans l'orchestre d'Eddy Mitchell, le temps d'une série de concerts au Golf Drouot. « Ses cheveux rasés, sa peau boutonneuse et ses énormes lunettes ne l'avantageaient guère à ce moment-là[1] », écrira Françoise Hardy avec qui la relation n'existe que par chanson interposée et rencontres furtives dans les bureaux de Vogue. Elle rechigne à chanter « Va pas prendre un tambour », car elle en déteste l'orchestration. Au point d'oublier le texte en la créant sur scène, lors de sa tournée, ainsi qu'elle le confie le 5 mars à Jacqueline Joubert dans l'émission « Rendez-vous avec… » qui lui est consacrée – elle y chante en outre « Catch a Falling Star », « J'aurais voulu », « L'Amour d'un garçon », « Avant de t'en aller », « Saurais-je ? » et « Le Temps de l'amour ».

Suivre sa voie

Le 1er novembre, Françoise Hardy est interviewée chez elle pour le journal télévisé. Elle apparaît nerveuse et fatiguée car on est à six jours de sa première à l'Olympia, où elle partage à nouveau la scène avec Richard Anthony sous l'égide d'Europe n° 1, cette fois pendant huit semaines, soit jusqu'au 18 décembre. Elle a répété son tour de chant (sept chansons, dont « Tous les garçons et les filles » en rappel) au « Prieuré », la propriété du chanteur avec qui l'entente est cordiale. Richard Anthony n'a d'ailleurs pas contesté que le nom de sa partenaire soit imprimé sur l'affiche en même grosseur de caractères que le sien. Dans le reportage où elle reconnaît devoir son succès pour une large part à la chance et déclare ne pas s'estimer assez solide pour exercer

1. Françoise Hardy, *Le Désespoir des singes… et autres bagatelles*, *op. cit.*

longtemps ce métier, on l'entend interpréter « Nous tous », une nouvelle chanson de sa composition qui exprime ses doutes sur l'avenir :

> « Combien de temps cela va-t-il durer ?
> Peut-être, comme moi, te demandes-tu souvent
> Que serai-je dans quelques années[1] ? »

Elle présente « Le Premier Bonheur du jour » le surlendemain dans « Télé Dimanche », puis le 16 novembre, Mireille la félicite du parcours effectué et l'accueille comme la reine de son cours dans « Le Petit Conservatoire de la chanson ». Dans l'intervalle, après un gala de chauffe donné la veille au cinéma Cyrano de Versailles, sa première à l'Olympia a rassemblé aux premiers rangs d'orchestre Roger Vadim, Françoise Sagan, Jean Marais, Salvador Dalí, Dalída, Marcel Achard, etc. Entrée en scène dans une tenue très sobre, jupe et tricot noir, elle a ajouté à ses succès un bouquet de chansons nouvelles : « Le Premier Bonheur du jour », « J'aurais voulu », « Toi je ne t'oublierai pas » et « L'amour ne dure pas toujours ». Un(e) journaliste de la revue *Elle*, après avoir fait remarquer les efforts de la chanteuse pour paraître moderne et en parfaite osmose avec la promotion de jeunes artistes à laquelle on l'associe, l'encourage plutôt à exploiter ses ressources personnelles, son originalité, sa créativité : « Depuis des mois on lui reproche de ne pas savoir se tenir en scène, de rester immobile devant le micro, embarrassée de ses bras, de ses jambes, de son corps. De ne pas présenter ses chansons, de saluer à petits coups de tête et de s'enfuir. Françoise a été sensible à ces critiques et elle a décidé que pour Paris elle devait changer tout cela, forcer sa nature. Matin et soir elle s'y employait devant la salle vide, sur le grand

1. « Nous tous », 1963. Paroles et musique de Françoise Hardy. © Éditions musicales Alpha.

plateau de l'Olympia. Elle mit donc du twist autour de ses chansons pour "chauffer" le public, pour faire "balancer". [...] Mais personne ne lui disait qu'elle se trompait. [...] Ce fut évident lorsque, immobile enfin et hiératique, son visage seul et ses longs cheveux pris dans les projecteurs, penchée et mélancolique, elle chanta "Tous les garçons et les filles". On lui fit une ovation. C'est la voie à suivre. Sa voie. Et le public parisien, en l'applaudissant, ne s'y est pas trompé[1]. »

Le 5 décembre, on l'aperçoit à la télévision belge dans « La Rampe et les Lettres » et « Format 16/20 ». Dans le second programme, elle présente « J'aurais voulu », autre extrait de son sixième EP, articulant les paroles en play-back tandis que le disque tourne sur l'électrophone. Elle affirme que sa personnalité transparaît dans ses chansons, qu'à partir du moment où ses textes émanent de sa plume, elle livre forcément une part d'elle-même. Dans « Âge tendre et tête de bois » où elle est programmée six jours plus tard, elle chante « J'aurais voulu » et « Nous tous », puis elle dresse, le surlendemain de Noël, le bilan glorieux de son année dans « Le Magazine féminin ». Elle est à nouveau filmée chez elle, dans son studio aux murs gris et rideaux beiges, meublé d'un canapé assorti aux rideaux, d'étagères remplies de livres et d'une penderie aux portes recouvertes de paille. Deux soirs avant le réveillon du Nouvel An, Sacha Distel l'invite à chanter « Le Premier Bonheur du jour » dans son « Sacha Show », produit par les Carpentier.

Heureuse de son succès, Françoise Hardy espère que l'avenir lui donnera l'inspiration pour écrire de nouvelles chansons qui sauront plaire au public. Et tandis que sa « grâce ennuyée » suscite autant d'écho que ses succès, les portes du monde s'ouvrent à elle.

1. *Elle*, n° 935, *op. cit.*

III

1963-1967

« LA FENÊTRE OUVERTE SUR LE MONDE
NE VAUT PAS CELLE FERMÉE SUR MON AMOUR[1]... »

Au commencement de 1963, un demi-million de foyers français possède le disque de Françoise Hardy et sa chanson culte « Tous les garçons et les filles » commence à s'exporter à l'international dans sa version originale et déclinée en plusieurs langues, italien, allemand, anglais.

« Dans quel pays vous cachez-vous[2] ? »

C'est l'Italie qui, la première, se laisse séduire par le charme mélancolique de notre « âme en peine ». La RAI propose « Trenta minuti con Françoise Hardy », dès le 18 mars 1963. L'occasion pour la chanteuse d'égrener tout

1. « Quand mon amour va prendre l'air », 1972. Paroles et musique de Françoise Hardy. © Éditions Kundalini.
2. « Gin Tonic », 1980. Paroles de Françoise Hardy, musique de Gabriel Yared. © Éditions EMI.

son répertoire, soit l'intégralité de son premier *long play*. Ses chansons franchissent d'abord les Alpes dans leur version originale, puis l'accueil favorable qu'elles reçoivent motive la direction de Vogue à les transcrire en langue locale et à faire appel pour cet exercice à l'un des paroliers les plus courus du pays, Vito Pallavicini. Ainsi, devenue « Quelli della Mia Età » (traduire : « Ceux de mon âge ») et reprise concomitamment par l'actrice Catherine Spaak, laquelle enregistre aussi en franco-italien « J'ai jeté mon cœur » (« Ho Scherzato con il Cuore »), « Tous les garçons et les filles » s'installe d'avril à octobre dans le Top 100 des meilleures ventes de 45 tours et s'y hisse jusqu'à la deuxième place en juillet et août, talonnant sévèrement la Turinoise Rita Pavone qui triomphe à ce moment-là avec « Cuore »[1].

Sa participation au concours de l'Eurovision, en mars, conforte la notoriété de Françoise Hardy à l'étranger, à commencer par le pays de Dante vers où elle multiplie les allers-retours pendant toute la saison estivale. La voilà donc milanaise les 23 juin et 2 août pour participer respectivement à « Musica Hotel », un show mené à la baguette par Ennio Morricone, et « Fiera dei Sogni » (traduire : « La Foire aux rêves »), émission-jeu animée par Mike Bongiorno, le Guy Lux transalpin à qui l'écrivain Umberto Eco vient alors de consacrer une étude : *Fenomenologia di Mike Bongiorno*. À la fin de l'été, elle enregistre *in situ* de nouvelles chansons, dont « L'Eta dell'Amore » (« Le Temps de l'amour ») et « E all'Amore che Penso » (« C'est à l'amour auquel je pense »), qui se classent aux meilleures places des hit-parades. Elle en réserve la primeur à l'acteur Paolo Panelli dans son

1. Le single de Françoise Hardy, incluant « Tous les garçons et les filles » et « J'suis d'accord », publié sous le label Jolly Records (distribué par Vogue), s'est écoulé à 140 000 exemplaires. La version italienne (« Quelli Della Mia Età » et « Ci Sto ») a réalisé un score de 255 000 copies (source *Billboard*, « The Vogue Story 1947-1967 », by Mike Hennessey, 7 octobre 1967).

show « Piccola Enciclopedia Panelli », diffusé le 9 novembre sur la RAI, cependant qu'un grand disque de ses chansons en version italienne est commercialisé[1].

Entre-temps, « la Cantatrice » (surnom facétieux que lui donne Jean-Marie Périer – il l'appelle aussi « la Grande », « l'Excellente ») a honoré de sa présence la finale du Festival de la chanson de Castrocaro qui s'est tenue le 22 septembre. Puis, après un crochet par Barcelone le 11 octobre pour le quatrième gala de la Sederia Española, elle s'est rendue le lendemain au Kurhaus Hall de Scheveningen, aux Pays-Bas, pour un autre grand gala, celui du Disque populaire. Au terme d'un long discours émaillé de plaisanteries plus ou moins douteuses dans sa langue natale, l'animateur et écrivain Godfried Bomans lui a remis le trophée Edison qui récompense, selon son compliment exprimé en français, une « artiste créative » ayant su imposer « un style personnel sans chercher à imiter les Américains » comme la majorité des jeunes artistes européens[2]. Dans sa robe de mousseline noire de chez Marie-Martine qu'elle arborait lors de sa dernière tournée française, elle a chanté « Tous les garçons et les filles » et « Ton meilleur ami », qui remportent un joli succès au pays des tulipes.

En novembre, la *cantante francese* donne ses premiers galas en Italie, la plupart dans des petites villes côtières. Les lecteurs de la revue *Ciao amici* (l'équivalent transalpin de *Salut les copains*) la désignent comme la chanteuse la plus populaire de 1963. Pour le réveillon de la Saint-Sylvestre elle se produit dans un dancing à Turin, puis dans un

1. Intitulé *Françoise Hardy Canta per Voi in Italiano*, ce *long play* contient dix adaptations de chansons issues des deux premiers 33 tours français de la chanteuse (voir les annexes en fin d'ouvrage).

2. Vogue publie alors l'unique 45 tours EP de Françoise Hardy aux Pays-Bas, *Grand Gala du Disque 1963*, qui regroupe « Tous les garçons et les filles », « L'amour s'en va », « Qui aime-t-il vraiment ? » et « C'est à l'amour auquel je pense ».

cinéma de Milan où elle enchaîne deux tours de chant le premier jour de 1964.

Courte halte en France, pour y rejoindre Jean-Marie Périer, en reportage à Megève, avant d'embarquer pour Lisbonne où elle doit honorer quelques contrats de télévision. Son succès au Portugal se vérifie dès son arrivée à l'aéroport, où des centaines de fans l'attendent de pied ferme.

Le soir de ses vingt ans, elle chante à la prison de Fresnes devant quatre cents détenus, dont un guitariste de jazz de même âge nommé Babik Reinhardt, fils de l'illustre Django Reinhardt, dont elle fera la connaissance trente-cinq ans plus tard par l'intermédiaire de son fils Thomas (Babik accompagnera Françoise sur la version chantée de « Tears » – « Tous mes souvenirs me tuent » –, une composition de son père, dans l'album *Clair-obscur*). « Des tas de choses se sont effacées de ma mémoire, mais pas le choc entre le monde de l'innocence absolue que je représentais et celui de ces "mauvais garçons" qui écoutèrent mes chansonnettes naïves dans un silence respectueux, écrira-t-elle. Ce que j'entrevoyais du fossé qui me séparait d'eux m'impressionnait étrangement et je découvrais, des décennies plus tard, que la fascination avait été réciproque. Au moins pour Babik[1]. »

En février, après deux escales italiennes (on lui remet notamment dans le Val d'Aoste le prix Saint-Valentin qui récompense la plus belle chanson d'amour), le voyage se poursuit vers l'Angleterre. Sur les conseils de Richard Anthony auprès de qui elle s'est plainte de la mauvaise orchestration de ses disques et à l'instar de ses autres collègues français désireux de s'imprégner de la révolution musicale anglo-saxonne, comme Johnny Hallyday ou Eddy Mitchell, Françoise Hardy obtient de son directeur artistique le budget pour enregistrer dans les studios londoniens de Pye Records, près de la Marble Arch. Supervisées par le producteur de Petula

1. Françoise Hardy, *Le Désespoir des singes… et autres bagatelles*, *op. cit.*

Clark, Tony Hatch, et le chef d'orchestre Bob Leaper, ces sessions donnent naissance à un premier 45 tours EP *Françoise Hardy Sings in English*, qui réunit la reprise de « Catch a Falling Star », créée en 1957 par le crooner italo-américain Perry Como, et trois adaptations de ses succès, « Find Me a Boy » (« Tous les garçons et les filles »), « Only Friends » (« Ton meilleur ami ») et « I Wish It Were Me » (« J'aurais voulu »). Elle étrenne « Catch a Falling Star » le 21 février dans le célèbre show pop « Ready Steady Go ! » qu'elle honorera plusieurs fois de sa présence, mais, pour l'heure, le public anglais préfère l'entendre chanter dans sa langue maternelle, en particulier « Tous les garçons et les filles » qui se classe dans les charts pendant l'été. Le coup de foudre de la chanteuse pour Londres marque le commencement d'une belle histoire. « C'est une des rares villes où j'aurais aimé vivre. À cause des romans de Henry James. Je les relis tout le temps[1]. » À défaut de s'y installer, elle envisage sérieusement de venir y enregistrer ses prochains disques…

Cependant, un nouvel EP arrive dans les bacs hexagonaux, réalisé sous la direction artistique de Mickey Baker, guitariste et arrangeur noir américain qui s'est exilé depuis peu en France afin de fuir la mentalité raciste de son pays. Spécialisé dans le jazz et le blues, il se met au service de la nouvelle vague de chanteurs yé-yé et, à la demande de Daniel Filipacchi, met au point une méthode de guitare pour *Salut les copains*, à l'image de celles qu'il a réalisées outre-Atlantique. Il supervise trois titres du disque de Françoise Hardy, dont « Pourtant tu m'aimes », d'après « I Still Love Him » des Joys, groupe vocal féminin américain. La version française se révèle supérieure à l'original qui, quoique inspiré des grandes productions de Phil Spector, comme les Crystals et les Ronettes, ne révolutionne pas les charts.

1. *Françoise par Jean-Marie Périer*, *op. cit.*

Le 12 mars, Françoise et ses musiciens font escale en Espagne où plusieurs galas sont prévus pendant les huit jours de la fête populaire de Las Fallas, à Valencia. Mais le séjour tourne court à cause d'un incendie qui aurait pu virer au drame. « On a joué le premier soir et le lendemain il y a eu le feu, raconte le bassiste Ermes Alesi. Le spectacle avait lieu sous une sorte de chapiteau, décoré à l'intérieur de tissus colorés, et il a suffi de quelques pétards tirés pour que la toile s'enflamme et que le feu se propage. Heureusement que nous n'étions pas en train de répéter à ce moment-là ! Tous les instruments ont brûlé, j'ai juste retrouvé un cache-corde de ma guitare Fender[1]. »

Arrivée de Turin où elle donnait une prestation dans une discothèque le 12, Françoise Hardy occupe la prestigieuse scène de L'Ancienne Belgique à Bruxelles du 15 au 23 avril, et séjourne à l'hôtel Amigo, le palace où descendent les stars. Elle y crée sa nouvelle chanson, « Pourtant tu m'aimes », qu'elle présente le 26 à la télévision dans « Discorama » où Denise Glaser la désigne comme « une artiste de caractère, intemporelle, hors mode ». Son calepin en main, elle fait part de la suite de son planning de ministre à l'hebdomadaire *Tilt*, daté du 13 mai : « Le 10 en Belgique, du 11 au 13 à Paris… Les 14 et 15 à Munich pour une télévision. Le 16 et le 17 à Knokke-Le-Zoute et Ostende. Le 18 je suis à Bruxelles le matin, je m'envole avec Hugues Aufray pour Milan pour une émission. Je chante et je reprends l'avion car le soir même je dois chanter à Saint-Germain-en-Laye. Le 19 à Paris je vais dormir sans doute… Ah non, j'ai des séances photos. Je vois que je dois chanter "Le Premier Bonheur du jour" en italien pour une télé. Le disque vient de sortir là-bas. Je ne sais pas encore ce que ça donne. Le 22 et le 23 je suis à Paris. Le 24 je chante à Rotterdam, le 27 j'ai une télé en Angleterre, le 29 je chante au Pré Catelan et le 30 à Quimper. »

1. Entretien avec l'auteur, mai 2016.

Enfin, le 7 juin, elle donne un tour de chant inhabituel dans la cour du lycée Benjamin-Franklin à Orléans pour la fête de la coopérative scolaire, parmi d'autres attractions artistiques et sportives.

Notre chanteuse globe-trotter n'a guère le temps d'assurer en France la promotion de son nouvel EP où figurent une reprise de Dusty Springfield, « C'est le passé » (« Once Upon a Time »), et trois chansons de sa plume, « Tout me ramène à toi », « Apprends-le-moi » et surtout « Et même… », qu'elle présente le 6 juillet dans « Les Raisins verts », filmée par Jean-Christophe Averty, le réalisateur le plus fou et novateur de l'époque, avant de jouer à nouveau la fille de l'air !

Pour la rencontrer entre juin et août 1964, il faut traverser les Alpes ! L'Italie l'accueille à bras ouverts, au même titre que ses stars nationales. Participante les 13 et 14 juin au tournoi de Pesaro, ville portuaire de la région des Marches, elle en rejoint la capitale, Ancône, le 26 pour donner le coup d'envoi du troisième Cantagiro, un concours de variétés itinérant aussi populaire que le Tour cycliste : un jury populaire désigne à chaque étape les vainqueurs de deux catégories – A, pour les artistes confirmés et B, pour les jeunes espoirs ; lors de la dernière étape, l'artiste le plus plébiscité est proclamé vainqueur du tour. Invitée d'honneur aux côtés de Rita Pavone, Peppino di Capri, Domenico Modugno et *l'urlatore* Adriano Celentano, Françoise Hardy parcourt en spectatrice les trois premières étapes, passant par l'Ombrie (Terni) le 27 juin et les Abruzzes (Pescara) le 28. « Entre deux étapes, se souvient-elle, la foule se massait tout au long de la route pour voir passer les voitures décapotables d'où chaque vedette répondait aux vivats par force gestes et sourires. Le spectacle avait lieu tous les soirs dans un stade où chacun y allait de son tube du moment devant une dizaine de milliers de personnes en ébullition[1]. » Parmi les dix finalistes

1. Françoise Hardy, *Le Désespoir des singes… et autres bagatelles*, *op. cit.*

du concours, elle retient deux chansons : « Non Aspetto Nessuno », défendue par Little Tony, et « Eravamo Amici », du Véronais Dino, dont elle écrira les adaptations – « Je n'attends plus personne » et « Nous étions amies » – pour son prochain disque. Appareil photo à l'épaule en prévision d'un reportage couleurs pour *Salut les copains*, Jean-Marie Périer retrouve sa compagne les 29 et 30 juin à Venise, où elle participe à l'émission « Notturno al Lido di Venezia ». Le 16 juillet, au casino Kursaal de Taormine, station touristique sur la côte est de la Sicile, les professionnels de l'industrie musicale italienne l'honorent du prix de la meilleure artiste étrangère lors du deuxième Cantastampa. Puis, notre chanteuse de tendance droitière participe de bonne grâce à la Festa dell'Unita, organisée trois jours plus tard par le Parti communiste local en Émilie-Romagne. En parallèle, tandis qu'elle apparaît à la télévision hollandaise dans un show enregistré au Singer Concertzaal de Laren, elle a entamé le 11 juillet une tournée transalpine en compagnie de Fausto Leali, que l'on surnomme « Il Nero Bianco » (en français : le Noir blanc) en raison de sa voix puissante teintée de soul. Prévu jusqu'au 25 août, soit une vingtaine de galas émaillés d'apparitions télévisées, ce périple est écourté de moitié à cause du laisser-aller de la société organisatrice, Clan Celentano, fondée par Adriano et son frère, laquelle paiera au terme d'un procès engagé par l'artiste une lourde amende pour non-respect des termes du contrat !

La rentrée sera brésilienne ! Françoise Hardy atterrit le 12 septembre à l'aéroport de Rio de Janeiro, où un important comité d'accueil lui manifeste sa joie par des brassées de fleurs. L'accompagnent sa mère et ses musiciens. Autour du fidèle pianiste et directeur d'orchestre Marcel Hendrix, citons le bassiste Ermes Alesi, le guitariste soliste Francis Darizcuren et le batteur Serge Biondi. Trois charmantes choristes complètent l'ensemble. « J'ai accompagné

Françoise en tournée à partir de 1964 pendant deux ans, témoigne Ermes Alesi. Je m'occupais même de transporter le matériel, car j'avais un break ID. Pendant un an, j'ai habité dans l'appartement où elle a grandi. En effet, comme j'occupais alors une chambre de bonne et que je cherchais quelque chose de plus grand, sa mère m'avait sous-loué l'appartement de la rue d'Aumale, au moment où elle aménageait dans celui que venait de lui acheter sa fille. On était en contact permanent avec Madeleine Hardy pour les tournées, c'était elle qui gérait l'organisation. Elle était très autoritaire, il fallait que ça marche comme elle l'ordonnait. Elle se comportait avec sa fille comme avec une enfant, alors que Françoise savait très bien ce qu'elle voulait, même si elle n'était jamais satisfaite d'elle[1]. » Ermes Alesi garde un souvenir enchanté de l'aventure brésilienne : « C'était formidable. La tournée était sponsorisée par une marque de tissu, je crois. Françoise avait un gros succès là-bas, sa venue était un événement dans le pays[2]. » À Rio de Janeiro, la chanteuse enregistre deux télés et se produit dans la luxueuse Golden Room du Copacabana Palace (où elle séjourne) lors d'une soirée caritative au profit d'enfants handicapés, puis le lendemain à l'Ipanema's Country Club. « Tous les soirs c'était la fête, poursuit son bassiste, les salles étaient combles et Françoise très applaudie. Nous avons même été invités par des groupes très connus là-bas, comme Tamba Trio[3]. » En milieu de semaine, on attend l'équipée à São Paulo pour un tour de chant télévisé au Teatro Record et plusieurs prestations dans des établissements de nuit jusqu'au dimanche, jour du départ. À l'inverse du public, la critique se montre peu charitable à l'égard de la jeune idole : l'un l'attaque sur « son chant froid et ennuyeux,

1. Entretien avec l'auteur, mai 2016.
2. *Ibid.*
3. *Ibid.*

dénué d'expression[1] », tandis qu'un autre la trouve « raide, dépourvue de rythme et sans aucune présence sur scène[2] ». On la trouve même inélégante dans sa robe de voile noir au décolleté surmonté d'un large nœud, griffée Marie-Martine. Il n'empêche que ses deux premiers albums sortis sous le label Mocambo sont de gros succès de vente. Dans la chambre de son hôtel, se languissant de Jean-Marie Périer, notre « âme en peine » écrit une chanson qu'elle intitule « Dans le monde entier » et qui, justement, fera le tour du monde :

> « Rien n'a d'importance sinon que tu es loin
> Et que, cette nuit, de toi je ne sais rien[3]. »

À peine rentrée à Paris, elle repart aussitôt pour un séjour promotionnel en Allemagne, occasionné par sa présence dans les hit-parades : « Peter und Lou », la version teutonne de son tube « Tous les garçons et les filles », est en effet entrée dans le Top 20 dans le courant de l'été, contrairement à « Die Liebe geht » (« L'amour s'en va ») qui n'a pas profité des retombées de l'Eurovision. Mais sa carrière au pays de Goethe n'est que commençante et l'ancienne propédeute en langue germanique ne va pas tarder à y triompher…

Le monde entier l'espère ! Ses disques se vendent un peu partout sur la planète, y compris dans des pays où elle n'ira jamais. Les 6 et 7 décembre, c'est une Algérie depuis deux ans et demi-affranchie de la présence coloniale française et en pleine mutation qu'elle découvre en allant chanter au cinéma Majestic d'Alger, puis à Oran pour la deuxième Quinzaine économique de la ville.

1. *Diário de Notícias*, 17 septembre 1964.
2. *Jornal do Brasil*, 18 septembre 1964.
3. « Dans le monde entier », 1964. Paroles et musique de Françoise Hardy. © Éditions musicales Alpha.

« La plus belle des fleurs de ton jardin »

> « On est bien peu de choses
> Et mon amie la rose
> Me l'a dit ce matin[1] »,

chante Françoise Hardy, sur une partition de Cécile Caulier.

Musicalement, cette seconde moitié de décennie s'ouvre sous le signe d'un changement qui s'opère à la fois par l'empreinte de la révolution pop britannique et un retour en force des valeurs traditionnelles de la chanson française, ni yé-yé ni « rive gauche », plutôt romantiques.

L'origine de « Mon amie la rose » remonte à la toute fin des années 1950 : le texte vient sous la plume de la jeune Vendéenne Cécile Caulier alors qu'elle apprend la mort foudroyante à vingt-six ans de l'actrice Sylvia Lopez, survenue sur le tournage du film *Voulez-vous danser avec moi ?* de Michel Boisrond. Dans la foulée, elle en compose la mélodie. Mais la Sacem exigeant de satisfaire à un examen de solfège pour se prévaloir compositeur, on lui recommande comme à Françoise Hardy à ses débuts de cosigner son œuvre avec un sociétaire. Cécile Caulier s'en remet alors à un directeur de production chez Philips, à qui elle joue sa chanson – elle s'appelle alors « Madame la rose ». Constatant qu'elle tâtonne au piano et cherche ses notes avec un doigt, il lui fournit une liste de noms de musiciens. Elle choisit Jacques Lacome, pianiste et auteur de musiques de films[2]. Nous sommes en 1962. Comme elle envisage une carrière de chanteuse, la jeune femme intègre la classe du « Petit Conservatoire » de Mireille

1. « Mon amie la rose », 1964. Paroles de Cécile Caulier, musique de Cécile Caulier et de Jacques Lacome. © Éditions Bagatelle.

2. De son vrai nom Jacques Lacome d'Estalenx, il est le fils de Paul-Jean-Jacques Lacôme d'Estalenx, plus connu sous le nom de Paul Lacôme, célèbre compositeur et critique musical français du XIXe siècle, originaire du Gers, qui renouvela en son temps le genre lyrique.

où elle crée « Madame la rose » en public. Sa teneur poétique et métaphorique plaît beaucoup à Françoise Hardy, de même que ce thème de la fuite du temps et de la futilité des choses : « Depuis ma prime jeunesse, j'ai été sensibilisée à la rapidité avec laquelle le temps passe. J'ai toujours été sensibilisée à la notion de “dernière fois”. Et toujours dans la “première fois”, je vois la “dernière fois”. Toujours. Même petite fille[1]. » Également séduite, Mireille encourage son élève à la persévérance et prend le pari que cette jolie chanson aura un jour le destin qu'elle mérite. D'ailleurs, l'avenir se dessine bientôt sous de bons augures : chez Philips, on lui promet un éditeur et un interprète. Mais le temps passe et emporte avec lui les belles promesses. Refusée par Isabelle Aubret, « Madame la rose » est interprétée dans les cabarets de la Rive gauche par une chanteuse débutante nommée Sophie Darel, future imitatrice et acolyte de Guy Lux, mais de façon trop confidentielle pour satisfaire son autrice. En novembre 1963, Cécile Caulier vient applaudir son ancienne camarade de cours à l'Olympia, puis va frapper à la porte de sa loge pour la féliciter. Au cours de l'échange, Françoise Hardy lui demande des nouvelles de cette chanson qu'elle aimait tant et, apprenant qu'elle n'a toujours pas trouvé d'interprète, propose de la faire sienne. « Je lui ai demandé de m'en envoyer le texte parce que, comme cela faisait longtemps que je l'avais entendue, je n'étais pas sûre qu'elle me plaise encore, raconte-t-elle à Mireille dans son émission télévisée. Puis, quand j'ai reçu les paroles, je lui ai dit que j'allais l'enregistrer, mais pas tout de suite parce que j'avais des disques déjà faits et sur le point de sortir. En fait, j'ai enregistré la chanson un an après. Elle était désespérée car elle trouvait le temps long[2]. »

---

1. Dans « Spraakmakers », émission de Jan Van Rompaey, chaîne Canvas, communauté flamande de Belgique, 5 novembre 2000.
2. « Le Petit Conservatoire de la Chanson », 1re chaîne de l'ORTF, 14 août 1965.

Voilà. Le destin, qui emprunte parfois des chemins tortueux, a ramené « Mon amie la rose » à l'une de ses premières auditrices. Et ce ne fut pas chose aisée de convaincre son entourage, en particulier Jacques Wolfsohn qui ne croyait vraiment pas qu'un thème aussi lugubre pût obtenir l'adhésion d'un large public. La chanson passera pourtant les frontières, en français et dans sa traduction anglaise (« The Rose »), même si on lui préfère à sa sortie la plus joyeuse et moderne « Je veux qu'il revienne » (d'après « Only You Can Do It » des Vernons Girls), et s'inscrira parmi les classiques de son interprète. En 1999, portée par la voix plaintive et lancinante de Natacha Atlas, à la manière orientale, elle connaîtra une nouvelle jeunesse.

« Des façons Londres de me promettre Corfou[1] »

Françoise Hardy enregistre « Mon amie la rose » à Londres en octobre 1964, après une première version ébauchée en France sous la direction musicale de Mickey Baker qui pour en alléger le propos sans gâter la portée dramatique l'avait habillée d'un rythme de tango. « C'est très rare, dit-elle, de tomber sur un réalisateur qui sache magnifier le potentiel d'une composition[2]. » Elle le trouve en la personne d'un jeune producteur nommé Charles Blackwell qui va superviser l'intégralité de son troisième album : « C'est un garçon de vingt-quatre ans, flegmatique, peu communicatif, taciturne le plus souvent. Le type parfait de l'Anglais, avec l'étoffe d'un gentleman et la bosse de la musique[3]. » Leur association fonctionne à merveille et pour la première fois depuis ses débuts la chanteuse se déclare satisfaite de la musicalité

1. « Je fais des puzzles » (« Magic Horse »), 1970. Paroles de Patrick Modiano et Hughes de Courson, adaptation de Micky Jones, musique de Tommy Brown.
2. *Magic. Revue pop moderne*, 8 avril 2010.
3. *Jours de France*, n° 542, 3 avril 1965.

de ses disques. (On suppose que l'implication de Charles Blackwell aux arrangements de la bande originale du film américain *What's New Pussycat?*, réalisé par Clive Donner sur un scénario du jeune Woody Allen, dont le tournage se déroule à Paris entre octobre et janvier[1], n'est pas étrangère au fait que Françoise Hardy y apparaisse brièvement dans la scène finale – en plus des beaux yeux de Peter O'Toole, bien entendu !) Sur deux titres de l'album, « Je n'attends plus personne » et « Je veux qu'il revienne », on reconnaît la griffe de Jimmy Page, guitariste de session très courtisé avant qu'il n'intègre les Yardbirds puis crée Led Zeppelin.

« Mon mari avait été vexé, c'est compréhensible, quand Françoise a décidé d'enregistrer essentiellement à Londres, commente Colette Piette, la première épouse de Marcel Hendrix. Mais en même temps c'était l'époque où l'engouement pour l'Angleterre était à son paroxysme. Elle avait envie d'un son plus moderne. C'est normal qu'on veuille évoluer à un moment donné. Mon mari et ses musiciens continuaient cependant à l'accompagner sur scène[2]. »

Vexé, on le serait à moins, lorsqu'on lit les propos tenus par la chanteuse dans la presse : « Je vais enregistrer à Londres car les musiciens anglais sont supérieurs aux musiciens français. Ces derniers étant payés à l'heure et non au disque, ils ont intérêt à jouer très mal, le plus longtemps possible. D'ailleurs les arrangeurs sont trop classiques et ne comprennent pas la musique moderne[3]. » Des réactions virulentes fusent contre elle. Dans une tribune libre de la même revue titrée « La gaffe de Françoise », le pianiste René Urtreger y va d'une réplique cinglante : « Qu'elle aille faire son disque en Chine ou bien ailleurs ! Elle ne comblera pas son manque de talent. »

---

1. La musique du film est de Burt Bacharach. La sortie officielle aura lieu à New York le 22 juin 1965.
2. Entretien avec l'auteur, juin 2016.
3. *Tilt Magazine*, 29 octobre 1964.

La thématique générale du disque demeure inchangée : « Je n'ai encore rien trouvé de plus neuf à chanter que l'amour. L'amour évidemment c'est vaste. Une vraie mine à disques d'or. Si on sait le vivre, le ressentir, l'étudier sous toutes ses faces. Mais moi, je ne sais guère en voir que la fin[1]. » Citons, parmi les pépites, « La nuit est sur la ville », que l'on entend beaucoup sur les radios et que Françoise Hardy présente à la télévision (elle est notamment filmée à Deauville par le réalisateur suisse Pierre Koralnik pour l'émission « Ni figue, ni raisin[2] »), et surtout « Dans le monde entier », la chanson écrite dans une chambre d'hôtel de São Paulo, et dont la traduction anglaise, « All Over The World », sous la plume de Julian More, adaptateur de films comme *Irma La Douce* (1963), plus tard *Les Demoiselles de Rochefort* (1967), se classera pendant quinze semaines dans le Top 40 britannique, avec un pic à la treizième place[3]. Pour composer cette mélodie, Françoise avouera avoir été influencée par deux ballades d'Elvis Presley, à qui elle la destinait secrètement, « Where Do You Come From? » et « Anything That's Part of You » – elle a fait écouter la seconde à Charles Blackwell afin d'orienter son choix d'orchestration. « Le chœur que nous avons utilisé dans la chanson est une copie conforme de celui qui chantait avec Elvis, les Jordanaires, précise-t-elle. Exactement le même son. Cette chanson a été un gros succès en Grande-Bretagne, elle m'a permis d'être connue là-bas, mais elle n'a pas marché en France[4]. » « All Over The World » remporte aussi un franc succès en Afrique du Sud, Australie et Nouvelle-Zélande. Plus tard, la chanteuse Katie Melua la reprendra à son répertoire et aura cette remarque élogieuse :

1. *Elle*, n° 997, *op. cit.*
2. Diffusée le 12 avril 1965.
3. « Dans le monde entier » a également été chanté par Françoise Hardy en allemand (« Ein Fenster wird hell ») et en italien (« Nel Mondo Interro ») – voir les annexes en fin d'ouvrage.
4. *Paris Match*, 7 avril 2012.

« Elle paraît avoir été écrite sans effort, tout s'y enchaîne naturellement, mais je suis sûre que c'est le contraire. Les grandes chansons donnent cette impression-là[1]. »

Dans la foulée, Françoise Hardy a réenregistré « Et même... », du précédent 45 tours, dont elle trouvait l'orchestration trop en retrait par rapport au texte. Elle présente cette nouvelle version, avec une batterie plus présente, le 13 novembre à la télévision anglaise dans « Ready Steady Go ! »[2], puis le lendemain sur l'ORTF dans « Le Temps des loisirs » où, interviewée dans son studio de la rue du Rocher, elle déclare avoir arrêté la scène pendant trois mois pour se consacrer à la préparation de son album. Soucieuse de réparer ses récentes déclarations intempestives à l'égard de ses musiciens français, elle prétend que son infidélité à leur égard n'est que momentanée et que le choix d'enregistrer à Londres répond à une double quête complémentaire : rompre avec ses habitudes musicales et assouvir sa curiosité. Elle n'en pense pas moins que les disques sont mieux produits de l'autre côté du Channel, où l'on privilégie l'ouverture d'esprit et la créativité, ce qui n'est pas toujours le cas chez les musiciens de studio français qui, pour la plupart venus du jazz, affichent clairement leur mépris à l'égard des chanteurs du courant yé-yé.

Lors des soirées auxquelles elle est conviée, à la faveur des connivences professionnelles de son compagnon photographe, Françoise Hardy observe en outre le décalage existant entre la jeunesse chantante de la France gaullienne, innocente et naïve, dont elle est issue, et celle, émancipée, sexuellement libérée, qui s'impose en Albion comme leader d'une avant-garde culturelle pop prête à révolutionner le

1. *Ibid.*
2. On la voit également chanter « Et même... » sur ABC Télévision dans « Thank You Lucky Stars » le 21 novembre et « The Eamonn Andrews Show », le 2 décembre.

monde. Ainsi se souvient-elle d'une invitation à dîner de Brian Jones, alors fraîchement en couple avec le superbe top model Anita Pallenberg, future compagne de Keith Richards : « Comme toute jeune fille de l'époque, j'étais très heureuse, parce qu'il était l'un des Rolling Stones. Pas celui qui m'intéressait le plus, mais un des Stones quoi qu'il en soit. Ils se demandaient si j'avais accepté leur invitation parce que j'étais intéressée par lui ou intéressée par elle [*rires*]. Mon fiancé Jean-Marie Périer était en reportage, et certaines personnes croyaient que j'étais lesbienne[1]. »

Zouzou, dite « Zouzou la Twisteuse » (Danielle Ciarlet, pour l'état civil), mannequin et chanteuse underground dotée d'un tel culot qu'elle mettra le « Paris by night » de l'époque à ses pieds, rapporte le souvenir d'une relation moins étroite entre Françoise Hardy et Brian Jones, lequel a été un temps son amant : « Je vivais avec Brian à Londres et il me cassait les pieds à propos de Françoise en me disant à chaque fois qu'elle venait : Je n'ai rien à lui dire, reste avec moi ! En fait, elle est venue deux fois nous voir et n'a pas desserré les dents. Elle était assise dans un fauteuil, moi sur le canapé. Et Brian mettait des disques. On est allés aussi la voir au Savoy où elle passait pendant une semaine. C'était superbe, elle était magnifique et chantait de très jolies chansons, mais Brian était terrorisé de la recevoir parce qu'il ne savait pas de quoi parler avec elle[2]. »

Quoi qu'il en soit, Françoise se fiche comme d'une guigne de Brian Jones ! C'est le charisme très affirmé de Mick Jagger qui la fascine. Au point de la rendre muette d'hébétude lorsqu'un après-midi, faisant du shopping dans les rues piétonnes de Londres et se retrouvant nez à nez avec lui, il lui décoche un sourire ravageur. « Le temps s'arrêta et ma mémoire a fixé cet instant comme

1. *The Independent*, 5 février 2005.
2. Entretien avec l'auteur, juin 2016.

une séquence de film au ralenti[1] », écrira-t-elle. Dans une interview pour *Mademoiselle Âge tendre*, le chanteur sexy des Stones déclare bientôt que Françoise Hardy est son idéal féminin. Flattée, elle n'ose cependant y croire, s'estimant trop « propre » pour lui. D'ailleurs, au lendemain de leur passage à l'Olympia le 20 octobre 1964, lequel a suscité de nombreux dégâts et une émeute générant quarante arrestations – Françoise Hardy, présente dans la salle, était venue applaudir l'Italien Bobby Solo qui chantait en première partie ! –, la presse a qualifié les « Pierres qui roulent » de « voyous peu fréquentables ». Jean-Marie Périer, lui, trouve que Françoise et Mick se ressemblent comme sœur et frère et nourrit quelque temps l'idée de les réunir dans un remake des *Enfants terribles*, de Jean Cocteau. En juin 1965, il les photographie pour une page de mode de la revue dite « pour les jeunes filles dans le vent » (Françoise y pose aussi aux côtés de Brian Jones). Un soir, ils se retrouvent pour dîner ensemble, dans un restaurant parisien : « Je peux le dire maintenant, pendant des années je n'ai rien dit. À l'époque je vivais avec Jean-Marie Périer et on s'était retrouvés, dans un restaurant pas loin de Notre-Dame, avec Mick et sa fiancée du moment. Mick était assis en face de moi… et je crois bien qu'il m'a fait du pied pendant toute la soirée, je crois bien… Je ne suis pas mythomane, je suis plutôt du genre à mettre ça sur le compte d'un geste maladroit, mais là ! Toute une soirée ! Je n'en ai parlé à personne, jamais, jamais[2]… »

Un autre dîner est organisé à la même période à la demande de John Lennon et de George Harrison. « Lorsqu'ils sont arrivés à Paris, raconte Jean-Marie Périer, ils m'ont dit qu'il y avait deux personnes qu'ils voulaient voir absolument,

1. Françoise Hardy, *Le Désespoir des singes… et autres bagatelles*, *op. cit.*
2. *Rock & Folk*, n° 254, juillet-août 1988.

Françoise Hardy et Brigitte Bardot[1]. » La chanteuse en gardera un souvenir moins brûlant : aucun des deux Beatles ne lui inspire les mêmes élans que le bel « ange noir » des Stones, même si elle apprécie le charme discret et l'humeur mélancolique du timide George Harrison.

L'Angleterre porte un regard particulier sur Françoise Hardy. Elle n'est pas seulement cette Bovary de la chanson qui traîne son spleen et sa mélancolie, mais l'on perçoit au-delà de sa sensibilité artistique sa beauté androgyne qui va bientôt inspirer les plus grands créateurs de mode et lui faire quitter ses tenues sombres de chanteuse existentialiste à la Gréco. « Dès que j'étais en Angleterre, c'était tout à fait autre chose, entièrement nouveau pour moi et narcissiquement beaucoup plus confortable [*rires*][2]... » Elle fréquente les cercles londoniens les plus snobs, fraie avec les illustres figures des arts et du spectacle, le photographe David Bailey, le cinéaste Michelangelo Antonioni, l'acteur David Hemmings qui (dit-elle) lui fait du gringue, et les stars émergentes de la pop. Quatre années durant, ainsi que nous le verrons, la jet-set londonienne viendra l'applaudir dans le prestigieux cabaret de l'hôtel Savoy où aucun artiste français ne peut se vanter d'avoir chanté.

« Pendant très longtemps, j'ai été passionnément amoureux d'elle. Elle doit être au courant. Tous les hommes et bon nombre de femmes l'étaient également, et nous le sommes encore[3] », témoignera David Bowie, dont la carrière solo commence en 1967, avant de prendre son envol deux ans plus tard avec *Space Oddity*. « J'allais à tous ses concerts, mais je n'osais pas aller le voir. Une relation commune m'avait dit

1. Étienne Daho et Jérôme Soligny, *Françoise Hardy, Superstar et ermite*, *op. cit.*

2. *Les Inrockuptibles*, n° 22, *op. cit.*

3. « Trafic.musique », émission de Guillaume Durand, France 2, 4 septembre 2003.

que je lui plaisais beaucoup, mais il me troublait[1] », avoue Françoise Hardy. Les deux artistes ne se rencontreront qu'en 2003, à l'occasion d'une télé (« Trafic.musique », de Guillaume Durand) – « J'étais mieux armée, j'avais atteint un âge vénérable[2] » –, puis le mois suivant lors du concert événementiel donné par la rock star à Paris : « Il passait à Bercy et m'avait demandé de passer avant le concert dans sa loge. On m'avait indiqué une heure précise, je devais me rendre à telle porte du Palais omnisports. Derrière cette porte, je tombe directement sur lui. Il m'attendait ! Cet homme m'attendait pour me dire des choses aimables. C'est incroyable, personne ne m'a fait cet honneur-là. [...]. Il se comportait avec moi comme si j'avais été son fantasme de jeunesse. [...]. David Bowie avait ce regard qui vous transperce, il m'impressionnait beaucoup. Il me troublait aussi. C'est pourquoi, en dehors de cette rencontre unique à Bercy, j'ai évité d'aller le saluer dans sa loge chaque fois que j'allais le voir en concert[3]. »

« Son allure de page travesti »

Dans son roman *Les Choses de la vie*, Prix des libraires 1968[4], Paul Guimard fait dire à son héros-narrateur : « J'aime Françoise Hardy et sa voix de feutre et son allure de page travesti et "ses longues jambes de faon". Et ce mouvement de tête obstiné dont elle scande les battements de cœur de ses guignols qui s'aiment, qui ne s'aiment plus, qui pleurent, qui s'embrassent, qui partent, qui reviennent. Elle ne ressemble pas à ces maritornes qui brament d'une voix vulveuse leurs chaleurs intimes. »

1. *Le Parisien*, 6 juin 2016.
2. *Ibid.*
3. *L'Obs*, 19 janvier 2016.
4. Publié en 1967 aux éditions Denoël, le roman est adapté trois ans plus tard au cinéma par Claude Sautet, avec Michel Piccoli et Romy Schneider.

C'est « son allure de page travesti » qui inspire alors les grands couturiers, à commencer par André Courrèges. « L'avenir appartient à ceux qui l'anticipent », semble être la devise de cet ancien architecte des Ponts et Chaussées, formé à la haute couture chez Balenciaga, puis fondateur avec son ancienne assistante et épouse, Coqueline Barrière, de sa propre maison avenue Kléber, à Paris, en 1961. Et cet avenir doit faire toute sa place à la femme. Une femme différente, responsable, disposée à gagner sa place dans la vie sociale. Une femme libre, en mouvement. Souhaitant être l'égale de l'homme tout en affirmant sa féminité. Au printemps 1964, avec sa collection « Ère spatiale », Courrèges jette un pavé dans la mare en libérant la femme d'un carcan de comportements vestimentaires archaïques et lui offrant une aisance d'allure, en particulier par la banalisation du port du pantalon, qui cesse dès lors d'être un symbole de la masculinité. « Le pantalon, c'est une vérité. Il répond à un besoin. Ce n'est pas une évolution de la mode, c'est une évolution des mœurs[1] », affirme le couturier futuriste qui impose dans un même élan émancipateur la minijupe, imaginée par l'Anglaise Mary Quant et dont les premiers modèles furent commercialisés à l'orée des années 1960 dans une boutique de Chelsea. Portée à même la peau ou accessoirisée de collants, avec des bottes plates, la « mini » fait scandale. « Je crois que la première fille en minijupe que j'ai vue c'était Françoise Hardy, témoigne Jean-Marie Périer qui est à l'origine de la rencontre de sa compagne avec Courrèges à la fin de 1964, alors qu'elle cherche une nouvelle tenue de scène. Je ne suis pas convaincu que la minijupe fut un tel choc, il y a eu des choses plus révolutionnaires : la pilule, l'avortement. Ce sont surtout les vieux qui se choquaient de voir les jambes des filles à l'époque. Nous, on trouvait ça bien[2] ! » Pour la chanteuse aux longues jambes,

1. *L'Express*, 6 août 1964.
2. *Paris Match*, 7 novembre 2009.

le port de la minijupe ne répond pas à un acte militant, mais à un simple motif de valorisation esthétique. Sa morphologie, qui a été source de bien des complexes depuis l'enfance et lui vaut de ces surnoms péjoratifs comme « l'Endive du twist », trouvé par Philippe Bouvard, se prête idéalement à cette mode ultramoderne, épurée, architecturée. Parmi les dernières créations du couturier, elle jette son dévolu sur un ensemble tunique marinière à petites manches de cosmonaute (elle préférera bientôt des manches trois-quarts, pour cacher les bras) et pantalon évasé d'un blanc immaculé, assorti avec des bottines en vinyle, qu'elle va porter partout pendant plusieurs années, en tournée et à la télévision, puis sur les scènes de l'Olympia et du Savoy. Jusqu'à la mort du couturier (en 2016), elle recevra tous les mois de janvier une carte de vœux de sa part.

En Angleterre, l'image de la chanteuse concourt à développer sa notoriété. « J'avais la première page de tous ces journaux comme le *Daily*, uniquement parce que j'avais une robe qui arrivait là et des cuissardes qui arrivaient là [*rires*][1]... » On l'appelle « la cantatrice blanche » ou « la femme de l'an 2000 ». Courrèges la réconcilie avec elle-même. « Mon rêve ? Ressembler à cette image de moi que j'ai surprise au coin d'une glace en étrennant à Gstaad mon nouveau costume de scène », dit-elle dans la revue *Elle*, en janvier 1965. Paco Rabanne et, dans une moindre mesure, Yves Saint Laurent vont parachever cette heureuse métamorphose que ne manque point de saisir en multiplié l'objectif énamouré de Jean-Marie Périer, au point de lui consacrer soixante-dix pages du numéro de février de *Salut les copains*.

Cette image d'icône de la mode va perdurer. Nicolas Ghesquière, qui l'habillera dans les années 2000 de tenues sombres et sobres, dira à quel point Françoise Hardy l'a inspiré dans sa carrière de styliste et directeur artistique chez

1. *Les Inrockuptibles*, n° 22, *op. cit.*

Balenciaga[1] : « La génération de mes parents l'écoutait, et j'ai grandi entouré d'images [d'elle] dans *Vogue* et dans les magazines français. [...] Je me souviens d'avoir vu ses photos en concert, les cheveux au naturel, sans maquillage, une silhouette étonnante, des chaussures plates, et portant une combinaison de Courrèges. Je suis né dans les années 1970, c'était donc déjà une image nostalgique. Mais je me souviens d'avoir pensé : "Mon Dieu, elle a l'air tellement incroyable pour quelqu'un de si rétro." Ce qui selon moi est si fantastique chez elle c'est qu'à ses débuts elle était si différente de tous les gens qui l'entouraient. Je pense qu'elle croit ne pas être belle : elle n'a pas de formes, elle est très androgyne. Et pourtant, pour moi elle est l'essence même du style français. [...] Pour moi, elle est un exemple extraordinaire de quelqu'un qui est resté fidèle à elle-même et en même temps éduquait les gens avec sa musique et son look[2]. »

« Dans la chambre, personne/En t'attendant[3] »

« Le seul intérêt de la tournée c'est la demi-heure passée sur scène », confesse Françoise Hardy au micro du journaliste franco-suisse Pierre Lang qui la reçoit dans le magazine « Carrefour[4] » lors de sa venue en Suisse romande. Elle y chante ses deux nouveaux succès, « Mon amie la rose » et « Je veux qu'il revienne », qui sont au programme de son périple d'hiver qu'elle partage en covedette avec Hugues Aufray – la première partie du spectacle est assurée par Ronnie Bird, Éric Charden et Christine Lebail. Depuis Gstaad le 16 février, on la suit à Genève, Lausanne et Zurich, puis

1. Depuis 2013, Nicolas Ghesquière est responsable du prêt-à-porter féminin de Louis Vuitton.
2. *Vogue US*, septembre 2001.
3. « En t'attendant », 1965. Paroles et musique de Françoise Hardy. © Éditions musicales Alpha.
4. Diffusé sur la TSR le 27 mars 1965.

le 21 à La Chaux-de-Fonds, près de Neuchâtel, avant qu'elle ne sillonne l'Hexagone d'Angoulême à Bourg-en-Bresse, en passant par Limoges, Marseille et Montpellier. Le public, comme la presse, applaudit sa métamorphose vestimentaire. Pour le reste, on ne remarque aucun changement notoire, excepté dans le répertoire. La chanteuse est égale à elle-même. « Françoise se bat sans se battre, commente son partenaire Hugues Aufray. Sa force c'est le naturel, cette confiance discrète, cette modeste assurance qui exceptent toute notion de défi[1]. »

L'ambiance en tournée n'est pas déplaisante, même si les journées peuvent paraître longues quand on est loin de chez soi et sollicitée en permanence. « Chanter est un exercice que Françoise assumait volontiers, elle avait écrit pour chanter quand même, pas pour rester dans sa chambre ! témoigne Colette Piette. Et sur scène, elle était magnifique. C'est surtout d'être adulée et sollicitée en permanence qui lui pesait. Elle n'aimait pas être envahie dès qu'elle mettait un pied dehors, qu'on l'interpelle dans la rue pour une signature. Elle le faisait, mais pas toujours de gaieté de cœur. Les phénomènes de foule l'angoissaient. À chaque fois qu'il fallait sortir de son hôtel, elle était stressée[2]. » Mais, surtout, les tournées l'épuisent à cause de tout ce temps passé loin de celui qu'elle aime. Si ce n'était pour faire travailler son équipe de musiciens, elle s'en passerait volontiers ! Le soir dans sa chambre d'hôtel, elle attend auprès du téléphone que Jean-Marie veuille bien l'appeler. Seul le son de sa voix peut la réconforter, lui insuffler un éclat de vie. Mais le photographe très couru oublie souvent la promesse faite de retrouver sa compagne aussi souvent que possible. « Je m'angoissai à l'idée qu'il ne puisse venir comme prévu, écrira-t-elle. Tel fut le cas, et

1. *Jours de France*, n° 542, *op. cit.*
2. Entretien avec l'auteur, juin 2016.

ce contretemps involontaire constitua peut-être la goutte d'eau qui, à notre insu, fit déborder le vase. L'absence finit par éteindre le feu qu'elle avait d'abord attisé[1]. » Les jours passent, monotones, d'une ville à l'autre. Son visage de quatre mètres sur trois, avec ses cheveux volant à l'horizontale, comme soufflés par le vent, qui donnent de la fantaisie à ce portrait au sourire triste, est placardée partout sur les murs, rappelant l'existence de son auteur et ravivant le manque de lui. Il n'y a plus que l'absence de l'autre, son attente, avec l'espérance de sa venue, le reste devient automatisme : se rendre au théâtre ou dans la salle de spectacle, chanter, quand bien même on est envahi par le trac à l'idée d'affronter le public. « Elle était souvent malheureuse, on le voyait bien, témoigne son bassiste Ermes Alesi. Amoureuse et malheureuse. Elle a passé son temps à attendre l'homme de sa vie[2]. » Le plus volontiers enfermée dans la salle de bains de l'hôtel avec la seule compagnie de sa guitare, elle livre ce qu'elle a sur le cœur :

> « Je me sens si fatiguée
> Et si mal en train
> Tous ces gens qu'il faut voir sans cesse
> Brisent mes nerfs, causent ma faiblesse[3]… »

Puis, un soir : « Alors que je me sentais plus seule et plus mal que jamais, mon besoin d'aimer se déplaça peu à peu sur un charmant jeune homme qui participait à la tournée. Ce n'était rien d'autre qu'un sursaut de vie, mais il amorça la dégradation de ma relation avec Jean-Marie et la fin de nos amours[4]. »

---

1. Françoise Hardy, *Le Désespoir des singes… et autres bagatelles*, *op. cit.*
2. Entretien avec l'auteur, mai 2016.
3. « J'ai bien du chagrin », 1965. Paroles et musique de Françoise Hardy. © Éditions musicales Alpha.
4. Françoise Hardy, *Le Désespoir des singes… et autres bagatelles*, *op. cit.*

Elle entrevoit déjà « Le Temps des souvenirs » :

« Toi, tu seras parti
Tu vivras ta vie
Je serai seule à presque en mourir
Au temps des souvenirs[1]... »

Mais l'heure n'est pas venue et cette passion va connaître encore quelques soubresauts...

« Dans le monde entier »

Composé par l'arrangeur et directeur d'orchestre Charles Blackwell, d'après un original de P.J. Proby, « Le Temps des souvenirs » est enregistré au studio Pye de Londres pour un EP qui sortira en juin et Françoise Hardy profite de cette pause pendant la tournée pour assurer la promotion de « All Over the World », son gros succès outre-Manche. Les téléspectateurs anglais la voient respectivement les 12, 16 et 20 mars dans « Ready Steady Go ! », « Ollie & Fred's Five O'Clock Club » et « Thank You, Lucky Stars ! »

C'est un Jean-Marie Périer toujours amoureux qui l'accueille le 13 avril suivant à l'aéroport d'Orly. La veille, il était l'un des témoins du mariage de Johnny et de Sylvie, à Loconville (Oise). Françoise, tout sourires, revient de New York où elle a officialisé son contrat avec Kapp Records, qui distribue ses disques outre-Atlantique, et enregistré le show « Hullabaloo », diffusé le même jour sur la chaîne NBC. C'est sa première télévision en Amérique ! Son premier *long play* français, sous-titré « The "Yeh-Yeh" Girl From Paris » vient d'y être édité, de même qu'un single qui contient « However Much », la version anglaise de « Et même... »

1. « Le Temps des souvenirs » (« Just Call and I'll Be There »), 1965. Paroles et musique originales de Charles Blackwell, adaptation française de Maurice Vidalin et de Jacques Datin. © Éditions musicales Alpha.

qu'elle présente dans sa tenue blanche de Courrèges. Avec le crooner Steve Lawrence qui anime le show et la présente comme « l'une des plus grandes stars du disque en France », elle interprète aussi une version bilingue de sa chanson préférée de tous les temps, « Que reste-t-il de nos amours ? » de Charles Trenet (elle se réserve la partie française, lui chante « I Wish You Love », la version américaine que Frank Sinatra et Nat King Cole ont mise à leur répertoire). Enfin, un medley reprend les chansons lauréates des Grammy Awards (la septième cérémonie a eu lieu le même jour) : Françoise Hardy livre une version oubliable de « The Boy From Ipanema », puis, rejointe par Steve Lawrence, le duo féminin Jackie & Gayle et ses deux idoles d'adolescence, Phil et Don Everly (The Everly Brothers), « Downtown » de Petula Clark.

À la même période, l'Allemagne la propulse vedette à la faveur du show télévisé « Portrait in Musik », conçu par Truck Branss, dont le sens esthétique et le graphisme d'avant-garde s'apparentent à ceux de Jean-Christophe Averty en France. Enregistré dans le courant de l'automne précédent, en même temps que d'autres émissions locales – « Ins Palladium » et « Im Dreieck », en octobre ; « Musik aus Studio B », en novembre –, ce document est finalement diffusé le 28 avril sur la chaîne ARD. Séduit par la chanteuse française, Trick Branss avait demandé à la rencontrer et, pour la convaincre de travailler avec lui, lui avait montré l'un de ses précédents shows consacré à Hildegard Knef, célèbre diva du cinéma allemand. D'abord enthousiaste, Françoise Hardy a par la suite récusé le parti pris du réalisateur qui s'est obstiné à dissimuler sa personnalité sous le fard et une allure sophistiquée : « Il ne voulait pas me prendre telle que j'étais, mais avec des faux cils, des boucles, des faux seins et un maquillage surchargé. Tous les matins, j'arrivais donc sur le plateau à 6 heures, le temps de me métamorphoser ! Il a reconnu par la suite que ce n'était pas une bonne idée[1]. » Non plus la revue *Neue Illustrierte* qui reproche à la chanteuse son élégance froide et détachée : « Ce sphinx semble appartenir à un autre monde et vit en dehors des décors irréels dans lesquels le réalisateur le fait évoluer[2]. » L'intéressée se montre moins sévère vis-à-vis du concept de l'esthétique de mise en scène et en apprécie les qualités techniques novatrices : « Ce show bénéficiait de décors et de trucages fabuleux, jouant sur les contrastes noir et blanc. Sur un des titres [« Oh oh chéri »], je me promenais vêtue de noir sur un échiquier géant. Sur un autre [« Le Premier Bonheur du jour »], plus poétique, je portais une longue robe blanche transparente à partir des jambes, assise sur un cheval magnifique, dans un sous-bois éclairé à contre-jour… Je me suis aussi retrouvée dans une usine désaffectée dans laquelle avaient été suspendus des lustres en cristal et disposés des coussins noirs et blancs sur lesquels je chantais nonchalamment allongée [« Peter und Lou »][3]. » Parmi quelques versions allemandes de ses succès, ajoutées aux deux classiques français que sont « La Mer » et « Les Feuilles mortes », Françoise Hardy propose cinq titres inédits dans la langue de Goethe, dont « Frag' den Abendwind » qui obtient les faveurs du public et demeure classé pendant vingt-quatre semaines dans les hit-parades nationaux[4]. Cette nouvelle renommée lui permet d'envisager pour l'année suivante une tournée à travers l'Allemagne de l'Ouest, sa seule tournée outre-Rhin. À suivre…

Le 26 avril, les téléspectateurs français retrouvent leur chanteuse bien-aimée dans « Douce France » où elle interprète « Et même… » et « Mon amie la rose ». Sur les écrans italiens,

1. *Platine*, n° 10, *op. cit.*
2. *Neue Illustrierte*, 15 novembre 1964.
3. *Platine*, n° 10, *op. cit.*
4. Les douze chansons de ce show seront réunies en septembre 1965 dans un 33 tours publié en Allemagne et intitulé *Françoise Hardy in Deutschland.*

elle chante « Devi Ritornare » (« Je veux qu'il revienne ») le 9 mai dans « Il Paese della Musica », tandis qu'elle assure la promotion de son tube international « All Over the World » les 13 et 24 mai dans le « Top of the Pops » anglais et dans « Meine Melodie » en Allemagne. Dans l'intervalle, elle était le 16 mai l'invitée d'honneur de Roger Lanzac dans « Télé Dimanche » sur l'ORTF : outre les cinq chansons proposées – « Dis-lui non », « Son amour s'est endormi », « Dans le monde entier », « Je veux qu'il revienne » et « Tu n'as qu'un mot à dire » –, elle y annonçait le tournage dans l'île de Skyros, en Grèce, du film *Une balle au cœur* de Jean-Daniel Pollet, avec Sami Frey.

L'idée du cinéaste, à l'origine jeune espoir d'une Nouvelle Vague qui aura finalement déferlé sans lui – il a tourné son premier long-métrage à vingt-trois ans, avant Truffaut, Godard et les autres (*La Ligne de mire*, 1959, inédit jusqu'à son exhumation en 2015) –, est de faire œuvre d'auteur en réalisant une sorte de western esthétisant et lyrique, illustré par la musique du compositeur grec Míkis Theodorákis qui vient d'accéder à une renommée internationale grâce au succès de *Zorba le Grec*. Pollet compte parmi les amoureux de Françoise Hardy, il a souhaité filmer sa beauté diaphane et romantique dans un décor où chaque plan est étudié, où chaque couleur a sa symbolique : « Je m'étais dit qu'il me faudrait filmer une fille en train de descendre les gradins du théâtre avec une caméra qui la suit. Une silhouette de fille très belle. C'est comme ça que j'ai pensé à Françoise Hardy. Malheureusement, au moment du film, elle avait un programme établi depuis longtemps à l'avance, et on n'a pas pu tourner beaucoup avec elle, j'ai dû réduire son rôle, c'est dommage[1]. »

Échaudée par une première expérience avec Vadim, la jeune femme se laisse à nouveau fléchir devant l'enthousiasme

1. Étienne Daho et Jérôme Soligny, *Françoise Hardy, Superstar et ermite*, *op. cit.*

de Jean-Marie Périer qui estime flatteur de travailler avec un cinéaste de réputation exigeant, singulier et novateur. Las, le tournage à peine commencé, elle jure en son for intérieur qu'on ne l'y reprendra plus! «Je n'aime pas me mettre dans la peau de quelqu'un d'autre. Je ne sais pas, ce n'est pas que je n'aime pas, je ne sais pas. Et puis toute cette chaleur, cette attente, c'est désagréable. En Grèce ou en studio..., c'est pareil», soupire-t-elle dans le journal télévisé du 30 juin, alors qu'on la reçoit pour cautionner le film. Son inconfort est renforcé par les vêtements qu'on l'oblige à porter (robes sans manches qu'elle trouve de fort mauvais goût), ainsi qu'un épais maquillage intolérable sous le soleil. Rien ne trouve grâce à ses yeux, pas même le cadre idyllique: «Je n'ai pas eu le coup de foudre pour la Grèce, bien qu'il s'agisse d'un merveilleux pays, le soleil, la mer, tout ce que j'aime. Mais vous savez, je ne suis pas de ces filles qui s'extasient devant les vieilles pierres de Toscane, de l'Attique ou d'ailleurs. Aussi beaux soient-ils, les paysages m'intéressent moins que les villes et les pierres muettes moins que les immeubles bruyants qui abritent des masses de gens, des quantités de destins[1].» Surtout, elle souffre encore et toujours de l'absence de son amoureux: «Je me suis retrouvée sur une île grecque à pleurer tous les jours. Il y avait aussi Sami Frey, qui était désespéré parce que Catherine Deneuve n'était pas là... On était tous très malheureux, d'autant que les rares scènes qui avaient un peu d'intérêt étaient racontées au lieu d'être filmées[2]!» Par-dessus le marché, l'expérience se solde par un échec commercial cuisant: présenté en avant-première le 17 janvier 1966, en l'absence de sa vedette féminine, et sorti en salle le 23 février, le film n'attirera pas même vingt mille spectateurs en fin d'exploitation.

1. *Jours de France*, n° 551, 5 juin 1965.
2. *Studio Magazine*, n° 209, *op. cit.*

La même année, vêtue de pied en cap par Courrèges (une très seyante robe-manteau rayée à gros boutons, ceinture et manches trois-quarts, avec bottines blanches), Françoise Hardy apparaît auprès d'un officier américain dans une séquence du film de Jean-Luc Godard, *Masculin Féminin*, avec Jean-Pierre Léaud et Chantal Goya. Cette fois, l'expérience est furtive et amusante. Juste pour le plaisir d'être filmée par Godard !

Première scène anglaise, au Savoy

Soumise à un rythme de vie effréné, voyageant d'un pays à l'autre, passant d'un tournage de cinéma à un enregistrement de disque, d'un plateau de télévision à une scène de music-hall, Françoise Hardy finit par craquer nerveusement. Rentrée de Grèce à Paris pour le week-end de la Pentecôte, puis repartie le lundi à Londres où elle doit se produire pendant quinze jours au cabaret de l'hôtel Savoy et arrivée en retard à la conférence de presse, elle s'effondre en larmes dans les bras de son amoureux.

À peine requinquée, et tandis qu'elle chante le soir, elle fait l'objet le surlendemain d'un film documentaire réalisé par Pierre Koralnik pour le magazine d'informations de la télévision suisse romande « Continents sans visa », dont le tournage s'étire sur deux jours[1]. La caméra s'immisce dans le studio Pye où se déroulent les sessions d'enregistrement du prochain EP, en présence de Charles Blackwell et de Jacques Wolfsohn (l'occasion d'entendre « Bout de lune », « J'ai bien du chagrin » et « Le Temps des souvenirs ») ; elle la suit seule dans un taxi ou dans sa chambre d'hôtel, flânant avec Jean-Marie Périer dans les rues de Londres sous un coin de parapluie, échangeant entre deux bâillements et un fou rire quelques banalités. Le photographe a profité de ce long

1. L'émission est diffusée sur la TSR le 1er juillet 1965.

séjour pour s'exercer derrière la caméra en tournant quelques séquences du « Piccadilly Show », un autre film de cinquante minutes réalisé par Gérard Sire et monté par Claude Barrois pour l'ORTF, afin de l'offrir à Noël aux téléspectateurs. À partir d'un synopsis prétexte (un détective français déguisé en colleur d'affiches prend Françoise Hardy en filature), la caméra se promène de Green Park à Trafalgar Square, filmant la chanteuse sur la banquette d'un black-cab, dans la vitrine d'un magasin de pull-overs ou marchant dans les rues de la City. Les conditions ne sont pas toujours faciles car on filme à la dérobée, sans autorisation. « Les Londoniens qui passent pour les gens les plus à l'aise du monde se sont arrêtés pour regarder Jean-Marie et je me suis retrouvée à bloquer la circulation à Piccadilly Circus[1] », rapporte-t-elle. Dans Hyde Park, pour jouer la discrétion, elle s'allonge dans l'herbe afin d'interpréter « L'Amitié », un bijou ciselé par Jean-Max Rivière et Gérard Bourgeois, auteurs de chansons pour Brigitte Bardot, dont « Un jour comme un autre » et « À la fin de l'été » qu'elle apprécie beaucoup (elle donnera une version différente de « La Fin de l'été » en 1967).

> « Beaucoup de mes amis sont venus des nuages
> Avec soleil et pluie comme simples bagages
> Ils ont fait la saison des amitiés sincères
> La plus belle saison des quatre de la terre[2]... »

« J'ai rencontré Françoise au "Petit Conservatoire" de Mireille à ses tout débuts, avant même qu'elle n'enregistre, se souvient Jean-Max Rivière. J'avais marqué sur mon carnet: "Françoise Hardy, chanteuse de rock" [*rires*]. Elle était magnifique, elle avait une plastique et une grâce particulières. On

1. *Ciao amici*, n° 11, septembre 1965.
2. « L'Amitié », 1965. Paroles et musique de Gérard Bourgeois et de Jean-Max Rivière. © Éditions musicales Alpha.

était forcément sous le charme… Plus tard, j'ai commencé tout seul à écrire cette chanson, "L'Amitié", que Gérard Bourgeois a terminée. C'est passé pas mal en radio, mais ça n'a pas marché énormément sur le moment, c'est une chanson qui a fait son chemin doucement, au fil du temps[1]. »

Françoise Hardy crée « L'Amitié » à Londres, sur scène.

Premier hôtel de luxe du Royaume-Uni, inauguré en 1889, le Savoy a vu défiler les plus grands noms des arts et de la politique du XXe siècle, d'Edward VII à Elton John, de Winston Churchill (qui y tenait ses quartiers pendant la Seconde Guerre mondiale) à Laurence Olivier, de Charles de Gaulle à Oscar Wilde, de Harry Truman à Marilyn Monroe, de Claude Monet à Charlie Chaplin, de Fred Astaire à Coco Chanel, d'Enrico Caruso à Maria Callas, de Marlon Brando à Christian Dior, de Marlene Dietrich à Bob Dylan, des Beatles aux Rolling Stones… Poursuivant une tradition inaugurée en 1925 par George Gershwin qui présenta *Rhapsody in Blue* dans la salle de bal de l'hôtel, plusieurs générations de chanteurs et musiciens, de Frank Sinatra à Amy Winehouse, s'y sont produits. Françoise Hardy est la seule Française à avoir eu cet honneur, à quatre reprises.

« Pour la première fois de ma carrière, je chante en anglais sur une scène anglaise, devant un public anglais qui ne m'avait vue qu'à la télévision[2] », se réjouit-elle à quelques minutes de son récital. Devant un parterre bondé de mille deux cents spectateurs chaque soir du 7 au 19 juin, un public qu'elle décrit « élégant et éclairé[3] », elle apparaît sur cette scène dont le plancher s'élève insensiblement depuis la face jusqu'au mur du fond dans sa tenue fétiche de Courrèges (un journal suisse rapporte que le directeur du Savoy, se référant au tissu en coton de gabardine dans lequel est coupé son

1. Entretien avec l'auteur, novembre 2008.
2. *Jours de France*, n° 553, 19 juin 1965.
3. *Ibid.*

costume, lui aurait reproché de « s'habiller avec des surplus de la dernière guerre[1] »!). Elle ouvre les festivités avec son tube local « All Over the World », avant d'égrener un répertoire de douze ou treize chansons, selon les rappels, parmi lesquelles plusieurs nouveautés extraites de son futur album, dont « Ce petit cœur », « Bout de lune » et une composition de Charles Blackwell pour Samantha Jones, transfuge des Vernons Girls, « Don't Come Any Closer », dont elle enregistrera bientôt une version française (« Non, ce n'est pas un rêve »). Blackwell est aussi l'auteur de « Just Call and I'll Be There », créé par P.J. Proby en 1964 et reprise d'abord en français par Françoise Hardy (« Le Temps des souvenirs »), puis dans sa version originale sur un single sorti dans les bacs anglais en juillet, avec sur l'autre face « You Just Have to Say the Word » (« Tu n'as qu'un mot à dire »).

« Françoise était parfaite quand elle chantait sur scène, mais très angoissée avant d'entrer, se souvient son bassiste Ermes Alesi. Le public était particulier au Savoy, c'était une clientèle plutôt snob. Elle était très applaudie, mais ce n'était pas la même ferveur qu'ailleurs. Et elle se sentait mal à l'aise, car elle n'était pas dans son élément. Elle ne recevait pas le retour du public comme elle le voulait, elle ne le ressentait pas[2]. »

De retour à Paris le soir du 20 juin, elle assiste au spectacle événementiel des Beatles au palais des Sports. Avec Jean-Marie Périer, appareil photo en bandoulière, elle se rend ensuite à l'hôtel George V où les « quatre garçons dans le vent » sont descendus.

À Monticello, elle construit sa maison

La série de récitals londoniens est le prélude d'une tournée initialement prévue du 12 juillet au 5 septembre, soit

1. *L'Impartial*, juin 1965.
2. Entretien avec l'auteur, mai 2016.

quarante villes du nord au sud, mais dont le planning est perturbé par un accident de voiture survenu dès la fin du premier gala. « On ne devrait jamais conduire après un concert, surtout quand la moindre apparition en public vous met sens dessus dessous. La tentation de finir la nuit avec Jean-Marie à Paris avait été cependant plus forte que la voix de la raison[1] », commente Françoise Hardy. Le 13 juillet à une heure du matin, tandis qu'elle rentre de Deauville à Paris au volant de son coupé Lancia Flavia, accompagnée de la choriste Margaret Hélian, la chanteuse perd subitement le contrôle du véhicule qui quitte la route à vive allure et va s'immobiliser après deux tonneaux au milieu d'un pré. Admise avec sa passagère à la clinique du Trocadéro à Paris, elle s'en tire avec quelques lésions traumatiques mineures de la colonne vertébrale et un corset qu'elle doit garder plusieurs jours. Le soir, au casino de Knokke-le-Zoute où elle était programmée, Sacha Distel annonce la nouvelle au public. Elle remontera sur scène le 24 juillet aux arènes de Pérols, près de Montpellier, en covedette avec l'ami Richard Anthony. Finalement, la tournée s'achève le 20 août. La société de production qui l'a engagée (Production Côte d'Azur) en annule inopinément les dernières dates et de nouveaux périples vont promener Françoise Hardy jusqu'en octobre dans les principales métropoles européennes, de l'Italie à l'Allemagne, en passant par l'Espagne, la Suisse et les Pays-Bas où les lecteurs de la revue *Tuney Tunes* l'ont élue « meilleure chanteuse internationale de l'année ».

Fin juillet, elle a profité de trois jours de relâche pour se ressourcer en Corse, où son compagnon a de la famille, en particulier l'architecte Jean Billon qui a élaboré un projet de maisons haut de gamme à Monticello, petit village de Balagne dans le nord-ouest de l'île, avec l'ambition d'y rameuter quelques personnalités du show-business. Elle se laisse

1. Françoise Hardy, *Le Désespoir des singes… et autres bagatelles*, *op. cit.*

séduire par ce coin de paradis qui ne compte alors que deux cent cinquante habitants (plus de deux mille à l'année et sept mille l'été, en 2020) et achète bientôt un terrain d'onze hectares mitoyen de la propriété des beaux-parents de François Périer, sur lequel elle fera bâtir une belle demeure rustique au cœur d'un environnement planté d'oliviers et de chênes verts. « Ça s'est fait comme ça, dit-elle. Jean-Marie m'a embarquée un week-end, il m'a dit voilà, il faut que tu achètes ça, il m'a montré un terrain. L'ironie, voire la méchanceté du sort est que, quand la maison a été construite, mon histoire avec Jean-Marie était terminée. Et c'est donc Jacques [Dutronc] qui a pendu la crémaillère et qui s'est attaché véritablement à la Corse[1]. »

« Une plante verte » à l'Olympia

« Dans les serres de la ville, une plante verte chante la vie, écrit le poète Jacques Prévert dans le programme de l'Olympia qui clôt en beauté le tour 1965 de Françoise Hardy. Elle chante le désarroi des amours d'aujourd'hui, la liberté dangereuse de l'amour libéré, le lancinant tourment de l'amour séparé. »

Au fronton du mythique music-hall du boulevard des Capucines, le nom de la chanteuse brille en lettres rouges du 28 octobre au 22 novembre au-dessus de celui des Compagnons de la chanson. La presse, quoiqu'elle tende pour une large part à soutenir les anciens partenaires d'Édith Piaf au détriment de leur jeune coéquipière, trouve incongrue l'association d'une artiste qui respire la modernité jusque de l'autre côté de la Manche avec une formation collégiale dont le répertoire s'inscrit dans une tradition folklorique qui commence à dater. D'ailleurs, la rythmique rock avec accords de guitares électriques saturés sur « Je n'attends plus personne »

1. *Public Sénat*, 14 décembre 2012.

(un titre de circonstance, devant une salle comble) qui ouvre le récital composé de onze chansons surprend un peu une audience plus encline à apprécier de douces ballades mélancoliques. Mais le programme trouve un juste équilibre entre rythme (« Dis-lui non », « Ce petit cœur », « Je veux qu'il revienne ») et émotion (« L'Amitié », « Mon amie la rose », bissée certains soirs, ou encore « Comme », chanson inédite sur la fin d'un amour qui attendra les premiers mois de 1966 pour être éditée). « Il y a dans cette jeune fille un peu mélancolique un mystère qui ne doit rien à l'artifice publicitaire, écrit Janick Arbois dans *Télérama*. Sa maladresse et son manque d'aisance en public sont comme celles de Georges Brassens autrefois (il a cessé d'en jouer dès qu'elles n'ont plus été réelles) : elles sont le signe d'une vérité[1]. »

« Des mots grands comme des pays[2] »

Dès le lendemain de sa dernière à l'Olympia, Françoise Hardy prend le premier vol pour Londres où elle enregistre deux télés, « Ready Steady Go ! » et « Juke-Box Jury ». Elle y présente « So Many Friends », la version anglaise de « L'Amitié ». Le dimanche, la revoilà parisienne pour quelques jours, notamment pour saluer le retour sur scène de Johnny après ses longs mois d'armée. Début décembre, elle repart pour Londres où on l'attend sur le plateau de « Top of the Pops ». Elle termine l'année au Moyen-Orient, d'abord en Turquie, dans un cinéma d'Istanbul où elle donne une dizaine de galas en matinée et soirée entre le 18 et le 20 décembre, puis au Liban, où elle doit honorer un contrat de trois soirs à l'Estérel Club, une discothèque de Beyrouth, du lendemain de Noël au 28 décembre. Souffrant d'une méchante trachéite contractée pendant le voyage, elle obtient par certificat

1. *Télérama*, n° 831, 19 décembre 1965.
2. « Tu verras », 1966. Paroles et musique de Guy Bontempelli. © Éditions Eco-Music.

médical d'ajourner sa troisième prestation et de rentrer chez elle pour le Nouvel An : « Je rentrai à Paris par un vol de nuit, dans un vieux coucou d'une compagnie asiatique qui semblait sur le point de rendre l'âme et dont j'étais l'unique passagère[1]. » Avant d'embarquer, elle enregistre une émission pour la télévision libanaise, « Faites la fête », où elle chante en play-back « L'Amitié », « Dis-lui non » et « Mon amie la rose ».

1966 commence dans un même tourbillon de valises. La notoriété de Françoise Hardy en Italie invite les dirigeants de ses maisons de disques, des deux côtés des Alpes, à la faire concourir, plus ou moins à son corps défendant, au Festival de San Remo, l'un des plus prestigieux concours de chanson européen, sinon mondial (il était déjà question l'année précédente qu'elle y participe avec « La Tua Mano », une chanson italienne inédite qu'elle venait d'enregistrer, mais c'est finalement Petula Clark qui avait été choisie par Vogue). Dans le pays, c'est un rituel qui révèle chaque année de nouveaux talents et dont la retransmission sur la première chaîne de la RAI bat régulièrement des records d'audience, tant le public est passionné. Le principe de la compétition, dont la seizième édition a lieu du 27 au 29 janvier, veut que deux artistes interprètent séparément la même chanson. Françoise Hardy accepte d'y défendre « Parlami di Te » avec le Romain Edoardo Vianello, vingt-sept ans, qui en a composé la musique sur un texte de Vito Pallavicini et avec qui elle tourne dans la foulée un roman-photo pour le magazine *Sogno* (« Edoardo Vianello était tout petit. On avait dû mettre des caissons pour qu'il soit à ma hauteur[2] », raconte-t-elle, amusée). La ligne mélodique à l'orchestration emphatique et la partie vocale évoluant *crescendo* se prêtent plutôt bien à ce type de concours, mais

1. Françoise Hardy, *Le Désespoir des singes… et autres bagatelles*, *op. cit.*
2. *Platine*, n° 156, *op. cit.*

la chanteuse ne cache pas sa préférence pour une autre composition de son partenaire, « Ci Sono Cose Più Grandi », défendue à San Remo par le Milanais Tony Renis et qu'elle enregistrera dans sa version originale, avant de la transposer en français sous le titre « Il est des choses ». Très motivée et assidue aux répétitions, où elle se présente portant lunettes opaques, casquette bretonne empruntée à Jean-Marie Périer et ciré jaune de matelot réinventé par Courrèges, elle n'en est pas moins traqueuse le soir de la compétition où, sur la scène du casino de la cité ligure, elle apparaît dans son habituel costume blanc : « J'étais tétanisée au premier degré par le trac et convaincue que cela s'entendait encore plus que cela ne se voyait[1]. » « Parlami di Te » est tout de même sélectionné pour la finale, à la faveur du charme délicat de la concurrente française, pour terminer à la quatorzième et dernière place.

Qu'importe ! Françoise Hardy se réjouit d'avoir découvert à San Remo la chanson d'Adriano Celentano, « Il Ragazzo della Via Gluck », curieusement éliminée par le jury dès la première sélection. Le texte témoigne de l'urbanisation galopante de l'après-guerre qui a défiguré les paysages de l'enfance du chanteur qui a grandi au numéro 14 de la rue Gluck, à Milan. De retour à Paris, contre la réticence de son directeur artistique, Françoise Hardy demande à en obtenir les droits d'adaptation et le parolier Eddy Marnay lui écrit une version fidèle à l'original, dans une même veine nostalgique.

> « Là où vivaient des arbres, maintenant
> La ville est là
> Et la maison, les fleurs que j'aimais tant
> N'existent plus[2]… »

1. Françoise Hardy, *Le Désespoir des singes… et autres bagatelles*, *op. cit.*
2. « La maison où j'ai grandi » (« Il Ragazzo della Via Gluck »), 1966. Paroles et musique originales de Luciano Beretta, de Miki Del Prete et d'Adriano Celentano. Adaptation française d'Eddy Marnay. © Éditions Sugar Music.

« La Maison où j'ai grandi », que Vogue publie simultanément en super 45 tours et single, va s'inscrire parmi les succès les plus marquants de la chanteuse, en France comme à l'étranger (pour sa promotion télévisée en Italie, elle présentera en fin d'année une version bilingue de la chanson, combinant l'original et l'adaptation française). Elle l'interprète en exclusivité le 21 avril dans le « Palmarès des chansons » de Guy Lux, dont elle est l'invitée d'honneur.

Entre-temps, elle a triomphé une deuxième fois à Londres sur la scène du Savoy, où elle s'est produite du 31 janvier au 21 février pour, selon *Jours de France*, « un cachet royal de dix millions de francs anciens[1] ». Parmi les sommités locales telles que la princesse Margaret, sœur cadette de la reine Elizabeth II, et l'acteur David Hemmings, on note la présence de Burt Bacharach, dont Françoise Hardy est très admiratrice, notamment pour les chansons qu'il a écrites pour Dionne Warwick. Aussi se précipite-t-elle à sa rencontre dès la fin de son tour de chant, sans prendre la peine de se changer. Mais le service d'ordre lui interdit l'entrée de la salle de restaurant sous prétexte que les femmes ne sont pas autorisées à porter un pantalon dans un lieu public !

Une semaine après son dernier récital londonien, la voilà allemande jusqu'au 3 avril pour un long périple qui la conduit dans une quarantaine de villes de la RFA, dont Berlin et Munich où elle honore en outre des contrats liés à des télévisions locales. « L'organisateur était tellement criblé de dettes qu'il y avait des huissiers à l'entrée de chaque salle où j'étais programmée, se souvient-elle. Mon ingénieur du son, qui ne parlait pas un mot d'allemand, avait reçu la consigne de se faire payer avant le spectacle. Son leitmotiv était donc : "Nix money, nix show" et nous devions attendre son feu vert pour entrer en scène[2]. »

1. *Jours de France*, n° 590, 5 avril 1966.
2. Françoise Hardy, *Le Désespoir des singes… et autres bagatelles*, *op. cit.*

Dans un studio de la rue des Acacias, à Paris, le 12 avril, Jean-Marie Périer fixe pour l'éternité le portrait de la génération yé-yé : sur la photo en couleurs, insérée au centre du magazine de juin, s'étagent sur six rangs, devant un mur de briques tagué d'un *Salut les copains* rouge vif, une quarantaine d'idoles de la jeunesse, avec à leur tête Johnny (il domine le groupe, posant debout, devant une échelle). Françoise Hardy, qui figure à la gauche d'Antoine et derrière Richard Anthony, lui rendait hommage cinq jours plus tôt en reprenant « Douce violence » dans un « Palmarès » qui lui était entièrement consacré.

Pour la « beauté renversante » d'un cinéaste

Le printemps 1966 est occupé à promouvoir un nouveau disque qui, outre « La Maison où j'ai grandi », contient « Tu verras », une très belle chanson sur le thème de l'amour exclusif et possessif que lui a écrite et composée Guy Bontempelli, un jeune artiste rencontré sur les bancs du « Petit Conservatoire » et de la Sorbonne.

> « Et puis j'arracherai les voiles
> Des bateaux qui t'emporteraient
> Et puis j'arracherai les ailes
> Des oiseaux, je te garderai[1]... »

En parallèle, Françoise Hardy est à nouveau appelée pour jouer au cinéma. Elle n'a toujours pas la moindre velléité de réussir dans la partie, pas même la volonté de relever un challenge, mais il s'agit cette fois d'une superproduction à gros budget de la Metro Goldwyn Mayer, avec à la clé un important cachet qu'il serait idiot de refuser. En prime, elle trouve le réalisateur John Frankenheimer d'une beauté renversante (lui-même l'avait repérée dans une discothèque de Londres

1. « Tu verras », *op. cit.*

pour une raison analogue). « En même temps, on pénétrait dans un milieu qui m'était totalement inconnu qui était le milieu de l'automobile. Tout ça était intéressant parce que ça élargissait mon petit horizon[1] », confie-t-elle sur la BRT (télévision flamande).

Dans *Grand Prix*, elle joue en effet le rôle d'une jeune Française au charme envoûtant et aux minijupes affriolantes qui tombe amoureuse d'un pilote de formule 1, incarné par le bellâtre Sicilien Antonio Sabato avec qui on lui prête (à tort) une liaison. Elle n'a pas grand-chose à faire sinon l'accompagner sur tous les grands circuits européens, de Monaco à Monza (Italie), en passant par Clermont-Ferrand, Spa-Francorchamps (Belgique), Zandvoort (Pays-Bas) et Brands Hatch (Angleterre). « C'est la première fois que je m'amuse en tournant[2] », dit-elle. Le tournage, qui s'étend sur une durée de cinq mois, de mai à septembre, lui laisse quelques loisirs et s'avère une occasion pour elle de savourer un repos bien mérité.

Les vingt-cinq ans de Bob Dylan

Le 24 mai, Françoise Hardy obtient de son réalisateur l'autorisation exceptionnelle de se rendre à Paris pour le concert unique de Bob Dylan à l'Olympia. Jean-Marie Périer fait partie de la horde de photographes venue accueillir le *folk singer* américain l'avant-veille à l'aéroport d'Orly, mais un triste impondérable familial l'empêche d'accompagner sa bien-aimée au spectacle : la mort par défenestration, ce même jour, de son jeune frère Jean-Pierre. La passion de la chanteuse pour Dylan qu'elle rêve depuis longtemps de voir sur scène l'emporte sur l'élan compassionnel devant le chagrin de son compagnon : « Je n'ai pas pu renoncer au concert,

1. « Première Magazine », 19 mars 1967.
2. *L'Illustré* (Suisse), n° 45, 12 novembre 1966.

j'y suis allée, abandonnant Jean-Marie, c'était plus fort que moi. Cela m'a poursuivie longtemps, et aujourd'hui encore j'y repense avec honte[1]. »

Le *World Tour* 1966 de Bob Dylan a une résonance particulière pour les fans de la première heure qui ne reconnaissent plus depuis sa récente métamorphose en rock star le prophète acoustique de ses débuts, leur porte-parole, leur modèle. Sa musique s'est par ailleurs nourrie de substances hallucinogènes, une addiction qui pourrait justifier son attitude ronchonne à l'égard d'un public impatient à qui il lance, tout en s'éternisant à accorder sa guitare, qu'il a lui aussi très envie de rentrer chez lui ! « Il faut énormément de produits chimiques pour pouvoir maintenir ce rythme-là, confiera-t-il à son biographe Robert Shelton. Une tournée comme celle-ci a bien failli me tuer[2]. »

Sur la scène de l'Olympia, comme partout ailleurs, le futur Prix Nobel de littérature propose un spectacle scindé en deux parties distinctes, l'une où il apparaît seul en scène pour égrener les chansons protestataires de sa première période, l'autre où avec son Band il laisse libre cours aux guitares et orgues saturées pour présenter son nouveau répertoire de Rimbaud électrique. C'est la première fois qu'il chante à Paris, mais la cité de la romance et des romantiques ne lui est pas étrangère, non plus la culture française, en particulier la poésie qui a inspiré certains de ses textes, ainsi que l'œuvre de Victor Hugo lue quand il était adolescent, notamment *Notre-Dame de Paris* dont l'ombre géante veut l'attraper par les pieds dans un long poème imprimé au dos de l'album de 1964, *Another Side Of Bob Dylan*.

Ce poème, intitulé « Some Other Kinds of Songs », est dédié à Françoise Hardy, dont il dit être tombé amoureux

1. Gérard Miller, *Le Divan et le Confessionnal*, *op. cit.*
2. Robert Shelton, *No Direction Home: The Life and the Music of Bob Dylan*, Hal Leonard Corporation, Rev Upd Edition, 2011.

en voyant un portrait d'elle réalisé par William Klein à la une de *Vogue*. Rien d'étonnant, alors, à ce qu'il demande à la rencontrer. La façon n'en est pas moins insolite : pendant l'entracte (interminable) à l'Olympia, la chanteuse voit venir à elle un émissaire chargé de la conduire expressément dans les coulisses. « M. Dylan ne reviendra sur scène qu'à condition que vous m'accompagniez dans les loges pour le rencontrer », lui souffle-t-il à l'oreille. Stupéfaite, elle obtempère et découvre *in situ* une sorte de zombi, pâle et émacié, loin de l'image du troubadour romantique qu'elle avait de lui : « J'ai eu l'impression que sa vie ne tenait qu'à un fil. Il m'a semblé avoir devant moi un mort vivant, tout au moins quelqu'un de très malade. J'ignorais absolument tout de la drogue à cette époque. Son aspect était très éloigné de l'irrésistible jeune homme qui figurait sur les pochettes de disques[1]. » Témoigne de cette rencontre une série d'images en noir et blanc, sur lesquelles Dylan et Hardy affichent une mine qui ne marque ni enjouement ni gaieté.

« On a raconté des tas de salades autour de cette venue de Bob Dylan à Paris, comme Hallyday qui a prétendu que Bob avait habité chez lui alors qu'il n'a pas quitté sa suite du George V ! commente Zouzou, un brin agacée. L'histoire à l'Olympia que raconte Françoise, à savoir que quelqu'un est venu la chercher pour lui dire que Dylan ne chanterait pas si elle n'allait pas le voir dans sa loge, c'est aussi une légende. J'ai une photo où je suis dans la loge de Bob. Celles qu'on voit de Françoise et Bob ont été prises dans les coulisses après le spectacle, car il y avait une fête organisée pour son anniversaire et il s'est senti obligé de rester un peu. Et là, il y a eu quelques photos de prises, dont une où j'apparais au milieu de Françoise et de Bob, en train de parler musique. Il faut que vous sachiez une chose, c'est que Bob Dylan ne m'a pas

1. Stéphane Koechlin, *Bob Dylan, Épitaphes 11*, *Biographie*, Flammarion, 2004.

lâchée d'une semelle pendant tout son séjour parisien. Il m'a abordée le premier soir chez Castel alors qu'on ne se connaissait pas – moi seule je savais qui il était, bien sûr ! –, il est venu vers moi et m'a demandé : "Who are you?" Je lui ai dit qui j'étais. Il savait que j'étais la petite amie de Brian Jones, et comme il adorait Brian, allez savoir… Il m'a demandé si je voulais venir à son hôtel avec des amis, il proposait de nous inviter. Qu'est-ce qui pouvait m'arriver ? Je ne risquais rien ! J'y suis allée, et à partir de là je n'ai pas une seule fois quitté l'hôtel sans lui et son chauffeur. Je l'ai emmené chez Renoma car il voulait acheter un costume, on a fait le tour des boutiques pour homme, ensuite on est rentrés à l'hôtel, puis il m'a accompagnée pour l'enregistrement d'une télé avec Tom Jones et Françoise, d'ailleurs, que j'ai dû croiser à ce moment-là, etc. Bref, il avait décidé qu'il ne me lâcherait pas de tout son séjour. À l'Olympia, il m'a installée derrière la scène, sur un ampli, pendant tout le concert. Il y avait des places dans la salle, mais il voulait avoir l'œil sur moi. Il n'y avait aucune ambiguïté, cela dit, car il venait d'épouser une magnifique femme et il n'avait pas l'intention de la tromper. Il avait juste besoin d'un guide à Paris, voilà tout. Et c'est tombé sur moi[1]. »

Le concert fini, après que Bob Dylan a soufflé les vingt-cinq bougies de son gâteau d'anniversaire prévu par le maître des lieux, Bruno Coquatrix, la soirée se poursuit à l'hôtel George V, en compagnie de nombreux invités, parmi lesquels Françoise Hardy, Hugues Aufray et Johnny Hallyday. Après s'être fait longtemps attendre, la rock star aurait surgi dans l'entrebâillement de la porte de sa chambre pour y inviter Françoise Hardy, toute seule, à venir écouter en exclusivité les maquettes de deux chansons nouvelles, « Just Like a Woman » et « I Want You ». Elle n'aura, dit-elle, ni la prétention ni la malice de penser qu'il s'agissait là d'un message codé. On a

1. Entretien avec l'auteur, juin 2016.

raconté par la suite que ce n'était pas Françoise, mais Zouzou qui avait eu le privilège d'être reçue dans l'auguste chambre. Celle-ci délivre une version qui n'exclut pas totalement celle de sa consœur : « De l'Olympia je suis partie avec Bob au George V, et j'ai vu arriver tout le monde ensuite, dont Françoise qui faisait partie du groupe d'invités. J'ai une mémoire infaillible de tout ce qui a trait à cette époque. Personne n'a pu me prendre en défaut, suite au livre que j'ai écrit[1], ni sur les faits, ni sur les dates. Françoise est venue, en effet ; Bob l'a reçue vite fait dans sa chambre, elle y est restée cinq minutes puis elle est ressortie. Comme il m'avait installée de l'autre côté de sa suite, j'ai pu voir filer Françoise qui est passée par l'autre porte, celle de derrière, longer le couloir et sortir. Jamais je n'ai raconté ce que j'ai vu et entendu. Je ne le ferai pas. Mais je peux affirmer qu'elle n'a pas écouté de chansons avec lui. En aucun cas elle n'a pu écouter le *Blonde On Blonde* cette nuit-là, parce que la maquette se trouvait exactement où Bob m'avait dit de m'asseoir, j'étais chargée de planquer les démos, ça représentait à peu près une dizaine de 33 tours avec sur chacun des chansons qui n'étaient pas encore mises en ordre et qui allaient bientôt finir sur un double album. Moi, j'ai écouté tout ça après que Françoise est partie : Bob est allé chercher un morceau de gâteau dans du papier et il est revenu pour qu'on écoute les chansons ensemble. Je n'ai rien à dire d'autre sur le sujet[2]. »

Le mois suivant, Jean-Marie Périer suit le *World Tour* en Angleterre ; Bob Dylan lui pose des tas de questions indiscrètes sur sa liaison avec Françoise Hardy… Pensera-t-il à elle ou à Zouzou quand, entre juin et octobre 1967 lors des légendaires *Basement Tapes* demeurées longtemps inédites, il enregistrera avec The Band « The French Girl », cette *folk*

1. Zouzou, avec la collaboration d'Olivier Nicklaus, *Jusqu'à l'aube*, Flammarion, 2003.
2. Entretien avec l'auteur, juin 2016.

song écrite par Ian Tyson ? (« We talked of all, we talked of nothing/I left with promises to meet ; she told me where » – « Nous avons parlé de tout, nous avons parlé de rien/Je l'ai quittée sur des promesses de se revoir ; elle m'a dit où »)…

Bob Dylan ne reviendra jouer en France que douze ans plus tard. Françoise Hardy le reverra sur scène le 31 août 1969, lors du festival de l'île de Wight où elle se rendra avec Georges Moustaki, mais ne cherchera pas à l'approcher.

« Il reste de notre histoire/À peine de quoi pleurer[1] »

En juin, la chanteuse se rend en Égypte pour un reportage photo de Jean-Marie Périer commandité par la revue *Elle* : à la une, dans un maillot de bain en rhodoïd blanc, elle présente la mode d'été façon Paco Rabanne, l'excentrique couturier dont les premières collections font sensation par leur esprit anticonformiste et l'utilisation révolutionnaire de matériaux contemporains. « J'avais fait beaucoup de robes de métal et de plastique, des robes dans des matières nouvelles qui avaient secoué l'opinion des années 1960, témoigne-t-il, et Françoise Hardy représentait déjà, pour nous les jeunes de l'époque, la jeune fille moderne. Elle était presque en rivalité avec l'autre figure mythique, Brigitte Bardot. Pour nous, Françoise était vraiment un mythe de la femme contemporaine, un peu garçonne, libre de mouvement, libre d'action, avec son visage coupé à angles vifs, cette coiffure stricte, ce corps très long, presque masculin… Quand elle est venue me voir, j'ai été ébloui[2]. »

Mi-juillet, le tournage de *Grand Prix* se poursuit à Londres, sur le circuit de Brands Hatch. Françoise Hardy est ravie d'avoir pour partenaire un talentueux et sympathique compatriote en la personne d'Yves Montand, qui campe un

1. « Rendez-vous d'automne », 1966. Paroles de Jean-Max Rivière, musique de Gérard Bourgeois. © Éditions musicales Alpha.
2. « Comment te dire Hardy ? », épisode du 9 juillet 2016, *op. cit.*

pilote champion du monde proche de la retraite, coéquipier de son amoureux de fiction. Il l'appelle tendrement sa « petite friponne jolie » : « Il était si chaleureux, si naturel qu'à ses côtés ma timidité s'envolait. Son humour et la distance qu'il entretenait vis-à-vis de lui-même, prenant très au sérieux son travail mais pas le reste, m'enchantaient[1]. » Un soir où il a prévu de l'emmener dîner, un impératif de dernier instant l'oblige à annuler. Elle sort quand même, accompagnée d'un autre chevalier servant. La coïncidence veut qu'elle se retrouve dans le même lieu branché de King's Road que l'acteur anglais Peter McEnery, qu'elle a découvert la veille au cinéma dans *La Curée*, le dernier film de Roger Vadim, et trouvé séduisant. S'approchant de sa table pour le saluer, elle succombe à son charme ! Plus tard, au moment de partir, il vient vers elle et lui propose un rendez-vous. Rien ne la retient. Les absences longues et répétées de Jean-Marie Périer ont eu raison de leur amour. « Ça a duré jusqu'au jour où j'ai réalisé que je pouvais m'intéresser à un autre homme, dit-elle. Quand on se voit cinq ou six jours par mois on s'aime à la folie jusqu'à saturation. Passé ce stade, il ne reste qu'une profonde affection[2]. » Elle chante bientôt :

> « La vie n'est pas un seul garçon
> Un seul visage à aimer
> La vie n'est pas une seule passion
> Pour toujours, allumée[3]... »

On ne guérit pourtant pas d'une obsession amoureuse en la déplaçant sur un autre objet de désir. Son nouvel amant

---

1. Françoise Hardy, *Le Désespoir des singes... et autres bagatelles*, *op. cit.*
2. *Elle*, n° 1090, *op. cit.*
3. « Je changerai d'avis » (« Se Telefonando »), 1966. Paroles et musique originales de Ghigo De Chiara, Maurizio Costanzo et Ennio Morricone, adaptation française de Jacques Lanzmann et de Françoise Hardy. © Éditions musicales Alpha.

la rejoint parfois sur le tournage de *Grand Prix*. Puis, elle se pare de sa minirobe la plus sexy, quitte à faire crépiter les flashs des paparazzi et le retrouve au Festival de Venise, où il présente le film de Vadim. Mais la désillusion ne tarde point à la rattraper : le bel Anglais n'est pas libre ou disposé à s'engager. Elle ne renonce pas à aller jusqu'au bout de l'aventure et à profiter de chaque instant qui lui est accordé. Quand bien même la relation serait à sens unique et le réveil douloureux après le rêve doré…

> « Car dans mon rêve doré
> Tu ne ferais que m'aimer
> Tu dormirais contre moi
> Et tu ne t'en irais pas[1]… »

Dans la réalité, elle s'accroche à un courant d'air. « Il était le charme, le mystère, l'ambiguïté personnifiés, maîtrisant au plus haut point – comment s'en étonner ? – l'art de filer à l'anglaise[2] », écrira-t-elle. Cette relation est toutefois gardée secrète. À peine prononce-t-elle le nom de son amant dans une interview, mais seulement pour justifier sa nouvelle passion pour le théâtre anglais et pour Shakespeare en particulier, Peter McEnery étant membre de la Royal Shakespeare Company. Dans la presse, on se contente d'évoquer sa rupture avec Jean-Marie Périer, dont elle a pris l'initiative. Et si les deux intéressés font état d'un acte à l'amiable, Françoise Hardy confiera par la suite que l'expérience n'a pas été sans dommages collatéraux : « Je vécus pour la première fois l'épreuve consistant à faire souffrir l'être qui a été le plus proche de soi pendant quelques années et réalisai qu'il est au moins aussi douloureux de quitter que d'être quitté[3]. »

---

1. « Au fond du rêve doré », 1966. Paroles et musique de Françoise Hardy. © Éditions musicales Alpha.
2. Françoise Hardy, *Le Désespoir des singes… et autres bagatelles*, *op. cit.*
3. *Ibid.*

« Tout fait si mal quand on aime
Et tu auras de la peine
Mais quand je serai loin,
Passera ton chagrin[1]... »

Touché dans son amour-propre, Jean-Marie Périer pansera ses plaies durant quelques mois, avant d'entrevoir une possible amitié. Prenant sur lui une large part de la faute, il écrira : « Je m'obstinais à la rêver, alors que j'aurais dû savoir qu'on n'invente personne. Je croyais devancer, je ne faisais que suivre. Que je fusse là ou pas, elle aurait existé. Petit con prétentieux[2]. »

« Rendez-vous d'automne »

Photographe favori de la chanteuse quoi qu'il arrive, Jean-Marie Périer est l'auteur du très beau portrait en couverture du sixième album de Françoise Hardy sur fond de coucher de soleil automnal sur la mer. La pochette s'accorde au thème d'une nouvelle chanson que lui ont écrite Jean-Max Rivière et Gérard Bourgeois, « Rendez-vous d'automne » ; elle succède à « La Maison où j'ai grandi » dans les hit-parades de fin d'année (une version anglaise, « Autumn Rendez-Vous », vient s'ajouter à onze titres plus anciens, tous traduits, sur un album destiné au public britannique). La chanteuse l'enregistre dans les studios Pye sous la direction de Charles Blackwell, mais fait appel pour la majorité des titres à un autre arrangeur nommé John Harris, connu pour sa collaboration avec Tom Jones – ce dernier le lui a-t-il recommandé le 30 juillet alors qu'elle était invitée à chanter dans le show

1. « Il est des choses » (« Ci Sono Cose Più Grandi »), 1966. Paroles et musique originales de Eliana De Sabata et Edoardo Vianello, adaptation française de Françoise Hardy. © Éditions musicales Alpha.
2. Jean-Marie Périer, *Enfant gâté*, *op. cit.*

télévisé « Tom Jones Live in France » ? Elle le trouve « jeune, drôle, amusant », mais surtout talentueux : « La difficulté, quand j'enregistre, est de trouver quelqu'un qui ait des idées pour moi. Écrire des arrangements classiques, avec deux instruments de base – la guitare sèche et le violon – est un travail à la portée de tout musicien moyennement doué. Mais, sur un total de dix chansons, deux – au moins – doivent bénéficier d'arrangements originaux, révolutionnaires, qui rendent un son "différent". Grâce à John Harris, mes orchestrations sortent des sentiers battus, rendent un son neuf[1]. »

Pour étrenner ce répertoire tout neuf, elle se prête en toute confiance à la stylistique avant-gardiste de Jean-Christophe Averty qui lui consacre un mémorable « Hardy Blues » le 15 octobre. « C'était un bonheur de le retrouver au studio des Buttes-Chaumont où il avait l'habitude de travailler, écrira-t-elle dans son autobiographie. On ne savait jamais à quoi s'attendre car sa personnalité était aussi déconcertante que sa créativité[2]. » Il lui renvoie le compliment : « J'étais sensible à la Hardy, bien sûr. On tombe toujours amoureux d'une jeune femme qui est jolie et qui chante bien des chansons dont les textes ne sont pas stupides. Elle tranchait visiblement avec toutes les autres souris qui pouvaient venir et défiler sur les 45 tours de la production des années 1960[3]. » On la voit évoluer dans diverses tenues élégantes, son visage et sa silhouette gracile se multipliant au gré des savants truquages. « Aucune chanteuse de son âge n'a autant de présence à l'écran, écrit son ami philosophe Emmanuel Berl, surnommé "Théodore" par son épouse Mireille. Photogénique à vous couper le souffle, et d'une élégance naturelle qui ne cesse de vous

1. *Jours de France*, n° 626, 12 novembre 1966.

2. Françoise Hardy, *Le Désespoir des singes… et autres bagatelles*, *op. cit.*

3. *Françoise Hardy, Modes d'emploi*, reportage de Brenda Jackson et Gilles Verlant, réalisé par Mathias Ledoux et diffusé le 11 janvier 1997 sur Canal+.

surprendre, même si on la connaît de longue date : sur elle, la vieille robe de chambre de Diderot paraîtrait une création géniale de Chanel[1]. » Le réalisateur et les techniciens de plateau retiendront son apparition ébouriffante en minijupe, tandis qu'elle donne la réplique à un nouveau partenaire qui ne la laisse pas insensible : Jacques Dutronc…

1. Emmanuel Berl, *Un téléspectateur engagé, Chroniques 1954-1971*, François Bourin, 1993.

IV

1966-1969

« PARCE QUE LES YEUX DES AUTRES SONT MOINS BLEUS QUE LES TIENS »

« Tu ressembles à tous ceux qui ont eu du chagrin
Mais le chagrin des autres ne m'intéresse point
Parce que les yeux des autres sont moins
bleus que les tiens[1]*... »*

Jacques Dutronc est la « révélation » de 1966, celui qui, avec Michel Polnareff, a tourné la page du yé-yé. Tout l'été, les radios ont joué « Et moi, et moi, et moi », chanson à l'origine conçue comme un gag et destinée à un autre interprète qui n'a pas fait l'affaire : Benjamin, un jeune beatnik lancé sur les plates-bandes d'Antoine, dont « Les Élucubrations » ont révolutionné en cette même année la chanson populaire. Le journaliste Jacques Lanzmann, créateur avec

1. « Tu ressembles à tous ceux qui ont du chagrin », 1970. Paroles et musique de Françoise Hardy. © Éditions Kundalini.

Daniel Filipacchi et Frank Ténot du magazine *Lui*, copie du voisin américain *Playboy*, en a écrit les paroles, à travers lesquelles percent tout le cynisme et le charme irrévérencieux du personnage Dutronc. Le tandem des deux Jacques, qui s'est trouvé un humour et des valeurs complices, va creuser son sillon et se faire le rapporteur musical impertinent de la France gaullienne et pompidolienne – en 1967, le Premier ministre Georges Pompidou citera leurs « Cactus » dans un discours à l'Assemblée nationale et Jacques Dutronc, accompagné de Françoise Hardy, sera invité à déjeuner à l'Élysée.

« L'amour est une espèce de hérisson/Qui s'y frotte s'y pique[1] »

Jusqu'alors, le charme particulier de Jacques Dutronc, qu'elle croisait dans les bureaux de son directeur artistique où il officiait en qualité d'assistant aux Éditions Alpha ou accompagnateur d'artistes maison et qu'elle avait voulu engager comme guitariste, n'avait pas frappé Françoise Hardy. Devenu chanteur et délesté de ses lunettes de vue à double foyer, il devenait un autre. « Jacques s'est métamorphosé quand il a commencé à cartonner, confirme Hadi Kalafate. Il s'est laissé pousser les cheveux, il s'est un peu redressé car il avait l'habitude de se tenir voûté, comme son père, il a changé de look, s'est habillé différemment. Avant, il faisait très premier de la classe, puis il est devenu séducteur[2]. » « Quand la chrysalide Dutronc s'est transformée en papillon, enchérit Claude Puterflam, dit "Balaflum", autre complice musicien, Françoise a commencé à le regarder aussi, ils se regardaient d'une manière différente. Enfin... Surtout elle, parce que le succès attire le succès[3]. » Lorsqu'elle l'a vu, la

1. « Les Garçons », Jacques Dutronc et Françoise Hardy, duo inédit de 1966. © Droits réservés.
2. Entretien avec l'auteur, juillet 2016.
3. « 50' Inside » (TF1), 8 mars 2015.

chose lui est parue évidente : « À partir de ce jour, j'ai été conquise, j'ai voulu comprendre cet énigmatique individu[1]. »

Jean-Christophe Averty filme leur première exhibition publique, en tout bien tout honneur, dans le show « Hardy Blues » consacré à la chanteuse et diffusé le 15 octobre sur la première chaîne : Françoise illustre en minijupe la chanson de Jacques « Mini-Mini-Mini » et ils entonnent ensemble « Les Garçons », un duo humoristique écrit par Lanzmann sur le riff enlevé de « Et moi, et toi, et soie », composé par Dutronc pour la chanteuse météore Cléo (Chantal Rousselot, pour l'état civil, épouse du chanteur Herbert Léonard) – un sketch sur le thème du mariage est également enregistré, mais restera dans les archives de l'ORTF. « L'amour est une espèce de hérisson/Qui s'y frotte s'y pique », chantent-ils.

Puis, tandis que la « dutroncmania » bat son plein et que le séduisant trublion se produit sur différentes scènes pendant tout l'automne, Françoise Hardy multiplie les télés aux quatre coins de l'Europe, de l'Espagne à l'Angleterre, en passant par l'Italie et (bien sûr) la France. Elle enregistre entre autres « Music-hall de France », l'émission de Michèle Arnaud, au théâtre d'Issy-les-Moulineaux (l'actuel palais des Arts et des Congrès), sous la réalisation de Jean-Pierre Spiero : elle y étrenne à la fois un élégant smoking noir acheté dans la boutique de prêt-à-porter d'Yves Saint Laurent, fraîchement inaugurée rue de Tournon (« Il faut que je me dépêche de le mettre, je viens d'apprendre que Sylvie Vartan a commandé le même », lâche-t-elle avec malice[2]), et une nouvelle chanson : « Je changerai d'avis »[3]. À la mi-novembre, tandis que Dutronc s'apprête à aller promouvoir

1. *Salut les copains*, n° 62, septembre 1967.

2. *Elle*, n° 1090, *op. cit.*

3. Dans cette émission diffusée le 15 février 1967, Françoise Hardy chante également trois autres titres : « Dis-lui non », « Il est des choses » et « La maison où j'ai grandi ».

ses chansons en Allemagne et en Suisse, elle reçoit à Paris une équipe de la télévision italienne qui la suit de son studio de la rue du Rocher jusqu'aux ateliers d'Yves Saint Laurent où elle essaie différentes tenues de la collection automne-hiver du couturier; intitulée « Chez vous », l'émission sera diffusée le 14 mai suivant[1]. Le 29 novembre, dans le magazine « Zoom » de l'ORTF, le réalisateur Frédéric Variot propose un reportage intitulé « Chez Dutronc tout est bon » où le chanteur facétieux se prête au jeu de l'interview décalée avec son complice Jacques Lanzmann. On le voit plongé tout habillé dans un bain moussant, le visage dissimulé derrière un journal déplié, en train de railler la presse à scandales qui élucubre sur sa relation avec Françoise Hardy, puis il apparaît portant un masque représentant la chanteuse. Plus tard dans l'émission, il s'amuse à la mimer sur un play-back de « Rendez-vous d'automne ».

Le 21 décembre, un voyage au Mexique pour les besoins d'un reportage commandité par *Salut les copains* forge l'amitié entre Jean-Marie Périer et Jacques Dutronc à la faveur d'un concours de pets dans une chambre d'hôtel. « Le mec qui pète avec moi le soir de Noël à Mexico, c'est un ami, un vrai[2] ! », assure Dutronc. Cependant, Françoise Hardy atterrit à New York où elle est conviée à la première projection publique de *Grand Prix*. L'accompagne Jacques Wolfsohn qui se félicite de voir les disques de sa chanteuse distribués *in situ* par la Warner, en accord avec le label français qu'il dirige, et programme quelques télés promotionnelles. Richard Avedon, un géant de la photographie, réalise une série de clichés pour l'édition américaine de *Vogue* où Françoise (une fois n'est pas coutume) s'exhibe tout en mouvement et légèreté, dans des tenues colorées et des postures qui expriment une grande

1. Françoise Hardy y chante en outre « La maison où j'ai grandi » et « Ci Sono Cose Più Grandi ».
2. Gilles Verlant, *Françoise Hardy, Ma vie intérieure*, *op. cit.*

liberté d'allure. Jean Cau, auteur du texte accompagnateur des photos, voit en elle le modèle parfait de la femme de 1967 : « Elle est à la fois une amazone en minirobe, qui exige la liberté dans des tenues agressives, et Cendrillon au cœur immaculé symbolisant l'éternelle féminité[1]. » Un film a marqué ce séjour, vu en avant-première le 18 décembre en présence de son réalisateur, Michelangelo Antonioni, *Blow Up*, ainsi qu'une chanson, écoutée en boucle dans la solitude amère d'une chambre d'hôtel, « Tell It Like It Is » d'Aaron Neville – elle dit que « la vie est trop courte pour avoir du chagrin ».

Rencontres avec Dalí

C'est au cours de cette escale new-yorkaise que, lors d'un déjeuner, Françoise Hardy fait la connaissance de Salvador Dalí. « Ensuite, chaque fois qu'il venait à Paris, il me convoquait à l'hôtel Meurice où j'allais le voir dans sa suite, où il y avait d'autres personnes invitées, raconte-t-elle. Je me rappelle aussi un dîner surréaliste – c'est le cas de le dire – qui avait eu lieu dans un restaurant de la rue Pergolèse qui était célèbre à l'époque, Le Petit Bedon, où au menu il y avait des ortolans, chose qui commençait à être interdite, puis il avait commandé une bouteille de château-ausone (aujourd'hui ça vaut à peu près 1 000 euros !)[2]. » En octobre 1968, Daniel Filipacchi organisera une rencontre chez le peintre à Cadaqués, dans le but de le photographier avec la chanteuse pour *Salut les copains*. Jean-Marie Périer est naturellement désigné pour réaliser ce reportage. « Il nous a invités à déjeuner ou dîner, on s'est retrouvés avec lui et sa femme, Gala, chose rarissime car jusque-là je ne l'avais vue qu'en représentation, commente Françoise Hardy. Là, il était avec Gala, donc

1. *Vogue US*, mars 1967.
2. « Le Tête-à-tête » de Frédéric Taddeï, *op. cit.*

il était très différent, beaucoup plus taciturne. Heureusement que Jean-Marie était là, car pour animer une soirée il est parfait ! Moi j'étais très impressionnée et aussi un peu refroidie par Gala qui avait l'air d'une véritable momie et qui ne mangeait que du riz à l'eau[1]. »

« Le jour où tu voudras/Je serai là pour toi[2] »

Mais revenons au début de 1967. Entre deux voyages, l'un pour un gala au Hilton de Rabat (Maroc), l'autre pour une émission de télévision à Berlin, Françoise Hardy poursuit en France la promotion de son nouveau disque. Le 11 janvier, elle interprète « Si c'est ça » et « Je changerai d'avis » dans l'unique numéro de « Dents de lait, dents de loup », une tentative d'émission pop avant-gardiste proposée par Pierre Koralnik et Jean-Pierre Spiero : les invités y sont filmés en train de chanter dans un décor de grande discothèque au milieu de jeunes gens qui dansent. On la retrouve le 28 dans « Au risque de vous plaire », chantant « Je serai là pour toi » devant la caméra de Jean-Christophe Averty. Le 9 février, dans un « Palmarès des chansons » consacré à Guy Béart, elle reprend « Vous » en présence de son auteur et créateur. Cette chanson, qui dit « Ce qu'il y a de bon en vous, c'est vous », lui inspirera des années après « Pourquoi vous ? » sur le très bel album *L'Amour fou* (« J'ignore si ce que j'aime en vous, c'est vous »).

Aime-t-elle Jacques Dutronc, à l'instant décrit ? Les deux artistes, complices de label, ont pris l'habitude de sortir ensemble, accompagnés de leur directeur artistique. Tous trois sont alors célibataires : Wolfsohn vient de divorcer, Dutronc a quitté sa fiancée à quelques jours du mariage parce qu'elle ne tolérait pas de partager la vie d'un musicien,

1. *Ibid.*
2. « Je serai là pour toi », 1966. Paroles et musique de Françoise Hardy. © Éditions musicales Alpha.

a fortiori d'un chanteur, et Françoise tente désespérément de faire le deuil de sa relation clandestine avec Peter McEnery. Le chagrin est encore vif, comme en témoigne le texte de la chanson écrite dans les premières semaines de 1967 et enregistrée à Milan au printemps avec l'orchestre de Jacques Denjean :

> « Voilà, je vais avec les autres
> Le temps passe plus mal que bien
> C'est comme ça
> Et toi, que fais-tu, es-tu content de tout[1] ? »

Un soir de janvier ou février, alors que Françoise et les deux Jacques dînent chez Castel, le séduisant acteur anglais qui tourne alors à Paris un film de Robert Hossein (*J'ai tué Raspoutine*) pénètre dans le restaurant et s'approche de leur table pour les saluer. En la découvrant auprès de Dutronc, qui n'a pas besoin de beaucoup forcer pour la faire rire, McEnery glisse à son oreille qu'elle aurait tout intérêt à reporter son amour sur son voisin de table, car ils forment d'évidence un beau couple. Elle ne tardera pas à lui donner raison…

« Ils se ressemblaient, commente Jean-Marie Périer. C'était évident : ces deux-là étaient faits pour être ensemble[2]. »

« Je savais qu'il était l'homme de ma vie et lui savait sans doute la même chose à mon sujet, affirme à son tour Françoise Hardy. Ce qui m'a séduite avant tout, c'est sa personnalité très originale, il ne ressemblait à personne, ainsi que son beau visage – entre autres ses yeux d'un bleu pâle saisissant, son sourire, son aisance –, son côté provocateur, son humour, un mélange d'insolence et de relative timidité, etc. Et aussi, son insaisissabilité, son mystère… Il ne se livrait

1. « Voilà », 1967. Paroles et musique de Françoise Hardy. © Éditions Kundalini.
2. Entretien avec l'auteur, 5 février 2020.

pas, communiquait peu, contrôlait toujours ses émotions… et disparaissait régulièrement. Même quand il était là, il pouvait sembler ailleurs… Cela dit, quelqu'un dont on est amoureux est forcément mystérieux[1]. »

Ils deviennent inséparables : on les retrouve ensemble au premier Midem (Marché international du disque et de l'édition musicale) qui se tient à Cannes à partir du 30 janvier, puis dans diverses émissions télévisées, dont « Feux et Flammes », qu'ils présentent le 29 mars en compagnie d'enfants, et un reportage musical imaginé par Philippe Le Tellier et réalisé par Raoul Sangla pour « Dim' Dam' Dom' », diffusé le 9 avril, prétexte pour Françoise Hardy à présenter la nouvelle collection Courrèges et à se livrer à un jeu du chat et de la souris à travers Paris dans différentes tenues, divers lieux et moyens de transport : elle y apparaît d'abord seule chez elle, vêtue d'une minirobe rose et étendue en croix en travers de son fauteuil club *Lounge Chair 670*, chantant en s'accompagnant à la guitare la version italienne de « La Maison où j'ai grandi », puis, au terme d'une course-poursuite fantaisiste, le duo se forme autour d'un dîner aux chandelles et une chanson inédite qui, unissant leurs deux noms, semble officialiser leur relation. Le spectateur est témoin d'une histoire d'amour avant son accomplissement. « On est dans une pièce de Marivaux, observe *a posteriori* Stéphane Barsacq, écrivain et éditeur de l'autobiographie de Françoise Hardy. Si vous voulez tomber amoureux, feignez d'être amoureux. Si vous voulez être en couple avec quelqu'un, comportez-vous avec la personne comme si vous étiez déjà en couple avec elle et immanquablement les choses auront lieu[2]. »

1. Entretien avec l'auteur, 12 janvier 2020.
2. « Un jour, un destin – Françoise Hardy & Jacques Dutronc : les inséparables » (France 2), documentaire réalisé par Serge Khalfon et présenté par Laurent Delahousse, diffusé le 15 août 2015.

« Oui, j'aime bien Jacques ; mais, de là à l'aimer d'amour, il y a une marge ! », réplique la chanteuse à la question indiscrète d'Yves Salgues dans *Jours de France.* Elle émet cependant le vœu de partager l'affiche avec lui : « Oui, car il est remarquablement distrayant, et il remplit les salles. [...]. Je voulais passer à l'Olympia avec Jacques. Bruno Coquatrix n'a pas voulu ; et, du coup, je ne veux plus passer à l'Olympia. Je l'affirme sans la moindre gêne : ça ne m'intéresse pas de me battre, sur une scène, si ce n'est pas avec Dutronc[1]. »

Troisième Savoy

À défaut d'Olympia, Françoise Hardy honore un troisième contrat au Savoy du 20 février au 11 mars. Yves Saint Laurent lui façonne pour l'occasion un modèle de smoking rose gansé de violet, mais le trouvant trop voyant elle ne le porte que pour la couverture du numéro de mars de *Mademoiselle Âge tendre.* Sur scène, elle préfère le classicisme du smoking noir, avec chemise de dentelle blanche, nœud papillon et boots à talons biseautés. On apprend dans le *Daily Express* que la *Frenchie* préférée des Anglais a été applaudie le soir du 22 février par la princesse Margaret, fidèle au rendez-vous, le duc de Kent, cousin de la reine Elizabeth, le comédien Peter Sellers (qu'elle a sans doute croisé sur le tournage de *Quoi de neuf, Pussycat ?*) et sa charmante épouse du moment, la Suédoise Britt Ekland.

Dans son entourage professionnel, on note l'arrivée d'un nouveau partenaire en la personne de Jean-Pierre Sabar (Guigon, pour l'état civil), ancien complice de Claude François, qui remplace Marcel Hendrix au piano et à la direction musicale, instillant au répertoire une couleur de son plus moderne, en parfaite harmonie avec le timbre de voix de son interprète.

1. *Jours de France*, n° 653, 20 mai 1967.

« Avec Marcel Hendrix il n'y avait pas de progression, commente Ermes Alesi. Et Françoise, qui travaillait en studio avec de jeunes musiciens anglais, voulait un style neuf. Jean-Pierre Sabar, qui était un pianiste virtuose, a beaucoup apporté à l'orchestre, une autre couleur sonore, plus rock, vraiment dans le coup. Ça nous a obligés à travailler différemment. La musique évolue, c'est normal. Il faut suivre l'air du temps, sinon on n'existe plus[1]. »

Tout jeune, dans les boîtes de Saint-Germain-des-Prés, Jean-Pierre Sabar jouait avec Stan Getz, l'un des plus grands saxophonistes de jazz. L'apprenant, Françoise s'étonne qu'un musicien aussi chevronné puisse s'intéresser à elle : « Pour une raison que je ne saisissais pas, il aimait beaucoup mes chansons. Il m'expliqua un jour que les gens qui ne sont pas de vrais musiciens, qui n'ont pas de connaissances musicales, composent parfois des choses étonnantes car ils enfreignent des règles ou des conventions dont ils ignorent l'existence[2]. »

L'orchestre est composé des guitaristes Jacques Giraudo, dit « Jacky », et Bernard Ferraro (ex-Fantôme), du batteur Serge Biondi, du bassiste Ermes Alesi qui laisse bientôt la place à Alain Fournier, ancien accompagnateur de Sylvie Vartan qui le surnomma « Gong-Gong », et de deux choristes. L'ingénieur du son s'appelle Bernard Laflotte.

Le dimanche 5 mars, la vedette du Savoy redevient parisienne, le temps de chanter « Je serai là pour toi » et « Surtout ne vous retournez pas » lors de la partie variétés du premier tour des élections législatives qui marque une nette avancée des gaullistes, ce qui la réjouit provisoirement, dans l'attente d'un second tour où la majorité présidentielle manque de perdre sa suprématie au profit de l'opposition de gauche.

1. Entretien avec l'auteur, mai 2016.
2. *Paris Match*, n° 3281, 5 avril 2012.

D'un pays à l'autre

Une fois sa série de concerts au Savoy achevée, le tourbillon reprend pour Françoise Hardy, télés, galas, d'un pays à l'autre.

Les 12 et 16 mars, elle enregistre « The London Palladium Show » et « Something Special » pour la télévision anglaise, puis, au printemps, « Meine Melodie » pour le groupe ARD allemand – l'émission est diffusée le 5 juillet.

L'Italie l'attend ensuite pour y défendre les chansons d'un nouveau single, « I Sentimenti » (« Et même ») et « Gli Altri » (« Voilà »), respectivement traduites par Vito Pallavicini et Herbert Pagani, lequel mènera bientôt en France une courte carrière de chanteur engagé dans des causes qui lui tiennent à cœur, comme l'avenir de la planète et de l'humanité, avant de mourir jeune d'une leucémie foudroyante.

Puis, du 20 au 27 avril, elle découvre l'Afrique noire le temps d'une tournée avec Jean-Jacques Debout. Viré pour incompatibilité d'humeur à quelques jours du départ, le batteur Serge Biondi est remplacé par Charles Benarroch, presque en catastrophe ainsi qu'il en témoigne : « On m'appelle le matin et je me retrouve le soir à répéter avec elle son tour de chant. J'obtiens mon passeport et mes visas grâce à l'intervention de Louis Amade, alors préfet de police. Et comme je n'ai pas le temps nécessaire de me prémunir contre les maladies contagieuses dans ce type de pays, fièvre jaune, paludisme, le médecin me rédige un faux document prétextant une allergie aux vaccins. Et j'embarque avec toute l'équipe peu après pour l'Afrique, dopé à la quinine[1] ! » Première étape : Dakar, pour deux galas au Théâtre national Sorano le 20, un autre pour l'Amicale des Corses à l'hôtel Ivoire le 22 et le dernier au cinéma Le Paris le 24. Le 26 avril, le séjour se poursuit à l'hôtel de ville de Libreville pour une soirée organisée par le

1. Entretien avec l'auteur, juin 2016.

Rotary Club, tout comme le tour de chant donné le lendemain au cinéma Le Capitole, à Yaoundé. L'ambiance est festive et lucrative, si l'on en croit la chanteuse : « Je ne connaissais ni la Guinée, ni le Gabon, ni la Côte d'Ivoire. Je me suis enrichie en les découvrant. Les paysages sont magnifiques – palmiers géants, lagunes interminables, cocotiers à perte de vue... – et, sur les plages, le soleil est chaque matin au rendez-vous[1]. » La surprise provient d'un public essentiellement composé de Blancs, hommes d'affaires, diplomates, coopérants, membres de sectes maçonniques comme le Rotary ou le Lion's Club, qui ont payé cher leur place. « Le public vous écoute, vous respecte, c'est un plaisir de chanter dans des conditions pareilles[2] », se réjouit-elle.

Et la voilà qui s'envole directement pour Bruxelles et s'installe pour quelques semaines à l'hôtel Amigo, palace central, à l'occasion d'un projet à la fois télévisuel et scénique dont l'aboutissement ne sera pas à la hauteur des espérances et du travail fourni. Son nom : *Les Vénusiennes*. À son origine, il y a le Franco-Belge Guy Peellaert dont la notoriété récente a été acquise à la faveur de bandes dessinées associées au pop art et à la contre-culture. Ses héroïnes, Jodelle et Pravda, sont inspirées des deux chanteuses françaises les plus glamour du moment : Sylvie Vartan et Françoise Hardy. *Pravda la Survireuse*, qu'il crée avec le futur cinéaste Pascal Thomas, est une motarde bottée de cuir évoluant dans une mégalopole moderne imprégnée de violence, à la fois incarnation de la jeunesse rebelle et archétype de la femme libérée, symbole de la révolution sexuelle. Françoise Hardy éprouve-t-elle quelque fierté à être l'objet fantasmé d'un artiste d'avant-garde ? Elle n'en pipe mot, mais ne se reconnaît pas dans cette projection extravagante d'elle-même. Publiée dès 1967 en noir et blanc dans le journal satirique *Hara-Kiri* au rythme

1. *Jours de France*, n° 653, *op. cit.*
2. *Ibid.*

de quatre pages par mois, puis éditée en octobre de l'année suivante aux Éditions Joëlle Losfeld, cette BD sulfureuse crée l'émoi dans la société bourgeoise de la France gaullienne. « Ce livre a été un choc pour beaucoup de monde, y compris à Lodz, en Pologne, où j'habitais. Il ne m'a plus quittée jusqu'à ma venue à Paris, en 1971[1] », confiera la galeriste Basia Embiricos, une amie de Guy Peellaert, à la mort de ce dernier.

Le 2 mai, sur la scène du Théâtre 140 de Bruxelles, le tour de chant de Françoise Hardy doit être incorporé au spectacle intitulé *Les Vénusiennes*, dans le décor avant-gardiste et audacieux imaginé par Guy Peellaert. Il est prévu qu'en cas de succès l'événement soit reconduit sur d'autres scènes européennes. Mais, pris d'une soudaine et mystérieuse impulsion à quelques heures de la générale, l'artiste capricieux abandonne la partie et détruit son œuvre, laissant toute l'équipe dans la panade. « À dix minutes du lever de rideau, personne ne savait encore si le spectacle se jouerait, lit-on le surlendemain dans le quotidien *Le Peuple*. Finalement il n'eut pas lieu et après une demi-heure d'attente les spectateurs mi-amusés, mi-furieux ont eu droit à quarante minutes de tour de chant de Françoise Hardy qui faisait partie de la distribution des *Vénusiennes* et se lança crânement dans l'arène. »

Il restera de cet audacieux projet une émission de télévision tournée à Bruxelles un mois plus tôt, sous la réalisation de Jean-Claude Lubtchansky, et dont la diffusion prévue pour le 1er octobre afin de célébrer l'arrivée de la couleur sur la deuxième chaîne de l'ORTF est finalement reléguée au 4 février suivant. Selon une histoire d'extrapolation, racontée en chansons et imaginée par Gilbert Sommier, qui n'est pourtant pas un partisan de la famille musicale de Françoise Hardy – créateur début 1963 des « Mardis de la chanson », il a ouvert aux chanteurs « Rive gauche » la scène du Théâtre de

1. *Le Monde*, 24 novembre 2008.

la Huchette, dont il est l'administrateur, puis celle du théâtre des Capucines, afin de braver la mouvance yé-yé qui prend d'assaut l'Olympia, de l'autre côté du boulevard –, l'action se passe en un temps futur où les femmes ont pris le pouvoir. Françoise est l'une d'elles ; vêtue par Paco Rabanne, elle évolue dans le décor pop-psychédélique de Guy Peellaert, parmi des géants en carton-pâte et les danseuses de la chorégraphe Barbara Pearce.

C'est à Monaco que l'on retrouve ensuite notre voyageuse impénitente, chantant dans les rues « La Maison où j'ai grandi » et « Autumn Rendez-Vous » à l'invitation de la princesse Grace pour le documentaire *Monte-Carlo, C'est la rose*, réalisé par l'Allemand Michael Pfleghar pour la chaîne américaine ABC – enregistré en mai 1967, le documentaire sera diffusé le 6 mars 1968. « Pendant une semaine, les caméras de la télévision américaine l'ont épiée, filmant ses gestes et ses regards, enregistrant les refrains qu'elle interprétait dans la rue, comme une idole en promenade », écrit Yves Salgues dans *Jours de France*[1] qui lui consacre sa une, une interview et un reportage de mode : elle y pose devant des œuvres psychédéliques de Vasarely (plasticien très couru dans les années 1960) dans une minirobe tricolore aux tons noir, bleu et vert conçue par Yves Saint Laurent et en imperméable de vinyle jaune à poches et épaulettes de la marque V de V.

La revoici belge le 19 mai pour inaugurer la « Nuit des vedettes » de Wolu-City, grande fête western organisée à Woluwé-Saint-Lambert, sur l'esplanade face au stade Fallon. Devant un public chaleureux, à l'exception d'une poignée de perturbateurs, la chanteuse vêtue de blanc tient la scène pendant près d'une heure et recueille une critique cinglante de la presse locale qui considère qu'elle « a de l'abattage mais chante comme une savate[2] » !

1. N° 653, *op. cit.*
2. *Cf.* site internet Mémoire rock 60/70 du Belge Jean Jieme.

Avant de repartir en tournée, elle enregistre « Monsieur 100 000 Volts », un show de Gilbert Bécaud, pour la ZDF (deuxième chaîne allemande fédérale) et la télévision autrichienne – diffusé le 10 février 1968 sur la ZDF et le lendemain, sur la chaîne autrichienne ; en France, les téléspectateurs le verront exceptionnellement le 30 juin suivant, jour de grève du personnel de l'ORTF, en remplacement du programme initialement prévu. Vêtue d'une djellaba bleue rapportée d'Afrique, elle interprète « Ein Fenster wird Hell », la version locale de son tube anglais « All Over the World ».

Tournée estivale

L'été 1967 ne sera pas non plus chômé, avec la sortie d'un nouveau 45 tours, comprenant « Voilà » (enregistrée à Milan), « Qui peut dire », « Les Petits Garçons » et « Au fond du rêve doré », quatre titres que Françoise Hardy aura à cœur de défendre lors de sa grande tournée qui traverse soixante-treize villes, depuis la côte Atlantique jusqu'à la Corse, avec un crochet par la Belgique le 25 juin (elle participe à Huy à la quatrième édition du festival « Le Parapluie des vedettes » avec Jacques Dutronc), une halte en Angleterre (participation au programme de la fête de Cambridge), quelques dates en Espagne, au Portugal et en Allemagne pour des télés, ainsi qu'un périple italien en août (Capoue, Riccione, Venise, Rome...).

« Je me souviens particulièrement de cette tournée italienne, sous un soleil torride, rapporte Charles Benarroch. Françoise voyageait avec nous dans le bus, je la revois installée tout au fond, immobile et silencieuse, concentrée dans la lecture du livre de Simone de Beauvoir, *Le Deuxième Sexe*. On faisait des arrêts aux stations-service pour le carburant, elle ne bougeait pas de son siège, même pas pour répondre à des besoins naturels. Ça ne m'étonnait pas outre mesure : quand j'étais gamin, je n'imaginais pas une actrice dont j'étais amoureux, Maria Schell par exemple, allant faire pipi ou pire… la grosse commission. Je pensais que les jolies femmes en étaient exemptées[1]. »

Annoncée dans la presse, une invitation à chanter en première partie de Frank Sinatra dans le Portugal dictatorial de Salazar pour un gala officiel en sa présence est déclinée (Sinatra se produira pour la première fois au Portugal le 7 juin 1992, soit longtemps après le départ de Salazar de la vie politique et le retour à la démocratie ; Françoise Hardy n'y viendra jamais chanter).

Françoise ne s'octroie que quelques jours de vacances début août du côté de Cannes (elle chante le 4 juillet au Palm Beach à l'occasion du « Gala de l'Indépendance américaine »), où on la surprend au volant de sa Chevrolet Camaro ou en promenade à minivélo le long du port, puis, le soir, dans les clubs à la mode en compagnie de Jacques Dutronc, avec qui elle pose tout de blanc vêtue sous l'objectif de Jean-Marie Périer en couverture du numéro de septembre de *Salut les copains*. « Première photo qu'ils font ensemble : ils me demandent de la faire. J'officialise leur union. Ils auraient pu demander à n'importe quel photographe, mais ça tombait sous le sens que ce soit moi. C'était *Salut les copains*. On vivait ensemble, tous[2]. »

« J'ai su que c'était celui-là/Et pas un autre[3] »

« Ce qui devait arriver arriva : peu à peu je tombai sous le charme non seulement de ses yeux bleu pâle, mais de sa façon d'être si déconcertante – provocatrice, parfois cynique, toujours énigmatique –, derrière laquelle je me plaisais à imaginer une grande sensibilité, une grande fragilité aussi[4] »,

1. Entretien avec l'auteur, juin 2016.
2. Entretien avec l'auteur, 12 janvier 2020.
3. « Première Rencontre », *op. cit.*
4. Françoise Hardy, *Le Désespoir des singes… et autres bagatelles*, *op. cit.*

confesse Françoise Hardy à propos de Jacques Dutronc dans son autobiographie.

« Ça ne m'a pas beaucoup étonné qu'ils soient ensemble, renchérit Jean-Marie Périer. Ça m'a enchanté. C'est Françoise qui m'a présenté Jacques. Elle m'a parlé de lui et je lui ai demandé de me le présenter. Je ne pouvais qu'aimer la personne qu'elle aimait, puisque je l'aimais, elle. Ça n'a pas loupé : je suis tombé immédiatement fou de lui, autant que d'elle[1]. »

Colette Piette, l'ancienne épouse du pianiste Marcel Hendrix, se souvient d'avoir revu la chanteuse dans le sud de la France à cette période-là : « C'était vers 1967 ou 1968. J'habitais alors à Saint-Tropez. Et Françoise logeait à l'hôtel Giraglia de Port-Grimaud, où mon nouveau mari était maître-nageur. Je l'ai croisée dans le salon. J'étais contente de la revoir. Elle portait au cou un petit pantin en or. Elle me dit : "J'ai rencontré quelqu'un, et comme il se prend pour un petit pantin, qu'il a beaucoup d'humour, il m'a offert ce pendentif." Puis, elle ajoute qu'il s'agit de Jacques Dutronc. Elle me raconte qu'ils sont presque fiancés, elle était amoureuse et avait l'air heureux[2]. »

Mais comment être heureuse avec un être si ambigu, insaisissable, dégagé plus qu'engagé ? Comment percevoir dans son attitude une autre forme, très personnelle, de déclaration amoureuse ? L'une est bavarde, l'autre pas. Dutronc excelle dans l'art de la pirouette. Une question d'éducation, de pudeur, d'inhibition. Sa façon d'aimer est particulière, intermittente, difficile à décoder. D'autant qu'on le surprend fréquemment dans les clubs à la mode, entouré de jeunes filles sexy, dont on se doute qu'elles ne sont pas là uniquement pour danser ou faire la conversation. Dutronc se dérobe plus volontiers qu'il ne s'épanche. « Mes propres

1. Entretien avec l'auteur, 12 janvier 2020.
2. Entretien avec l'auteur, juin 2016.

complexes d'infériorité m'empêchaient de voir les siens, tout aussi importants, et que j'ai découverts peu à peu. Les miens se traduisaient par une soumission excessive, les siens par la fuite[1] », rapportera plus tard Françoise Hardy. Mais quelle est la nature des sentiments de Dutronc au moment décrit ? Dans les discussions entre copains, on établit des listes et parmi les filles célèbres que l'on estime « à croquer » (l'expression n'est pas très délicate, mais on en connaît de pires) Françoise Hardy arrive en bonne place. « Françoise faisait partie avec Bardot et Kim Novak des filles qui nous faisaient fantasmer, confirme Hadi Kalafate. Jacques l'admirait depuis longtemps. Il l'admirait plus qu'il n'était amoureux[2]. » Et Françoise, on le sait, n'est pas non plus insensible au physique de l'interprète de « J'aime les filles », mais sa sensibilité romantique l'incite à voir au-delà. Elle rêve à travers lui d'un idéal masculin et se convainc de la réciprocité de ses sentiments, même si ni l'un ni l'autre n'est fichu de faire le premier pas. Les occasions ne manquent pourtant pas, comme celle-ci, le 25 juin, où après une participation au même festival belge (« Le Parapluie des vedettes », à Huy), ils reviennent tous deux à Paris dans la DS de tournée de Jacques, partageant la banquette arrière, situation idéale pour se laisser aller sur l'épaule de l'autre – en vain. « Jacques était très impressionné par Françoise, à la fois par sa beauté et par son statut de star. Elle a été célèbre avant lui. Et elle ne se rendait pas bien compte de ce qu'elle dégageait, de ce que cela pouvait avoir d'inhibant pour un garçon timide comme Jacques[3] », explique Hadi Kalafate.

Rentrée seule chez elle dans une humeur mélancolique et impatiente, Françoise Hardy écrit :

1. Valérie Domain, *Femmes de, Filles de, Portraits de femmes d'influence*, First Éditions, 2005.
2. Entretien avec l'auteur, juillet 2016.
3. *Ibid.*

« Comme toi j'ai un cœur qui ne peut rien promettre
À qui l'amour fait peur mais qui t'aime peut-être
À quoi ça sert de le cacher ?
À quoi ça sert d'y échapper[1] ? »

Plus tard, elle résumera la situation en deux alexandrins :

« Vous êtes comme moi, et moi je vous ressemble
C'est de cette façon que nous nous faisions peur[2]… »

« On me reproche d'être distant, dit Dutronc. C'est peut-être un manque de confiance. On doute des autres souvent et de soi occasionnellement. Et puis, c'est vrai, je ne me force pas trop, à quoi ça sert[3] ? » À Denise Glaser il avoue être « timide, un petit peu plus que la politesse ». Et d'ajouter : « Le succès ne me change pas du tout. Ce qui peut me changer, c'est quelques bières[4]. »

L'alcool pour désinhiber ? Françoise tente l'expérience. Elle improvise en septembre une pendaison de crémaillère dans sa maison corse tout juste achevée, en invitant les deux Jacques – Dutronc et Wolfsohn – et quelques copains musiciens, dont Claude Puterflam et Hadi Kalafate. « Jacques [Dutronc] est parti en avion, Puterflam et moi on est arrivés en bateau avec Wolfsohn[5] », se souvient Kalafate. Les joyeux drilles profitent pendant plusieurs jours de la beauté du site et de l'hospitalité de leur hôtesse qui, une fois n'est pas coutume, s'applique à leur concocter de bons petits plats et

1. « À quoi ça sert ? », 1968. Paroles et musique de Françoise Hardy. © Éditions Kundalini.
2. « Avec des si », 1968. Paroles et musique de Françoise Hardy. © Éditions Kundalini.
3. *Télé 7 Jours*, n° 1865, 24 février/1er mars 1996.
4. « Discorama », 22 septembre 1968.
5. Entretien avec l'auteur, juillet 2016.

de fameux cocktails. Un soir, conformément à un accord passé entre garçons (il a été conclu que le beau Jacquot saisirait l'opportunité de ce séjour pour déclarer sa flamme à l'élue de son cœur et le ferait savoir le lendemain aux copains par un signe distinctif: le port d'un foulard rouge!), toute l'assemblée se retire dans sa chambre et laisse nos amoureux empotés en tête à tête. «Jacques, qui tournait toujours tout à la dérision, a abordé la situation comme une blague tout en étant sérieux, explique Kalafate. Il lui fallait ce genre de paravent derrière lequel se cacher[1].» L'échange, facilité par les effets de l'alcool, s'éternise jusqu'à l'aube. «Il m'a parlé de dix heures du soir à cinq heures du matin, raconte Françoise Hardy. Une nuit tout à fait extraordinaire, je ne parle pas du dénouement, mais des prémices… Extraordinaire, parce qu'il n'a pas cessé de parler, et malheureusement, comme tout cela était très arrosé, je n'ai aucun souvenir de tout ce qu'il a pu me raconter. Comme c'est quelqu'un qui se tait la plupart du temps, je me mords encore les doigts d'avoir tout oublié[2] !» Le lendemain, en début d'après-midi, l'heureux soupirant apparaît affublé tout à la fois d'une sévère gueule de bois et d'une chemise d'un rouge éclatant (faute d'avoir trouvé un foulard de même couleur, ou inversement – qu'importe le bout de tissu pourvu que la légende n'en souffre pas!). «Et là, on a tous applaudi[3] », complète Kalafate.

Le 16 novembre, avant de partir pour Téhéran à l'invitation du prince Ali Patrick Pahlavi qui en pince pour elle, c'est une Françoise Hardy heureuse et épanouie qui vient fredonner avec son amoureux, invité d'honneur du «Palmarès des chansons», un couplet d'un de ses nouveaux succès, «Le Plus Difficile», et lui remettre un disque d'or pour un million de disques vendus en une seule année. Mais, n'étant

1. *Ibid.*
2. Gilles Verlant, *Françoise Hardy, Ma vie intérieure*, *op. cit.*
3. Entretien avec l'auteur, juillet 2016.

pas partisane des effusions en public, elle refuse catégoriquement de l'embrasser malgré l'insistance un peu lourde de l'animateur.

Septième album

Au cours du dernier trimestre 1967, les nouvelles chansons de Françoise Hardy sont produites par sa propre société qu'elle nomme Asparagus, en référence au sobriquet de « Grande Asperge » dont on l'a souvent affublée. Vogue continue cependant à distribuer ses disques. L'expérience n'excédera pas trois ans, pour des motifs de répartition inégale des bénéfices. « Wolfsohn avait pressenti que les chanteurs allaient vouloir être de plus en plus indépendants, explique-t-elle. C'est donc lui-même qui m'a proposé de créer une maison de production. J'ai d'abord été très séduite, puis j'ai réalisé que c'était un piège : le PDG de Vogue, Léon Cabat, appartenait aussi à cette société de production et, à eux deux, ils possédaient la majorité des parts. Cela a donné lieu à bien des tracasseries, des procès[1]. »

« Des ronds dans l'eau » est le premier succès né de cette association et étrenné le 29 novembre dans l'émission télévisée « Tilt », animée par Michel Drucker, au générique de laquelle figure également Jacques Dutronc, chantant « Les Rois de la réforme ». L'auteur, Pierre Barouh, a passé ses jeunes années, pendant la guerre, dans le bocage vendéen et il évoque ici la nostalgie de l'enfance :

> « Tu commenças ta vie
> Tout au bord d'un ruisseau
> Tu vécus de ces bruits
> Qui courent dans les roseaux[2]… »

---

1. *Platine*, n° 10, *op. cit.*
2. « Des ronds dans l'eau », 1967. Paroles de Pierre Barouh, musique de Raymond Le Sénéchal. © Les Éditions Associées.

Le texte, associé à la douce mélodie de Raymond Le Sénéchal, constitue à l'origine le thème du nouveau film de Claude Lelouch, *Vivre pour vivre*, chanté en duo bilingue par son actrice principale, Annie Girardot, et l'interprète favorite du réalisateur, Nicole Croisille. Mais c'est la version délicate et tendre, prenant peu à peu de l'amplitude, de Françoise Hardy qui restera dans les mémoires, nonobstant le succès du film. Dans la foulée elle enregistre la version anglaise, « Now You Want to Be Loved », couplée sur un single avec « Tell Them You're Mine » (« C'était charmant »), sur des paroles de Sonny Miller.

En novembre, les disquaires mettent en rayon un septième album à la pochette ouvrante, illustrée de belles photos en couleurs faites par Jean-Marie Périer, et au titre évocateur du temps qui passe : « Ma jeunesse fout le camp ». Il s'agit d'une nouvelle reprise, puisque la chanson écrite par Guy Bontempelli (qui avait offert « Tu verras » à Françoise, l'année précédente) fut créée en 1962 par Michèle Arnaud, peu avant que ne l'enregistre Jean-Claude Pascal. Mais là encore, c'est l'interprétation presque murmurante de Françoise Hardy qui, malgré ses vingt-trois ans, s'avère la plus convaincante auprès du public. Ce succès tardif encouragera son auteur-compositeur à enregistrer à son tour la chanson l'année suivante.

> « Ma jeunesse fout l'camp
> Au détour d'un poème
> Et d'une rime à l'autre
> Elle va bras ballants[1]... »

L'album a été conçu à Londres, comme à l'accoutumée, pour une large part sous la direction de Charles Blackwell

1. « Ma jeunesse fout l'camp », 1967. Paroles et musique de Guy Bontempelli.

– Françoise Hardy est exceptionnellement accompagnée sur les autres chansons par les orchestres de John Paul Jones, futur fondateur et bassiste de Led Zeppelin (« En vous aimant bien » et « Mais il y a des soirs »), de Jacques Dutronc (« Qui peut dire ») et de Jacques Denjean (« Voilà »). Une tristesse diffuse en émane, en particulier à travers l'évocation de la fragilité des sentiments amoureux et de la brièveté de la vie dans ce poème fataliste, « Il n'y a pas d'amour heureux », que Louis Aragon écrivit durant la Seconde Guerre mondiale et que Georges Brassens mit en musique, l'amputant de sa dernière strophe, dix ans après. La douceur désenchantée, sans effets appuyés, avec laquelle Françoise Hardy se l'approprie en renforce la notion d'inéluctable, l'acceptation résignée. Une autre chanson trouve sa place dans les programmations radiophoniques : « Il est trop loin », d'après un vieux *folk song* américain (« Farewell Song ») revisité par Joan Baez sous un titre qui sied bien à notre « cantatrice », « Girl of Constant Sorrow » (comprenez : « une fille au chagrin constant »).

Françoise et Udo

En fin d'année, pour défendre son nouveau répertoire, Françoise Hardy alterne galas et shows télévisés dans différents pays.

À son retour d'Iran, elle tourne entre la France et l'Autriche un reportage franco-allemand avec le séduisant Udo Jürgens, lauréat du concours de l'Eurovision 1966 avec sa chanson « Merci, chérie ». Réalisé par Pierre Koralnik sans scénario abouti, le film est prétexte à une balade touristique agrémentée de chansons et de rencontres. Une chambre à l'hôtel Regina, à Paris, puis un train qui file vers la Bretagne apparaissent comme les lieux où l'action se passe, où nos protagonistes se projettent dans des situations qu'ils auraient pu vivre, des connaissances qu'ils auraient pu faire. « C'est l'histoire d'une rencontre entre un garçon et une fille. Pour nous, Françoise Hardy et Udo Jürgens. Nous avons imaginé ces deux vedettes telles qu'elles auraient pu nous apparaître il y a quelques années, encore inconnues[1] », explique la productrice Michèle Arnaud à la presse. Du Paris clinquant à la Bretagne brumeuse, en passant par l'Autriche enneigée, on les suit dans leur rêvasserie. Bavardant dans un autocar rempli d'enfants, puis à la table d'un bistrot de Saint-Cast-le-Guildo. Se promenant sur la plage, puis allant à la rencontre d'Annabel et de Bernard Buffet chez eux, à La Vallée, la villa de la Belle Époque que le peintre a achetée en 1964 dans cette commune des Côtes-d'Armor. À Paris, dans un salon du Regina, Françoise Hardy parle chanson avec Georges Brassens, qu'elle vénère plus que tout, d'autant qu'il honore le rendez-vous malgré une opération récente et douloureuse des reins. « Il rayonnait d'intelligence, d'humour, de sensibilité et de bonté. On ne pouvait pas ne pas l'aimer[2] », s'enthousiasme la chanteuse qui interprète en sa présence la dernière strophe de ce poème élégiaque qui tient à ses yeux du chef-d'œuvre absolu, « Il n'y a pas d'amour heureux ». Elle chante encore « La Maison où j'ai grandi », « L'Amitié », « Ma jeunesse fout le camp », « Des ronds dans l'eau » (en français et en anglais) et « Ein Fenster wird hell » (« Dans le monde entier »). Autour d'une table d'un restaurant de la Maison du Danemark, au cœur des Champs-Élysées, elle échange sur la fascination des rêves avec Eugène Ionesco, dont elle aime l'univers théâtral onirique et fantasmatique. On la retrouve dans l'atelier de Paco Rabanne, rue Bergère, pour un essayage en vue d'un prochain spectacle, puis en visite sur un tournage de Godard, *Le Gai Savoir*, avec Jean-Pierre Léaud qui a l'art de l'émouvoir par « son caractère de personnage lunaire, constamment renfermé,

1. *Télé Poche*, n° 143, 6 novembre 1968.
2. Étienne Daho et Jérôme Soligny, *Françoise Hardy, Superstar et ermite*, *op. cit.*

inadapté[1] ». Udo Jürgens la conduit sur les traces de son enfance, à Ottmanach, village du sud de l'Autriche où il a vu le jour. Ensemble ils visitent le château fort de Hochosterwitz, flânent au café Lerch, à Klagenfurt. Le romantisme des paysages ne suffit pas à faire oublier la température glaciale qui rend le tournage fastidieux : « Je revenais d'Iran, puis je me suis retrouvée près d'Innsbruck par trente degrés au-dessous de zéro. Quarante-cinq jours de prises de vues entre Paris, Klagenfurt et la Bretagne glacée[2] », rapporte Françoise. Quant à son partenaire, dont elle dit qu'il « est un homme intelligent » et qu'elle « peu[t] comprendre toutes celles qui tombent amoureuses de lui[3] », il ne saurait effacer le souvenir prégnant de celui qui fait battre son cœur et qu'elle languit de retrouver. Aussi, entre deux prises, préfère-t-elle s'isoler dans la quiétude de sa chambre pour y poursuivre la lecture de l'œuvre de Proust à laquelle elle s'est attelée.

Prévu pour le mois de mars 1968 sur la deuxième chaîne de l'ORTF, puis différé au 15 novembre, ce film musical alléchant intitulé *Françoise et Udo* est finalement déprogrammé à la dernière minute à cause des scènes de lit dans la chambre de l'hôtel Regina, où nos héros apparaissent dénudés, révélant à peine un bout d'épaule. Autre temps, autres mœurs.

Dernière tournée mondiale

Le 22 décembre, Françoise Hardy est l'invitée d'honneur de « Georges de Caunes reçoit » sur Télé Luxembourg et on la retrouve le lendemain dans « Ce soir au cabaret », une émission de Pierre Tchernia sur la première chaîne de l'ORTF. C'est en Belgique qu'elle passe de 1967 à 1968, tandis que Jacques Dutronc tourne de son côté : elle chante à Ravels, près d'Anvers, sur une scène installée dans une

1. *Salut les copains*, n° 75, novembre 1968.
2. *Jours de France*, n° 705, 18 mai 1968.
3. *Bravo* (Allemagne), n° 7, 12 février 1968.

ancienne cimenterie. À l'issue du spectacle, avec sa mère et sa sœur qui l'accompagnent, elle passe la soirée au théâtre, puis rentre à l'hôtel sans réveillonner. Le 11 janvier, elle interprète « Des ronds dans l'eau », « Viens là » et « La Maison où j'ai grandi » dans « Teleritmo », en Espagne. La revoilà autrichienne le jeudi suivant, le temps d'une participation à un festival de musique pour la jeunesse à Vienne, en compagnie de Michel Polnareff. Vedette de « Télé Dimanche » le 21 janvier, elle présente sept extraits de son dernier album. Une semaine plus tard, elle apparaît à la fois dans « Le Petit Dimanche illustré » à l'heure du déjeuner et le soir dans « Au risque de vous plaire ».

Le 3 février, elle part pour une tournée promotionnelle de cinq jours au Québec, à l'initiative de la radio CJMS de Montréal. Ce contrat rempli, l'Angleterre l'attend pour une présentation à l'hôtel Savoy de son nouveau single, édité chez United Artists, « Now You Want to Be Loved » (« Des ronds dans l'eau »)/« Tell Them Your Mine » (« C'était charmant »), l'enregistrement de plusieurs télés[1] et une série de galas dans les grandes universités du pays : Brighton le 9 février (où Peter McEnery vient l'applaudir et la féliciter dans sa loge), Londres le 10, Liverpool le 12, Durham le 13, Birmingham le 14, Southampton le 15. Jacques Dutronc la rejoint le samedi, à Londres, pour un long week-end en amoureux, tandis que le photographe Tony Frank réalise plusieurs clichés de cette tournée exceptionnelle pour *Mademoiselle Âge tendre*.

Le 22 février, son avion se pose à l'aéroport de Cape Town, en Afrique du Sud, où l'escorte de cinq mille étudiants, banderoles et pancartes déployées, une population majoritairement blanche (surtout des filles coiffées et

1. On voit Françoise Hardy chanter « Now You Want to Be Loved » le 10 février dans « Dee Time » et le 13 dans « International Cabaret ». Enregistrée à la même période, l'émission « Time for Blackburn » est programmée le 4 mai suivant.

habillées comme elle), venue lui manifester sa sympathie, lui fait prendre brutalement conscience de ce qu'elle représente pour la jeunesse du pays. « Lorsque à l'atterrissage j'ai vu tous ces gens de loin, lui fait-on dire dans une lettre adressée à son Jacquot *via Salut les copains*, j'ai cru qu'ils attendaient quelque grosse personnalité politique. Je n'avais pourtant pas le souvenir d'avoir vu dans l'appareil quelqu'un qui pût faire un chef d'État convenable. Mais quand j'ai aperçu les énormes pancartes qui indiquaient en anglais "Bienvenue à Françoise Hardy", j'ai été parfaitement suffoquée[1] ! » Dans ce compte rendu pour une presse fleur bleue, volontairement désengagée, on n'évoque l'apartheid que de façon lapidaire et édulcorée, alors que ce régime ségrégationniste tend en 1968 vers son paroxysme (le pasteur noir américain Martin Luther King mourra assassiné le 4 avril pour avoir lutté contre la ségrégation raciale, à travers son mouvement pour les « droits civiques ») : Françoise Hardy, ou le journaliste qui parle en son nom, mentionne « cette fameuse formule de ségrégation totale entre les Noirs et les Blancs », expliquant que « ce sont des communautés complètement séparées qui coexistent pacifiquement dans la mesure où elles ne se rencontrent pas. Chacune d'elles a ses rues, ses restaurants, ses magasins, ses hôtels, ses chantiers, etc. » Inutile d'établir ici la longue liste des violences, tortures, exactions et assassinats subis par les Noirs et les métis d'Afrique du Sud sous le règne de l'apartheid pour démontrer combien l'usage de l'adverbe « pacifiquement » pour qualifier la cohabitation entre les deux populations est malvenu. « Ici le problème racial est vraiment entier, ajoute toutefois la chanteuse, et je dois dire que, pour un Français, en considérer l'acuité sur place est tout à fait impressionnant[2]. » Dans *Salut les copains*, on n'emploie pas le terme de « racisme » qui convient pourtant clairement

1. *Salut les copains*, n° 70, mai 1968.
2. *Ibid.*

à un régime dont l'objectif est de conserver la suprématie blanche. Et l'on raconte le périple de la vedette française (entre le 26 février et le 10 mars, elle donne une trentaine de galas, à raison de deux par soir, parfois trois le samedi, à Johannesburg, Pretoria, Durban et au Cap) sous d'autres aspects moins tortueux, comme l'engouement dont elle est l'objet, l'obligeant à de fréquentes séances de dédicaces en pleine rue, et sa rencontre au Groote Shuur Hospital, à Cape Town, avec le chirurgien bourreau des cœurs Christiaan Barnard, « un personnage extraordinaire, [...] indifférent aux agitations extérieures », devenu mondialement célèbre pour avoir réalisé le 3 décembre précédent la première transplantation cardiaque. Elle trouve également le temps d'aller poser pour le peintre Vladimir Tretchikoff, au Mill Street Art Studio du Cap – le tableau *Rainy Day* du maître est un portrait de la chanteuse. « Je pense qu'on a dû prendre en charge Françoise et la protéger de certaines réalités, témoigne le batteur Charles Benarroch. À l'époque, quand vous alliez dans certains pays, il y avait toujours un guide pour ne vous montrer que ce que l'on voulait bien et rameuter le troupeau s'il venait à s'égarer. Nous, les musiciens, on a pu s'aventurer un peu et rencontrer des gens là-bas, j'ai même eu une petite fiancée occasionnelle qui ne pouvait pas circuler seule accompagnée par un chauffeur noir, j'ai perçu plein de petits détails comme ça de la vie courante qui m'ont choqué. C'était horrifiant pour nous, Français, cette mise à l'écart de toute une population. D'autant que cela semblait tellement normal aux yeux des bourgeois blancs qui nous accueillaient et qu'évoquer cela comme un problème aurait paru incongru[1]. » Plus tard, lorsqu'au détour d'une interview un journaliste lui fera la remarque de son désengagement, Françoise Hardy objectera : « La société d'alors n'était pas du tout médiatisée et j'étais très jeune au moment de ma

1. Entretien avec l'auteur, juin 2016.

tournée en Afrique du Sud. Je ne m'intéresse à la politique que depuis quelques années, en fait[1]. »

Dans la vie de la chanteuse, 1968 marque une étape décisive sur le plan tant professionnel que personnel, l'un pesant inévitablement sur l'autre. Une rumeur court déjà depuis de longs mois qu'elle aurait l'intention de quitter la scène. Françoise Hardy s'est toujours reconnue mal à l'aise dans cet exercice, empotée physiquement, limitée vocalement. Puis, elle avoue détester le rythme robotique des tournées, les voyages. Une suggestion de son agent artistique, Lionel Roc, de suspendre provisoirement les tournées afin de se consacrer essentiellement à l'enregistrement de disques pour le marché international fait fléchir ses dernières résistances. « Je ne l'ai pas dit, mais en mon for intérieur, j'ai su que j'allais arrêter et que je ne reprendrais pas. D'autant que ma relation avec Jacques Dutronc venait de commencer[2]. »

Du 22 avril au 14 mai, l'icône de la pop française retrouve pour trois semaines le public anglais, non plus celui « bon enfant » de la jeunesse estudiantine pour qui elle a tout récemment chanté, mais la clientèle snob et clinquante de l'hôtel Savoy – ici, les étudiants stationnent devant l'entrée et se font de l'argent de poche en proposant aux spectateurs du lieu les traductions polycopiées des textes de ses chansons.

L'endroit est si select que Jacques Dutronc, venu avec son pote Hadi Kalafate, se fait jeter à la rue ! « Jacques et moi étions en vacances à Marrakech, à La Mamounia, raconte Kalafate. De là-bas on est venus directement à Londres, en transitant par Paris. Arrivés au Savoy, un peu dépenaillés et défoncés, on s'est fait épingler par les portiers. Évidemment, ils ne savaient pas qui était Jacques, car lui n'était pas connu en Angleterre, et il avait beau s'égosiller, dire qu'il était le compagnon de Françoise Hardy, on lui a rétorqué

1. *Libération*, 6 avril 2009.
2. Série d'entretiens pour la RTS, *op. cit.*

un truc du genre : "Oui, oui, et nous on est Elvis Presley et les Beatles !" Les portiers étaient des colosses de plus d'un mètre quatre-vingts et, comme nous étions assez petits tous les deux, ils nous ont carrément attrapés par le colback et jetés dehors comme des malpropres ! Ça a été violent. Sur ces entrefaites, Wolfsohn est arrivé et, comme il parlait parfaitement anglais, il a réglé le problème en confirmant que Jacques était bien le compagnon de Françoise. Du coup, on a logé à l'hôtel. Mais Jacques n'a pas pu dormir dans la même chambre que Françoise, parce qu'ils n'étaient pas mariés[1]. »

« L'ambiance qui régnait au Savoy correspondait à l'univers feutré de l'hôtellerie de luxe, commente Charles Benarroch qui y joue pour la première fois. On avait affaire à une clientèle à la fois branchée et issue d'une certaine aristocratie, très peu de jeunes fans. Le prix des places, prohibitif, faisait le tri. Le succès de Françoise à Londres résultait d'un ensemble d'éléments liés à sa personne : elle a été aux yeux des Anglais de cette époque une figure de proue de la culture et de la mode françaises. Le chic, l'élégance *made in* France. Tout ce qui se dégageait de sa personne était beau, esthétique et intelligent. Une grâce naturelle émanait d'elle. Elle recevait des brassées de fleurs tous les soirs[2]. »

Pour sa quatrième et dernière fois en ce lieu, la chanteuse ose une tenue vestimentaire aussi originale qu'audacieuse, lourde (seize kilos et trois cent vingt grammes !) et importable, réalisée à la pince et au chalumeau par Paco Rabanne, le « métallurgiste de la mode » (selon le bon mot de Coco Chanel). « S'il existe une victime de la pesanteur, c'est bien moi, commente-t-elle. Je ne puis ni m'asseoir, ni projeter mes bras au ciel. Cette carapace, dépourvue de la moindre souplesse, me condamne à une économie de gestes qui m'est à coup sûr bénéfique : elle m'oblige à extérioriser mes

1. Entretien avec l'auteur, juillet 2016.
2. *Id.*, juin 2016.

sentiments avec ma seule voix, mes yeux seuls, mon visage. Je suis une statue immobile qui chante[1]. » La posture lui est somme toute habituelle et, dans un confort relatif (« L'entre-jambe descendait au fur et à mesure sous le poids du métal… Au lieu de m'envoyer des couturières, [Paco Rabanne] faisait appel à des ouvrières avec des tenailles pour ajuster cette tenue[2] »), elle égrène une quinzaine de succès (« Tous les garçons et les filles », « Le Temps de l'amour », « L'Amitié », « La Maison où j'ai grandi », « Mon amie la rose », « Le Premier Bonheur du jour », « Rendez-vous d'automne »…), dont deux en langue anglaise (« All Over the World » et le tout récent « Now You Want to Be Loved », parfois en version bilingue ou certains soirs en français). Parmi les invités prestigieux de la première se glisse auprès de son mari John Barry, compositeur fraîchement oscarisé pour la musique du film *Vivre libre (Born Free)*, la toute jeune Jane Birkin, admirative : « [Françoise] était magique, et ne faisait pourtant aucun effort particulier pour plaire. On prenait ou on ne prenait pas ! Les gens admiraient son étonnante désinvolture. Elle portait des ensembles ultramodernes de Paco Rabanne, elle était sublime[3]. »

La combinaison de Paco Rabanne pour Françoise Hardy aurait dû se retrouver un jour au palais Galliera ou dans un quelconque musée de la mode, mais elle finira de façon plus prosaïque au fond d'une poubelle, jetée lors d'un déménagement par sa propriétaire qui la trouvait trop encombrante ou/et endommagée (le métal s'oxyde avec le temps). C'est dire combien elle n'est pas dans le culte d'elle-même, attachée à des reliques, obnubilée par des souvenirs. Une anecdote rapportée par Eddy Mitchell au journaliste Didier Varrod

1. *Jours de France*, n° 705, *op. cit.*
2. *Le Télégramme*, 7 avril 2010.
3. Étienne Daho et Jérôme Soligny, *Françoise Hardy, Superstar et ermite*, *op. cit.*

donne une parfaite illustration de ce manque d'intérêt pour sa carrière passée : « Il n'y a pas si longtemps je commande en Angleterre les quatre coffrets qui comportent chacun cinquante CD, plus DVD, de tous les disques et prestations du groupe les Everly Brothers. Et, un soir, je tombe sur un document à tomber par terre. Je découvre une émission des Academy Awards Music datant de 1967. Ce sont les Everly Brothers qui gagnent, mais dans le même programme vous avez Burt Bacharach qui passe, puis Quincy Jones, et tout à coup Françoise Hardy, telle une apparition, qui vient chanter "The Girl From Ipanema"[1]... Elle est d'une beauté extraordinaire et elle chante divinement bien. Je trouve cela incroyable. La classe ! Je l'appelle donc pour lui dire : "J'ai un document extraordinaire qu'il faut que tu voies absolument." Je lui explique le contenu de l'émission et, au bout d'une minute, elle me répond : "Cela ne m'intéresse pas, merci Eddy !" Et moi, j'étais si fier d'avoir trouvé cette rareté qui en plus vaut sûrement son pesant de nougat ! Eh bien, non, elle me rétorque : "Je m'en fous." C'est ça Françoise [*rires*][2]. »

« Paris s'éveille »

À son retour à Paris le 15 mai, alors que l'appel des syndicats transforme la révolte étudiante en un mouvement social sans précédent qui échappe au pouvoir politique, Françoise Hardy inaugure chez le joaillier Clerc, place de l'Opéra, la première Exposition internationale de diamants en arborant « la minirobe la plus chère du monde », assemblage par

1. Eddy Mitchell a la mémoire embrouillée. En réalité, il s'agit du « Hullabaloo Show » du 13 avril 1965 qui était placé sous le signe des Grammy Awards. Et les invités étaient Steve Lawrence et Sammy Davis Jr. Françoise Hardy chante « The Boy From Ipanema », version masculinisée de « The Girl From Ipanema » (voir page 120).
2. Eddy Mitchell, *Il faut rentrer maintenant...*, entretiens avec Didier Varrod, Éditions de La Martinière, 2012.

Paco Rabanne de plaquettes d'or carrées et rectangulaires incrustées de diamants (neuf kilos d'or et trois cents carats de diamant), reliées entre elles par des rivets et anneaux métalliques. Puis, laissant le tumulte gronder dans la capitale, elle part s'isoler avec Jacques Dutronc dans sa maison de Monticello.

Avec « Il est cinq heures, Paris s'éveille », publié au mois de mars, Dutronc livre sa vision à la fois caustique et lucide de la société, teintée d'un supplément de poésie auquel le grand public n'est pas insensible. Truffée de jeux de mots subtils, la chanson dépeint la vie parisienne à l'heure où se croisent ceux qui finissent leur nuit et les travailleurs de l'aube. En quelques mois, elle devient mythique. Les étudiants s'en emparent en mai comme l'hymne de ceux qui veulent faire table rase du passé afin de bâtir un monde nouveau, et ils scandent au rythme de leur marche un texte détourné contre le gouvernement gaulliste, la bureaucratie, l'état policier :

> « Le vieux monde va disparaître
> Après Paris, le monde entier
> Les ouvriers sans Dieu, ni maître
> Autogestionnent la cité
> Il est cinq heures
> Et nous n'aurons plus jamais sommeil[1] ! »

Ceux qui réécriront ensuite l'Histoire qualifieront Dutronc et Lanzmann de visionnaires[2], sans qu'ils l'aient prémédité ni l'un ni l'autre… À propos des événements, Françoise Hardy

1. L'auteur de ce pastiche, Jacques Le Glou, produira en 1974 un album intitulé *Pour en finir avec le travail*, qualifié de recueil de « Chansons du prolétariat révolutionnaire ». Sa version de « Il est cinq heures, Paris s'éveille » y est interprétée par Jacqueline Danno, sous le pseudonyme de Vanessa Hashloum.
2. Anne Ségalen, à l'époque épouse de Lanzmann, a également participé à l'écriture du texte.

se refuse à des « déclarations définitives », comme l'indique l'hebdomadaire *Noir et Blanc*[1]. Dans son autobiographie future, elle avouera s'être sentie peu concernée, « d'autant que la violence sous toutes ses formes, y compris celle du vandalisme, a toujours discrédité à mes yeux ceux qui s'y livrent, quel que soit le bien-fondé de leurs revendications », et méfiante « vis-à-vis des mouvements étudiants à l'origine desquels on trouve, la plupart du temps, des agitateurs d'extrême gauche[2] ». Elle soulignera en outre que les signes avant-coureurs de la mutation sociale remontent assez loin et « que l'attribution de certains changements majeurs au mouvement étudiant et ouvrier qui marqua le printemps de cette année-là relève d'une confusion entre les effets et les causes : Mai 68 a simplement mis en lumière et ratifié une évolution dont le processus, enclenché depuis longtemps, arrivait à maturité[3]. » On notera que la chanteuse observe l'événement et ses conséquences, en particulier la position des femmes et l'évolution de la pensée féministe dans le débat public, à l'aune de sa position privilégiée, comme elle le fait souvent dès qu'elle aborde le sujet politique : « La libération sexuelle, que l'on met, à tort je crois, dans le fourre-tout de Mai 68, ne me concernait pas non plus. Je me sentais socialement libre sur ce plan, tout en déplorant la confusion trop fréquente entre ce genre de liberté et le débridement consistant à multiplier les partenaires. [...]. J'ai été l'une des premières jeunes Françaises à utiliser la contraception – plus importante pour la libération sexuelle que Mai 68 –, quelques années avant sa législation en 1967, grâce à mon gynécologue, un original d'avant-garde, qui me posa un stérilet quand j'avais une vingtaine d'années[4]. »

1. N° 1213, 27 juin/3 juillet 1968.
2. Françoise Hardy, *Le Désespoir des singes... et autres bagatelles*, *op. cit.*
3. *Ibid.*
4. *Ibid.*

Il n'empêche que plus rien ne sera pareil après Mai 68, en termes de démocratisation, d'émancipation, de libertés, comme si en l'espace d'une saison on avait posé de manière irréversible les bases d'un autre temps.

« En anglais »

C'est au Congo que Françoise Hardy donne ses trois derniers galas. Elle arrive le matin du 7 juin à Kinshasa, en provenance de Bruxelles, et se produit le soir même dans la salle Cultrana du Théâtre national de la ville, précédée par la chorale locale des Gais Lurons. Les 8 et 9, elle chante au cinéma Albertum (aujourd'hui Cinémax), sur le boulevard du 30 juin. Comme l'idée de bâtir une carrière ne l'a jamais effleurée, elle envisage alors l'avenir de façon sereine : « Je me sentais comme quelqu'un de privilégié qui continuerait à faire des disques tant que ça marcherait, en essayant que ce soit à chaque fois un peu mieux et un peu différent[1]. »

À son retour, elle s'attelle à la préparation de deux albums, l'un en anglais, l'autre en français, tout en défendant un nouvel EP, arrivé dans les bacs à l'orée de l'été : il contient trois de ses créations, « La Terre », « Avec des si », « J'ai fait de lui un rêve », et la reprise de « Tiny Goddess », ballade psychédélique créée l'année précédente par le duo gréco-irlandais Nirvana et devenue sous sa plume « Je ne sais pas ce que je veux », qu'elle présente le 1er juillet à la télévision dans « Tilt », puis le 6 dans « La Grande Farandole », une émission des Carpentier où elle étrenne également « Avec des si ». Dans la foulée, elle en enregistre une version italienne, traduite par Herbert Pagani, « La Bilancia dell'Amore », et couplée sur un single à « Io Conosco la Vita » (« La Fin de l'été »), qui occasionnera l'enregistrement de plusieurs télés à l'automne et sera son dernier disque classé dans les hit-parades transalpins.

1. *Les Inrockuptibles*, n° 22, *op. cit.*

En attendant, elle poursuit sa promotion française en août, souffrant de l'absence de Jacques Dutronc en tournée au Maroc – elle se contente d'une carte postale où il la désigne comme « [sa] chère et future épouse » et signe « Ton fiancé ».

Sur les conseils de son éditeur anglais Noel Rodgers, Françoise Hardy enregistre en concomitance son deuxième *long play* dans la langue de Shakespeare, dans la perspective d'une diffusion mondiale. En France et au Brésil, plus tard au Japon, on l'appellera simplement *En anglais*[1]. Les Sud-Africains le nomment *The Second English Album*. Les Néo-Zélandais lui donnent le titre du succès de 1960 des Shirelles, *Will You Love Me Tomorrow*, dont Françoise propose une interprétation très réussie, déclinée en single. Dans les pays anglophones, jusqu'en Amérique, il s'appellera *Loving*, en référence à « Loving You », la reprise du standard d'Elvis Presley, thème du film éponyme de 1957, qui ouvre l'album et couvre l'autre face du single. Françoise Hardy est tellement satisfaite de sa version, orchestrée par Charles Blackwell, qu'elle n'hésite pas à déposer le disque soigneusement glissé dans une enveloppe à la réception de l'International Hotel de Las Vegas où le King fait son grand retour sur scène en juillet 1969 et où elle vient l'applaudir. « Je n'ai jamais su s'il avait été remis à son illustre destinataire mais, bien placée pour savoir qu'il ne faut rien attendre de ce genre de démarche, je n'en attendais rien[2]. »

Entrepris au printemps 1968 au studio Pye, entre deux soirées au Savoy, puis achevé entre Londres et Paris, dans les studios CBE de la rue Championnet, l'album *En anglais* rassemble ainsi une dizaine de standards anglo-américains revisités avec le concours des trois arrangeurs Charles Blackwell, Arthur Greenslade et Jean-Pierre Sabar. Un

1. Hormis sa parution en vinyle, ce LP *En anglais* demeurera un trésor rare dans la discographie de Françoise Hardy. Après un seul pressage CD au Japon en 1990, il fera enfin l'objet en France d'une version remasterisée en 2016.
2. Françoise Hardy, *Le Désespoir des singes… et autres bagatelles*, *op. cit.*

florilège de bon goût puisé dans les souvenirs d'adolescence de la chanteuse, ancienne auditrice fidèle de « The Great 208 », augmenté de deux originaux composés par Simon Napier-Bell, producteur et arrangeur des Yardbirds et de Dusty Springfield, et coécrits par Vicki Wickham : « Never Learn to Cry » et « Empty Sunday », qui deviendront respectivement en français « Mon monde n'est pas vrai » et, demeuré inédit sur disque, « J'ai le cœur vide aujourd'hui ». On voyage en douceur depuis l'avènement du rock outre-Atlantique, celui de Buddy Holly (« That'll Be the Day », 1956), à sa déclinaison pop anglaise par les Kinks (« Who'll Be the Next in Line », 1965), en passant par le *folk-and-protest-song* de Phil Ochs (« There but for Fortune », 1964 – popularisée l'année suivante par Joan Baez) qui sied merveilleusement à la voix pure et aérienne de Françoise Hardy (Eddy Marnay la traduit bientôt pour elle en français sous le titre « Où va la chance ? »), tout autant que le psychédélique « Tiny Goddess », récemment adapté en « Je ne sais pas ce que je veux », et la cafardeuse ballade de Ricky Nelson « Lonesome Town » (1958), revue par Pierre Delanoë en « La Rue des cœurs brisés » sur le prochain album français de la chanteuse. On garde volontiers deux traductions qui trouvent leur origine sous l'Hexagone : « Let It Be Me », popularisée outre-Atlantique par les Everly Brothers en 1959 d'après « Je t'appartiens » créée par Gilbert Bécaud (1955), et « The Way of Love », que Kathy Kirby impose en 1965 d'après une création de Colette Deréal, « J'ai le mal de toi » (1960) – Michel Rivgauche, ancien parolier fétiche d'Édith Piaf (« La Foule », c'est lui), en écrit bientôt une nouvelle version française intitulée « Parlez-moi de lui », conjointement défendue par Françoise Hardy et Dalída. Et l'on fait impasse sur deux enregistrements qui ne satisfont pas l'interprète et resteront dormir dans les archives du studio, « Blue Turns to Grey », emprunté aux Rolling Stones (1965), et « Oh Why », écrit par Phil Spector pour les Teddy Bears en 1959.

Gainsbourg et Modiano

L'album français dont la sortie est prévue pour décembre scelle les fondations de deux amitiés durables, l'une avec Serge Gainsbourg, l'autre avec l'écrivain Patrick Modiano.

Après une audition de plusieurs morceaux proposés par son éditeur, dont aucun ne trouve grâce à ses yeux, Françoise Hardy retient en désespoir de cause un instrumental américain, « It Hurts to Say Goodbye », composé par Arnold Goland et Jack Gold. Elle ignore qu'une version chantée existe déjà, par l'Américaine Margaret Whiting, parue en 1967 chez London Records. Comme elle est peu inspirée pour mettre elle-même des mots sur cette mélodie, Lionel Roc lui suggère Serge Gainsbourg, dont la passion fulgurante pour Brigitte Bardot a donné lieu à quelques perles, telles que « Bonnie & Clyde » et « Harley Davidson ». La perspective de travailler avec Françoise Hardy n'est pas pour déplaire à « l'homme à tête de chou », d'autant qu'il envisageait déjà de la faire tourner au temps où elle triomphait avec « Tous les garçons et les filles », dans un court-métrage qu'il avait ébauché avec le cinéaste débutant Jacques Poitrenaud, autour de la naissance d'une chanson – le projet tomba à l'eau quand ce dernier obtint le financement pour réaliser son deuxième long-métrage *Strip-tease*, dont Gainsbourg composa le thème musical. Une première rencontre eut lieu à la même période, lors de l'émission radiophonique « Performance », sur France Culture, où ils jouèrent ensemble une scène du *Rendez-vous de Senlis* de Jean Anouilh. En avril 1968, Serge Gainsbourg fait le voyage à Londres pour aller applaudir Françoise Hardy au Savoy et lui apporter dans un premier temps une autre chanson qu'il a écrite paroles et musique et enregistrera de son côté l'année suivante : « L'Anamour », variante javanaise de l'amour, néologisme qu'il définit comme l'anarchie dans la passion, une forme de non-réciprocité des sentiments.

« Je chante pour les transistors
Le récit de l'étrange histoire
De mes anamours transitoires
De belles au bois dormant qui dorment[1]... »

Françoise enregistre « L'Anamour » au studio Pye de Londres, avec l'arrangeur musical Mike Vickers. Ils se revoient peu après. C'est l'été. Gainsbourg, encore affecté par le départ brutal de Bardot, vient de rencontrer une jeune Anglaise nommée Jane Birkin qui a su l'apprivoiser. Celle-ci, divorcée de son premier mari, John Barry, entame une carrière d'actrice en France et tourne à Saint-Tropez dans *La Piscine*, aux côtés d'Alain Delon. Fou de jalousie, persuadé que personne ne peut résister à la beauté sauvage de Delon et affolé à l'idée d'endurer à nouveau le chagrin d'une rupture, Gainsbourg l'accompagne mais doit interrompre son séjour pour honorer un rendez-vous pris à Paris avec Françoise Hardy. Grand seigneur, il invite la chanteuse à déjeuner au Coconnas, un restaurant raffiné sous les arcades de la place des Vosges, et s'épanche sur ses problèmes de cœur. C'est dans l'urgence qu'il va écrire le texte demandé – un texte de rupture, selon son humeur du moment, composé de rimes en *-ex* et astucieusement cadré au thème musical imposé.

« Sous aucun prétex-
Te je ne veux
Devant toi surex-
Poser mes yeux
Derrière un Kleenex
Je saurais mieux
Comment te dire adieu[2]... »

---

1. « L'Anamour », 1968. Paroles et musique de Serge Gainsbourg. © Éditions Sidonie & Melody Nelson Publishing.
2. « Comment te dire adieu », 1968. Paroles et musique de Serge Gainsbourg. © Éditions Kundalini.

« Comment te dire adieu » est gravé au studio CBE, lieu à la pointe de la technologie où tout le monde veut enregistrer. Françoise Hardy en a déjà testé la bonne acoustique et les bienfaits de la réverbération lors des dernières sessions de son disque anglais. « C'était la première fois que j'avais autant de plaisir et de facilité à chanter », écrira-t-elle, après avoir encensé les méthodes de travail du directeur et ingénieur du son Bernard Estardy, surnommé « le Baron » ou « le Géant » (il mesurait deux mètres cinq) : « Il n'avait pas son pareil pour régler les casques dans lesquels la balance orchestrale et le retour de voix devenaient si magiques que tout chanteur ayant travaillé chez lui s'en souvient avec nostalgie[1]. » Jean-Pierre Sabar préside aux arrangements, secondé avec une précision redoutable par Serge Gainsbourg qui dirige la session et insiste pour obtenir un tempo soutenu. « Au moment de l'enregistrement, il m'a surprise par sa dureté dans le travail, il sait exactement ce qu'il veut[2] », commente Françoise Hardy. Elle se réjouit par ailleurs de la relation amicale qui se noue entre eux presque instantanément et résistera au temps : « Au fil du temps, je me suis aperçue qu'il était beaucoup plus seul et isolé qu'on pouvait l'imaginer. [...]. Des années plus tard, sa rupture avec Jane l'a anéanti et il me semble qu'il ne s'en est jamais remis. Dans les dernières années, il m'appelait souvent, à n'importe quel moment, il allait toujours mal et j'arrivais, je ne sais comment, à finir par lui arracher un sourire, à le faire rire[3]. » Lui trouvant des points communs avec Jacques Dutronc, elle parvient à les faire se rencontrer et devenir amis, alors qu'il y a une espèce de rivalité entre les deux hommes. « Je le détestais, confesse Dutronc. Mais

1. Françoise Hardy, *Le Désespoir des singes... et autres bagatelles*, *op. cit.*
2. Gilles Verlant, *Gainsbourg*, Albin Michel, 1992.
3. *Gala*, n° 1069, *op. cit.*

c'était réciproque. C'est pour ça que je le détestais puisqu'il me détestait. C'est comme sur scène, si on sent que les gens vous aiment, on les aime... Françoise voulait qu'on se rencontre alors que nous, pas. Elle a finalement réussi[1]. » Leur complicité se scelle lors de soirées mémorables qui finissent aux petites heures, dans un état d'ébriété avancé et des lieux insolites. Dans les années 1970, Gainsbourg écrit « L'Aquoiboniste », un portrait conforme à l'idée qu'il se fait de son nouvel ami. Il demandera à Françoise Hardy de le chanter, mais elle déclinera poliment la proposition. Plus tard enregistrée par Jane Birkin pour l'album *Ex-fan des sixties*, la chanson sonne comme un autoportrait de son auteur.

Présenté le 2 novembre dans « Samedi & Cie », « Comment te dire adieu » entre aussitôt dans les hit-parades, avec sur le même disque « L'Anamour », puis une jolie ballade de Jean-Max Rivière et de Gérard Bourgeois au titre à rallonge, « Il vaut mieux une petite maison dans la main qu'un grand château dans les nuages », et une reprise tout en douceur de « Suzanne » de Leonard Cohen, personnage culte de la scène folk, dans la version française de Graeme Allwright, lequel connaît un fameux succès auprès de la jeunesse soixante-huitarde[2].

Un huitième album arrive bientôt dans les bacs, dont le recto de pochette présente un portrait réalisé au fusain par un jeune « faiseur d'images » nommé Jean-Paul Goude. La rencontre entre Françoise Hardy et celui qui deviendra l'un des maîtres de la création visuelle contemporaine remonte à la fin de l'année précédente, quand Jean-Marie Périer avait voulu les réunir dans un film inspiré de sa propre histoire, intitulé *La Perruque* et abandonné à l'état de projet pour des motifs financiers.

1. « Sortez du cadre » de Nikos Aliagas, Europe 1, 14 mars 2015.
2. La chanson, dans sa version originale, a été créée par Judy Collins en 1966.

Françoise chante à nouveau « Comment te dire adieu » le 29 novembre dans « Au risque de vous plaire », devant la caméra de Jean-Christophe Averty, puis le 4 décembre dans le show des Carpentier « Jolie Poupée », consacré à Sylvie Vartan, avec qui elle reprend en duo « Il y a deux filles en moi », chanson faite sur mesure pour cette dernière par les comparses Jean-Jacques Debout et Roger Dumas. Le 6 décembre, on la retrouve à nouveau sous l'œil de Jean-Christophe Averty qui réalise le gala de l'Unicef dont elle est l'une des vedettes avec Yves Montand et Les Frères Jacques (elle y interprète « À quoi ça sert ? », qui est sorti en single début octobre, et « Loving You »). Elle apparaît le 9 décembre dans « Quatre temps », revêtant une robe longue originale de la maison Dior qui intègre un motif dessiné par Sonia Delaunay – Jacques Dutronc interviewe l'artiste peintre dont on aperçoit les immenses toiles dans le décor où Françoise évolue en chantant « Comment te dire adieu ». Pour célébrer de manière festive l'alliance franco-anglaise et le passage à l'an neuf, Jean-Pierre Frimbois, Guy Job et Michel Taittinger organisent dans les studios de Joinville une « Surprise-Partie » géante et en couleurs, où se côtoient dans un décor psychédélique les artistes les plus populaires des deux côtés de la Manche, dont Johnny Hallyday, Michel Polnareff, les Troggs, Fleetwood Mac, les Who, Pink Floyd, Hugues Aufray, Nicoletta, Marie Laforêt, Éric Charden, Jacques Dutronc et Françoise Hardy – elle chante en direct « À quoi ça sert ? », « Où va la chance ? » et « Suzanne ».

Michel Drucker la reçoit une nouvelle fois dans « Quatre temps » le 26 février 1969. Venue présenter « Étonnez-moi Benoît », extrait de son album qui prend le relais de « Comment te dire adieu » dans les hit-parades, Françoise avoue qu'elle ne connaît pas encore son auteur, Patrick Modiano, et que la rencontre est prévue dans la semaine. Plus tard, le romancier se souviendra d'une première soirée passée à l'Olympia, au spectacle de Barbara, puis d'une mémorable balade en barque sur le lac du bois de Boulogne. En fait, « Étonnez-moi Benoît » est arrivée aux oreilles de Françoise Hardy par l'intermédiaire de son compositeur, Hughes de Courson, qui travaille alors pour les Éditions musicales Fantasia, rue de Gramont, et cherche à placer ses chansons après avoir envisagé dans un premier temps de les interpréter lui-même sous le pseudonyme de Hughes Stern. Il avoue cependant avoir ambitionné la même carrière que son ami de lycée : « C'est la chanson qui est venue à moi. Je voulais être écrivain, mon meilleur copain aussi. On avait envoyé chacun nos manuscrits, on était en hypokhâgne. Lui s'appelle Patrick Modiano, il a publié tout de suite[1] et moi, vexé, comme je faisais un peu de musique et qu'on a eu la chance d'avoir une petite chanson qui a été chantée par Françoise Hardy, je me suis dit que puisque je n'étais pas écrivain, j'allais faire de la musique. En fait, on était en hypokhâgne au lycée Henri-IV, on ne travaillait pas beaucoup ; Patrick Modiano faisait un peu d'absentéisme et préférait aller se promener dans les rues de Paris ; et donc on s'amusait à écrire des chansons comme ça, sans aucune ambition. Et puis, la mère de Patrick connaissait bien Anna Karina qui a fait circuler ses chansons auprès de Lucien Morisse qui lui-même les a montrées à deux charmants compositeurs playboys qui s'appelaient Jean-Max Rivière et Gérard Bourgeois, qui réussissaient dans la composition de chansons et avaient de belles bagnoles de sport qui nous fascinaient ; comme ils étaient également éditeurs, ils nous ont convoqués dans leur petit bureau et nous ont demandé de leur confier nos chansons afin d'essayer de les caser. Assez rapidement, Françoise Hardy

1. Patrick Modiano a publié en avril 1967 aux éditions Gallimard son premier roman, *La Place de l'étoile* (*NdA*).

a voulu chanter “Étonnez-moi Benoît”, qui l’a changée un peu de son répertoire habituel de chansons romantiques[1]. »

« Étonnez-moi, Benoît
Marchez sur les mains
Avalez des pommes de pin, Benoît
Des abricots et des poires
Et des lames de rasoir, étonnez-moi[2]… »

L’écriture de Patrick Modiano ne peut que séduire Françoise Hardy. Comme dans les chansons de cette dernière, on perçoit dans les romans du futur Prix Nobel de littérature une mélancolie diffuse et il est fréquent d’éprouver à chacune de ses parutions la sensation de lire toujours le même ouvrage, comme on ressent l’impression en écoutant le répertoire de Françoise Hardy d’entendre toujours la même chanson. Ils ont l’un pour l’autre une admiration réciproque. « Comme tout grand écrivain, Patrick a un ton, une musique qui n’appartiennent qu’à lui et qui ont un pouvoir d’envoûtement incroyable, dit Françoise. Quand je commence l’un de ses romans, je ne peux plus m’arrêter : il sait mettre du mystère et de l’émotion là où il n’y en aurait peut-être aucun sans son regard à lui, sans son imagination très particulière[3]. » Ils se découvrent en outre pour amis communs Mireille et, surtout, son mari Emmanuel Berl dont Patrick Modiano est le confident privilégié depuis la parution de son premier roman, *La Place de l’étoile* : « Il avait voulu me connaître parce qu’il avait été très touché que je cite, dans ce livre, le nom de son cousin Henri Franck, un jeune poète, mort à vingt-trois ans, qui avait été l’un des premiers auteurs édités par Gallimard et pour lequel

1. « Hors-Champs » de Laure Adler, France Culture, 25 octobre 2013.
2. « Étonnez-moi Benoît », 1968. Paroles de Patrick Modiano, musique d’Hughes de Courson. © Éditions Semi.
3. *Le Figaro littéraire*, 19 janvier 2012.

il avait une immense admiration[1]. » Berl est alors un vieux monsieur fatigué, presque aveugle, qui reçoit ses invités au pied de son lit. La chanteuse et le romancier se rencontrent parfois chez lui, rue de Montpensier au Palais-Royal, où, en l'absence de Mireille, Françoise Hardy fait quelquefois office de garde-malade[2]. « C'était un véritable plaisir, fait-elle observer, parce que j'adorais son regard à la fois plein de bonté et pétillant de malice, comme celui de Georges Brassens. On ne pouvait que l'aimer. D'autant qu'il s'intéressait beaucoup à vous. Tellement que j'ai regretté par la suite qu'il m'ait tellement parlé de moi, alors que j'aurais aimé en savoir beaucoup plus sur sa vie à lui[3]. » Mireille, qui ne jure que par ce charmant visiteur à la haute et mince silhouette, charge son ancienne élève favorite du « Petit Conservatoire » de veiller à le faire manger car elle le trouve trop maigre ! « Sans doute, Patrick était-il très démuni matériellement à cette époque, et puis il paraissait assez désincarné, distrait, peu préoccupé par ce genre de contingences[4] », commente Françoise. Elle l'invite souvent au restaurant, comme cette fois où ils se retrouvent à La Grande Cascade du bois de Boulogne pour un déjeuner célébrant leur première chanson. Profitant de la liberté involontaire que lui laisse son amoureux, elle demande aussi à son nouvel ami de l'accompagner au théâtre. L'année de leur rencontre, elle s'est notamment entichée d'une comédie en deux actes de James Saunders, mise en scène par Claude Régy, *La prochaine fois, je vous le chanterai*, qui se joue au Théâtre-Antoine, avec Delphine Seyrig, Jean Rochefort et Jean-Pierre Marielle. « Nous sommes souvent sortis ensemble à la fin des sixties

1. *Libération*, 12 juillet 2007.
2. Denis Cosnard, *Dans la peau de Patrick Modiano*, Fayard, 2011.
3. « Étonnez-moi, Benoît » de Benoît Duteurtre, France Musique, 9 novembre 2013.
4. *Le Figaro littéraire*, *op. cit.*

et avons par la suite toujours gardé le contact, *via* Dominique, sa femme, qui est aussi mon amie, témoigne-t-elle. J'ai toujours perçu Patrick comme l'introverti type, plus ou moins distrait et farfelu, qui a beaucoup de problèmes avec le monde matériel, le monde des objets. Faire cuire des pâtes ou déboucher une bouteille semble plus compliqué et plus dangereux pour lui qu'écrire un roman. Je me souviens de la façon stupéfiante dont, dans sa jeunesse, il hélait un taxi : on aurait dit une ballerine ou un ange sur le point de s'envoler[1]. » Dans un entretien accordé au *Figaro Madame* en 2004, la chanteuse n'hésitera pas à citer parmi ceux qu'elle considère comme membres de sa famille, outre son mari et son fils, Dominique Modiano, « qui est une vraie sœur », et Lena « ma meilleure amie », connue au Brésil en octobre de cette même année 1968, décidément riche de rencontres et d'amitiés.

Lena

C'est pour participer au troisième Festival international de la chanson populaire que Françoise Hardy s'envole pour Rio de Janeiro le 6 octobre. Accompagnée par l'orchestre de Franck Pourcel, dirigé par André Popp, et élégamment vêtue d'un ensemble blanc griffé Yves Saint Laurent, elle représente la France avec « À quoi ça sert ? », qu'elle a écrite alors qu'elle désespérait d'attendre un signe encourageant de la part de Jacques Dutronc et qui lui vaut de remporter un prix du mérite artistique, le « Coq d'or ». Séduite par la chanson lauréate, « Sabiá », composée par Chico Buarque sur des paroles d'Antonio Carlos Jobim pour le duo Cynara e Cybele, elle la rapporte à Paris pour l'inclure à son nouvel album – c'est Franck Gérald qui en écrit l'adaptation française, « La Mésange ». La chanteuse est accompagnée

1. *Le Figaro*, 27 septembre 2007.

pendant son séjour par Maria Helena Fleury, dite Lena, une jeune Brésilienne exilée depuis peu à Paris et hébergée chez l'écrivain Auguste Le Breton. Elle la débauche bientôt de son emploi de vendeuse en parfumerie, avenue de l'Opéra, pour être sa secrétaire particulière et la loge dans un studio qu'elle vient d'acheter à Puteaux. Les deux femmes seront surtout amies.

V

1969-1972

« MA CAGE EST GRANDE OUVERTE
ET MA PRISON T'ATTEND...

... Suis-je la fleur de lune
Ou bien l'eau qui dort[1] *?...* »

L'idée d'enregistrer des disques à la fois pour la France et pour le marché étranger afin de suppléer à son retrait de la scène suit son cours tout au long de l'année 1969, malgré des turpitudes procédurières avec sa maison de disques, et Françoise Hardy s'accommode de ce nouvel emploi du temps.

Excepté un aller-retour Paris-Londres en janvier pour honorer deux contrats pour la télévision, les quatre ou cinq premiers mois sont occupés à la poursuite de la promotion

1. « Fleur de lune » (« Song of Winter »), 1970. Paroles et musique originales de Micky Jones et de Tommy Brown, adaptation française de Françoise Hardy. © Éditions Labrador.

française de son huitième album, classé numéro sept des ventes à la faveur du succès de « Comment te dire adieu », plus tard renouvelé par Daniel Darc (1988) et, surtout, Jimmy Somerville (1989) qui en fera un tube disco-dance en duo avec June Miles-Kingston, sa batteuse et choriste des Communards. En juin, Vogue publie un dernier EP, dominé par une chanson écrite par Jean-Michel Rivat et Frank Thomas sur une partition d'André Popp, « Des bottes rouges de Russie », qui sera écartée par la suite de toutes les compilations, malgré une diffusion radiophonique importante à sa sortie et plusieurs télés où la chanteuse apparaît vêtue d'un ensemble blouson pantalon en vinyle noir. Les trois autres titres sont des compositions personnelles qui expriment le caractère fuyant de l'être aimé : « Il voyage », « L'Heure bleue » et « Au fil des jours et des journées ». Notons que, pendant ce semestre promotionnel, on verra Françoise Hardy chanter une babiole amusante et inédite en duo avec Johnny Hallyday, « Bilboquet », dans le « Show Smet », en noir et blanc, le 7 mai, puis donner la réplique à Guy Béart dans sa chanson « De la lune qui se souvient ? » lors d'un « Musicolor » le 26 juin. On la voit également le 10 mai en cow-girl enlevée par Antoine et Les Charlots, puis sauvée par Eddy Mitchell dans *L'Homme qui venait du Cher*, un programme hybride entre émission de variétés et parodie loufoque de western, réalisé par Pierre Desfons. « C'est définitivement un grand moment de télévision que mon fils a retrouvé dans ses recherches mais que je n'ai jamais osé regarder. Ce doit être assez terrifiant[1] », commente Monsieur Eddy.

Cependant, « Comment te dire adieu » traverse les Alpes, devenue « Il Pretesto » sous la plume du chanteur et parolier Claudio Daiano, avec sur l'autre face du disque « Se e ma » (« Avec des si », adaptée par Herbert Pagani). Les téléspectateurs italiens retrouvent Françoise Hardy le 3 mai dans

1. Eddy Mitchell, *Il faut rentrer maintenant...*, *op. cit.*

« Un disco per l'Europa » et le 8 juin dans « E' domenica, ma senza impegno ». Puis, elle enregistre les versions locales de trois autres chansons, toutes adaptées par Herbert Pagani, « Il Male d'Amore » (« À quoi ça sert ? »), « L'Ora Blu » (« L'Heure bleue ») et « Stivali di Vernice Blu » (« Des bottes rouges de Russie », devenues bleues au pays de Dante).

La promotion européenne passe par l'Allemagne, où « Comment te dire adieu » se traduit « Was mach ich ohne dich » et où deux inédits font l'objet d'un single : « Souvenirs der ersten großen Liebe », composé par Klaus Munro sur des paroles de Ralf Arnie, et « Einmal, wenn du gehst », écrite par Udo Jürgens, ancien partenaire de télévision.

Enfin, le 21 juin, la chanteuse traverse la Manche pour présenter « Comment te dire adieu » dans « Set 'Em Up Joe », sur la BBC.

« Tant de nuits blanches / Qui ne laissent éveillée que moi[1] »

D'un point de vue intime, les journées ne ressemblent point à ce que la jeune femme amoureuse espérait, en se rendant plus disponible. Malgré les sentiments qu'ils éprouvent l'un pour l'autre, Françoise Hardy et Jacques Dutronc vivent séparément. C'est son choix à lui. Il ne souhaite pas s'engager trop étroitement dans la relation. « C'est la seule façon de faire un long parcours avec quelqu'un, prétexte-t-il. L'important c'est d'avoir chacun sa loge, son territoire. Comme ça, on découvre toujours l'autre et on se préserve aussi. Et puis, quand on a l'air ailleurs, c'est souvent qu'on cache ses blessures[2]. » Dans *Salut les copains*, le journaliste Éric Vincent (qui semble bien le connaître) le désigne comme « un anarchiste de l'individualisme, un puriste de l'indépendance

1. « Ma vie intérieure », 1972. Paroles et musique de Françoise Hardy. © Éditions Kundalini.
2. *Télé 7 Jours*, n° 1865, art. cité.

totale[1] ». « De toute façon, je déteste les femmes qui dorment à côté de vous et qui ont le souffle tiède, là, cette espèce d'accrochage Velcro. Parce que moi la nuit, je pète, et je balance les chaussettes[2] », élude le chanteur. Enfant gâté, il vit encore près de ses parents, au cinquième et dernier étage de leur immeuble, dans un appartement où les murs sont peints en noir, saupoudrés de plumes blanches d'oreillers et de polochons. L'idée d'en partir ne l'effleure pas. Sans doute craint-il, en devenant pleinement maître de son destin, de perdre la quiétude d'un environnement protecteur et rassurant. Et puis, « dans son appartement c'était la fête tous les soirs[3] », précise Hadi Kalafate, qui est souvent de la partie. Les trois priorités de Dutronc : les copains, l'alcool, les filles. À cette période, il lui prend aussi la lubie d'apprivoiser un jeune guépard qu'il baptise Sumo et nourrit de poulets vivants. En août, tandis qu'elle assure la promotion en France de ses nouvelles chansons, Françoise souffre de l'absence de Jacques en tournée au Maroc – elle se contente d'une carte postale où il la désigne comme « [sa] chère et future épouse » et signe « Ton fiancé ». Elle prend « son mâle en patience » (calembour dutronien) et se satisfait de bonheurs intermittents, une fois ou deux par semaine, parfois moins, quand il daigne lui consacrer ses soirées. Elle accepte tout, de peur d'être quittée. Les mois qui suivent l'épisode du « foulard rouge », Dutronc ne ménage point ses efforts pour demeurer dans la séduction et sans doute stabiliser leur relation balbutiante, quitte à accompagner sa bien-aimée au théâtre ou à lire *Voyage au bout de la nuit* de Louis-Ferdinand Céline qu'elle lui recommande expressément, tant elle et leur ami commun, Patrick Modiano, lui trouvent une ressemblance avec le personnage de Bardamu – Dutronc lui-même formulera plus tard le vœu

1. *Salut les Copains*, n° 59, juin 1967.
2. *Libération*, 28 février 2000.
3. Entretien avec l'auteur, juillet 2016.

de l'incarner au cinéma. Françoise Hardy, sur un petit nuage, se réjouit (et s'étonne probablement) de tant de prévenances. Mais les efforts s'évanouissent bientôt. Et Dutronc finit par céder à ses travers.

« Françoise a beaucoup souffert, car elle ambitionnait une vie différente de celle que lui faisait vivre Jacques, confirme Charles Benarroch. Il était très fuyant, elle l'aurait voulu plus disponible. Françoise était une personne indépendante d'un certain point de vue, mais dès qu'il s'agissait d'amour elle devenait très midinette[1]. »

« À chaque début d'histoire, Françoise s'embarquait comme si c'était l'amour absolu, renchérit Hadi Kalafate. Avec Jacques, comme avec Jean-Marie Périer, elle a tout de suite idéalisé l'histoire. Et, forcément, elle a été déçue. Parce que Jean-Marie était toujours par monts et par vaux à faire des photos. Puis, Jacques était toujours à picoler et à faire le con avec ses potes comme un ado attardé. Il ne pouvait pas se passer de ses copains. Nous sortions presque tous les soirs, généralement chez Castel. Il y avait des filles autour de nous, comme Zouzou la twisteuse. Françoise se gardait bien de venir[2]. »

Chacun ses nuits blanches…

« Françoise n'était pas une fêtarde, poursuit Zouzou. Elle ne fréquentait pas le monde de la nuit. Je la croisais parfois dans les bureaux de Vogue, car nous avions le même directeur artistique, ce vieux fou de Wolfsohn qui m'a fait enregistrer deux disques, avec des chansons composées par Jacques [Dutronc]. Le soir, comme j'adorais danser, je sortais au Golf Drouot où je retrouvais Jacques et toute sa bande de potes chez Castel. On faisait de grosses conneries pas reluisantes qui ne faisaient rire que nous. Il y avait Hadi Kalafate, Claude Puterflam et aussi Alain Le Govic, dont

1. *Ibid.*, juin 2016.
2. *Ibid.*, juillet 2016.

j'ai découvert beaucoup plus tard qu'il était devenu Chamfort !... J'ai donc bien mieux connu Jacques que Françoise. Mais je ne me suis jamais mêlée de sa vie privée. Jamais je n'ai eu de conversation à ce sujet avec lui, et encore moins avec Françoise. Il est tombé amoureux d'elle, c'est évident. J'ai été la première surprise quand j'ai appris qu'ils étaient ensemble. Je les ai vus une seule fois ensemble dans le bureau de Wolfsohn. Je trouvais qu'ils formaient un beau couple[1]. »

« Il y a une incapacité chez Jacques à vivre en couple, ajoute Kalafate. Ils ont rarement dîné ensemble en tête à tête, lui et Françoise, il fallait tout le temps qu'il fasse intervenir quelqu'un. Étant donné son caractère, que je connais très bien car je le fréquente depuis l'école communale, c'était inconcevable pour lui de dîner en tête à tête avec qui que ce soit, surtout avec une femme. Il est si introverti qu'il faut absolument qu'il y ait une tierce personne pour éviter une trop grande intimité et combler son manque d'assurance[2]. »

« On ne peut pas parler avec lui, confirme Françoise Hardy. Tout est dans le non-dit. [...]. Jacques me fait un peu penser au consul du roman de Malcolm Lowry, *Au-dessous du volcan*. Il est très lucide et pointu, mais comme il n'est pas toujours à jeun, il n'est pas en mesure d'entendre – surtout quelqu'un qu'il connaît trop. Ou alors, il l'entend mais ne se rappelle plus[3]. »

Parolier complice, Jacques Lanzmann exprime la même idée quand dans ses *mémoires* il écrit au sujet de Dutronc qu'il « désamorçait aussitôt toute conversation qui se révélait sérieuse[4] », en mettant cela sur le compte de la timidité. Ses propos sonnent comme des reproches quand, la même année dans une interview de presse, il dit : « C'est un type qui a

1. *Ibid.*, juin 2016.
2. *Ibid.*, juillet 2016.
3. *L'Obs*, 9 octobre 2012, *op. cit.*
4. Jacques Lanzmann, *Le Voleur de hasards*, JC Lattès, 1992.

de multiples jardins secrets. Ce sont même des parcs, des terrains vagues, des espaces où nul autre que lui ne se risque car il les a piégés[1]. »

L'ancien et le nouveau compagnon de Françoise Hardy sont devenus les meilleurs amis du monde. Jean-Marie Périer a lui aussi jeté son dévolu sur le « petit-bourgeois insolent, qui se détachait de tous les autres, se moquant de tout, à commencer par lui-même[2] ». Avec le recul, il s'étonne d'avoir passé plus de temps avec Jacques qu'avec Françoise. « À un moment, je ne le quittais plus. Je me suis souvent demandé ce qui était arrivé, c'est curieux quand même[3] », dit-il dans un rire. Un jour, alors qu'il s'enquiert de la vie sexuelle débridée de son nouvel ami et demande : « Et Françoise ? », Dutronc lui répond que Françoise c'est différent, il l'aime, et que justement parce qu'il l'aime il entend bouleverser les règles et ne pas faire comme tout le monde, être fidèle au début et la tromper ensuite, il préfère commencer par la fin et finir par le commencement !

Et Hadi Kalafate d'ajouter : « Un jour, à propos de Françoise, Jacques m'a dit cette chose qui résume parfaitement la situation : "Je l'ai mise sur un piédestal, et je me suis roulé dans la boue à ses pieds[4]". » Ce que Françoise traduit en ces termes : « [Jacques Dutronc] fait partie de cette catégorie d'hommes un peu dissociés : il y a ce qui est en dessous de la ceinture, qui n'a aucune espèce d'importance, et ce qu'il y a au-dessus. La personne qui réussit à intéresser ce genre d'homme est alors mise sur un piédestal dont il ne la descend pas assez souvent[5]. » Évidemment, être ami à la fois de Françoise et de Jacques n'est pas une situation confortable,

1. *Le Nouvel Observateur*, 15 mai 1992.
2. Entretien avec l'auteur, 12 janvier 2020.
3. *Ibid.*
4. Entretien avec l'auteur, juillet 2016.
5. *Le Parisien*, 9 octobre 2008.

comme le rapporte Jean-Marie Périer: « C'était très, très compliqué. Parce qu'en plus Jacques me mettait devant le fait accompli. Tous les soirs, il y avait une fête chez moi. Jacques, bien sûr, était souvent présent. Et lorsqu'il séduisait une fille, par exemple la femme du skieur Jean-Claude Killy, qu'il a rencontrée chez moi, j'étais épouvantablement gêné. Mais j'étais bicéphale, à ce moment-là. Quand j'étais avec Jacques, je vivais pleinement les choses avec lui, et quand je voyais Françoise, je vivais les choses avec elle. Elle ne me demandait rien, mais j'ai conscience que ce devait être extrêmement désagréable pour elle. Ses chansons le racontent[1]. »

Bientôt, empruntant « Sunshine » de Sandy Alpert, elle chante:

> « Soleil je t'aime
> Et pour toujours
> Tu es fidèle
> Mais l'amour
> N'est pas souvent comme toi
> Pourquoi[2] ? »

Soif de découvertes

On peut toujours compter sur la fidélité d'une amie. Et les paroles consolatrices de Lena, associées à leurs sorties fréquentes, atteignent le cœur de Françoise et lui font l'effet d'un baume. La jeune Brésilienne l'accompagne dans sa quête spirituelle, en particulier dans la réflexion et la compréhension des relations interpersonnelles. « L'obsession rend curieux, elle incite à creuser le pourquoi du comment, à aller aussi loin que possible dans la connaissance de l'autre, dans l'analyse de

1. Entretien avec l'auteur, 12 janvier 2020.
2. « Soleil » (« Sunshine »), 1970. Paroles et musique originales de Sandy Alpert et de Tash Howard, adaptation française de Françoise Hardy. © Éditions Kundalini.

la relation avec lui[1] », explique la chanteuse. Puisant à la fois dans le spiritisme codifié d'Allan Kardec et l'enseignement hors des idées préconçues, des traditions et des systèmes de pensée de Krishnamurti, elle aborde sous l'influence de sa nouvelle amie la magie blanche (le temps d'une séance) et psychologie (une série de cours qu'elle abandonne bientôt, les jugeant trop à orientation lacanienne), puis se prend de passion pour l'astrologie. Son intérêt pour l'étude des astres remonte en fait à l'année de ses dix-huit ans, à la faveur de sa rencontre avec André Barbault, alors recommandé par son médecin. Subjuguée par l'analyse qu'il avait faite de sa personnalité et, plus précisément, de sa problématique affective, elle avait lu le livre qu'il venait de publier, *De la psychanalyse à l'astrologie*[2], associant sur un même mode d'interprétation le psychanalyste et l'astrologue. « J'étais fascinée qu'avec si peu d'infos on puisse en savoir autant sur les gens, dit Françoise. C'est comme ça que tout a commencé[3]. »

Poussée par sa curiosité et sa soif de découvertes, notamment musicales, Françoise Hardy s'entiche bientôt du compositeur avant-gardiste allemand Karlheinz Stockhausen, qu'elle découvre lors de sa venue à Paris, dans la salle Firmin-Gémier du Théâtre de Chaillot, le 2 juin 1969 : « Les gens l'avaient hué et avaient envoyé des projectiles sur scène. Quand il est apparu, j'ai eu un choc. Parce que j'ai ressenti à quel point cet homme était authentique et intègre, ça m'a sidérée. Il avait quelque chose d'extrêmement austère, mais ça me plaisait[4]. » Elle fait sa connaissance le mois suivant à l'occasion d'un concert donné à Saint-Paul-de-Vence, dans le cadre des fameuses Nuits de la Fondation Maeght. Elle y est elle-même conviée par l'un des disciples du maître,

1. *L'Obs*, 9 octobre 2012, *op. cit.*
2. Seuil, 1961.
3. *La Presse* (Canada), 19 décembre 2004.
4. « Étonnez-moi, Benoît » de Benoît Duteurtre, *op. cit.*

René Koering[1], pour une performance publique de sa pièce, *Musique autour*, prévue pour être jouée en première partie. « J'avais eu cette année-là le Grand Prix de la Fondation Maeght pour ma musique, en même temps que Joan Miró pour la peinture, commente René Koering. Il existe d'ailleurs une photographie de Françoise Hardy, aux côtés de Miró. C'était la grande époque de la Fondation de Marguerite et d'Aimé Maeght. Il y avait à Saint-Paul-de-Vence une grande circulation d'artistes et d'intellectuels[2]. » Koering, qui a alors vingt-neuf ans, y entame une résidence de trois ans et sa pièce est la première commande passée par Maeght. « À l'origine, j'avais écrit cette pièce pour Marianne Faithfull, se souvient-il. Mais Mick Jagger m'avait informé qu'elle avait disparu soudainement sans laisser de nouvelles. En fait, elle s'était réfugiée en Afrique du Sud dans une clinique de désintoxication, ce qui fait qu'elle était indisponible pendant deux ou trois mois. On était un peu affolés parce qu'on se demandait comment on allait faire pour la pièce. Puis, c'est Jean-Marie Périer qui a eu l'idée de convaincre Françoise Hardy de la remplacer et m'en a ensuite parlé. Je me souviens qu'on était venus de Paris avec la Rolls de Françoise. Devant La Colombe d'or, tous les touristes ont entouré la voiture et j'ai entendu quelqu'un dire que la chanteuse venait d'arriver

1. Producteur à France Musique à partir de 1974 puis directeur de la chaîne de 1981 à 1984, René Koering crée le Festival de Radio France et Montpellier Languedoc-Roussillon en 1985 dans le but de présenter au public des œuvres musicales oubliées ou méconnues. Il reçoit en 2002 le prix Antonio-Livio pour son travail de redécouverte et de programmation d'œuvres disparues du répertoire. En 1990, il prend la direction générale de l'Orchestre philharmonique (devenu Orchestre national) de Montpellier, puis occupe le poste de directeur de la musique à Radio France de 2000 à 2004. René Koering quitte ses fonctions en juillet 2011. Aujourd'hui, il préside le Festival de Tresques (Gard), qui mélange les univers, de la musique classique au jazz, en passant par le théâtre et le cinéma (*cf. Midi Libre*).

2. Entretien avec l'auteur, juillet 2016.

avec son chauffeur [*rires*][1] ! » Se lancer dans une aventure ambitieuse et novatrice n'est pas pour déplaire à Françoise Hardy, même si l'univers du jeune créateur semble aux antipodes du sien, mais le sentiment d'être embarquée dans un foutage de gueule complet l'emporte rapidement pendant les répétitions sur le plaisir de participer à une œuvre artistique d'avant-garde. « Il existe un film de l'Ina, signale René Koering, où l'on voit Françoise chanter, ou plutôt émettre des sons puisque l'idée était de marier la voix avec les instruments. Puis, on lui demande ce qu'elle pense de cette musique et elle répond qu'elle n'y comprend pas grand-chose, que c'est très expérimental pour elle et qu'elle se contente de faire ce qu'on lui dit ! Elle était complètement partie sur Mars, la pauvre ! Elle ne savait même plus ce qui lui arrivait [*rires*]. Je lui avais placé sous les cheveux un sonotone qui était relié à la sortie d'un magnétophone Revox et la bande enregistrée qu'elle était seule à entendre l'orientait, lui indiquant les sons et gestes à faire. Ça durait une vingtaine de minutes. C'était assez… étonnant. J'avais aussi capté ses battements de cœur qui passaient par le micro et étaient retransmis et transformés sur la bande magnétique. Il y avait autour d'elle un orchestre d'une dizaine de musiciens, dont trois ou quatre avec des instruments exotiques, comme des marimbas, puis Michel Portal à la clarinette, Diego Masson aux percussions, ainsi qu'un musicien suédois qui faisait l'interface entre la musique électronique du piano et l'enregistrement sonore de Françoise. Et moi je dirigeais l'ensemble depuis le piano[2]. »

Si l'on en croit la chanteuse, le spectacle prévu le 25 juillet dans les jardins de la Fondation n'a pas eu lieu à la suite d'une panne d'ampli – en tout cas, la pièce de Koering dans laquelle elle intervenait car elle se souvient d'avoir assisté au concert de Stockhausen et d'avoir eu le plaisir de

1. *Ibid.*
2. *Ibid.*

l'interviewer brièvement pour les besoins d'un film réalisé par Jean-Marie Périer (pour la remercier, le maître l'a même invitée à un concert qu'il donnait peu après, en novembre, dans les grottes de Jeïta, à côté de Beyrouth). « Françoise Hardy a certainement la mémoire qui défaille car le film de l'Ina dont je vous ai parlé, un document de quarante-cinq minutes qui a été projeté le 19 juillet 2015 en ma présence au Corum de Montpellier, présente des extraits des répétitions et du concert lui-même, objecte René Koering. J'avais oublié car ça remonte à loin, et ce film de l'Ina me l'a rappelé, qu'on avait d'abord fait ensemble une émission de télé d'un éclectisme hallucinant – quand on voit ça aujourd'hui on croit rêver ! –, il y avait des écrivains, des musiciens, des intellos, et ça passait le dimanche sur une des deux chaînes qui existaient à l'époque[1]. Et l'on y voit Françoise évoluer parmi les sculptures de Giacometti, ce qui lui donnait un très bel effet parce qu'elle n'était pas beaucoup plus épaisse que les statues... Cela dit, j'aimerais savoir pourquoi elle raconte que le concert a été annulé à la dernière minute. Il y a pourtant eu une critique épouvantable dans la presse, c'est bien la preuve ! On écrivait que c'était absolument délirant d'entendre ce genre de musique étrange dans un cadre aussi idyllique et de voir Françoise Hardy évoluer dans cet univers-là... Et ça avait suscité une colère plutôt risible de René de Obaldia, qui avait écrit le texte de la pièce à ma demande et était très fâché contre moi car il avait trouvé la musique insupportable [*rires*]. Puis, dans l'assistance, il y avait Jacques Dutronc qui était venu soutenir sa compagne et avait manifesté un certain étonnement, se demandant avec son humour habituel dans quelle catégorie il fallait ranger ce style de musique. Montand était pareillement circonspect... Bref, c'est sans doute un événement que Françoise Hardy

1. René Koering veut sans doute parler de « L'Invité du dimanche », sur la première chaîne de l'ORTF, probablement l'émission du 29 juin (*NdA*).

veut oublier, une aventure qui lui a tellement déplu qu'elle a fini par se convaincre qu'elle n'avait jamais existé. Je ne pense pas que c'est la peur du ridicule qui l'a traumatisée, car à ce moment-là nous l'étions tous, ridicules. À l'époque on avait tous les culots, vous savez. C'était en tout cas une expérience inédite pour elle. Et unique. Je pense que plus personne n'a osé lui demander ce genre de chose par la suite [*rires*][1]. » Quant au film de Jean-Marie Périer dont Françoise déplore la disparition, il appartient en réalité à la Fondation Maeght qui ne souhaite pas le diffuser. « Je n'arrive pas non plus à mettre la main dessus, regrette Koering. D'autant qu'il montre une partie du spectacle et des choses que Jean-Marie Périer a filmées après, dont cette fameuse interview de Stockhausen par Françoise Hardy. C'est vrai que Karlheinz avait ses faveurs. Il faut reconnaître qu'il était plutôt original et séduisant. Et, surtout, il avait une grande réputation. Moi, j'étais un tout jeune compositeur à l'époque, tandis qu'il était déjà un compositeur affirmé. Je pense toutefois que la relation entre Françoise et Karlheinz s'est nouée autour de la nourriture ou d'une certaine philosophie de vie [*rires*]. À l'époque, je me souviens que Françoise mangeait très, très peu. Elle pouvait entrer dans un restaurant, comme La Colombe d'or où elle séjournait, et se contenter d'un plateau de fromages. Elle était très étonnante dans sa façon de s'alimenter. Zen avant l'heure[2]. »

Double changement de domicile

Une fois remise de cette expérience insolite, la chanteuse reprend le cours normal de sa carrière. À la rentrée, elle défend les deux titres de son nouveau single, « J'ai coupé le téléphone », qu'elle a écrit paroles et musique, et « Les Doigts

1. Entretien avec l'auteur, juillet 2016.
2. *Ibid.*

dans la porte », composé par l'Israélien Ariel Zilber sur des paroles d'Eddy Marnay.

« Un jour, mon cœur s'est pris
À ton cœur
Et ça m'a fait une douleur
Comme si je m'étais pris
Les doigts dans la porte
Du salon ou celle du balcon
Et j'avais mal, et j'avais mal[1]… »

Un double changement de domicile, personnel et professionnel, marque l'orée des années 1970 pour Françoise Hardy : elle quitte son studio de la rue du Rocher pour aménager dans un trois pièces au quatrième étage du 10 rue Saint-Louis-en-l'Ile (la presse en décrit l'intérieur : moquette noire, murs blancs, mobilier moderne, décor épuré) et claque définitivement la porte de Vogue pour signer un accord de distribution avec Sonopresse, filiale du groupe Hachette, qui prend en charge sa nouvelle société de production, Hypopotam. « Pour moi, ça a été l'époque la plus agréable, car c'est là que j'ai été le plus autonome, dit-elle. Je percevais des avances élevées de Sonopresse qui me permettaient de financer moi-même mes propres enregistrements[2]. » En outre, ce contrat de trois ans l'autorise sans prendre de gros risques financiers à cautionner de jeunes artistes, ce qu'elle ne fera pas, même si l'idée a couru un temps de produire son amie Catherine Lara ou Dick Annegarn. Pour compléter son autonomie, elle crée dans la foulée sa propre société d'éditions musicales, qu'elle nomme Kundalini, terme sanscrit désignant une force mystique qui conduirait selon les anciennes religions

1. « Les Doigts dans la porte », 1969. Paroles d'Eddy Marnay, musique d'Ariel Zilber. © United Artists Music.
2. Étienne Daho et Jérôme Soligny, *Françoise Hardy, Superstar et ermite*, *op. cit.*

asiatiques à l'éveil spirituel et à la plus haute conscience de soi. Et pour marquer ce nouveau départ ambitieux, qui se révèlera plutôt une période de transition, elle publie plusieurs albums de compilation, dont un pour la France sobrement intitulé *Françoise*[1] : la pochette, réalisée par le photographe Benjamin Auger et le graphiste Alain Tugault, la présente sous son meilleur profil et le contenu rassemble de récents succès, « Comment te dire adieu », « Des ronds dans l'eau », « Ma jeunesse fout le camp », associés à six chansons extraites de ses trois derniers 45 tours et à deux titres étrangers, « Loving You », et un inédit allemand, « Traüme », écrit par Fred Weyrich, producteur d'Ivan Rebroff (qui triomphe alors en France, au Théâtre Marigny, dans la comédie musicale *Un violon sur le toit*), sur une partition du compositeur de musiques de films Martin Böttcher, et enregistré sous la direction de Saint-Preux, jeune chef d'orchestre de dix-neuf ans pour qui l'année 1969 a été triomphale (Prix de la presse internationale pour sa prestation au Festival de Sopot en Pologne et gros succès du « Concerto pour une voix », interprété par la soprano Danielle Licari). Présenté aux téléspectateurs français en fin d'année dans « Tous en scène » du 23 novembre et « Sylvie Sacha Show » du 29 décembre, et plus tard choisi par François Ozon pour le générique de son film *Gouttes d'eau sur pierres brûlantes* (1999), « Traüme » donne son titre à un 33 tours édité en Allemagne, sur lequel on retrouve des adaptations de succès récents de la chanteuse.

En parallèle, Françoise publie un opus destiné au marché anglophone. Enregistré à Paris, dans les studios CBE de Bernard Estardy, ce quatrième *long play* en langue anglaise réunit cinq adaptations de ses précédentes chansons, six créations dont quatre seront par la suite traduites en français

1. En France, il existe deux éditions de cet album avec un programme légèrement différent.

et la reprise de « Suzanne » de Leonard Cohen, en version originale. On le nomme *One-Nine-Seven-Zero* (soit 1970, année de sa sortie) au Royaume-Uni et *Alone* en Amérique du Nord.

Enfin, pour l'Afrique du Sud où sa gloire demeure intacte, la chanteuse a signé un contrat de trois ans avec la firme World Record Co. qui publie trois albums de compilation, en français, en italien et en allemand. Sur la compil française, on trouve deux inédits, « Les Glaces », dont le texte est d'Étienne Roda-Gil, auteur des plus belles chansons de Julien Clerc, et « À cloche-pied sur la Grande Muraille de Chine », adaptation par Hughes de Courson et Patrick Modiano de « Soon Is Slipping Away », composée par Tony Macaulay pour l'album anglais.

Soleil ou lune

L'album *Soleil*, ainsi nommé à cause de la chanson éponyme publiée en avant-goût au début du printemps, laquelle a fait office de locomotive, et peut-être de l'astre (est-ce un soleil levant ou une lune pleine ?) qui apparaît au bout d'un chemin sur le recto de pochette, symbole de renaissance pour la récente passionnée d'astrologie, arrive dans les bacs en automne. Il est le dixième de la carrière de Françoise Hardy et celui qui marque vraiment son nouveau tournant. Issu de sessions successives au studio CBE, sous la direction musicale de divers arrangeurs, dont Jean-Pierre Sabar qui domine l'ensemble du projet, il a été décliné depuis le premier trimestre de 1970 en trois 45 tours, l'un de longue durée (le dernier dans la discographie de la chanteuse), où se distingue « Le Crabe », au texte abscons écrit par Étienne Roda-Gil sur une musique de Bernard Estardy, et deux singles, mettant respectivement en vedette l'excellent « Soleil » et le dispensable « Dame souris trotte ». Compagnons de route et compositeurs attitrés de Johnny

Hallyday (ils viennent de participer à l'un des disques les plus réussis de sa carrière, dans un esprit blues-rock avant-gardiste, avec des titres emblématiques tels que « Voyage au pays des vivants » et « Je suis né dans la rue »), le guitariste Micky Jones et le batteur Tommy Brown ont apporté ici quatre de leurs créations, d'abord écrites en anglais comme ils en ont l'habitude, puis adaptées en français par Hughes de Courson et Patrick Modiano (« Je fais des puzzles »), Pierre Delanoë (« L'Ombre » – Johnny en a proposé une autre version trois ans plus tôt sous le titre « Son amour pour un jeu ») et Françoise Hardy elle-même (« Fleur de lune »). On leur doit en outre l'orchestration très pop de « Point », dont le texte s'apparente à un astucieux exercice de style à la Raymond Queneau, tandis que la voix de la chanteuse atteint des aigus insoupçonnés.

> « Je tourne en rond
> Point d'interrogation
> Point sensible qui fait mal
> Et pourtant point vital
> Et peut-être point final[1]... »

Hughes de Courson, qui fut gérant de l'éphémère société de production Asparagus, a commis aussi l'enfantin « Dame souris trotte » sur une mélodie sautillante du Brésilien Normando Marques dos Santos et, avec le concours de Patrick Modiano, le dépaysant « San Salvador » écrit sur le thème rebattu du film *Jeux interdits* et parallèlement enregistré en allemand – ainsi s'achève la collaboration Modiano-Courson. Le poétique et mélodieux « Effeuille-moi le cœur » est l'œuvre commune de Bernard Ilous pour les paroles et de Johny Rech pour la musique, sur des arrangements

1. « Point », 1970. Paroles et musique de Françoise Hardy. © Éditions Kundalini.

de Saint-Preux, également à la direction d'orchestre sur « Soleil ». On retient enfin la plume trempée dans l'encre la plus exquisément mélancolique de la chanteuse, égrenant comme autant de messages plus ou moins codés à l'être aimé : « Tu ressembles à tous ceux qui ont du chagrin », « Un petit sourire, un petit mot » et, adapté de « Never Learn to Cry » de l'album *En anglais*, « Mon monde n'est pas vrai » :

> « Mes jours sont des dimanches
> Qui me cachent les choses
> Ma tête est dans la lune
> Et mon esprit voyage[1]... »

Pendant l'été, Françoise Hardy se prête à plusieurs séances photo pour la presse anglaise et italienne, présentant la prochaine collection automne-hiver d'Yves Saint Laurent, puis elle prend l'avion pour Turin où elle chante « Lungo il Mare » dans une émission de la RAI 2. Figurant en plage inédite sur la compilation *Françoise in Italian* publiée exclusivement en Afrique du Sud par World Record Co., cette ballade de Giuseppe Torrebruno, parolée par Luigi Albertelli et Donato Renzetti, se retrouve en titre vedette d'un avant-dernier single au pays de Dante. Ni celui-ci ni le suivant, couplant les versions locales de « Soleil » (« Sole Ti Amo ») et « Le Crabe » (« Il Granchio »), n'obtient de succès. À la même période, Françoise enregistre pour la première fois deux de ses chansons en version espagnole, « Soleil » (« Sol ») et « J'ai coupé le téléphone » (« El Telefono Corte »).

Un soir, grâce à Jean-Noël Dupré, parolier et futur chanteur qui a fréquenté le « Petit Conservatoire » de Mireille

1. « Mon monde n'est pas vrai », 1970. Paroles et musique originales de Vicky Wickham et Simon Napier-Bell, adaptation française de Françoise Hardy. © Éditions Kundalini.

et écrit la chanson « Assiette niet » sur une musique de son ancienne professeure[1] (il aura bientôt son heure de petite notoriété avec une version triste et flegmatique de « Y a d'la joie » de Charles Trenet, qui lui vaudra le surnom de « Mou chantant »), Françoise Hardy découvre le Café de la Gare, petit théâtre collectif inauguré en juin 1969 dans un ancien atelier de réparation de ventilateurs, passage d'Odessa (aujourd'hui disparu) près de la gare Montparnasse[2], et autogéré en coopérative par une troupe de neuf comédiens débutants. « La Comédie-Française post-soixante-huitarde », selon Romain Bouteille, son père fondateur. Quoiqu'ils n'aient pas tous participé activement aux événements, c'est dans cet esprit d'échange et d'action commune que les acteurs « constructeurs » (chacun a apporté sa pierre à l'édifice, au sens presque littéral de l'expression) déploient leur talent et leur belle énergie. Coluche, en couple avec Miou-Miou qui va bientôt être séduite par Patrick Dewaere, lui-même marié avec Sotha, ancienne compagne de Romain Bouteille, a résumé l'ambiance du lieu sous le terme de « copinage en concubinage ». Quelques trublions des cafés-théâtres voisins, comme Rufus, Martin Lamotte ou Jacques Higelin, viennent parfois y faire de la musique ou échanger des répliques. Conquise par ce lieu festif et la loufoquerie qui y règne, Françoise y revient plusieurs fois. Intéressée par la chanson gaguesque « T'es pas poli », interprétée par Sotha et Patrick Dewaere qui en ont respectivement écrit paroles et musique, elle souhaite la produire sous son nouveau label. Elle trouve que le duo fonctionne bien, mais on lui suggère pour optimiser les chances de succès de tabler sur sa notoriété

1. Publiée sur le dernier super 45 tours de Françoise Hardy et présentée en télévision au début de l'année 1970, « Assiette niet » n'avait pas été retenue pour l'album.
2. Depuis 1972, le Café de la Gare est situé au 41 de la rue du Temple dans le Marais. Avec sa salle qui peut accueillir quatre cent cinquante personnes, le Café de la Gare est ainsi devenu le plus grand café-théâtre de Paris.

et de donner elle-même la réplique à Patrick Dewaere, que le cinéma n'a pas encore révélé. Peine perdue. Enregistrée au studio CBE, avec Jacques Higelin comme guitariste, et sortie au printemps 1971 en titre vedette de 45 tours, la chanson fait un four.

« Question » mythique

Invitée le 28 mars de l'émission « Chansons à aimer », sur la TSR, au cours de laquelle on la voit chanter « Fleur de lune », « Tu ressembles à tous ceux qui ont du chagrin » et « Soleil », Françoise Hardy déclare comme pour confirmer son retrait définitif de la scène : « Ce qui me plaît dans ce métier c'est de faire des disques et des chansons, et tout le reste m'ennuie. Je n'aime pas me montrer, chanter devant une caméra, être sur une scène. Je n'aime pas qu'on me voie chanter, en somme [*rires*]. Par contre, j'aime bien rencontrer des gens. » Aussi s'investit-elle avec bonheur dans la préparation d'un album qui s'aventure hors des sentiers battus, avec une partenaire de rencontre atypique, la chanteuse et guitariste brésilienne Valeniza Zagni da Silva, dite Tuca, qu'elle est allée applaudir à plusieurs reprises l'année précédente avec son amie Lena à La Feijoada, un restaurant du quai de l'Hôtel-de-Ville. Le coup de foudre a été immédiat, aussi bien artistique qu'amical. Curieuse alliance entre une personnalité discrète et inhibée au physique filiforme, d'un côté, et une nature vive et excentrique de forte corpulence, un mètre cinquante pour cent kilos, de l'autre. Avec Lena, qui est plutôt rondouillette aussi, elles ont alors formé un trio insolite et joyeux, disposé à sortir et à faire la fête afin de se consoler mutuellement de leurs infortunes amoureuses. « Tuca était amoureuse sans espoir de Léa Massari, moi de qui on sait, Lena souffrait de son physique, car si elle avait beaucoup d'amis, elle n'avait pas d'amoureux, mais nous supportions mille fois mieux nos karmas respectifs à trois, lors de ces soirées copieusement arrosées[1] », écrit Françoise.

L'idée de réaliser une œuvre commune avec Tuca s'est dessinée très vite dans son esprit et concrétisée à son retour de Rio de Janeiro à la fin de l'année 1970. Invitée à nouveau au Festival de la chanson populaire, cette fois comme membre d'un jury présidé par Paul Simon, Françoise y avait repéré deux ou trois titres susceptibles d'être adaptés en français et cherché à en obtenir la sous-édition pour sa société Kundalini, fraîchement fondée[2]. Pas très emballée par les musiques typiques, elle avait pourtant décelé dans les mélodies fluides et épurées de la bossanova, à l'élégance chaloupée, se prêtant idéalement aux voix douces et murmurantes, une familiarité avec son propre style, une même couleur mélancolique. Les compositions de Tuca renforcent d'autant plus ce sentiment qu'elles se distinguent à ses yeux d'un genre musical marqué et revêtent un caractère intemporel et universel.

De fait, l'album traversera le temps. Sans titre générique comme la plupart des *long plays* de cette époque, on l'appellera un temps « Viens », reprenant celui de la chanson d'ouverture qui sonne comme une invitation :

> « Viens au port comme un navire
> Et tu sauras d'où repartir
> Quand tu voudras t'en aller[3] »,

1. Françoise Hardy, *Le Désespoir des singes… et autres bagatelles*, *op. cit.*
2. Françoise Hardy a adapté deux chansons du Brésilien Taiguira, l'une – « A Transa » – qu'elle a enregistrée elle-même et qui figure sur l'album *La Question* en 1971, l'autre – « Maria do Futuro » – coécrite avec Michel Renard que l'on retrouve en face B d'un single d'une certaine Marianne en 1972 (voir Annexes p. 341).
3. « Viens », 1971. Paroles de Pascal Bilat, musique de Tuca. © Éditions Claude Pascal/Kundalini.

la seule plage qui s'emballe un peu et s'échappe de la tonalité musicale ambiante tout en douceur, avant d'opter pour *La Question*, puisque sa thématique tourne autour du lancinant questionnement d'une femme amoureuse et s'apparente à un dernier appel à la personne aimée, un cri dissimulé sous l'élégance d'une musique suave et dépouillée. « C'est un album à l'ambiance reposante, mais qui exprime un vrai tourment[1] », résumera plus tard Keren Ann, qui entre-temps aura repris « La Question » avec Doriand pour la bande originale du film *Thelma, Louise et Chantal*, de Benoît Pétré.

« Tu es le sang de ma blessure
Tu es le feu de ma brûlure
Tu es ma question sans réponse
Mon cri muet et mon silence[2]... »

Album de femmes, où le propos s'adresse éperdument à un homme, étrange objet de désir, comme venu d'une autre planète :

« Qui se doutera que ce Martien
A bravé l'espace pour me demander ma main[3] ? »

Rimes féminines, mais pas féministes, se complaisant dans la dépendance affective :

« J'aimerais bien être
La blanche poussière

1. « Pop, etc. », émission présentée par Valli, France Inter, 15 décembre 2012.
2. « La Question », 1971. Paroles de Françoise Hardy, musique de Tuca. © Éditions Claude Pascal/Kundalini.
3. « Le Martien », 1971. Paroles de Franck Gérald, musique de Tuca. © Éditions Claude Pascal/Kundalini.

Qui suit ton troupeau [...]
D'être ce brin d'herbe
Qui colle à ta peau[1]. »

Amours patientes

« Quand je t'apprends sur le bout de mes doigts[2] »

et impatientes

« Avec toi chaque jour passe
Sans avenir ni présent
Ça ne me dit plus rien
Cette perte de mon temps[3] »,

où l'attente favorise les rêves, sensuels (« Chanson d'O ») ou douloureux :

« Tu me fais mal comme un rêve
Dont il va falloir m'éveiller[4] »,

où ne sont exclues ni la possibilité de l'échec :

« Mais je pourrais t'oublier mon amour
Si trop longtemps j'attendais ton retour[5] »,

ni l'idée salvatrice de la mort :

---

1. « Si Mi Caballero ». *Ibid.*
2. « Doigts », 1971. Paroles et musique de Françoise Hardy. © Éditions Kundalini.
3. « Oui, je dis adieu », 1971. Paroles de Françoise Hardy, musique de Tuca. © Éditions Claude Pascal/Kundalini.
4. « Rêve » (« A Transa »), 1971. Paroles et musique originale de Taiguara, adaptation de Françoise Hardy. © Éditions Claude Pascal/Kundalini.
5. « Même sous la pluie », 1971. Paroles de Franck Gérald, musique de Tuca. © Éditions Claude Pascal/Kundalini.

« Mon amour est si lourd à porter
Je voudrais doucement me coucher
Dans la mer
Magique, originelle[1]. »

Françoise Hardy exprime un réel sentiment de fierté à l'évocation de ce disque qui occupe une place à part dans son cœur. « C'est la seule fois de ma carrière où j'ai participé à ce point à l'élaboration d'un album[2] », observe-t-elle. Et les différentes étapes de sa réalisation n'ont souffert d'aucune difficulté. On pourrait même dire que, malgré les tourments qui y sont exprimés, il s'est réalisé dans une espèce d'état de grâce, une légèreté rarement ressentie par la chanteuse jusqu'alors. Sélectionnées et répétées pendant un mois à domicile, dans l'appartement nouvellement emménagé de l'île Saint-Louis, les douze chansons ont été gravées en deux ou trois prises au studio CBE dans une atmosphère musicale intime, juste la guitare de Tuca enveloppée par la contrebasse ronde et chaude de Guy Pedersen (musicien de jazz, qui a joué avec Chet Baker, Baden Powell, Michel Legrand, Stéphane Grappelli...), parfois la basse de Francis Moze (alors membre de Magma), et bien sûr la voix aérienne de Françoise, le tout supervisé par l'ingénieux ingénieur du son Bernard Estardy. Les thèmes de cordes ont été ensuite choisis autour d'un piano en concertation entre la compositrice et la chanteuse, après quelques jours de repos et de réflexion en Corse, puis écrits par l'arrangeur et chef d'orchestre Raymond Donnez, avec l'assistance de la fougueuse Catherine Lara, alors jeune violoniste à l'Orchestre de Paris – Françoise Hardy la connaît depuis

1. « Mer », 1971. Paroles de Françoise Hardy, musique de Tuca. © Éditions Claude Pascal/Kundalini.
2. *Magic. Revue pop moderne*, *op. cit.*

1968 comme étant la compagne de la première épouse de Claude Nougaro.

Mixé au studio Davout, sous la supervision de René Ameline, le disque fera l'effet d'un ovni auprès des radios qui le diffusent à faible fréquence : « J'ai commencé à moins passer en radio, j'avais arrêté la scène, je ne voulais plus faire d'émission en direct, et surtout j'essayais de limiter au minimum les passages à la télévision, uniquement parce que je n'aime pas ça. Je suppose que tout a joué[1]. » La promotion se fait pourtant à une cadence soutenue, permettant à la chanteuse de présenter la quasi-totalité de l'album aux téléspectateurs. Couplée à « Rêve », une chanson inédite, écrite et composée par un jeune chanteur romantique nommé Jacques Blanchard, « Poisson », fait l'objet d'un single en mars 1972 et la promotion s'axe alors sur ce nouveau titre plus dynamique et un rien coquin (le symbole du poisson glissant entre les doigts est la métaphore de l'être aimé insaisissable et l'auteur ose la description détaillée depuis les yeux jusqu'à la queue – dont le mot est censuré). Françoise le chante notamment le 27 mai dans un « Top » à Julien Clerc, à qui elle donne la réplique dans une reprise de « Couchés dans le foin » de Mireille et de Jean Nohain. Le 14 juin, elle chante « Rêve » et, en duo avec sa copine Sylvie Vartan, « Comme un garçon » dans « L'Espace d'un sourire ».

La reconnaissance viendra plus tard. Comme pour Gainsbourg qui, la même année, a publié l'album-concept *Histoire de Melody Nelson*, devenu mythique. À propos de *La Question*, qui pèche par manque de tube, « l'homme à tête de chou » aura cette phrase métaphorique : « À quoi servent de beaux wagons quand on n'a pas de locomotive ? » Qu'importe. Françoise Hardy a conscience d'avoir franchi un cap vers une certaine légitimité, dès la sortie du disque : « J'avais l'impression de gagner un tout petit peu un autre

---

1. Étienne Daho et Jérôme Soligny, *Françoise Hardy, Superstar et ermite*, *op. cit.*

public, beaucoup plus limité, mais qui correspondait à un certain public qui m'intéressait. Je me souviens que je me baladais dans le Quartier latin et j'avais vu ce disque exposé dans une vitrine du côté de la Huchette, chose qui ne m'arrivait pas avant. Je faisais plutôt partie avant des chanteuses style Sylvie ou Sheila, et j'avais l'impression de monter d'un échelon avec ce disque. J'ai toujours aimé les choses sophistiquées, donc j'allais vers la sophistication. Et c'était normal que ça marche moins bien, puisque je faisais des choses moins populaires[1]. » Rééditée en 2016 dans son visuel d'origine, avec le beau portrait en noir et blanc réalisé par le fidèle Jean-Marie Périer, *La Question* se révèle un album référentiel pour beaucoup. « Trente ans après, je vois que Philippe Katerine en parle, Perry Blake me connaît à cause de ce disque, Suzanne Vega me connaît parce que son frère avait ce disque[2] ! », se félicite Françoise Hardy.

Après être repartie à São Paulo, Tuca est morte tragiquement le 8 mai 1978, à trente-quatre ans, après s'être soumise à un régime alimentaire draconien…

Le rouge et l'orange

Pour rebondir après l'échec cuisant de *La Question*, parce qu'il est normal quand on dépend d'une maison de disques que celle-ci réclame des résultats en termes de ventes, Françoise Hardy envisage un disque à la couleur musicale différente, à l'esprit rock. C'est à Londres qu'elle va naturellement chercher des partenaires. Son éditeur anglais, Noel Rodgers, lui présente l'arrangeur et directeur d'orchestre Tony Cox avec qui elle enregistre presque dans la foulée son album français, puis un *long play* en anglais, plus acoustique, au Sound Techniques, un petit studio indépendant

1. *Ibid.*
2. *Les Inrockuptibles*, n° 250, *op. cit.*

au 46a Old Church Street à Chelsea, sous la supervision de Victor Gamm.

On appellera le LP anglais *If You Listen*, comme la chanson d'ouverture, écrite et composée par Micky Jones et Tommy Brown, l'une des trois créations du disque avec « Bown Bown Bown », du même tandem, et « Brûlure », seul titre en français issu de la plume de l'interprète. Le reste emprunte à un répertoire mélancolique comme l'affectionne Françoise et qu'elle écoute dans la solitude de sa chambre, florilège d'œuvres plutôt récentes et de remarquable facture : « Til the Morning Comes » (Neil Young), « Until It's Time For You to Go » (Buffy Sainte-Marie), « I Think It's Gonna Rain Today » (Randy Newman), « Let My Name Be Sorrow » (Mary Hopkin, d'après un original français de Gilles Marchal, « Quand je te regarde vivre »)… L'album à la pochette rougeoyante sort en septembre, produit par les éditions Kundalini et discrètement distribué en comparaison avec les trois autres disques anglais de la chanteuse. Réédité en 2000 après être longtemps resté absent des catalogues, il suscitera un engouement de la presse jugée élitaire comme *Les Inrockuptibles* (« un album lumineux ») et *Libération* (« peut-être l'un de ses plus beaux albums »), sous les plumes respectives de Christophe Comte et de Ludovic Perrin.

Lors des sessions, Françoise Hardy a reçu la visite de Nick Drake, un *folk singer* mélancolique dont elle aime l'univers, au point de le faire savoir dans les médias. Tandis qu'elle enregistrait, il se tenait discrètement dans un coin, presque invisible, et observait. « Lui, extrêmement timide avec des problèmes de communication sans doute très importants, et moi tétanisée par sa présence, c'était une situation plutôt cocasse[1] », se souvient-elle. Une relation se noue entre les deux artistes ; Nick Drake dont les disques ne se vendent pas trouve du réconfort en la présence de Françoise Hardy. « Pour moi, il n'appartenait

1. *Rock & Folk*, n° 398, octobre 2000.

pas à une tradition particulièrement britannique : son style était assez différent de celui des Beatles, des Stones et d'autres groupes que j'écoutais beaucoup à cette époque, témoigne-t-elle. C'est l'"âme" qui ressort de ses chansons qui me touchait profondément – romantique, poétique…, mais aussi les mélodies… raffinées. Tout comme le timbre très particulier de sa voix, qui venait s'ajouter à la mélancolie de l'ensemble. Nick semblait – et il l'était certainement – si timide, si renfermé sur lui-même qu'avec le recul je m'étonne qu'il soit parvenu à venir me voir deux ou trois fois, même s'il savait que j'appréciais son talent énorme. La communication entre nous n'a jamais été exceptionnelle, mais j'avais l'impression que le fait de savoir qu'il était apprécié, aimé, lui donnait de la confiance ; et que le fait de sentir que sa présence silencieuse était acceptée lui suffisait amplement[1]. » Ils se verront une fois ou deux à Paris, chez elle. Le producteur Joe Boyd, découvreur de Nick Drake, dira que le chanteur est resté prostré, les mains crispées sur une tasse de thé, incapable de prononcer un mot[2]. La dernière fois c'est en mars 1972. Un jour, désespéré, il appelle. Françoise a prévu d'aller avec des amis applaudir Véronique Sanson au cabaret Jules-Verne de la tour Eiffel, elle dit à Nick de venir. On raconte qu'il aurait écrit des chansons pour elle. « Quoi que prétende la légende, il n'a jamais été question de faire quelque chose ensemble – j'aurais pourtant adoré[3] », rectifie-t-elle. Incapable de surmonter son mal-être, Nick Drake mourra le 25 novembre 1974 d'une surdose de barbituriques. Il avait vingt-six ans.

Le LP français paru en novembre 1972 sera identifié sous l'appellation d'« album orange », en raison du double profil de Françoise Hardy en recto de pochette réalisé avec un filtre qui donne une impression de lumière de coucher

1. *Mojo Magazine*, n° 46, septembre 1997.
2. *Cf. Libération*, 5 août 2014.
3. *Rock & Folk*, n° 398, *op. cit.*

de soleil. Jean-Marie Périer en est l'auteur, de même qu'il a imaginé toute la série de photos en noir et blanc, à l'esprit rock'n'roll, qui illustre l'intérieur et le verso : Françoise Hardy y apparaît guitare électrique en bandoulière, dans une pièce étroite avec une machine à écrire ancienne sur un bureau, des feuilles de papier froissées jonchant le sol, près d'une fenêtre traversée d'un rayon de soleil. Elle a écrit tous les textes des chansons et la presque totalité des musiques, à l'exception de « Cafard » composé par Jacques Dutronc, et « Bown Bown Bown » de Micky Jones et Tommy Brown pour l'album *If You Listen*, dont elle propose ici une version française[1]. Pour changer de son style habituel, elle s'est inspirée des influences américaines du folk-blues et du rock, avec parfois une touche « western », s'entourant d'un orchestre réduit à quatre musiciens, sous la houlette du pianiste et arrangeur Tony Cox : le bassiste Dave Peacock, du futur duo Chas & Dave, Barry de Souza, l'un des percussionnistes de studio les plus courus de Londres, le New-Yorkais Jerry Donahue, transfuge du groupe de folk-rock Fotheringay, le claviériste et harmoniciste Phil Pickett, plus tard accompagnateur de Boy George période Culture Club. « Dans la mesure du possible, j'essaie, à chaque fois, de sortir des albums qui se suivent et qui ne se ressemblent pas trop, souligne-t-elle. Contrairement à mon habitude, j'avais envie d'enregistrer des chansons sur un ton légèrement humoristique et des rythmes plus entraînants. [...]. C'est la première fois où je me suis retrouvée aux côtés d'un arrangeur qui n'avait rien écrit d'autre que les grilles d'accords. Les musiciens devaient tout composer en studio. Comme je finançais entièrement l'enregistrement, j'avais peur que le budget ne s'envole [*rires*]... Les premières séances m'ont

1. Une version portugaise de « Bown Bown Bown » a également été enregistrée par Françoise Hardy, sur des paroles de Nara Leão, pour un disque uniquement distribué au Brésil, en 1971.

inquiétée, car il ne se passait rien pendant des heures, avant d'être transportée par une mélodie... [...]. Au final, je suis aussi fière de cet album-là que de *La Question*[1]. »

Lors de sa première édition CD distribuée par Flarenasch en 1988, on donnera à l'album le titre de la première plage, *L'Éclairage*, ce qui s'avère un astucieux résumé d'une thématique autour de la lumière et de l'obscurité :

> « Décidément l'éclairage
> Faudrait le changer[2] »,
>
> « Chez lui il ne fait pas très clair...
> Très souvent je perds la tête
> À chercher la lumière[3] »,

avec des allusions aux troubles de la vision :

> « Pour voir
> L'intérieur de mon cœur...
> Il te faut des lunettes
> Car tu as la berlue[4] »,
>
> « Et bien qu'il soit un peu petit, il est visible à mon avis
> Serais-je atteinte de myopie, où est-il[5] ? »

Les autres thèmes, récurrents de l'œuvre hardyenne, sont l'incommunicabilité et l'amour à sens unique (« Bruit de fond », « Et si je m'en vais avant toi »), l'ennui (« Le Soir »), la solitude et l'enfermement (« Prisons », « Quand mon

---

1. *Magic. Revue pop moderne*, *op. cit.*
2. « L'Éclairage », 1972. Paroles et musique de Françoise Hardy. © Éditions Kundalini.
3. « Pardon ». *Id.*
4. « La Berlue ». *Id.*
5. « Où est-il ? ». *Id.*

amour va prendre l'air»), les nuits d'attente et d'insomnie («Cafard», «Ma vie intérieure»).

La promotion est centrée autour de «La Berlue», sortie en single dès juillet et couplée à une chanson inédite composée par Georges Chatelain et Jean-Max Rivière sur un texte de la chanteuse, «Nuit d'été», que Françoise Hardy présente le 25 septembre dans «Midi trente», l'émission de Danièle Gilbert. En radio ou en télé, elle chantera plus volontiers «Où est-il?», «Pardon» ou «Prisons», des titres qu'elle affectionne. On la voit aussi chanter «L'Éclairage» le 25 novembre dans «Samedi Loisirs». Mais le disque, tout comme le précédent, est un échec commercial.

Étienne Daho, qui le préfère à *La Question*, reprendra à son répertoire «Et si je m'en vais avant toi» dès son deuxième album, *La Notte, la Notte*, en 1984. C'est son ami Jacno, lui-même repreneur en 1991 de «Cafard» sur l'opus *Une idée derrière la tête* après que Françoise Hardy lui a écrit «Tant de baisers perdus» (1985) et «Tout m'fout en rogne» (1988), qui lui présentera son idole de jeunesse. La chanteuse anime alors une émission d'astrologie sur Radio Monte Carlo: «Jacno m'a prévenue que, le jour de l'enregistrement de mon émission hebdomadaire, un de ses amis, dont il venait de produire le premier album, serait dans les parages. Il me demandait de lui consacrer deux minutes. Je me suis donc trouvée face à un jeune garçon d'une telle timidité, d'une telle retenue que j'avais beaucoup de mal à imaginer qu'il puisse faire une carrière dans la chanson et qu'il ait déjà un album à son actif[1].» Intimidé, Étienne Daho se souvient de lui avoir serré la main un peu trop fort. Pour lui, Françoise Hardy fait partie des artistes qui ont eu une grande influence sur son œuvre musicale, «quelqu'un, dit-il, qui avait réussi à mettre des mots sur mes états d'âme[2]». Il

1. Benoît Cachin, *Étienne Daho, Portraits & Entretiens*, Tournon, 2007.
2. *Ibid.*

reprend donc « Et si je m'en vais avant toi » et lui fait parvenir la maquette : « Elle m'a laissé un message sur mon répondeur rue de Navarin. Elle me disait qu'elle trouvait ça très intéressant, très bien, elle était contente de cette reprise. À l'époque, les répondeurs fonctionnaient avec des cassettes audio et j'ai longtemps gardé le message… Nous avons commencé à nous voir à ce moment-là, puis nous sommes devenus très amis. […]. Quand on aime les gens et leur travail, il y a une espèce de chose évidente, une familiarité qui se produit[1]. » Un an après, Daho interprétera ce titre en duo avec son idole et l'album orange se rebaptisera *Et si je m'en vais avant toi* lors de sa réédition CD par Virgin. En 1986, il exprimera tout son amour pour elle dans le livre *Superstar et ermite*, publié en complicité avec Jérôme Soligny. Au mitan des années 1990, il réussira à la convaincre de revenir à la chanson, alors qu'elle a déjà amorcé une retraite dorée. Puis, en 2000, ils partageront un nouveau duo sur l'album *Clair-Obscur*, « So Sad », des Everly Brothers… Pour Françoise Hardy, Étienne Daho « est insaisissable, on ne sait jamais où il est, mais c'est un amour. Je l'ai connu très jeune et, pour moi, il est toujours aussi jeune. Il est venu vers moi comme un fan et je suis rapidement devenue la fan de mon fan[2] ».

---

1. *Ibid.*
2. *Gala*, n° 1069, *op. cit.*

VI

1973-1987

« TOUS CES MOTS QUI FONT PEUR QUAND ILS NE FONT PAS RIRE…

« […] *Je voudrais vous les dire*
Et je voudrais les vivre[1]… »

L'année 1973 est celle de tous les bonheurs pour Françoise Hardy : elle réalise son plus grand rêve en donnant naissance à son fils, Thomas, la prunelle de ses yeux, le centre de son monde, et renoue avec le succès à la faveur d'un disque produit par Michel Berger.

Pour elle, les deux événements sont indissociables.

Enceinte de Thomas, elle ne cesse d'écouter en boucle le premier album de Véronique Sanson, *Amoureuse*, qu'elle adore dans sa globalité, tant elle le trouve déconcertant de

1. « Message personnel », 1973. Paroles de Françoise Hardy et de Michel Berger, musique de Michel Berger. © WEA Filipacchi Music.

modernité : « L'originalité et la qualité des mélodies, des textes, de la réalisation et du chant étaient telles que toutes les chanteuses françaises me paraissaient larguées, à commencer par moi[1]. » « Larguée » : le terme est d'autant plus approprié qu'elle connaît alors une traversée du désert. Son contrat avec Sonopresse, arrivé à échéance, n'est pas renouvelé après les échecs commerciaux de ses derniers enregistrements. En quête d'une maison de disques, elle est disposée à étudier toutes propositions. Elle envisage même une collaboration avec Claude François, qui vient de créer sa société de production, les disques Flèche. L'idée tourne court grâce à la clairvoyance de Jean-Marie Périer qui l'oriente vers Michel Berger. Il se souvient précisément d'une chanson, « Quand on est malheureux », que ce dernier avait composée en 1967 pour la chanteuse éphémère Patricia, après avoir lui-même tenté une carrière de chanteur yé-yé à l'adolescence. Périer estime que c'est tout à fait le genre de chanson qui aurait convenu à Françoise. Surtout, Michel Berger apparaît tel un précurseur d'une ère nouvelle dans la variété française. De fait, il va apporter dès les années 1970 un style neuf qui s'inspire de la pop anglo-saxonne et se nourrit en même temps de sa culture de pianiste classique, doté d'un vrai sens du rythme et d'un phrasé singulier qui fait sonner la langue de Molière aussi bien que celle de Shakespeare. Certes, il y a eu avant lui Michel Polnareff et Julien Clerc, mais Michel Berger s'annonce comme l'artiste complet, à la fois auteur et compositeur, chanteur et producteur. Il ouvre la voie à une nouvelle vague d'artistes, de Souchon à Cabrel, en passant par Jonasz et Chedid, aux antipodes de leurs prédécesseurs des années 1960, qui étaient pour la plupart issus d'un milieu populaire, moins érudits à tous points de vue, y compris musicalement. Au printemps 1971, engagé par

1. Françoise Hardy, *Le Désespoir des singes… et autres bagatelles*, *op. cit.*

Bernard de Bosson (transfuge de Barclay) comme producteur au sein de la nouvelle filiale parisienne de WEA International (Warner, Elektra, Atlantic) dont ce dernier a pris la direction sous la houlette de Daniel Filipacchi, en accord avec les frères fondateurs Ahmet et Nesuhi Ertegün, Michel Berger a imposé Véronique Sanson, son âme jumelle musicale, qui est la première artiste française à chanter sous le label Elektra. « On avait envie d'écrire nos mondes et de faire notre propre musique », dit-elle. Lorsque tous deux se rendent rue Saint-Louis-en-l'Ile à la rencontre de Françoise Hardy, celle-ci est fort impressionnée : « J'ai été frappée par la beauté, l'harmonie et le talent de ce couple. À tel point que je ne me souviens même pas de ce que nous nous sommes dit[1]. » Très vite, le projet se met en place. Berger n'avait pas besoin d'être conquis par Hardy, il l'était déjà : « Au moment où j'ai commencé à travailler avec elle, j'aimais les chansons de ses débuts, et surtout ce qu'elle était, elle. Elle avait déjà cette qualité qui était de rester intacte quoi qu'elle chante, ce qui est très rare. En fait, il y avait très peu de personnages qui pouvaient lutter avec les Anglais et les Américains que j'écoutais, mais elle en faisait partie[2]. » Il accepte donc de produire le disque et d'en écrire les arrangements en complicité avec son chef d'orchestre Michel Bernholc, mais prévient qu'il n'aura pas le temps de tout écrire. À charge donc pour Françoise, qui signe un contrat de trois ans avec la firme WEA, de trouver le matériel pour le compléter. Un après-midi, il lui apporte une ébauche de chanson qu'il lui joue au piano et dont la mélodie la séduit instantanément : « J'ai su tout de suite que cette mélodie avait le petit grain

---

1. *L'Obs*, 11 novembre 2013.
2. Étienne Daho et Jérôme Soligny, *Françoise Hardy, Superstar et ermite*, *op. cit.*

de magie qui fait la différence[1]. » À ce moment-là de leur existence, les deux artistes ont la sensibilité à vif. Lui est sous le choc du départ de Véronique Sanson qui l'a quitté pour suivre le rocker Stephen Stills aux États-Unis ; elle fonde l'espoir que l'enfant qu'elle porte va responsabiliser l'homme qu'elle aime au-delà de tout. « Si tu crois un jour que tu m'aimes », répète le refrain lancinant de la chanson. Berger souhaite un texte parlé en ouverture et demande à Hardy de l'écrire. Elle imagine une conversation téléphonique, un long monologue : « Au bout du téléphone il y a votre voix… » Puis, pendant des jours et des nuits, elle cherche frénétiquement un titre. Rien ne lui plaît, jusqu'à ce qu'elle trouve « Message personnel ».

Thomas, l'enfant de l'amour

« J'ai toujours senti que j'étais désiré. C'est génial d'avoir une maman dont on sait qu'elle vous aime plus que tout[2] », dira Thomas Dutronc qui voit le jour le 16 juin 1973 à 8 h 09, à l'hôpital américain de Neuilly.

Occupé à arroser l'événement avec ses copains, le papa déboule à la maternité en retard et dans un état euphorique. On le conduit à la nursery où les bébés passent la nuit : « Quand je suis arrivé, on m'a montré une espèce d'aquarium contenant une cinquantaine de machins violets. Alors j'ai demandé, c'est lequel ? Ils m'ont dit, c'est celui-là. J'ai dit, “Je ne peux pas le prendre, celui-là, il est trop fripé… Donnez-moi plutôt cet autre, là, il m'a l'air mieux[3]”. »

Dans le même établissement, sous surveillance médicale après un infarctus du myocarde, Serge Gainsbourg fait

1. Gilles Verlant, *Françoise Hardy, Ma vie intérieure*, *op. cit.*
2. *Psychologies Magazine*, n° 283, mars 2009.
3. Gilles Verlant, *Françoise Hardy, Ma vie intérieure*, *op. cit.*

parvenir aux heureux parents un message ainsi libellé : « S'il est timide, ce sera un petit Thomas à la tomate. » Devenu grand, Thomas Dutronc conservera chez lui le précieux petit papier dans un cadre.

Trois jours après sa naissance, se prêtant de bonne grâce au rituel médiatique, les illustres parents accueillent dans la chambre d'hôpital une équipe de télévision. Devant les caméras, ils se comportent comme un couple ordinaire qui vit sous le même toit, alors que ce n'est pas encore le cas. Lorsqu'on lui demande si la venue au monde de son enfant va changer sa façon de vivre, Jacques Dutronc réplique que non : « C'est lui qui entre dans la nôtre. On ne va pas tout transformer pour lui. C'est à lui à s'habituer à notre vie » (journal télévisé, INA), ce que Françoise trouvera grotesque *a posteriori*. Leur mode de vie, elle compte bien qu'il va changer. Il lui faudra plus d'un an pour convaincre son compagnon de quitter sa garçonnière de la rue de Provence afin d'assumer pleinement son statut de père et ses responsabilités de chef de famille. « Ayant horreur du chantage affectif, je n'ai pas cherché à le convaincre, précise-t-elle. Je lui ai juste expliqué que je n'allais pas garder un appartement dans lequel ma mère ne pouvait pas passer la nuit quand je devais sortir ou travailler tard le soir. Je lui ai donc demandé si je devais chercher un appartement plus grand, pour Thomas et moi, ou pour nous trois. Ça l'a beaucoup perturbé sur le moment. Il m'a répondu que je ne me rendais pas compte de la peine qu'éprouverait sa mère s'il quittait l'immeuble où il vivait depuis sa naissance. Manquant habituellement de repartie, j'ai eu pour une fois celle de supposer que sa mère aurait été encore plus peinée si, pour ménager la sienne, son mari lui avait dit qu'il ne pouvait pas vivre avec elle et leurs deux fils[1]. »

1. Entretien avec l'auteur, fin décembre 2019.

L'ayant fait fléchir, elle se met aussitôt en quête d'une maison idéale pour eux trois. À force de persévérance, elle finit par dénicher un petit hôtel particulier au 13 de la rue Hallé, près du parc Montsouris, trois étages avec patio, verrière d'intérieur et véritable petit jardin, qui leur plaît immédiatement. Ils emménagent en février 1975, après quelques mois de travaux. À l'intérieur de cette maison blanche, tout a été peint en noir, du plafond au carrelage, noir comme le mobilier et la baignoire, sauf dans la pièce réservée au bébé, lumineuse, où jouets téléguidés et baby-foot comblent moins l'enfant que le père. « Chambre à part, étage à part, horaire à part, signale Jacques Dutronc. Un couple doit avoir chaque jour une feuille de service, ça évite l'accrochage[1]. » Il va avoir trente-deux ans, Françoise en a eu trente et un. Entre-temps, il aura laissé la chanson en suspens pour entamer une brillante carrière au cinéma, grâce à son ami Jean-Marie Périer qui lui a mis le pied à l'étrier dans *Antoine et Sébastien*, et elle aura enregistré deux albums, *Message personnel* et *Entr'acte*...

« Le plus grand bonheur de Françoise c'est Thomas, soutient Hadi Kalafate. À partir du moment où il vient au monde, elle peut canaliser son amour sur lui. Puis, il y a une vraie vie familiale qui s'organise dans l'hôtel particulier de la rue Hallé et va durer des années. Tous les trois, avec la mère de Françoise et les parents de Jacques qui sont aussi très présents[2]. »

Dès ses premiers mois, Thomas Dutronc passe ses vacances en Corse. C'est là qu'il a le sentiment d'avoir grandi. Plus tard, il aura sa propre maison à Lumio, village « de lumière » sur la côte de Balagne. « Mes parents n'allaient jamais à la plage car ils étaient connus. En gros, mon père buvait des coups et ma mère lisait des bouquins. Moi, j'essayais de sauvegarder ma santé mentale tant bien

1. *Libération*, 28 février 2000, *op. cit.*
2. Entretien avec l'auteur, juillet 2016.

que mal ! Je jouais aux petits soldats dans les rochers du jardin, en faisant des reconstitutions énormes de la Seconde Guerre mondiale. Heureusement, vers huit ans, j'ai pu inviter des copains, on jouait au baby-foot, c'était sympa. J'adorais me balader dans les collines, escalader les rochers. Pour moi, à sept ans, c'était l'Himalaya. J'aimais regarder les fleurs, les papillons, les fourmis, je passais pas mal de temps à observer la nature. J'ai commencé à être barman vers dix ans ! Je servais les coups à mon père et à ses copains, je leur demandais des pourboires[1] », résume-t-il. Ses bonnes notes à l'école satisfont sa mère qui se montre attentive, sans être trop intrusive comme a pu l'être avec elle sa propre mère. « À la maison, on ne parlait jamais de choses profondes. Mes parents, même s'ils ont su toujours rester très simples, étaient tout de même très centrés sur eux-mêmes. Finalement, je pense qu'ils étaient – et sont encore – deux gamins[2] », ajoute Thomas. S'il leur reproche, en filigrane, quelques maladresses dans leur méthode éducative, il n'en est pas moins heureux d'avoir grandi auprès de parents tels que les siens, atypiques mais aimants. « Enfant, je n'avais pas l'impression d'être le fils de gens connus. J'ai un souvenir qui date de ma classe de onzième, j'avais six ans. Des gens sont venus me dire : "Ah, t'es le fils de Machin !" Des garçons des classes au-dessus, et des filles aussi. À part ça, je pense que j'avais conscience d'être différent, mais dans le bon sens. Ça me faisait presque rouler des mécaniques. Mais tout ça est très périphérique dans la vie d'un enfant. Ma vraie passion, c'était les Lego et les Playmobil... La notoriété de mes parents, franchement, je m'en fichais[3]. »

Curieusement, Thomas n'a pas le souvenir d'avoir écouté beaucoup de musique avec son père, sauf de la country

1. *Version Femina*, 15 mars 2012.
2. *Paris Match*, n° 3137, 2 juillet 2009.
3. Ariane et Béatrice Massenet, *Mères et fils : Ce que je voudrais te dire*, *op. cit.*

américaine dans sa voiture. Le père et le fils parlaient plutôt cinéma. Tous les soirs, pendant des années, ils dînent l'un près de l'autre devant la télévision, dans la chambre de Jacques. « J'avais l'impression d'avoir deux enfants, qui étaient devant la télé le soir à regarder les mêmes émissions, à s'intéresser aux mêmes films, ceux de Louis de Funès entre autres, et à qui j'amenais à dîner, pour qui je faisais tout ce qu'une maman fait[1] », raconte Françoise Hardy. Seule sa mère a familiarisé Thomas avec la variété française. « C'est grâce à ma mère si je suis très sensible aux mélodies[2]. » Enfant, elle lui chante des berceuses. De douces ballades, comme « Bahia » de Véronique Sanson. Pour faire profiter la maisonnée de ses coups de cœur musicaux, elle ouvre les portes et monte le volume de la sono. « Et nous on fermait, complète Thomas. Elle était très fan de France Gall et Michel Berger, et comme mon père et moi on l'était moins… Malgré tout, ces mélodies vont rester[3]. » À dix-sept ans et demi, après une scolarité au lycée Sévigné, établissement privé du Ve arrondissement, un bac obtenu comme sa maman avec un an d'avance et un Deug d'arts plastiques, option cinéma, Thomas Dutronc développe une passion pour la guitare grâce à des amis corses. L'année suivante, il découvre Django Reinhardt et Georges Brassens. Le choc. Ce qui fait dire à son Jacquot de père : « Moi, je jouais Django Reinhardt à l'âge de quinze ans. Et c'est devenu son guitariste préféré. Il y a une certitude donc, c'est qu'il n'est pas le fils du facteur[4] ! »

« J'ai l'habitude de dire que mon père avait mis le bar haut, déclare Thomas avec humour. J'avais une équation à

1. *Dutronc, émoi et moi* dans « Envoyé spécial », diffusé sur France 2 le 23 novembre 1995.
2. *Ibid.*
3. « Comment te dire Hardy ? », épisode du 23 juillet 2016, *op. cit.*
4. *Paris Match*, 12 octobre 2009.

deux connus à résoudre. Ils m'ont toujours dit de faire ce que j'aime, de faire mon chemin[1]. »

Michel Berger, l'homme pressé

Un mois après la naissance de Thomas, quand les sessions de *Message personnel* débutent au studio du Poste parisien, avenue des Champs-Élysées, Françoise Hardy n'est pas très en confiance. Désormais tributaire d'un producteur et directeur artistique (fût-il un artiste admiré) après une expérience réjouissante d'artiste indépendante, elle appréhende de devoir s'adapter à une méthode de travail éloignée de la sienne. Ensuite, Michel Berger lui fait l'effet d'un homme stressé, tout aussi angoissé qu'elle et masquant sa fragilité par une forme d'autoritarisme dont elle fait les frais. Par ailleurs, l'inconfort de sa situation professionnelle, dans un creux de vague, la porte à croire qu'elle est en position de faiblesse vis-à-vis du découvreur de Véronique Sanson et doit par conséquent se plier stoïquement à ses exigences : « À l'époque, faire un disque avec Michel Berger signifiait que c'était lui qui me faisait une fleur. Il avait d'autres chats à fouetter[2]. » Or, il n'en est rien, car sa collaboration avec elle puis sa rencontre avec France Gall la même année se révèlent au contraire déterminantes pour le jeune homme ambitieux de vingt-cinq ans, en quête de notoriété. « Si je n'avais pas eu les chansons pour Françoise et pour France, j'aurais disparu de la circulation. Gainsbourg et moi n'avons pas eu le choix[3] », dira-t-il. Il se montre pourtant restrictif avec Françoise, lui offrant seulement deux chansons, « Première Rencontre », entièrement de sa plume, et « Message personnel », à laquelle elle a donné son empreinte par cette introduction parlée qui fait la force de

1. *La Dépêche du Midi*, 9 août 2009.
2. *Les Inrockuptibles*, n° 250, *op. cit.*
3. Yves Bigot, *Quelque chose en nous de Michel Berger*, Don Quichotte Éditions, 2012.

la chanson – la reprise postérieure de France Gall (en 1995), amputée de ce passage, sera parfaitement incongrue. « Michel Berger m'est tout de suite apparu comme un homme pressé, ayant mille choses à faire, mille choses à penser, mille personnes à voir[1] », souligne la créatrice de « Message personnel » dont l'obsession principale est de chanter en place, en respectant la rythmique, les respirations mélodiques. C'est aussi le point sur lequel Berger est le plus pointilleux. Il est capable d'insister pendant des heures sur un problème de tempo : « Thomas venait de naître et je n'avais personne pour le garder, sauf maman l'après-midi. J'étais debout à 6 heures du matin pour le premier biberon, et le studio, c'était le soir. J'étais crevée. Michel s'en fichait[2]. » Ce n'est pas tellement l'enregistrement de l'album qui a suscité des heurts sérieux, mais plutôt celui du single qui a suivi, en particulier la chanson « Je suis moi », que Berger écrira entièrement, paroles et musique, profitant de l'énorme succès remporté par « Message personnel », et dont Françoise trouvera le titre grotesque et les refrains pompeux[3]. « Un jour, il nous a tenus très tard, je ne pouvais plus chanter, raconte-t-elle. Ça a dégénéré. Il a parlé de "caprice de star". Tout ça pour une note qui n'allait pas, que j'ai enfin réussi à sortir. Il devait être 2 heures du matin. J'étais heureuse, et Michel m'a dit : "C'est bien

1. *L'Obs*, 11 novembre 2013, *op. cit.*
2. *Paris Match*, n° 2256, 20 août 1992.
3. La chanson « Je suis moi » sera intégrée à la réédition sous coffret de l'album *Message personnel* en décembre 2013, à l'occasion du quarantième anniversaire de sa création, dans un CD bonus où l'on trouve également « Demain c'est hier », la face B du single composée par Michel Berger sur un texte de Françoise Hardy, des versions étrangères et instrumentales, « Les Paradis perdus », interprétés en duo avec Christophe, et une version personnelle de « La Déclaration d'amour », créée par France Gall (voir annexes en fin d'ouvrage). Le coffret contient aussi un Replica du 33 tours vinyle original, un disque Blu-ray audio de l'album, un fac-similé du 45 tours *Je suis moi*, une lithographie signée Jean-Marie Périer et un DVD de différentes prestations télévisées de la chanteuse en 1973 et 1974.

la note, mais on refait tout demain!" Ce fut le seul accrochage en vingt ans[1].» Françoise Hardy témoignera souvent de son admiration sans bornes pour les talents vocaux de Véronique Sanson qui possède, tout comme France Gall, ce phrasé syncopé si cher à Michel Berger, mais dont elle est dépourvue: «Je suis mélodique, pas rythmique. Dans mon cas, c'est l'émotion qui prime[2].» Et au final on appréciera cette émotion sobre et délicate de sa voix, d'abord portée par le piano discret, puis les chœurs et motifs rythmiques lancinants de Michel Berger; c'est cela même qui fait la spécificité et l'immuabilité de «Message personnel», sans doute l'une des chansons de son compositeur qui aura le mieux traversé le temps. En témoigne la chanteuse Barbara Carlotti, qui en donnera plus tard une version à deux voix, avec Dominique A: «J'avais envie de chanter cette chanson pour l'émotion qu'elle contient, pour les arrangements de Michel Berger qui sont hyper beaux et qui tranchent avec la manière que Françoise Hardy a de chanter. J'aime sa façon de chanter très sobrement, de raconter des choses douloureuses avec pudeur et distance, mais de façon pleine et juste. Elle pose les choses, mais il n'y a pas d'affect. Je trouve cela admirable[3].»

La chanson s'adresse naturellement à Jacques Dutronc. «Il ne s'est jamais montré très intéressé par mes chansons, non plus que par celles des autres, témoigne Françoise Hardy. Des miennes, il disait que ça lui "filait trop le bourdon". Il a découvert par hasard "Message personnel" (la partie parlée que j'ai écrite racontait mon vécu avec lui de cette époque) parce que Serge (Gainsbourg), lui et moi étions dans la même émission de radio. Tous deux avaient été bluffés par la chanson, ce qui avait été un grand bonheur pour moi[4].»

1. *Paris Match*, n° 2256, *op. cit.*
2. *L'Obs*, 11 novembre 2013, *op. cit.*
3. «Pop, etc.», *op. cit.*
4. Entretien avec l'auteur, fin décembre 2019.

Tout en émotion retenue, « Première Rencontre » ouvre l'album et « Message personnel » le clôt. Entre les deux, on puise dans l'urgence à diverses sources, ce qui explique l'absence d'uniformité et une durée d'écoute anormalement courte, mais l'ensemble n'est pas aussi médiocre que d'aucuns le disent, à commencer par l'interprète elle-même. On retient en particulier « L'Habitude », un duo avec Georges Moustaki à l'habillage musical sobre et élégant. Le célèbre « métèque », qui habite alors dans le même quartier de l'île Saint-Louis, a également adapté « Valsa para uma Menininha » des Brésiliens Toquinho & Vinicius en une « Berceuse » qui semble s'adresser à la fois aux deux hommes de la vie de son interprète :

> « Mon amour
> Mon bonheur
> Mon tourment
> Je veille ton sommeil
> Comme on veille un enfant[1] »

puis, pour la légèreté du propos qui change de la mélancolie ambiante, on apprécie « Rêver le nez en l'air », coécrite par Françoise Hardy et Jean-Noël Dupré, sur une musique du bassiste Jean-Pierre Pouret, dit « le Chinois », futur collaborateur de Louis Chedid sur ses premiers albums, qui a également composé « On dirait », à peine gâchée par une réverbération trop invasive. Au générique de l'album, on trouve encore des noms familiers de l'entourage de Michel Berger, comme les guitaristes Jean-Pierre Castelain (« Pouce, au revoir ») et Gérard Kawczynski, ancien accompagnateur de Jacques Dutronc (« L'Attente »). La romantique et plaisante « Chanson floue » est l'œuvre commune du parolier Christian Ravasco et du musicien et chanteur aux accents loureediens

1. « Berceuse », 1973. Paroles de Georges Moustaki, musique de Vinicius de Moraes. © Éditions WEA-Filipacchi Music.

Thierry Matioszek. Enfin, Françoise Hardy bénéficie d'une nouvelle composition aux sonorités classico-rock de Serge Gainsbourg, avec le concours de son fidèle orchestrateur Jean-Claude Vannier, « L'Amour en privé », thème d'un film de François Leterrier, *Projection privée*, avec Jane Birkin. Là encore, l'enregistrement n'a pas été une partie de plaisir, ainsi que s'en souvient l'interprète : « Je demande toujours en studio qu'on mette des paravents autour de moi. Je n'aime pas qu'on me regarde chanter, entre autres parce que je bats la mesure et que j'entre tout entière dans le propos de la chanson que j'enregistre. Pour "L'amour en privé", Jean-Claude Vannier, qui dirigeait les séances, s'est planté juste devant moi, grimaçant comme il l'a été toute sa vie. Il me regardait avec un air insatisfait, c'était atroce, d'autant que la chanson n'était pas facile à chanter. Quel mauvais souvenir[1] ! »

À la faveur de « Message personnel », Françoise renoue avec le succès. La chanson passe partout en radio. Elle l'interprète le 28 octobre à la télévision dans « Dimanche Salvador » (avec « Rêver le nez en l'air »), le 11 novembre dans « Sports en fête », l'émission dominicale de Michel Drucker, le 24 novembre dans « Top à Jean-Claude Brialy » et dans « La Une est à vous », puis le jour de Noël dans « Midi trente ». La veille du Nouvel An, elle propose « Pouce, au revoir » dans « Minuit chez vous ». Invitée de Michel Delpech dans son « Top à » le 16 mars 1974, elle reprend en duo avec lui « L'Amitié » et chante seule « L'Attente ». Le 12 avril, elle reprend « Message personnel » dans « Tempo », de Michèle Arnaud, et le 16, « Pouce, au revoir » dans « Averty's Follies ». Le 4 mai, dans « Top à Serge Gainsbourg », elle étrenne « Je suis moi », qui profite du succès commercial du single précédent, et chante en duo avec Jane Birkin « Les Petits Papiers », créés par Régine. Elle chante à nouveau « Je suis moi » le 16 mai dans « Domino » de Guy Lux. Le même jour, dans « Ma rue », on la voit chanter coiffée

1. *L'Obs*, 11 novembre 2013, *op. cit.*

d'un bonnet vert et filmée par la réalisatrice débutante Josée Dayan, « Message personnel » et « Pouce, au revoir » tout en déambulant dans les rues du quartier du Panier, à Marseille.

« Il y a eu des nuits / Où je mourais de toi / Comme on meurt de faim[1]... »

Entre le 17 avril et le 20 juin, Jacques Dutronc tourne *L'important c'est d'aimer*, sous la direction d'Andrzej Zulawski. C'est son premier rôle dramatique au cinéma. Il appréhende en outre d'avoir à donner la réplique à Romy Schneider, qui lui paraît intimidante. Pas très longtemps... Il comprend bientôt que les frontières entre réalité et fiction sont ténues pour la comédienne et ses rapports avec ses partenaires très étroits. « Romy était totalement sincère, racontera-t-il à Michel Denisot venu l'interviewer en Corse des années plus tard. Le film ne s'arrêtait pas après les prises. Elle aimait la personne qu'elle devait aimer dans le film. Elle vivait le film en dehors, donnait tout sans recevoir en retour. Une femme extraordinaire[2]. » Cédant à ses faiblesses, il prendra conscience par la suite de sa double trahison et de sa lâcheté : « Je me suis mal comporté. Je me suis laissé embarquer dans une histoire avec elle. L'attirance était là. Mais je ne l'ai pas respectée. Elle avait une telle force qu'il fallait être costaud en face. [...] J'étais pris dans un truc incontrôlable. J'essayais de faire le clown, comme dans le film. Devant un tel pouvoir, on est déstabilisé. Et je ne suis pas l'abbé Pierre[3]. » À la fin du tournage, il fait savoir à sa partenaire que le film est terminé et, par conséquent, leur histoire aussi. « Je n'ai pas été très honnête ; parce que Françoise, c'est Françoise, je n'allais pas la quitter pour

1. « Il y a eu des nuits », 1974. Paroles de Françoise Hardy, musique de Catherine Lara. © Éditions Kundalini/April Music.
2. *Vanity Fair*, 22 janvier 2014.
3. *Ibid.*

Romy Schneider. C'était une femme blessée et, en tournant ce film-là, j'en ai blessé une autre : la mienne[1]. »

Pour exorciser ses blessures de cœur, Françoise écrit. Elle conçoit un album – *Entr'acte* – où toutes les plages, dont l'une, « Fin d'après-midi », composée par Jacques Dutronc, sont liées à une histoire qui ressemble à la sienne, celle d'une jeune femme délaissée par l'homme qu'elle aime et qui, de guerre lasse, se résigne à tromper son ennui et à assouvir son besoin d'amour dans les bras d'un amant de fortune. Pour mettre ses mots (ses maux) en musique, elle s'en remet à sa nouvelle amie Catherine Lara, qui l'accompagne en outre au violon et rameute des amis musiciens dans la section de cordes. D'autres compositeurs lui prêtent main-forte : Jean-Pierre Castelain et Gérard Kawczynski, déjà présents dans *Message personnel*, André Georget, Michel Sivy. Hughes de Courson, qui vient de fonder le groupe folk Malicorne, produit l'album. Il fait appel à l'orchestrateur Del Newman, qui a travaillé avec Cat Stevens, Paul Simon, Elton John, Paul McCartney. La chanson d'ouverture définit la trame :

> « Ce soir il y a quelqu'un
> Qui m'emmène dîner
> Pour m'arranger un peu
> Je vais me faire les yeux [...]
> J'ai envie de lui plaire
> Et j'ai peur qu'il me plaise[2]. »

Un jeu de séduction. Un marivaudage pour rendre l'homme aimé jaloux, le faire souffrir pour qu'il revienne. Un message d'amour, en somme. Une bouteille jetée à la mer pour qu'il comprenne.

Il est important que l'homme d'un soir soit incarné :

---

1. *Ibid.*
2. « Ce soir », 1974. Paroles de Françoise Hardy, musique de Jean-Pierre Castelain. © Éditions Kundalini.

« Je voudrais qu'il ait un visage
J'aimerais bien que dans la nuit
Souffle un ancien vent de folie
Balayant tout sur son passage[1]. »

L'homme d'un soir et l'homme d'une vie se ressemblent étrangement :

« Dans ces jeux où l'on se blesse
Je te cherche
Toi toujours, toi sans cesse
Dans des nuits sans lendemain[2]. »

Elle n'aime pas l'infidélité de l'amant d'un soir, qui lui rappelle désagréablement celle de l'homme aimé. Elle n'aime pas l'infidélité des hommes, ce qu'ils disent à ce propos, la façon qu'ils ont de se justifier :

« Il dit qu'il tient à elle
Mais qu'il n'est pas fidèle [...]
Que les amours d'un jour
Font sa journée plus belle
Et qu'elles l'éloignent d'elle
Tout en l'en rapprochant[3]. »

Un verre ou deux d'alcool pour provoquer l'état d'ivresse et le passage à l'acte :

« J'aimerais t'oublier une fois [...]

1. « Merveilleux », 1974. Paroles de Françoise Hardy, musique de Gérard Kawczynski. © *Id.*
2. « Je te cherche », 1974. Paroles de Françoise Hardy, musique d'André Georget. © *Id.*
3. « Je n'aime pas ce qu'il dit », 1974. Paroles de Françoise Hardy, musique de Jean-Pierre Castelain. © *Id.*

Johnnie Walker est dans nos verres
Et voudrait bien nous rapprocher
Johnnie Walker est dans mon verre
Et j'ai envie d'être embrassée[1]... »

Elle n'aime pas davantage ce petit air d'autosatisfaction après l'amour :

« Il est sûr de lui, je vois à sa tête
Qu'il se donne au moins vingt sur vingt
Quand je le regarde, je regrette
Je voudrais qu'il parte[2]. »

Il n'est rien, juste un amant. Un substitut d'amour dans l'attente de l'autre, celui-là qui occupe l'essentiel de ses pensées :

« Je le vois de plus en plus flou
Qu'il m'oublie vite aussi surtout
Un entracte et c'est tout[3]. »

« J'avais écrit ces paroles dans le but de tourmenter Jacques, dit Françoise, mais je crains qu'il ne les ait probablement jamais écoutées[4]. » La « fin d'un après-midi » achève cet entracte.

« Je suis allongée sur mon lit
Je me sens un peu faim[5]... »

---

1. « Et voilà ». *Id.*
2. « S'il avait été », 1974. Paroles de Françoise Hardy, musique de Catherine Lara. © Éditions Kundalini/April Music.
3. « Bonjour, bonsoir », 1974. Paroles de Françoise Hardy, musique de Michel Sivy. © Éditions Kundalini.
4. *Magic. Revue pop moderne*, *op. cit.*
5. « Fin d'après-midi », 1974. Paroles de Françoise Hardy, musique de Françoise Hardy et de Jacques Dutronc. © Éditions Kundalini.

Pour défendre l'album *Entr'acte*, Françoise Hardy oriente la promotion autour de trois chansons, « Ce soir », « Je te cherche » et « Il y a eu des nuits ». L'album, sorti en novembre, est un échec commercial. « J'en avais tiré un slogan : donnez-moi une vedette, j'en ferai une inconnue[1] ! », commente avec humour son producteur Hughes de Courson. Françoise s'en moque à peu près : ce qui compte à ce moment-là c'est la vie de famille entamée avec Jacques Dutronc, dans la nouvelle maison de la rue Hallé. « Malgré toutes ces difficultés inhérentes à la condition amoureuse, les années que j'ai vécues avec lui entre 1974 et 1988 sont les plus belles de ma vie, dira-t-elle. Ça tient à lui en partie, mais aussi à notre fils Thomas[2]. »

Une page se tourne, à ce moment précis, et une nouvelle s'écrit : la star se met en retrait, elle se déleste de ses oripeaux haute couture pour adopter un look simple et pratique : veste, jean et baskets. Pour consacrer plus de temps à son enfant, elle espace les enregistrements de disques et apparitions publiques. Pour la première fois de sa carrière, elle rompt la cadence d'un album par an. Entre 1975 et 1976, sa production musicale se limite à deux singles, l'un sous la direction de Jean-Michel Jarre qui compose « Que vas-tu faire ? », une chanson de belle facture qui n'obtient pas le succès mérité, l'autre incluant « Femme parmi les femmes », thème du film de Claude Lelouch *Si c'était à refaire*, écrit par Pierre Barouh sur une musique de Francis Lai. Dans l'intervalle, Michel Berger la convoque pour une aventure inhabituelle dans le cadre des « Numéro Un » des Carpentier : un conte musical, librement inspiré de *La Petite Sirène* d'Andersen qui la fascinait tant quand elle était enfant, et diffusé le 22 mai. Sur un scénario qu'il a coécrit avec Frank Lipsik, ancien fondateur et rédacteur en chef de la revue *Pop Music*, puis animateur sur

1. *Le Figaro*, 10 décembre 2012.
2. *Le Parisien*, 9 octobre 2008, *op. cit.*

RMC, *Émilie ou la Petite Sirène 76* raconte l'histoire d'une jeune fille romantique en quête du grand amour. Elle est incarnée par France Gall, la nouvelle muse de Michel Berger. Sur un plateau de télévision, l'amour prend le visage d'un cameraman, campé par Patrick Bouchitey. Mais celui-ci n'a d'yeux que pour « la star » qu'il vient de filmer. La star c'est Françoise Hardy, qui interprète en solo « Cette chanson-là est au moins pour quelqu'un » et, en duo avec le cameraman amoureux, « Est-ce que par hasard c'est vous ? » Émilie cherche alors à devenir à son tour une grande vedette afin de conquérir celui qu'elle aime.

Son temps libre, Françoise l'occupe à l'initiation approfondie de l'astrologie dite « conditionnelle » en fréquentant les cours de Jean-Pierre Nicola avec qui elle noue bientôt une étroite amitié. « L'horoscope n'est pas la représentation de déterminismes absolus, il faut l'interpréter au conditionnel, "à la condition que…", c'est-à-dire en situant le sujet dans son époque, son milieu, son contexte… en considérant tout ce qu'il porte comme possibilités extra-astrologiques : son intelligence, son niveau spirituel notamment[1] », explique l'astrologue à la chanteuse qui l'interviewe dans le magazine spécialisé qu'il a fondé et auprès duquel elle s'engage pour une rubrique régulière.

Gabriel Yared, le gentil tyran

Avant de devenir l'un des compositeurs de musiques de films parmi les plus primés, Gabriel Yared a appris la musique en autodidacte passionné et éclectique. Né au Liban, il effectue sa scolarité chez les jésuites à Beyrouth où à ses moments perdus, il s'exerce sur l'orgue du pensionnat et s'applique à déchiffrer méthodiquement les partitions du répertoire. À dix-huit ans, il abandonne ses études de droit pour venir en

1. *Astrologique*, n° 11, été 1977.

France, après plusieurs mois passés au Brésil dont il revient imprégné par la culture musicale, une influence que l'on ressent dans les chansons composées par la suite pour Michel Jonasz ou Françoise Hardy. À l'École normale de musique de Paris, il suit en auditeur libre les cours d'Henri Dutilleux et de Maurice Ohana, puis se lance dans la chanson avec les frères Costa, Georges et Michel. Il démarre une carrière d'orchestrateur pour différents artistes tels que Johnny Hallyday, Sylvie Vartan, Charles Aznavour, Enrico Macias ou Gilbert Bécaud. Puis, à partir de 1976, il décide de se consacrer parallèlement à la composition et à la production, expérience entamée avec Françoise Hardy et poursuivie avec Michel Jonasz, Michel Fugain, Mina.

Sa rencontre avec Françoise Hardy, il la situe en 1975 dans les bureaux de Jacques Wolfsohn, à l'initiative de ce dernier. Elle se revoit plutôt aux Éditions Rideau rouge et rattache ce moment à une chanson, « Ton enfance », que lui avait proposée Bernard Estardy et qui lui plaisait beaucoup. Écrite par Pierre Grosz sur une musique d'Alain Goldstein, ami d'enfance de Michel Jonasz, cette chanson était destinée à ce dernier qui n'avait pu l'enregistrer pour d'obscures raisons contractuelles. Devant l'engouement de Françoise Hardy, son éditeur l'avait donc mise en relation avec Gabriel Yared. « Je me souviens comme si c'était hier, dit-elle, de la forte impression qu'il me fit aussitôt : celle d'une personnalité hors norme, très au-dessus du lot, qui brûlait d'un feu intérieur particulier[1]. » Pour sa part, le souvenir de cette première rencontre renvoie plutôt au musicien une sensation de gêne et un manque d'assurance résultant de son ancienne passion d'adolescent pour la chanteuse. La froideur apparente de celle-ci n'arrange rien à l'affaire : « J'ai été intimidé pendant très longtemps avec elle[2]. » Une autre

1. Françoise Hardy, *Le Désespoir des singes… et autres bagatelles*, *op. cit.*
2. « Comment te dire Hardy ? », épisode du 23 juillet 2016, *op. cit.*

chanson retient l'attention de Françoise à cette époque, dont elle souhaite écrire une adaptation : « Stars », de la chanteuse folk américaine Janis Ian. C'est une chanson fleuve de sept minutes et demie que lui a fait connaître le compositeur David McNeil ; elle explore les revers de la célébrité, les coulisses du métier dans ce qu'elles ont de plus sombre, évoquant notamment l'éphémérité de la gloire et le destin de ceux qui se brûlent aux feux des projecteurs. La reprise que vient d'en faire Marie Laforêt n'ayant pas obtenu une très large audience, Françoise Hardy tient à proposer la sienne, plus fidèle au texte original. Ce thème lui paraît idéal pour illustrer ce qu'elle croit être son dernier album – Gabriel Yared saura la faire revenir sur sa décision.

> « Star, devenir star
> C'est une belle histoire
> Étoile d'une nuit, lumière d'un soir
> Qui vient qui part
> On n'en voit que la gloire
> Le reste n'intéresse personne[1]... »

Dans un premier temps, elle s'en remet à Michel Berger qui se dit d'abord partant pour la signer sur son label Apache, puis se rétracte devant la teneur du projet, objectant sa ferme intention de publier des albums qui présentent une homogénéité d'ensemble, où les chansons sont articulées autour d'un concept et/ou d'une couleur musicale. Finalement, Françoise Hardy signe un contrat pour trois ans avec Pathé-Marconi (EMI) et un nouveau rendez-vous est pris avec Gabriel Yared qui s'engage à produire et à arranger l'album *Star*, réunissant au studio de la Grande Armée la crème des musiciens : Claude Engel (guitare solo), Ted Tunnicliff

1. « Star », 1977. Paroles et musique originales de Janis Ian, adaptation française de Françoise Hardy. © Columbia/Éditions Kundalini.

(guitare rythmique), Jannick Top (basse), Alain Hatot (saxophone), Georges Rodi (synthétiseur) et Jean Schultheis (batterie).

L'union professionnelle des deux artistes, qui va s'étendre sur près de six ans et enfanter (parfois dans la douleur) cinq opus, commence de façon plutôt tendue, la chanteuse jugeant nécessaire de dissiper d'emblée tout malentendu d'ordre physique ou sentimental, avant de se doubler d'une amitié fidèle et intègre. « Gabriel est aussi exigeant, rigoureux et, par conséquent, dérangeant, déstabilisant, dans le travail qu'en amitié, observe-t-elle. Il avait un grand ascendant sur moi. Les cinq albums que nous avons faits ensemble n'ont pas été de tout repos, il y a même eu des tensions à la limite de la rupture, mais je considère que cela a été l'une des grandes chances de ma vie de me retrouver sous la férule d'un musicien de cette dimension[1]. » Cette amitié se nourrit par ailleurs d'un attrait commun pour la chose spirituelle. Gabriel Yared l'encourage à lire *Le Voyage à Ixtlan* du Péruvien Carlos Castaneda et l'ensemble de l'œuvre autobiographique de cet auteur qui décrit son expérience du chamanisme sud-amérindien sous la conduite d'un sorcier. C'est aussi Yared qui offre à Françoise une des premières éditions des *Dialogues avec l'ange*, transcription d'un enseignement spirituel reçu pendant la Seconde Guerre mondiale par quatre amis juifs hongrois, un ouvrage qui lui devient précieux tant il lui permet de dépasser ses propres souffrances : « J'y trouve de profonds sujets de méditation. [...]. C'est dans les moments où je me sens très malheureuse ou angoissée que j'éprouve le plus le besoin de ce texte. Si je devais garder un précepte des *Dialogues*, ce serait : "Ne corrige pas le mauvais, mais augmente le bon. Il absorbera le mauvais autour de lui. Il y a du bon en chacun. Loue ! Loue en chacun ce qui est louable. La

1. Françoise Hardy, *Notes secrètes*, entretiens avec Éric Dumont, Albin Michel, 1991.

vraie louange construit. Mais n'embellis jamais et ne mens pas, même avec de bonnes intentions." J'ai été si touchée par ce livre que j'en suis la fidèle messagère. Je l'ai offert à une vingtaine de personnes[1]. »

Le mensonge n'est pas précisément un acte que l'on peut imputer à Françoise Hardy et son nouveau partenaire fait les frais de son implacable franchise, notamment quand il l'invite à entendre l'arrangement de cordes qu'il a réalisé sur la chanson « L'Impasse », dont elle a écrit le texte. « Il m'en a voulu longtemps pour mon attitude [...]. Je souhaitais tout bêtement pour cette mélodie lente et triste un piano et des tapis de cordes très simples, dans le style Berger, mais Gabriel avait écrit une partition de cordes que je trouvais trop compliquée et qui avait dû lui coûter des trésors d'inspiration et des heures de travail[2]. » L'échange sera musclé, au point qu'elle veuille inscrire sur les crédits du disque : « réalisation et tyrannie artistique de Gabriel Yared » ! Elle s'en voudra longtemps de son manque de tact et de perspicacité, la beauté de la chanson reposant sur le mariage harmonieux du texte, qui traduit les tourments inchangés de l'amoureuse transie malgré les nouvelles dispositions du couple, et de l'élégante mise en valeur de la musique de Pierre Papadiamandis, fidèle compositeur et ami d'Eddy Mitchell.

> « C'est bien un enfer
> C'est bien une impasse
> Chaque fois que je te perds
> En allant chercher ta trace
> Dans tes longs, désespérants
> Silences de glace[3]... »

---

1. *L'Express*, 5 avril 2007.
2. Étienne Daho et Jérôme Soligny, *Françoise Hardy, Superstar et ermite*, *op. cit.*
3. « L'Impasse », 1977. Paroles de Françoise Hardy, musique de Pierre Papadiamandis. © Éditions Kundalini/Eddy Mitchell Music.

Outre « Star » et « L'Impasse », Françoise apporte quatre autres textes, dont deux sont mis en musique par Gabriel Yared : « Fatiguée » et surtout « Chanson sur toi et nous », prophétie sur l'avenir amoureux de la chanteuse, qui compte parmi les plus réussies de leur collaboration :

> « Au bout des caps difficiles
> Et des illusions fragiles
> Qui peuvent casser les choses en deux
> J'aimerai autant ta vieillesse
> Que j'ai aimé ta jeunesse
> Si c'est là, ce que toi tu veux[1]... »

Il est également question d'avenir amoureux dans « Enregistrement », la chanson offerte par Serge Gainsbourg à la presque fin des sessions et dont la qualité du texte est gâchée par une composition de médiocre facture :

> « Il ne restera de nos nuits que
> Des mouvements graphiques et pornographiques
> Sur un écran de chair obscure
> Les débuts lancinants, les fins frénétiques
> D'un présent passé au futur[2]. »

D'autres signatures prestigieuses ont contribué à cet album patchwork, comme William Sheller (« Drôle de fête »), Catherine Lara (« Je ne suis que moi »), Luc Plamondon et Roland Vincent (« Flashbacks »). On retient le début d'une belle complicité avec Michel Jonasz, choisi d'un commun accord par Yared et Hardy – cette dernière fera bientôt

1. « Chanson sur toi et nous », 1977. Paroles de Françoise Hardy, musique de Gabriel Yared. © Éditions Kundalini.
2. « Enregistrement », 1977. Paroles et musique de Serge Gainsbourg © Éditions Kundalini/Universal Music France Publishing.

tourner en boucle, rue Hallé, le troisième album de Jonasz, en particulier les chansons « J'veux pas que tu t'en ailles » et « Y a toi y a moi ». Pour elle, il apporte « À Vannes », aux jeux de mots pas très fumants, que l'on entend un peu en radio et contribue à promotionner le disque à sa sortie, en mai. Mais c'est sur le prochain opus, *Musique saoule*, que Jonasz sera le plus efficient, puisqu'il signera deux compositions et dix textes sur onze.

Dans l'intervalle, Françoise entame une seconde grossesse qu'elle ne peut mener à terme. Elle fait une fausse couche en fin d'année, tandis que Dutronc tourne en Guyane le film de Francis Girod, *L'État sauvage*. « Même s'il m'arrive de regretter de ne pas avoir eu un deuxième enfant, écrira-t-elle, cette perte ne m'affecta pas durablement, et je me suis souvent demandé où j'aurais trouvé la force de multiplier par deux les inquiétudes que l'on éprouve en permanence quand on est parent et qui, contrairement à ce que je croyais, ne diminuent pas avec les années, au contraire[1]. »

Saoule au gin-tonic

En 1978, la fièvre disco a contaminé la planète. Surgi à l'orée de la décennie dans le cadre privé des boîtes de nuit, ce nouveau son à la rythmique binaire très marquée, dérivé de la soul et empruntant aux esthétiques électroniques balbutiantes (boîtes à rythme, synthétiseurs), trouve son apogée à la faveur du film *Saturday Night Fever* qui s'affirme comme un phénomène de société, révèle John Travolta et son déhanché sexy et ressuscite miraculeusement les Bee Gees, devenus roi du genre grâce aux tubes issus de la bande originale vendue à quarante millions d'exemplaires. Lors, des États-Unis jusqu'à la vieille Europe, du Studio 54 new-yorkais au Palace parisien, les discothèques prennent l'allure

1. Françoise Hardy, *Le Désespoir des singes… et autres bagatelles*, *op. cit.*

de temples à la gloire du dieu Disco, où la philosophie est fondée sur les notions de plaisir et d'insouciance, de liberté et de fête. Il s'agit même d'y vivre une sexualité différente en parfaite quiétude. Le phénomène disco, avec ses codes spécifiques (boules à facettes, tenues strass et paillettes, chaussures à plate-forme), marque en somme l'ère de l'hédonisme triomphant, à l'opposé de la génération punk qui incarne la révolte de la jeunesse face aux institutions et prône le désenchantement sociétal (« *no future* »), avant les sombres conséquences du deuxième choc pétrolier et la tragique hécatombe due au sida. Le disc-jockey se place dès lors au cœur du mouvement, il devient la figure majeure de la culture des discothèques, le « passeur », dans le sens de « découvreur », « transmetteur ». De la *playlist* du DJ, les tubes disco envahissent ensuite les hit-parades radiophoniques, emmenés par une foule d'artistes plus ou moins éphémères tels que Grace Jones, Donna Summer, The Ritchie Family, Gloria Gaynor, Chic, Village People, Cerrone, Boney M, Sylvester, Earth, Wind & Fire… Les stars du rock et de la pop s'inspirent bientôt de la tendance, après l'avoir dénigrée : Les Rolling Stones (« Miss You »), Blondie (« Heart Of Glass »), Santana (« One Chain »), Kiss (« I Was Made For Loving You »), Rod Stewart (« Da Ya Think I'm Sexy »)… En France, le disco permet une reconversion providentielle à d'anciens yé-yé, comme Sheila et Claude François (prématurément disparu en mars) qui y voient une sorte de prolongement logique à leur répertoire de chansons populaires chorégraphiées. En s'associant avec le respectable duo créateur de Chic et flanquée de trois danseurs noirs à sa dévotion, Sheila obtient une notoriété planétaire avec son chef-d'œuvre, « Spacer », que beaucoup lui envient.

Faire entrer Françoise Hardy dans les discothèques n'est pas chose aisée, tant elle se trouve embarrassée avec les tempos rythmiques. Son nouvel entourage professionnel ne l'ignore pas mais s'applique à élargir son spectre musical et à installer la chanteuse dans l'air du temps. L'album *Musique saoule* s'écrit sans elle, à l'exception d'un titre, défaitiste, « Perdu d'avance ». Michel Jonasz en est donc l'unique auteur et, bien qu'il se soit appliqué à restituer les mots et les états d'âme de l'interprète, on retrouve parfois des bribes de son langage coutumier, généralement assorti d'allitérations et de calembours pas toujours heureux. « Avec Berger comme avec Jonasz, j'ai eu l'impression de travailler avec des artistes dont je connaissais le travail, mais qui connaissaient moins bien le mien[1] », dira Françoise. Les musiques sont composées à parts égales par Gabriel Yared et Alain Goldstein, sauf celles de deux chansons que Jonasz a entièrement écrites (« Tu m'vois plus, tu m'sens plus » et « Beau Boeing, belle Caravelle »). Pour mettre la chanteuse en confiance, le prévenant trio la fait venir un après-midi dans l'appartement de Yared, à Neuilly, et tous trois lui interprètent dans une bonne humeur communicative l'intégralité de l'album. Elle gardera de cet instant un souvenir impérissable, à la fois joyeux et angoissé : « J'avais l'impression d'être une reine [*rires*], mais en même temps je me disais que jamais je n'allais arriver à chanter ça[2] ! » Contre toute attente, « J'écoute de la musique saoule » ne se révèle pas la chanson la plus difficile à enregistrer. Néanmoins, son très gros succès auprès du public, qui occulte le reste de l'album et vaut à Françoise Hardy une nouvelle génération d'admirateurs, parmi lesquels de nombreux noctambules avertis qui en apprécient la version longue remixée, la contraint à une promotion télévisée intensive où elle s'illustre par une gestualité maladroite et engoncée.

> « J'écoute de la musique saoule
> À rouler par terre

1. *La Revue de la Sacem*, n° 153, 1998.
2. « Comment te dire Hardy ? », épisode du 23 juillet 2016, *op. cit.*

Dans un night-club où déboule
Un funky d'enfer[1]... »

On apprécie, bien sûr, pour son côté événementiel et son inspiration modianesque, le duo avec Jacques Dutronc, « Brouillard dans la rue Corvisart ».

« Si seulement une seule fois
Quelqu'un dans la rue Corvisart
Un homme
Une femme
Juste une seule fois
Brouillard dans la rue Corvisart[2]... »

Mais injustement déconsidéré en raison d'une poignée de titres au rythme chaloupé, entre funk et jazz, et aux saillies verbales maladroites, le LP *Musique saoule* mérite d'être au moins réhabilité pour deux chansons où la suave mélancolie l'emporte superbement sur la rythmique, tantôt désespérée contre le temps qui passe :

« Je m'sens de moins en moins belle
À cause du temps cruel
Et aussi parc'que
Tu m'regardes plus
Tu m'aimes plus
On s'est perdus[3] »,

tantôt se faisant l'écho d'un amour exclusif et éternel :

---

1. « J'écoute de la musique saoule », 1978. Paroles de Michel Jonasz, musique de Gabriel Yared. © Éditions Kundalini/Rideau rouge.
2. « Brouillard dans la rue Corvisart », 1978. *Id.*
3. « Tu m'vois plus, tu m'sens plus », 1978. Paroles et musique de Michel Jonasz. © Éditions Kundalini.

« De l'un du bout du monde à l'autre
Nous deux, nous deux et rien d'autre
Nos cœurs battant *vice versa*
Pour toi le mien le tien pour moi[1]. »

Profitant de l'élan positif insufflé par le single « J'écoute de la musique saoule » et la visibilité que la chanteuse s'est assurée auprès d'un jeune public, la même équipe gagnante exceptionnellement augmentée de Jean-Claude Vannier et de Bernard Ilous s'affaire à la réalisation d'un nouvel opus à paraître au début de 1980. Après *Musique saoule*, on persiste dans l'ambiance éthylique des night-clubs pour trinquer au *Gin tonic* ! Mais, cette fois, on s'éloigne vraiment de l'identité de la chanteuse (Françoise Hardy n'a écrit que la chanson titulaire « Gin tonic », sur une musique de Gabriel Yared) pour céder sans scrupule à la contrainte commerciale, en particulier avec les deux titres choisis pour locomotives : « Jazzy rétro Satanas » et « Juke-box » – le premier remplit moyennement sa fonction, le second pas du tout. Lors des sessions, on comprend que Françoise se soit parfois montrée aussi perplexe que sur la photographie en noir et blanc du recto de pochette, que l'on a voulu furieusement moderne en faisant appel à un collaborateur du magazine *Façade*, emblème de la branchitude parisienne de ce début de décennie créé par deux publicitaires, Alain Benoist et Hervé Pinard, sur le modèle du journal *Influence* d'Andy Warhol : elle y apparaît rencognée dans un frigo, les pieds nus, ses escarpins à talons aiguilles fichés avec un micro dans les balconnets de la porte. Un après-midi, alors qu'elle butait désespérément sur le début de la chanson « Minuit Minuit », écrite par Jonasz comme un clin d'œil goguenard à ses départs précipités du studio à l'heure dite pour obligations maternelles,

1. « Nous deux, nous deux et rien d'autre », 1978. Paroles de Michel Jonasz, musique de Gabriel Yared. © Éditions Kundalini/Rideau rouge.

l'ambiance a été à ce point tendue qu'elle a songé tirer définitivement un trait sur sa carrière – idée qui lui trotte en tête depuis déjà quelque temps : « Gabriel, persuadé que je me foutais de lui, m'a refait le coup de Michel Berger et m'a boudée pendant les deux séances où je m'acharnais sans aucun succès, par incapacité congénitale et non par mauvaise volonté, à chanter correctement ma première phrase de cette chanson : six heures pour une phrase, c'est un cauchemar et une prise de conscience de son incompétence qui font sérieusement envisager la retraite[1] ! »

Les avis sont partagés sur *Gin tonic*, que d'aucuns trouvent d'une qualité irréprochable du point de vue de l'orchestration et d'autres stéréotypé. Avec une trentaine d'années de recul ne s'en détachent que les belles chansons d'amour (« Branche cassée », « Seule comme une pomme », « Si c'est vraiment, vraiment vrai »), dont une à la fois morbide et magique, dernière plage de face B, le meilleur gardé pour la fin, « Que tu m'enterres » – initialement créé par Gabriel Yared lui-même.

> « J'm'en vais, tu pars
> Mais je sais qu'un jour, quelque part
> Une rue, une gare
> On se retrouv'ra comme hier
> Ensemble on vieillira, j'espère
> Oh, oh, je voudrais que tu m'enterres[2]… »

La respectabilité de la chanteuse demeure intacte et ne s'évalue pas en termes de ventes de disques. Admirée tout à la fois par ses pairs et la génération montante, elle figure parmi les invités de marque d'artistes aussi éclectiques que Louis Chedid, Daniel Balavoine, Eddy Mitchell, Alain Souchon,

---

1. Étienne Daho et Jérôme Soligny, *Françoise Hardy, Superstar et ermite*, *op. cit.*
2. « Que tu m'enterres », 1980. Paroles de Michel Jonasz, musique de Gabriel Yared. © Éditions Kundalini/Rideau rouge.

Marie-Paule Belle, Gérard Lenorman, Patrick Juvet ou Dave dans les « Numéro Un » des Carpentier. Par ailleurs, elle est choisie par Philippe Chatel pour incarner la sorcière de son conte musical, *Émilie Jolie*, parmi un prestigieux générique composé de Georges Brassens, Henri Salvador, Julien Clerc, Louis Chedid, Alain Souchon, Laurent Voulzy, Yves Simon, Sylvie Vartan, Isabelle Mayereau, Robert Charlebois. Adaptée pour la télévision par Jean-Christophe Averty, cette comédie musicale à destination des enfants est proposée sur Antenne 2 la semaine de Noël 1980.

Entre *Musique saoule* et *Gin tonic*, Françoise Hardy a poursuivi son apprentissage scrupuleux de l'astrologie, donné des consultations, collaboré à *Quinze Ans*, une revue pour adolescentes, et recueilli divers témoignages de personnalités pour la rédaction du *Grand Livre de la Vierge*, son signe ascendant (avec Béatrice Guénin, Tchou, 1979). Devenue pendant cette décennie l'astrologue attitrée de Radio Monte-Carlo, elle présente en complicité avec le comédien Benoît Allemane « Les signes du destin », un horoscope quotidien réalisé avec le concours éclairé de son ami Jean-Pierre Nicola, puis analyse le thème astral de personnalités en le confrontant à l'étude graphologique dressée par Anne-Marie Simond dans « Entre les lignes, entre les signes », une série de portraits quotidiens qui seront plus tard rassemblés dans un livre.

Mariage et élections…

En 1980, engagé par Jean-Luc Godard pour *Sauve qui peut (la vie)*, Gabriel Yared entame une brillante carrière de compositeur de musiques de films, ce qui ne l'empêche pas de collaborer encore quelque temps avec sa chanteuse préférée : « Vous ne connaissez pas la petite histoire ? J'ai rencontré Jean-Luc dans un bistrot à Saint-Cloud, sur la recommandation de Jacques Dutronc, qui connaissait mes travaux pour Françoise Hardy. Il m'a fait une blague en me disant que

Godard cherchait un compositeur "classique"... Or, je suis un autodidacte ! Mais Dutronc, par humour et aussi peut-être parce qu'il ressentait en moi certaines capacités qui sommeillaient, m'a recommandé à Godard[1]. »

Cependant, Jacques Dutronc revient à la chanson après cinq années exclusivement consacrées au cinéma. Premier volet d'un triptyque scatologique distribué par Gaumont Musique, l'opus *Guerre et pets* (suivront *C'est pas du bronze* et le 45 tours *Merde in France*) a été écrit avec la complicité de Serge Gainsbourg, devenu son meilleur pote de beuverie à la faveur de Françoise Hardy qui a réuni les deux loustics jusqu'alors ennemis. « Je ne le sentais pas, atteste Dutronc. Ou alors, c'est peut-être par jalousie, parce qu'il rôdait autour de Françoise[2]. » Le 26 février 1981, pour célébrer l'événement, le revenant est l'invité d'honneur du « Grand Échiquier », l'émission culte de Jacques Chancel. Naturellement conviée à cette soirée honorifique, en particulier pour chanter en duo « Le Temps de l'amour », revisité dans une version new-wave synthétique, Françoise semble plus traqueuse que son compagnon (le rythme effréné du remix ne la met pas en confiance et la bande orchestre est dans la tonalité de Jacques). Vingt jours plus tôt, la chanteuse apprenait la mort de son père, survenue à l'hôpital où elle devait lui rendre visite. Le vieil homme avait été assommé chez lui par un jeune gigolo peu de temps avant son décès, ainsi qu'elle l'a relaté dans son autobiographie, mais cette agression n'en est pas la cause comme il a été rapporté dans la presse.

Le 20 mars suivant, le couple Hardy-Dutronc, qui met du beurre dans ses épinards en se prêtant à une campagne de pub pour la CX Citroën, fait la une de *Paris Match* pour un dossier spécial sur « les hors-la-loi de l'amour ». « Le mariage ? Si leur fils le demande ! », sous-titre la revue au

1. Cinezik.fr, 3 mars 2006.
2. *GQ*, n° 87, mai 2015.

poids des mots et choc des photos. Pourtant, ils se marient onze jours plus tard et le fiston n'y est pour rien. En réalité, entre la conception de l'article et le jour du mariage, la chanteuse a subi une intervention chirurgicale pour l'ablation d'un fibroadénome et, conformément aux conseils d'un avocat consulté avant l'opération, a estimé préférable d'officialiser sa situation conjugale pour des motifs administratifs liés notamment à la transmission du patrimoine. « J'en ai donc parlé à Jacques, que cette opération inquiétait aussi. Il a trouvé très bien de se projeter dans quelque chose de plus gai que la clinique et ça s'est organisé rapidement[1]. » C'est à Monticello, en Corse, qu'a lieu la noce, dans l'intimité. Là-bas, on est assuré que tout le monde saura garder le secret. « Pour éviter les fuites, je n'ai pas envoyé les bans dans les délais. Lorsque l'administration s'en est émue, j'ai prétexté des problèmes à La Poste[2] », révèle Hyacinthe Mattei, qui est alors le maire. Françoise décrira la journée comme un aperçu significatif de sa relation avec son futur époux. Pour commencer, chacun a fait le voyage séparément, au grand dam de la chanteuse qui déteste prendre seule l'avion. « Pour je ne sais quelle raison, raconte-t-elle, Jacques n'avait pu partir avec moi à Calvi. Il avait fait venir plusieurs amis de Paris et nous nous sommes disputés le jour du "mariage" car il refusait qu'ils viennent à la mairie avec nous. Laisser à la maison des amis qui avaient fait l'effort de venir de Paris pour ce mariage me semblait incorrect et j'ai fini par avoir gain de cause. Après la mairie, j'ai passé toute la soirée à parler dans la cuisine avec mes témoins, Jean-Pierre Nicola (génie de l'astrologie), Gabriel (Yared) et leurs compagnes, tandis que Jacques se divertissait dans le séjour avec les siens. Je suis montée dans notre chambre vers minuit. Au bout de sept ans de relation, on n'ose pas

1. Michel Leydier, *Jacques Dutronc, la Bio*, *op. cit.*
2. *Le JDD*, 20 juillet 2015.

espérer une nuit de noces passionnée, mais j'étais un peu déçue qu'il n'arrive qu'à trois heures du matin, avec juste la force de me demander à l'oreille si j'étais contente, ce qui m'a quand même beaucoup touchée[1]. » Le mari se souviendra plutôt d'une scène d'engueulade et d'un matelas reçu sur la tête. « J'espérais par contre que nous rentrerions à Paris ensemble, poursuit-elle, et je lui avais demandé à plusieurs reprises s'il avait bien réservé sa place d'avion. Finalement, il ne s'était occupé de rien ou plutôt voulait rester en Corse, et m'a raccompagnée à l'aéroport Sainte-Catherine. Le mariage et le séjour n'avaient été embellis par rien de ce dont je rêvais plus ou moins et ma mauvaise humeur m'inspira cette phrase que l'humour rendait amusante mais qui exprimait ma déception sur toute la ligne : "C'est bien la dernière fois que je me marie !" Évidemment, ni lui ni moi n'avions pensé à des alliances[2]. » Elles seront achetées cinq ans plus tard chez Cartier par Dutronc, après une soirée copieusement arrosée avec Gainsbourg. Un anneau de platine que Françoise a longtemps porté au bout d'une chaîne autour du cou, avant qu'il ne lui soit volé lors d'un cambriolage.

Le mariage ne change rien de fondamental à leur relation.

« À mots couverts
Tu parles et glisses
Enfer
De tes mystères
De mes éclipses[3] »,

chante Françoise Hardy dans son vingtième album, *À suivre* , qui sort au printemps, une semaine après son

1. Entretien avec l'auteur, fin décembre 2019.
2. *Ibid.*
3. « Vert ouvert », 1981. Paroles de Françoise Hardy, musique de Gabriel Yared. © Éditions Kundalini/Rideau rouge.

mariage. Gabriel Yared est toujours aux commandes mais, probablement lassés de n'avoir pu satisfaire pleinement la chanteuse avec leurs compositions, Michel Jonasz et Alain Goldstein ont cédé la place à d'autres collaborateurs, plus ponctuels, en l'occurrence Louis Chedid, Pierre Groscolas, Jean-Claude Vannier, Michel Bernholc, Daniel Perreau, Jean-Pierre Bourtayre et Étienne Roda-Gil. Est-ce la contrainte qui a libéré l'écriture de Françoise ? En tout cas, pas moins de sept chansons sur douze bénéficient de sa plume, mais celle-ci s'avère hélas peu inspirée et parfois navrante (« Ça va comme ça », « Tamalou »). En rupture de contrat avec Pathé-Marconi, elle a signé avec le label Flarenasch. Son fondateur et directeur Alain Puglia semble briguer le succès commercial et l'obtient. En premier single, dévoilé avant Noël en prélude à l'album et étrenné dans le « Palmarès 80 » de Guy Lux le 10 décembre, le médiocre mais efficace « Tamalou » fait le bonheur des radios, au grand désespoir de Gabriel Yared qui n'aimait pas ce titre au texte télégraphique et à la musique légère. Lui succède bientôt « Villégiature », au succès moins notoire mais de meilleure facture. Mais s'il fallait retenir une seule plage de ce disque négligeable, ce serait la dernière qui lui donne son titre et évoque un amoureux que l'on dorlote comme un second fils, la seule que Françoise a écrite paroles et musique :

> « Je le protège comme un enfant, fragile, dans le creux de mes bras
> Il me fait peur comme le temps qui passe et que l'on ne retient pas[1]. »

1. « À suivre », 1981. Paroles et musique de Françoise Hardy. © Éditions Kundalini.

Le 26 avril 1981, pour le premier tour de l'élection présidentielle, la gaulliste Hardy donne sa voix au candidat Jacques Chirac et s'abstient le 10 mai, jour historique où la gauche représentée par François Mitterrand l'emporte après vingt-trois années de pouvoir de la droite. Dans la mémoire de la chanteuse, la nouvelle s'accompagne de la vision de son fils Thomas désespéré, inquiet de devoir quitter son collège privé conformément à la volonté du nouveau président de créer un service public unifié et laïque de l'éducation – confié à Alain Savary, futur ministre de l'Éducation nationale, ce projet fut finalement retiré par le président en 1984. Amusé par le phénomène de fuite des capitaux que suscite l'annonce du résultat de l'élection, Jacques Dutronc écrit « Savez-vous planquer vos sous ? ». Évaluant *a posteriori* le bilan de la présidence mitterrandienne, qui sera reconduite en 1988, Françoise Hardy fera état de « dégâts financiers considérables provoqués par ses premières mesures aussi idéologiques que brouillonnes et précipitées » et l'incapacité ensuite à « redresser la barre », en approuvant cependant « l'abolition de la peine de mort ainsi qu'une contribution majeure à la progression de la construction européenne », et reconnaissant à l'homme Mitterrand « sa personnalité énigmatique, sa classe, sa culture, son brio, son habileté, son charisme aussi, [qui] lui conféraient une dimension qui aura fâcheusement manqué à certains de ses successeurs[1] ». Quant à l'hostilité farouche du nouveau chef de l'État à l'égard de son concurrent, le jeune Michel Rocard, la chanteuse qui voue à ce dernier une grande estime ne manquera pas de la déplorer. En 1992, alors qu'il s'apprête à quitter l'Élysée où il a eu l'honneur d'être reçu pour un déjeuner en tête à tête avec le président, Jacques Dutronc reçoit des mains de ce dernier un bouquet

1. Françoise Hardy, *Avis non autorisés…*, *op. cit.*

de fleurs avec ces mots : « Vous remettrez cela à celle qui ne m'aime pas ! »

Fausse sortie

Au début de 1982, Françoise Hardy vient applaudir sa consœur France Gall au palais des Sports de Paris. Avec « Il jouait du piano debout », « Si, maman, si », « Tout pour la musique » et « Résiste », la muse de Michel Berger a entamé une prestigieuse décennie et son spectacle tient l'affiche pendant cinq semaines à guichets fermés. Dans la loge, les deux artistes bavardent de choses et d'autres, en particulier du temps qui passe et du moment fatidique où il serait raisonnable de raccrocher. La quarantaine approchant, elles tombent d'accord sur l'idée de ne plus chanter passé ce cap. À quelques années près, France Gall tiendra parole. La décision de Françoise est prise bien plus tôt, mais ne sera pas définitive. Son vingtième album, enregistré dans le tout nouveau studio Plus XXX, au cœur des Buttes-Chaumont, annonce *Quelqu'un qui s'en va*. Il est publié au printemps, avec une photo de pochette réalisée par Serge Gainsbourg : un portrait d'elle en gros plan, un chapeau sur ses cheveux coupés court, une mèche masquant ses yeux et une main posée sur son visage hilare. L'intitulé, emprunté à la deuxième plage du disque, s'applique aussi à Gabriel Yared qui signe là sa dernière collaboration avec la chanteuse. La moitié de l'album a été composée par ses soins, Françoise en apprécie les mélodies mais déplore la médiocrité des textes qu'il lui impose, lesquels ont été écrits par Carole Coudray, ancienne journaliste de la revue *Elle* dont il est tombé amoureux. On trouve comme autres contributeurs Michel Fugain (« Tabou » et « L'Auréole néon »), Daniel Perreau (« En scope et en stéréo ») et Alain Souchon, qui lui a apporté sans doute la chanson la plus biographique, avec son style si reconnaissable, « C'est bien moi » :

«Je voudrais qu'i'm'caresse
Et i'm'caresse pas
J'veux qu'i'm' dise qu'i m'aime
Et i me l'dit pas
Ça m'rend malheureuse, ces différences-là
C'est bien moi d'aimer c'garçon qui m'aime pas[1].»

«J'ai fait cette chanson, sans bien m'y connaître sur le couple qu'elle forme avec Jacques, déclare Alain Souchon. C'est des gens que j'adore tous les deux, alors dans ma chanson j'ai fait comme s'il était assez nonchalant et qu'il se foutait un peu d'elle, parce qu'il se donne cet air-là, l'air de se foutre de tout[2].»

«Tirez pas sur l'ambulance» et «Tabou», portés par les cuivres de Michel Cœuriot et extraits en singles, sont les chansons qui balancent et que l'on retient, avec la lancinante et nostalgique «Mazurka». Une reprise de Gainsbourg, «Ces petits riens», complète cet opus qui laisse un arrière-goût de frustration à l'auditeur. Alors, partir… «J'y pensais, dit Françoise, mais quelques imperfections dans les textes m'avaient laissé un sentiment d'insatisfaction, d'autant que certaines mélodies étaient géniales. Nous avions donc décidé avec Gabriel de finir sur un album dont il ferait toutes les musiques et moi, tous les textes, ayant constaté que j'étais généralement plus à l'aise sur mes propres textes. Ce disque "idéal" n'a pas pu se faire car il voulait que j'écrive d'abord les textes, et moi qu'il compose les musiques avant toute chose. J'ai commencé, malgré tout, à écrire des textes, mais il était d'une exigence cauchemardesque. Les choses traînaient[3].» De guerre lasse, elle s'en remet à Louis Chedid, devenu ami de la famille. Ensemble, ils écrivent «Moi vouloir

1. «C'est bien moi», 1982. Paroles et musique d'Alain Souchon. © Éditions Kundalini/Alain Souchon.
2. Gilles Verlant, *Françoise Hardy, Ma vie intérieure*, *op. cit.*
3. *Platine*, n° 10, *op. cit.*

toi », qui sort en single en 1984, couplé avec « Casse pas toute ma maison », et obtient un gros succès commercial. « Quand Gabriel l'a entendu, il m'a reproché de ne pas lui avoir proposé le texte en priorité. Il ne se rappelait même pas que je lui en avais apporté l'idée de départ[1]. » La complicité musicale entre Yared et Hardy s'achève sur un autre projet inabouti, la chanson « Comme une valse » écrite pour le générique du film de Jean-Jacques Beineix *La Lune dans le caniveau*, en 1983, et finalement écartée – on la retrouvera dix ans plus tard sur la double compilation CD *Les Années Flarenasch 1980-1990.*

En quête d'un nouveau partenaire professionnel, Françoise Hardy va le rencontrer par l'entremise du coiffeur de Thomas, à l'hôtel PLM-Saint-Jacques (aujourd'hui Paris Marriott Rive Gauche Hotel & Conference Center). Celui-ci, prénommé Ivan, s'étonne que l'on n'entende plus la chanteuse sur les ondes. Comme elle se plaint de ne pas trouver de bons mélodistes, il se propose de lui faire connaître Jean-Noël Chaléat qui a composé quelques pépites pour Alain Chamfort, notamment « Manureva », « Géant » et « Palais-Royal ». Rendez-vous est pris deux jours plus tard autour de deux musiques apportées par le nouveau venu. Françoise les trouve intéressantes, mais n'est pas certaine qu'elles lui conviennent. Le lendemain, elle a posé des mots sur l'une d'entre elles et changé d'avis. Elle appelle le compositeur et tous deux entrent bientôt en studio pour procéder à l'enregistrement de « VIP », qui passera beaucoup en radio et pénétrera timidement le Top 50. Sur l'autre musique, Françoise a écrit « Jamais synchrones » qui couvre la face B du single. La même année, elle a apporté sa contribution et son talent d'autrice à Diane Tell sur trois plages de l'album de cette dernière, *Faire à nouveau connaissance*, dont la chanson titre qui sera un petit succès. En 1987, c'est Julien Clerc qui bénéficie de sa plume sur *Les Aventures à l'eau*...

1. *Ibid.*

VII

1988-2012

« ME PASSER DU MYSTÈRE DE MISTER »

> « *Qu'y a-t-il sous votre carapace ?*
> *Quels jardins secrets ?*
> *L'un après l'autre*
> *Tout est passé*[1]... »

Pour qualifier sa relation avec Jacques Dutronc, Françoise Hardy évoque des années de vie peu communes. « Ce qui m'aura aidée à supporter cette relation très difficile, dit-elle, c'est de sentir qu'il y avait une réciprocité derrière l'absence. C'est pour cela que je ne suis jamais partie[2]. » Et d'ajouter, par ailleurs : « Que j'aie pu rester si longtemps amoureuse de lui tient à son mystère, à son insaisissabilité, à ses absences

1. « Mister », 2010. Paroles et musique de La Grande Sophie. © Éditions Spin Off/LGS Miousic.
2. *Le Figaro*, 25 mars 2010, *op. cit.*

prolongées et fréquentes. Cela a entretenu un état de manque qui, dans un premier temps, attise la flamme, mais finit par l'éteindre dans un second[1]. »

En 1988, la flamme est vacillante. « Une miss s'immisce » dans l'intimité de Jacques. Une aventure sans lendemain. Se référant dans *Paris Match* à la situation politique qui a obligé le président Mitterrand à affronter une nouvelle majorité parlementaire et à devoir gouverner avec Jacques Chirac comme Premier ministre, Françoise Hardy déclare, lapidaire : « En amour, la cohabitation ça existe aussi[2] ! » Et s'épanche par écrit :

> « Tu as tout pour toi, comment pourrait-elle résister ?
> Le charme de l'inédit
> L'attrait de l'interdit
> Ont fait le reste, moi je suis
> De trop ici[3]… »

Mais bientôt, c'est à son tour d'être infidèle. Et cela dépasse le stade de la simple passade. Un coup de foudre imprévisible « pour un homme particulièrement brillant et ambigu[4] », dont elle garde l'identité secrète, la jette pendant plusieurs années dans les affres d'un amour destructeur qu'elle n'espérait pas devoir revivre un jour. « Si la passion qui me submergea à la fin de l'année 1988 obéit au même schéma que les précédentes, écrit-elle dans son autobiographie, elle m'éprouva davantage encore, dans la mesure où tout s'y opposait : l'éloignement géographique et la rareté des moments qui s'ensuivait, la transgression – ni lui ni moi n'étions libres

1. *Gala*, n° 1069, *op. cit.*
2. *Paris Match*, n° 2037, 10 juin 1988.
3. « Je suis de trop ici », 1988. Paroles de Françoise Hardy, musique de Jean-Noël Chaléat. © Éditions Kundalini.
4. Françoise Hardy, *Le Désespoir des singes… et autres bagatelles*, *op. cit.*

– et la clandestinité obligées… Entre autres[1]… » Jean-Marie Périer, à qui elle s'en confesse, lui recommande de ne pas prendre une décision radicale qui pourrait se révéler très perturbante pour elle comme pour Jacques Dutronc. D'autant que depuis octobre 1987, à la suite d'un grave malaise, ce dernier a cessé de s'alcooliser et traverse une période difficile marquée par l'anxiété et la dépression. « Étrangement, je ne me suis rendu compte que très tard de son problème avec l'alcool, confesse Françoise. Cela tient à ce que même à partir du moment où nous avons vécu ensemble – au bout de sept années de relation – je ne le voyais pas beaucoup. Il partait déjeuner dehors et rentrait dîner en disant qu'il était "mort" et en se plaignant de l'excès de chauffage. C'est très progressivement que j'ai réalisé que sa mauvaise humeur, son épuisement et le fait d'avoir toujours trop chaud venaient de ce qu'il avait dû pas mal picoler. Curieusement, il m'est toujours apparu comme un jouisseur, un bon vivant qui boit parce qu'il aime ça, parce que c'est bon, et non pour fuir un problème existentiel[2]. » Dans les films qu'il tourne à cette période, *Mes nuits sont plus belles que vos jours* d'Andrzej Zulawski, puis l'excellent *Van Gogh* de Pialat qui lui vaut le César du meilleur acteur, Dutronc apparaît très amaigri et de folles rumeurs courent sur son état de santé – on va jusqu'à annoncer sa mort. Françoise lui révèle sa relation adultère trois ans plus tard, une nuit de pleine lune. La réaction est violente et douloureuse. « Je lui disais, sans y croire du tout, tu sais un jour tout cela ne me fera ni chaud ni froid. Et c'est exactement ce qui s'est passé. Un beau jour, c'était fini. Et, là, il en a bavé[3]. » En 1997, lui-même fait la rencontre lors d'un tournage – *Place Vendôme*, de Nicole Garcia – de Sylvie Duval, maquilleuse du film, avec qui il va se mettre

1. *Ibid.*
2. Michel Leydier, *Jacques Dutronc, la Bio*, *op. cit.*
3. *Elle*, n° 3626, 26 juin 2015.

en couple. Mais Françoise et Jacques ne divorcent pas. Leur relation évolue vers une « amitié particulière ».

Décalages et dérapages

L'album *Décalages*, dont Françoise Hardy a écrit tous les textes et son « frère d'adoption » Jean-Noël Chaléat la moitié des musiques, sort le 2 mai 1988 ; il est annoncé comme le testament discographique d'une chanteuse en fin de contrat avec sa maison de disques et décidée à en rester là. Alors qu'elle émet le souhait de réaliser un album irréprochable, dont chaque titre serait un single potentiel – on adapte « Waiting for the Right Time » de Barclay James Harvest et convoque comme autres compositeurs Jean-Pierre Mader (« Dire tout »), Étienne Daho (« Laisse-moi rêver ») et deux de ses complices musiciens : Rico Conning (« Vibrations ») et Boris Crépinior du groupe Tobo & Les Flammes (« Arrêtons ») –, Françoise se heurte à diverses contrariétés, à commencer par l'impossibilité d'obtenir le producteur voulu, David Richards (connu pour ses collaborations avec Queen, Iggy Pop ou David Bowie), indisponible jusqu'en avril, date à laquelle le directeur de Flarenasch a fixé la date de sortie du disque, et l'obligation de se rabattre sur un autre Anglais nommé Stephen Stewart-Short, qui a notamment travaillé sur un album de Julien Clerc, loin d'être le meilleur (*Femmes, Indiscrétion, Blasphème*), et s'avère adepte des synthétiseurs et autres périphériques virtuels, alors que Françoise préfère une sonorité acoustique. Dans le studio Guillaume Tell de Suresnes où les sessions s'étendent entre février et avril, la chanteuse sympathise bientôt avec un jeune assistant de vingt-quatre ans, Palois de naissance, nommé Alain Lubrano, lequel n'hésite pas à outrepasser le périmètre défini par son poste et à donner ses impressions sur la funeste tournure que prennent les événements. Une incompatibilité d'humeur avec le producteur, ajoutée à son incompétence, achève de rendre les sessions laborieuses. C'est au moment du mixage que l'on prend la mesure du désastre. Appelé à la rescousse par Roland Guillotel, propriétaire du studio, l'ingénieur du son Dominique Blanc-Francard se souvient : « Je suis arrivé un peu comme un plombier devant une énorme fuite d'eau : il fallait faire un constat, regarder ce qu'il était possible de faire et comment réparer[1]. » En bon technicien, patient et compétent, il rend justice en particulier au titre qui fera le succès du disque, « Partir quand même », annonciateur de la retraite volontaire de son interprète qui, privée de diffusion radiophonique, se voit contrainte de mener une vaillante promotion télévisée. Cette chanson est en outre portée par un très beau clip en noir et blanc dans lequel on aperçoit Jacques Dutronc, qui en avait composé la musique pour son album *CQFD* et ne l'avait finalement pas retenue en raison d'une orchestration inopportune. Françoise tient à préciser que le texte de « Partir quand même » a été écrit pour Dutronc et que, par conséquent, le personnage qui s'exprime à travers ces mots est un être au comportement fuyant. « Je n'ai pas du tout la même attitude dans la vie que celle qui est décrite dans la chanson, j'ai plutôt l'attitude inverse[2] », insiste-t-elle.

> « Partir quand même
> Au moment fort
> Briser les chaînes
> Qui me lient à son sort[3]... »

La volonté d'arrêter de chanter, qui sert d'efficace argument de vente – un disque d'or récompense bientôt cent

1. « Comment te dire Hardy ? », épisode du 30 juillet 2016, *op. cit.*
2. « Matin Bonheur » (France 2), 13 octobre 1989.
3. « Partir quand même », 1988. Paroles de Françoise Hardy et musique de Jacques Dutronc. © Éditions Kundalini/Flarenasch Music.

mille copies –, se conjugue à l'expression d'une amoureuse « au bord de la démission[1] », proche d'être délivrée d'une emprise, désireuse de respirer et se laisser rêver ailleurs.

> « Je t'ai adoré, haï
> Je t'ai encensé, maudit
> À l'infini
> Assez ri
> Tu m'as blessée, trahie
> Je me suis blindée, durcie
> Mais pas guérie[2]… »

Au lendemain du 8 mai qui voit la réélection à la présidence de la République de François Mitterrand pour un second septennat, Françoise Hardy rencontre deux jeunes journalistes créateurs d'une revue musicale éphémère, *Rockland*, pour assurer la promotion de son disque. On parle musique dans une ambiance décontractée, en sirotant une boisson chaude. L'interview achevée, la conversation s'éternise *off-the-record* et bifurque sur l'actualité politique, suffisamment brûlante pour donner lieu à commentaires. Sans soupçonner le moindre traquenard, la chanteuse se laisse aller à exprimer sa vive déception et le mépris farouche que lui inspirent les gens de gauche, à commencer par leur propension à dénigrer systématiquement les gens de droite (l'inverse ne serait-il pas vrai ?), versant volontiers dans cette typologie caricaturale d'une gauche en faveur des actions sociales et d'une droite au service de l'économie. « Jamais je n'aurais imaginé qu'on retranscrirait des opinions politiques que je pouvais dire comme ça, comme je les dis à n'importe qui, en sachant que ça ne

1. « Arrêtons », 1988. Paroles de Françoise Hardy et musique de Tobo. *Id.*
2. « Avec toute ma sympathie », 1988. Paroles de Françoise Hardy et musique de Jean-Noël Chaléat. *Id.*

va pas sortir de chez moi[1] », s'indignera-t-elle *a posteriori*. (Cela dit, elle se laissera de même aller à défendre ses opinions dans l'émission « Bains de minuit », interviewée par Thierry Ardisson, le 13 mai, arguant que la démagogie et la fourberie fonctionnent mieux que la probité.) Et elle poursuit donc. À ses deux interlocuteurs qui supposent que ses consœurs et confrères artistes doivent s'étonner de ses prises de position, elle approuve avec fougue : « Évidemment, puisqu'ils sont tous à gauche ! » Et de rapporter un récent et vigoureux échange entre le chanteur Renaud et elle-même lors du dîner de gala des dernières Victoires de la musique, à propos notamment des forces de l'ordre que le « chanteur énervant » qui n'embrassait pas encore les flics avait tendance à mépriser de façon radicale tandis que sa contradictrice estimait que leur intervention musclée en période d'attentats s'avérait plutôt réconfortante ; puis, le ton devenant plus vif, chacun s'acharnant à défendre son ministre de la Culture favori, ou plutôt fustigeant avec force jurons celui qui n'avait pas sa faveur : « Il [Renaud] commence à traiter Léotard de merde, de salope..., moi je ne peux pas ne pas réagir... Moi je dis que l'ordure ce n'est pas Léotard, c'est Lang... Il me répond : "De toute façon, je vomis les gens qui votent à droite[2]." » Une ambiance bon enfant, comme on peut en juger ! Vexé d'être ainsi mis en cause, Renaud exerce son droit de réponse à travers une lettre adressée à la chanteuse par voie de presse : « Outre le fait que vous vous permettiez de relater en public une conversation tenue en privé, ce qui est impoli, vous déformez (à dessein ?) mes propos, ce que je ne saurais tolérer. Jamais, en effet, votre ami Léotard, dont vous êtes incapable de dire ce qu'il fit en deux ans pour la culture n'a été traité par moi de "merde" ou de "salope". Ce monsieur ne

1. *Les Inrockuptibles*, n° 22, *op. cit.*
2. *Rockland*, n° 2, juin 1988.

mérite pas à mes yeux un tel excès d'indignité. Les qualificatifs de "nul" ou d'"enfoiré" me paraissent suffisants, et ce furent sûrement ceux-là que j'employai. C'est aussi me soupçonner de beaucoup d'intolérance que de prétendre que je "vomis les gens qui votent à droite". Vomir la droite qui exploite, qui truande, qui expulse, qui assassine en Kanakie[1], suffit à mon indigestion[2]. » Françoise Hardy ne s'en tient pas à son altercation avec Renaud, elle persiste sur le thème politique en abordant plusieurs sujets brûlants, dont la progression du Front national et les propos controversés de son dirigeant, Jean-Marie Le Pen (surnommé « Le-Pen-à-jouir » par Dutronc). Estimant que celui-ci « exprime tout haut ce que beaucoup de Français pensent tout bas », mais précisant qu'elle ne voterait jamais pour lui, elle reprend quelques-unes de ses reparties qui lui semblent intéressantes, en particulier quand il dit se révolter contre toute forme de racisme, à commencer par le « racisme anti-Français ». « Parce que c'est vrai qu'on ne parle pas du racisme anti-Français, qu'il y a des milieux où on a plus de chances d'entrer si on n'est pas français. Je ne vois pas pourquoi ça a fait un tollé pareil », s'enlise-t-elle deux ans plus tard dans une interview pour *Les Inrockuptibles*, ajoutant : « Évidemment, dans l'idéal, tout le monde

1. Renaud fait ici allusion à l'assaut de la grotte d'Ouvéa, en Nouvelle-Calédonie, le 5 mai 1988, qui fut au cœur de la bataille présidentielle. Ce jour-là, sur décision du Premier ministre Jacques Chirac, des forces spéciales françaises et le GIGN prennent d'assaut cette grotte où sont détenus une vingtaine de gendarmes par des indépendantistes kanaks. Au terme de combats très violents, dix-neuf ravisseurs et deux militaires sont tués. C'est l'épilogue d'une crise dont l'issue sanglante est largement imputable au climat tendu d'une élection présidentielle qui oppose le Premier ministre sortant, Jacques Chirac, et le président, François Mitterrand (*cf.* « Grotte d'Ouvéa : "La République a été dévoyée pour des raisons de basse politique" ». *Le Monde*, 2 novembre 2011.)
2. Ce droit de réponse est consultable dans la rubrique « Le Kiosque à journaux » du site Internet Le HLM des fans de Renaud.

est contre le racisme, qui est une très mauvaise chose. Mais c'est un idéal, il y a aussi une promiscuité, qui, pour certains, doit être très difficile à vivre[1]. » Sur le même thème épineux, elle en vient à l'antisémitisme : « Je disais qu'il y a des gens qui étaient d'origine juive et qui forcément ne pouvaient pas avoir la même attitude que les autres – étant donné ce qui s'est passé, étant donné qu'ils en ont été victimes au point que l'on sait – vis-à-vis de tout ce qui a un relent de racisme. Je disais que, justement, le fait qu'ils en aient été victimes à ce point donnait à certains d'entre eux une paranoïa vis-à-vis du racisme et qu'ils avaient tendance à le voir partout[2]. » Dans son droit de réponse revanchard, Renaud ne mâche pas ses mots et revenant sur la conception propre à la chanteuse de l'engagement politique chez les artistes : « Lorsque ceux-ci ne sont pas de "gauche", "simplificateurs", "exploiteurs de l'apartheid", ils sont d'origine juive, ce qui semble constituer à vos yeux le sommet du manque de sincérité. Chère Françoise Hardy, vous dites que "passer son temps à dénoncer le racisme, ça peut finir par le provoquer", je ne passerai donc pas plus de temps à dénoncer votre connerie, de crainte d'en provoquer plus. » Et le chanteur énervé n'hésite pas à qualifier son ennemie du moment de lepéniste, bientôt rejoint par son pamphlétaire de frère, Thierry Séchan, qui, d'abord dans le magazine *Paroles et Musique* de juillet 1988, signe un éditorial titré « Hardy dérape, pédale dans le vomi », puis dans plusieurs ouvrages, dont *Nos amis les chanteurs* (Les Belles Lettres, 1993), prend plaisir à la taxer de « chauvinisme minable et nationalisme nauséabond ».

La confiance que Françoise Hardy accordait aux journalistes prend un sacré coup dans l'aile. « J'avais dit éprouver de la sympathie pour Raymond Barre, que je trouvais

1. *Les Inrockuptibles*, n° 22, *op. cit.*
2. *Ibid.*

intègre, comme je trouvais intègre Michel Rocard, se rebiffe-t-elle. On m'a cataloguée de droite, même d'extrême droite. Moi qui ne me sens ni franchement à droite ni franchement à gauche. La rumeur s'est amplifiée. Je me suis sentie détruite, finie, assassinée[1]. » Lorsqu'on la questionnera dans le journal *Le Monde* à propos du projet culturel du Front national, elle fera cesser la rumeur par un procès qu'elle gagnera.

> « Quelle vie de chien
> Quel monde de loups
> Bien malin
> Qui me dira où
> Trouver la douceur
> Échapper aux nouveaux délateurs[2] »,

chantera-t-elle en 2000.

C'est dire l'ampleur que prend ce dérapage médiatique, ses conséquences cuisantes et sa persistance, au grand désespoir de la chanteuse qui regrettera amèrement sa naïveté et la teneur lacunaire de ses propos. « Depuis, j'ai pris davantage conscience des différences ethnico-socioculturelles qui séparent les êtres, tout en pensant que les affinités du cœur et de l'âme pèsent bien plus lourd dans la balance et ont le merveilleux pouvoir de transformer les oppositions en complémentarités[3] », écrira-t-elle dans son autobiographie. Sa discorde avec Renaud prendra fin à la faveur d'un tête-à-tête où chacun reconnaîtra ses torts, elle son égarement, lui sa réaction violente. Le chanteur lui témoignera en outre son respect et son admiration pour sa carrière artistique. Ils ne seront jamais amis pour autant.

---

1. *L'Express*, 27 avril 2000, *op. cit.*
2. « Duck's Blues », 2000. Paroles de Françoise Hardy, musique d'Alain Lubrano. © Éditions Kundalini.
3. Françoise Hardy, *Le Désespoir des singes… et autres bagatelles*, *op. cit.*

Là pour personne ?

Pendant huit ans, Françoise Hardy ne chante plus, ou presque ; elle occupe ce temps à écrire pour d'autres : Jean-Pierre Mader (« En résumé, en conclusion »), Julien Clerc (« Fais-moi une place »), Khalil Chahine, puis Viktor Lazlo (« Clair-obscur »), Patrick Juvet (« Solitudes »), Guesch Patti (« Un peu… beaucoup »). Sur une mélodie puissante apportée par son ami Jean-Noël Chaléat, elle pense même à Johnny en écrivant « Thanatos », mais la chanson n'est pas retenue par l'intéressé ! Elle reprend à son compte « En résumé, en conclusion », dont elle n'aime pas la version enregistrée par Mader, et « Fais-moi une place », qu'elle chantera en duo avec Julien Clerc en 1991 lors d'un show télévisé consacré au chanteur. Enregistrées aux Mountain Studios de Montreux sous la direction artistique de David Richards, le producteur souhaité mais indisponible pour *Décalages*, ainsi que trois anciennes pépites revisitées de son répertoire, « Je ne suis là pour personne », « Il voyage » et « Les Petits Garçons », les deux chansons sont réunies dans un *Best of* couvrant la période de 1969 à 1989 et intitulé *Vingt ans, vingt titres*. « Nous les avons réalisées en un temps record de douze jours avec une production impeccable[1] », se félicite-t-elle. Alors qu'elle avait juré de ne plus apparaître en télévision pour chanter, elle se résout à assurer la promotion de ce double *long play* de compilation, d'abord en reprenant « Laisse-moi rêver » dans « Lunettes noires pour nuits blanches », de Thierry Ardisson, « Télé Caroline » de Caroline Tresca, « Du côté de chez Fred » de Frédéric Mitterrand ou « Champs-Élysées » de Michel Drucker, entre janvier et avril 1989. « Je ne suis là pour personne », illustré d'un vidéo-clip, prend le relais en fin d'année. On la retrouve le 23 septembre dans

1. *Platine*, n° 10, *op. cit.*

« Champs-Élysées » où elle donne la réplique à sa copine Sheila dans « That'll Be the Day », avant d'aller assister à ses (faux) adieux à l'Olympia. Puis, elle défend sa version d'« En résumé, en conclusion » entre mars et juin 1990. Elle poursuit parallèlement ses activités d'astrologue en écrivant des articles dans le journal suisse *Le Matin* et en animant le samedi sur Antenne 2 une rubrique dans « Télé Zèbre », de Thierry Ardisson.

Depuis leur rencontre en studio lors de l'enregistrement de *Décalages*, Françoise Hardy et Alain Lubrano entretiennent des liens d'amitié très forts, ancrés autour de qualités communes, un penchant pour la mélancolie et les humeurs sombres, un caractère entier, une exigence quasi maniaque, même s'ils s'opposent par leur vision du monde et leurs goûts artistiques. « J'ai rencontré Françoise par hasard mais je n'étais pas du tout fan d'elle, c'est pas du tout le genre de musique que j'écoute habituellement, dira Lubrano. À la limite, tout ce qui était chanteur français, je rejetais. J'étais plus branché rock alternatif[1]. » Le charisme de ce garçon attire de prime abord la chanteuse, puis très vite elle apprend qu'il souffre de graves problèmes cardiaques, ce qui motive sans doute chez lui une volonté d'avancer et d'imposer ses choix sans compromissions, et surtout elle s'entiche de sa musique et trouve à son contact la possibilité de se renouveler artistiquement. Intéressé par ce jeune compositeur, Alain Puglia manifeste l'intention de lui signer un contrat, mais suggère à Françoise de l'éditer elle-même sur un label qu'elle créerait, Vibration, et qui lui permettrait d'entamer une activité de directrice artistique. L'expérience tourne court. « Ça m'a amenée à me trouver dans des situations nouvelles d'intermédiaire entre l'artiste et la firme, ça m'a amenée aussi à passer beaucoup de temps à écouter des cassettes pour trouver d'autres artistes pour mon label et là je dois dire qu'après

1. *Le Soir* (Belgique), 2 juin 1993.

quelques mois d'expériences, je ne pense pas du tout que ce soit ma voie, je ne pense pas que je vais continuer[1] », décrétera-t-elle au bout d'un an d'exercice. Alain Lubrano sera donc le seul artiste signé sous ce label. Délesté de son travail de technicien de studio, il se consacre entièrement à la composition et Françoise Hardy va poser des textes sur huit de ses musiques en vue de son premier album *Eaux troubles* – les deux autres chansons sont écrites avec la complicité d'Olivier Jeandel, un ami d'enfance de Lubrano, et Françoise se réserve la neuvième, intitulée « Profil », qu'elle enregistre pour une campagne publicitaire au Japon. Écrire la quasi-totalité d'un album pour quelqu'un d'autre exige de travailler au plus près de sa personnalité et s'imprégner de son histoire, de son univers. « C'est en écoutant la musique de la première chanson "La Fuite en avant" que des idées me sont venues et ainsi de suite, raconte Françoise Hardy. En fait, c'est la première fois que je travaille comme ça d'après des indications. Parfois des bouts de phrase existaient dans les maquettes. Avec déjà un univers qui était là, mon travail a consisté à m'y tenir, à le développer. J'ai perçu Alain comme un funambule guère expert en funambulisme et qui pouvait se faire happer par le vide. J'ai écrit dans ce sens-là. J'avais déjà fait ça avec Jacno qui est quelqu'un de très destructeur et autodestructeur et c'est intéressant d'écrire pour des gens comme ça. On est toujours un peu fasciné par ce qu'on n'est pas. Quand en plus, c'est quelqu'un qui vous est proche, il n'y a aucune hésitation[2]. » Pour s'investir plus avant et donner une meilleure visibilité à son interprète, elle s'associe à lui le temps d'un duo, « Si ça fait mal », composition à la superbe ligne mélodique et aux sonorités très modernes initialement destinée à Dani. Françoise Hardy l'enregistre dans un premier temps en solo pour le double CD collectif *Urgence*, initié par

1. *Ibid.*
2. *Ibid.*

Étienne Daho au profit de la lutte contre le sida, avant que le duo soit improvisé *live* dans « Fréquenstar », portrait de la chanteuse par Laurent Boyer diffusé le 15 novembre 1992 sur M6, et ajouté en bonus à l'album d'Alain Lubrano.

> « Si tu m'arrêtes encore pour panser le mal fait sans
> [y penser
> Je t'inciterai à me chasser peu à peu de tes pensées
> Si tu m'arrêtes encore pour changer ton mal en bien
> [prolongé
> Je ferai tout pour désagréger cet amour non partagé[1]. »

Les deux artistes mènent une promotion tambour battant, présentant le disque en *showcase* et sur divers plateaux télé, dont un *live* dans « Taratata » – c'est dire la motivation de Françoise ! Un vidéoclip très esthétique, réalisé par Lewis Furey, est diffusé régulièrement sur la chaîne musicale M6. Mais rien n'y fait : l'album est un échec commercial. « Alain travaillait énormément, mais il lui manquait ce qui fait la force d'artistes à succès : la puissance vocale, l'énergie. Ce qui clochait dans notre association, c'est que ces qualités-là me font également défaut[2] », explique Françoise. Cela ne les empêchera pas de poursuivre cette association jusqu'à la mort prématurée du compositeur funambule, en 2011.

Le rouge et le noir

L'année 1991 s'avère particulièrement éprouvante pour Françoise Hardy. Empêtrée dans sa nouvelle passion amoureuse, impossible et dévastatrice, elle doit faire face à la réaction inattendue de Jacques Dutronc qui, heurté à l'idée d'être remplacé et blessé dans son amour-propre, manifeste

1. « Si ça fait mal », 1992. Paroles de Françoise Hardy, musique d'Alain Lubrano. © Éditions Kundalini.
2. *Libération*, 16 juin 2011.

son chagrin par des accès de violence sans doute exacerbée par le sevrage alcoolique, avant de se dissimuler derrière un masque de mutisme et de froideur. Bientôt, alors que sa maison de disques attend de lui un nouvel album (ce sera *Brèves Rencontres*, préfacé par Patrick Modiano et publié en 1995), le chanteur demande en contrepartie le financement locatif d'une maison d'architecte à Plaisir, dans les Yvelines, afin d'y travailler en toute quiétude. Une façon aussi de marquer la distance avec son épouse. Sa rencontre avec Linda Lê, une jeune romancière de talent qui lui écrit trois textes pour son album, aurait excédé le cadre professionnel. Invitée le 15 décembre dans l'émission de Caroline Tresca, « À vos amours », Françoise Hardy paraît désabusée, évoquant le sentiment amoureux comme une « saloperie synonyme de souffrance ». En plein marasme affectif, le couple a enterré un ami, Serge Gainsbourg, décédé le 2 mars, puis chacun perd sa mère à quelques mois d'intervalle. Deux ans plus tôt, découvrant qu'elle était atteinte de la maladie de Charcot, Madeleine Hardy avait pris la résolution, avec l'assentiment de sa famille et le concours d'un médecin, de mettre un terme à sa vie avant que celle-ci ne se trouve entravée et dépendante. Tout se déroule selon son souhait, au début du mois de juillet. Puis, en fin d'année, c'est au tour de Madeleine Dutronc de décéder dans son sommeil. Jacques, dévasté, vient l'annoncer à Françoise, rue Hallé, à la manière d'un petit garçon : « Ma maman est morte. » Thomas, dix-huit ans, est très affecté. « À quelques mois de distance, il avait perdu ses deux grands-mères qui le chérissaient, ainsi qu'un grand ami, écrira Françoise. Et pour son père et moi, l'année 1991 n'aurait pas été facile non plus : nous avions bien des deuils à faire nous aussi, et pas seulement celui des personnes disparues[1]. » Au mois d'août suivant, c'est Michel Berger qui s'en ira brutalement…

1. Françoise Hardy, *Le Désespoir des singes… et autres bagatelles*, *op. cit.*

En cette décennie qui voit émerger la brit pop, le grunge ou le rock alternatif, Françoise Hardy se redore un blason entaché par ses récentes déclarations politiques à l'emporte-pièce, à la faveur de musiciens d'outre-Manche qui la choisissent pour partenaire, le temps d'un duo. Ce sera le cas de Damon Albarn, leader de Blur, que l'on prendrait volontiers pour une sorte de jeune cousin éloigné de Jacques Dutronc tant la ressemblance est frappante, pour le titre bilingue « To the End (La Comédie) », dont la version originale figure sur l'album *Parklife* du groupe, en 1994. Les paroles françaises, écrites par Françoise, sont évocatrices d'une histoire très personnelle :

> « La comédie du grand amour
> Je ne vous ferai pas l'honneur de la jouer jusqu'au bout
> De vous la jouer jusqu'au bout[1]... »

Quelques mois plus tôt, pour son opus consacré au Paris jazz pop des années 1950 et 1960, Malcolm McLaren (ancien manager des Sex Pistols) a arrêté son choix sur quatre icônes féminines emblématiques de la Ville lumière en ces temps-là, à savoir Juliette Gréco, Jeanne Moreau, Catherine Deneuve et Françoise Hardy. Seules les deux dernières répondent positivement à son offre. Pour « Revenge of the Flowers », la chanson choisie pour elle et enregistrée dans le studio de Michel Berger, au cœur des Batignolles, Malcolm McLaren demande à sa partenaire d'écrire et de prononcer les phrases d'introduction en français. Le disque étant distribué par Vogue, Françoise Hardy est amenée à fréquenter son nouveau PDG, Fabrice Nataf, précédemment directeur du label Virgin Records France et manager d'Étienne Daho. Sous l'impulsion

1. « To the End (La Comédie) », 1995. Paroles françaises de Françoise Hardy, musique d'Alex James, Damon Albarn, Dave Rowntree et Graham Coxon © Food Ltd./EMI Records.

de ce dernier, un dîner est organisé à La Closerie des Lilas, au cours duquel on incite la jeune retraitée à revenir sur sa décision de ne plus faire de disque. « Je la sentais très frustrée par rapport à ses chansons pour les autres, témoigne Daho. Elle pouvait encore beaucoup écrire, mais se sentait gênée parce qu'elle avait annoncé qu'elle arrêtait. Je lui disais : "Qu'est-ce qu'on en a à foutre ? C'est pas grave ! Les gens ont oublié. Tu as changé d'avis. C'est tout. C'est ta vie, après tout !" [...]. Elle a fini par céder. [...]. On ne peut pas s'arrêter quand on s'appelle Françoise Hardy[1]. » Elle émet toutefois deux exigences : OK pour un album, à condition de le faire avec qui bon lui semble et d'être exemptée de promotion. Tope là ! Mais, après mûre réflexion, elle préfère signer avec Emmanuel de Buretel chez Virgin, plutôt que de renouer avec Vogue. « Car j'avais enfin décidé de faire les choses de manière contractuelle, en travaillant avec Voyez Mon Agent (VMA), que Jacques a débaptisé Volez Mon Argent [*rires*][2] », précise-t-elle.

Pour définir *Le Danger*, un album rouge et noir comme la passion et la douleur, la revenante ne sait que parler d'elle, de ce qui l'enflamme et la déchire, comme elle l'a toujours fait : « Vivre, aimer, c'est être en danger ; ne pas aimer, en plus grand danger encore. Le danger est là partout, tout le temps, quoi qu'on fasse ou pas[3]. » La chanson titulaire de cette « œuvre au noir » (la référence à Yourcenar est faite par Bayon, dans *Libération*) semble le portrait d'une femme résignée, qui aurait tiré un trait sur ce qui était jusqu'alors l'essence même de sa vie – dans le cas de Françoise Hardy, on pense naturellement au sentiment amoureux, puis le texte prend un autre sens, irrévocable, évoquant l'impossibilité de « conjurer le malheur ». « La chanson "Le Danger" s'adresse à quelqu'un qui est sur le point de mourir, explique-t-elle. Le

1. *Platine*, n° 37, janvier 1997.
2. *Magic. Revue pop moderne*, *op. cit.*
3. *Libération*, 15 avril 1996.

compositeur Alain Lubrano avait rédigé d'abord une partie du texte en pensant à sa mère gravement malade et qui allait mourir l'été de cette année-là. J'ai complété en pensant à l'un de mes meilleurs amis mort du sida quelques mois plus tôt. Plus globalement, j'ai vécu cette période comme un deuil obligé et définitif de ce qui m'avait donné un moteur jusque-là. » Et d'ajouter : « Cette période aura été l'une des plus sombres, des plus douloureuses de mon existence[1]. » À celui qui se figure que le cafard est un dopant, elle rétorque : « Au contraire : ça me paralyse, ça me détruit et il me semble que je serais morte depuis longtemps si je n'avais eu le secours d'en évacuer une partie dans des chansons[2]. » L'aspect sombre et désenchanté des textes, en parfaite osmose avec le son rock, laisse entrevoir un état dépressif que la chanteuse dément : « La dépression consiste à être vide de sentiments, de désirs, de motivations. [...]. Je suis plus familiarisée avec des sentiments violents : le désespoir qui transperce, déchire, submerge, quand on est confronté au manque de l'autre, à l'exclusion, la frustration, la trahison[3]... » Ainsi donc énumère-t-elle l'essentiel de la thématique de ce disque qu'elle a voulu moderne, donc coproduit par deux partenaires plutôt jeunes d'âge et d'esprit : son nouvel ami Alain Lubrano, devenu indispensable, et Rodolphe Burger, l'un des deux membres fondateurs du groupe de rock français Kat Onoma, qu'elle écoute alors en boucle. Sur les treize musiques électrifiées, offertes par ses chevaliers servants (huit de Lubrano, trois de Burger, et deux autres apportées à la dernière minute par l'ami Chaléat), une Hardy très inspirée a planché pendant toute une année dans le calme d'un studio tout blanc, rue des Artistes, entre deux cours de gymnastique méziériste, efficace contre les douleurs dorsales, pour apposer ses maux,

1. *Astrologie naturelle*, n° 2, avril 1998, *op. cit.*
2. *Libération*, 15 avril 1996, *op. cit.*
3. *Ibid.*

avec la liberté de celle qui n'est plus vraiment dans l'attente de l'autre et semble livrer bataille, après s'être délestée de toutes les souffrances endurées :

> « Moi
> – désormais hors jeu –
> Je balance tout ce que je veux[1]. »

Pour satisfaire à l'ambiance rock du projet qui n'est pas sans rappeler celle de l'« album orange » de 1972, on ambitionne de monopoliser le studio mythique ICP, à Bruxelles, où le groupe Kat Onoma vient de graver son cinquième opus, *Far from the Pictures*. Venue en éclaireuse, Françoise Hardy en repart démoralisée. « J'étais en train d'enregistrer avec Kat Onoma, raconte Rodolphe Burger. Elle est venue visiter le studio qu'elle a trouvé épouvantable. L'atmosphère est très "mâle", avec des flippers, des Harley-Davidson. *A priori* elle n'avait pas envie, puis elle est venue en confiance et a été très contente là-bas. En même temps il y avait Bashung qui mixait et s'ennuyait un peu dans son studio, alors on partageait les repas ensemble. Françoise faisait sa propre tambouille macro. Puis il y avait l'heure des *Feux de l'amour*, à ne pas rater. Ça c'est Françoise Hardy [*rires*] ! Elle regardait *Les Feux de l'amour* en lisant du Balzac ou du Céline. Elle se foutait complètement des dialogues, mais elle voulait connaître le nœud de l'intrigue. De temps en temps, elle se détachait de son livre pour savoir si Machin avait couché avec Bidule. Ça c'est tout elle[2]. » Les sessions seront complétées au studio Plus XXX, à Paris, et à Ridge Farm, dans le comté du Surrey, en Angleterre.

---

1. « L'Obscur Objet », 1996. Paroles de Françoise Hardy, musique d'Alain Lubrano. © Éditions Kundalini.
2. « Comment te dire Hardy ? », épisode du 6 août 2016, *op. cit.*

Aux fiévreuses tortures de l'amour passionnel, sa beauté diabolique et ses trompeuses douceurs « menaçante(s) comme l'eau qui dort[1] », Françoise Hardy oppose le silence écrasant « qui parle beaucoup[2] » d'une liaison sur le déclin, en « contre-jour ». Se référant tantôt à Buñuel (« Vous êtes l'obscur objet / des désirs les plus clairs / Et vos moindres rejets / ont des effets pervers[3] »), tantôt à Duras (« Dix heures en été / la nuit qui tombe / dans un néant de fin du monde[4] »), elle décrit « le carnage d'après l'orage », « le jardin dévasté », après que l'élu de toute une vie s'est laissé envoûter par « le vain miroir » tendu par une jeune muse, « ses bras charmants [ouverts] à la vilaine[5] », pour du « vent ». Elle convoque « pythies et devins » pour se convaincre que « tout va bien[6] ». Se résigne et tire un trait, entre hébétude et indifférence. Être quitte. « Zéro partout ». Prétend qu'elle s'en fout. En appelle au divin pour désigner celui des deux qui perd la mise, celui qui « tue », qui « vise entre les deux yeux sans en avoir l'air[7] ». S'octroie le beau rôle, dévolu à qui a atteint la distance nécessaire pour aimer en paix, comme il se doit. Et de conclure par cet acte de foi : « Je t'aimerai toujours pour deux[8]. »

« Aimer l'autre pour ce qu'il est et non pour ce qu'on voudrait qu'il soit implique beaucoup de discernement, de

---

1. « Contre-jour », 1996. Paroles de Françoise Hardy, musique de Rodolphe Burger. © Éditions Kundalini.
2. « Mode d'emploi ? », 1996. Paroles de Françoise Hardy, musique d'Alain Lubrano. *Id.*
3. « L'Obscur Objet ». *Id.*
4. « Dix Heures en été », 1996. Paroles de Françoise Hardy, musique de Rodolphe Burger. *Id.*
5. « Les Madeleines », 1996. Paroles de Françoise Hardy, musique d'Alain Lubrano. *Id.*
6. « Tout va bien ». *Id.*
7. « À sa merci ». *Id.*
8. « Regarde-toi », 1996. Paroles de Françoise Hardy, musique de Jean-Noël Chaléat. *Id.*

générosité, d'effacement, de détachement, explique-t-elle. Quand on atteint ce degré élevé d'amour, alors on peut "aimer pour deux". Qu'il y ait ou non réciprocité est presque secondaire, l'important est d'éprouver authentiquement : c'est sans prix, sans fin. La conclusion de mon disque tend vers cela, et surtout pas l'indifférence[1]. » Et lorsque l'on évoque directement sa relation avec Jacques Dutronc, elle affirme la profondeur de son amour pour lui : « Tout ce que je veux, c'est qu'il aille bien, avec ou sans moi[2]. »

C'est par l'écoute attentive de l'enseignement de Pastor que Françoise Hardy est parvenue à ce degré de dignité et de grandeur d'âme. Il s'agit d'un guide spirituel non incarné dans un corps physique. Pendant neuf ans (1985-1994), son enseignement a été transmis à un public de la région franco-suisse par l'intermédiaire d'une jeune femme médium qui répond au nom initiatique d'Omnia. La chanteuse l'a découvert grâce à un journaliste du *Matin* (elle y a rédigé pendant quelque temps l'horoscope) et cet enseignement l'a beaucoup aidée à une période où elle touchait le fond. Un jour, elle a reçu une cassette d'une des conférences données par Omnia Pastor. « Les paroles de Pastor sont toujours concrètes et pleines de bon sens, dit-elle. De façon générale, ce qui m'a plu dans l'enseignement, c'est qu'il responsabilise sans exiger l'impossible, sur la base d'une logique claire. Certaines réflexions m'ont beaucoup aidée. Par exemple il dit qu'il ne faut pas croire que tout problème a une solution. Face à un problème, il faut savoir le regarder objectivement et le lâcher si on ne peut le résoudre. S'accrocher ne ferait que créer un problème supplémentaire[3]. » Par rapport à sa relation conjugale et à l'amour en général, elle a beaucoup appris de ces préceptes : « L'amour est une nourriture véritable et, si

1. *Libération*, 15 avril 1996, *op. cit.*
2. Michel Leydier, *Dutronc, la Bio*, *op. cit.*
3. *Clés*, *op. cit.*

tu as su la prendre, tu dois te retrouver suffisamment plein pour que n'importe quelle séparation ait lieu. Toute séparation est douloureuse, mais le bonheur à sentir la richesse de l'échange, ainsi que de l'héritage que cet échange a laissé est plus important[1]. »

Le Danger n'atteint pas le grand public : quelque cinquante mille ventes recensées par le Snep. Mais il interpelle une nouvelle génération, tournée vers le rock ou la variété haut de gamme. Comme prévu, la chanteuse se refuse à toute apparition télévisée, à l'exception d'un portrait spécial de Brenda Jackson et de Gilles Verlant, *Françoise Hardy, Modes d'emploi*, réalisé par Mathias Ledoux pour Canal+ et diffusé le 11 janvier 1997. Elle ne rechigne pas pour autant à aller présenter le disque dans plusieurs pays, comme le Japon et le Canada. Deux vidéoclips serviront de supports promotionnels, l'un – « Mode d'emploi » – tourné à Ostende, l'autre – « Dix Heures en été » –, à Séville. « Album de la maturité transcendante, album de la renaissance éperdue[2] », écrit Bayon à propos du *Danger*. Et d'inviter hardiment à redécouvrir Françoise.

Entre rouge ardent et clair-obscur

Quatre ans vont s'écouler avant la sortie d'un vingt-troisième album. « L'inspiration a de plus en plus de mal à venir, explique la chanteuse. C'est un petit filon que l'on porte en soi et qui s'épuise. Moi, j'ai avancé sur le mode amoureux pendant des années. Plus maintenant. Il m'est pourtant difficile de parler d'autre chose[3]. »

Dans l'intervalle, elle a présenté quotidiennement « Des nouvelles des étoiles » sur RFM, une activité qui l'occupera de 1996 à 2001, et s'est illustrée dans quelques participations

1. *Ibid.*
2. *Libération*, 15 avril 1996, *op. cit.*
3. *L'Express*, 27 avril 2000, *op. cit.*

discographiques, à commencer par une reprise de Manset, « Solitude des latitudes » (extrait de l'album *Matrice*), sur un disque hommage – *Route Manset* – à l'artiste solitaire, caractériel et iconoclaste auquel il arrive qu'on l'apparente. Elle regrette que les chansons qu'il lui a offertes jusqu'ici ne soient pas à la hauteur de son attente, c'est-à-dire propres à la toucher autant que celles, nombreuses, de son répertoire qu'elle apprécie beaucoup, ou que « Je tuerai la pianiste », composée pour Alain Bashung.

En remplacement de Marianne Faithfull, défaillante, on l'invite en 1997 à donner la réplique à l'iguane du punk rock, Iggy Pop, sur un disque collectif de femmes chantant en solo ou en duo, *Jazz à Saint-Germain*, distribué par Virgin. Les duettistes se sont déjà rencontrés par l'intermédiaire d'une des meilleures amies de la chanteuse, Susi Wyss, qu'elle surnomme affectueusement « la Cochonne » pour son aisance à entraîner les hommes dans son lit, en particulier quelques stars du rock, dont Iggy Pop. Invitée à choisir elle-même la chanson, Françoise jette son dévolu sur « I'll Be Seeing You », un standard créé en 1938 à Broadway dans la comédie musicale *Right This Way*, puis repris par les plus grands crooners américains dont Frank Sinatra et Dean Martin, et qu'elle a découvert dans une scène émouvante du film *Une lueur dans la nuit* de David Seltzer, avec Melanie Griffith et Michael Douglas. Les sessions, supervisées par Rodolphe Burger, ont lieu au studio ICP de Bruxelles pour la partie rythmique, puis les voix sont enregistrées à Plus XXX, à Paris, en quelques prises, à la grande satisfaction de la chanteuse qui, regrettant qu'il passe inaperçu parmi les autres titres du projet collectif pour lequel il était prévu, l'intégrera à son prochain album.

Contactée la même année par la maison de disques d'Ana Torroja, du groupe Mecano, pour contribuer en tant qu'autrice à un disque solo que la chanteuse espagnole est en train d'enregistrer, *Puntos cardinales*, et plus particulièrement adapter en français la chanson « A Contratiempo »,

Françoise Hardy écrit « Les Murs ». « Plus pour son timbre de voix que pour les mélodies qui me plaisaient moyennement[1] », précise l'exigeante adaptatrice. Dans la foulée, le parolier et compositeur du groupe, José María Cano, lui demande de traduire « Otro Muerto », un des huit titres inédits de la compilation *Ana José Nacho*, prévue en deux langues pour les pays francophones et hispaniques. Elle propose un texte, intitulé « Encore un mort ». Mais il ne plaît pas. « Étant moi-même à la recherche de chansons, et me sentant très concernée par le thème de la chanson dans sa version originale, j'ai décidé de l'enregistrer, dit-elle. Chaque fois que j'entends qu'une personne meurt, suite à une agression ou à un attentat, je suis bouleversée. J'ai d'ailleurs écrit le texte alors qu'on venait d'apprendre qu'un jeune garçon avait été tué par quelqu'un qui voulait lui voler sa montre. Ce fait divers a provoqué en moi une émotion très forte. J'ai pleuré quand, le lendemain, le père s'est exprimé, la voix pleine de souffrance, pour demander que cet assassinat ne serve pas à attiser des haines raciales[2]. » La chanson, devenue en français « Un homme est mort », complétera aussi le prochain album – *Clair-obscur* – de la chanteuse.

Le 4 octobre 1997, alors qu'elle s'était juré de ne plus fouler les planches de music-hall, Françoise Hardy accepte par amitié de rejoindre Julien Clerc sur la scène du palais des Sports de Paris où il célèbre ses cinquante ans : ensemble, ils reprennent la chanson « Mon ange » dont elle avait écrit le texte et enregistré les chœurs dix ans plus tôt.

L'année suivante, elle fait partie du collectif d'artistes qui répondent présent à l'invitation de Pascal Obispo pour le projet « Sa raison d'être » au profit de la lutte contre le sida, puis, avec les Versaillais Jean-Benoît Dunckel et Nicolas

1. *Platine*, n° 71, mai 2000.
2. *Ibid.*

Godin du groupe Air, symbole de la *French Touch*, elle enregistre la chanson « Jeanne », dont elle a écrit le texte – l'histoire d'une jeune intrigante en quête de pouvoir – et que l'on retrouve sur le maxisingle de « Sexy Boy » du duo électro, bientôt récompensé aux Victoires de la musique dans la catégorie techno-dance.

Sollicitée au même moment par la productrice de *Cap des pins*, nouveau feuilleton français programmé sur la grille de rentrée de France 2, Françoise Hardy a pour mission de trouver une chanson pour le générique et propose un instrumental acoustique d'Eric Clapton, composé pour un film qui ne s'est pas fait et sur lequel elle envisageait justement de mettre des paroles. La chanson, enregistrée à Plus XXX avec Thomas Dutronc à la guitare, s'intitule « Contre vents et marées » et sera intégrée à l'album *Clair-obscur*. Elle vaudra surtout à son autrice l'honneur d'être invitée par le compositeur, qui en a apprécié l'adaptation, lors de sa venue au Zénith de Paris, le 29 octobre.

Enfin, sur une idée de Sylvie Vartan à qui France 2 a offert un show spécial de *prime time* cinq jours plus tôt – *Irrésistiblement Sylvie* –, les deux ex-yé-yé girls se retrouvent autour d'Étienne Daho pour la reprise d'une chanson de ce dernier, « Quelqu'un qui m'ressemble ». « Je ne voulais pas la faire, bougonne Françoise. D'abord, ce n'est pas une de mes chansons préférées d'Étienne. Il y en a tellement d'autres quej'adore… Et puis j'étais en train de déménager. Vous imaginez ce que cela représente : une maison de trois étages, dans laquelle on a vécu vingt-cinq ans ! Surtout pour quelqu'un de fragile physiquement comme moi ! J'avais envoyé un fax à Étienne pour lui expliquer. C'était compter sans la volonté de Sylvie[1]… »

1. *Ibid.*

« Mon cœur fait son apprentissage[1] »

Françoise Hardy et Jacques Dutronc quittent la rue Hallé pour un triplex avec ascenseur privé, avenue Foch, à deux pas de l'Étoile, qu'ils agencent à leur convenance, chacun se réservant un étage et destinant le rez-de-chaussée (cuisine, séjour, salle à manger) aux dîners en commun, pris de bonne heure de préférence. Mais Jacques vit le plus souvent en Corse. « Notre relation est une partie de cache-cache, dit Françoise. La seule chose qu'on ait complètement en commun, c'est l'enfant. C'est énorme[2]. » À l'enfant, devenu grand, on offre son indépendance en lui achetant un duplex à Saint-Paul, dans le Marais. Pour communiquer, le plus souvent Françoise et Jacques ont recours au téléphone. Et ils conversent comme de vieux amis. Un jour où Jacques est à Monticello, il appelle Françoise et lui dit qu'il est heureux. « Jamais je ne l'avais entendu dire ça auparavant, même pas quand il était avec moi. Si, il y a eu quand même des moments où je savais qu'il était bien, mais c'était inhabituel dans sa bouche, ce mot "heureux". Il m'a donc expliqué qu'il avait rencontré quelqu'un. J'étais ravie pour lui parce que j'étais détachée depuis un certain temps, à cause du démon de midi[3]. » C'est ainsi qu'elle apprend qu'une autre femme, de quinze ans sa cadette, est entrée dans la vie de Jacques. Elle s'appelle Sylvie Duval et saura se rendre indispensable. « Quand il a rencontré Sylvie Duval, j'étais très heureuse pour lui, car après vingt années plus souvent frustrantes qu'épanouissantes, j'avais fini par me détacher en partie de lui, ce qui l'a rendu très malheureux. Finalement, c'est aussi ou encore plus éprouvant de rendre l'autre malheureux que d'être malheureuse à cause de lui et j'étais donc soulagée

1. « Puisque vous partez en voyage », 1935. Paroles de Jean Nohain, musique de Mireille. © Éditions Raoul Breton.
2. *Libération*, 29 avril 2000.
3. *La Libre Belgique*, 24 octobre 2008, *op. cit.*

qu'il ait dans sa vie quelqu'un qui fasse pour lui ce que je ne pouvais plus faire[1]. » D'un commun accord, et naturellement avec le consentement de Sylvie Duval, Françoise Hardy et Jacques Dutronc ont décidé de ne pas rompre leur union. « J'ai d'autres sentiments avec Françoise, dit Jacques. On a mûri. Maintenant que je comprends tout ce qu'elle a pu vivre, je regrette ce que j'ai pu faire. C'est sincère mais c'est trop tard. J'étais comme ça et j'ai fait comme ça. Pour moi, Françoise, c'était la cerise sur le gâteau, à côté de faire youpi et boire des coups avec mes potes[2]. » Désormais, ils peuvent trinquer ensemble et échanger des confidences en toute sincérité. « Je trouve ça magnifique de devenir la meilleure amie de son mari », affirme Françoise. Et d'ajouter, dans un rire : « Il ne faut pas croire que tout est rose tout le temps, tant s'en faut. J'ai régulièrement envie de le tuer et c'est sûrement réciproque[3]. »

La chanson les rassemble, sous le ciel de l'an 2000. L'idée d'un duo, ce qui ne leur est pas arrivé fréquemment, les séduit tous les deux. Chacun est en préparation d'un nouveau disque. Jacques, qui par contrat doit impérativement un album à Sony, a cédé à la facilité qui consiste à revisiter des chansons du répertoire, plutôt que d'en écrire de nouvelles (mais le projet fait long feu). Il a commencé à enregistrer quelques titres qui ont marqué son enfance, comme « Un jour tu verras » de Mouloudji et « L'Homme et l'Enfant » qu'Eddie Constantine chantait avec sa fille Tania. Quant à Françoise, elle manque de matériel pour remplir son album et les quelques mélodies que lui a proposées Étienne Daho ne la satisfont pas. Alors, elle songe aussi à emprunter au patrimoine. Rentrée un jour de la Fnac où elle a acheté deux compilations, l'une de Jean Sablon, l'autre de Mireille, des

1. Entretien avec l'auteur, fin décembre 2019.
2. *Télémoustique* (Belgique), n° 4046, 13 août 2003.
3. Michel Leydier, *Dutronc, la Bio*, *op. cit.*

chansons légères qui lui font venir les larmes aux yeux, elle souffle l'idée de reprendre leur duo de 1935, « Puisque vous partez en voyage », et d'inverser les rôles : elle s'estime plus crédible dans le rôle de la personne demeurée sur le quai.

> « Puisque vous partez en voyage
> Puisque nous nous quittons ce soir
> Mon cœur fait son apprentissage
> Je veux sourire avec courage[1]… »

Jacques acquiesce et propose d'enregistrer pour son compte une seconde version, fidèle à l'originale, mais la préparation de son album – *Madame l'Existence* – prenant du retard elle ne sera pas retenue à sa sortie (en 2003). La perspective de ce duo rend Françoise légère et sautillante. En même temps, cela lui paraît être le plus bel hommage qu'elle puisse rendre à Mireille, disparue à la fin de 1996 des suites d'une mauvaise grippe. Quelques mois plus tôt, l'ancienne élève assidue du « Petit Conservatoire de la chanson » était venue avec Thomas et son grand-père applaudir son ancienne professeure qui fêtait ses soixante-dix ans de carrière à Chaillot, puis au Théâtre de La Potinière. Pour réaliser le duo avec Jacques, Françoise fait appel à son ancien orchestrateur Jean-Pierre Sabar afin de donner du swing à cette mélodie légère et demande que Thomas Dutronc, qui a trouvé sa vocation en écoutant assidûment Django Reinhardt et Georges Brassens, les accompagne à la guitare rythmique. Ainsi la famille est-elle rassemblée autour du souvenir d'une amie très chère. Et tout ce bonheur partagé se transforme en succès. « Puisque vous partez en voyage », servi par un vidéoclip tourné dans la gare de Lausanne pour des questions de commodité (Jacques Dutronc séjourne alors dans la ville suisse pour les besoins

1. « Puisque vous partez en voyage », *op. cit.*

du tournage de *Merci pour le chocolat* de Claude Chabrol), permet à l'album d'atteindre le seuil des cent mille ventes, ce qui lui vaut un disque d'or. D'autres duos tout aussi séduisants le composent, comme la reprise des Everly Brothers, « So Sad », avec Étienne Daho, celle du standard américain « I'll Be Seeing You », enregistrée avec Iggy Pop pour le CD *Jazz à Saint-Germain*, et l'original « Celui que tu veux », du jeune chanteur camerounais Ol (Olivier Ngog, pour l'état civil), que Françoise Hardy contribue à imposer grâce au single de leur duo, illustré d'un vidéoclip, et dont le premier album, *Ceux que je tutoie*, est bientôt réalisé par Benjamin Biolay.

Par ailleurs, la presse reconnaît unanimement *Clair-obscur* comme un des plus beaux disques de son interprète, « petit chef-d'œuvre d'absolu, de simplicité et de spleen rentré[1] », « plonge[ant] avec une splendeur automnale aux racines du souvenir[2] », rappelant ceux d'autrefois, tout en douceur, rattachés à des émotions personnelles, quand bien même l'ambition est de « balayer / toutes les erreurs de jeunesse / cultiver / un début de sagesse[3] ».

> « Nos violons se sont tus
> Avant qu'ils ne s'accordent
> Brisés à leur insu
> En plein cœur du désordre[4] »,

chante Françoise Hardy, pour qui est venue « La Saison des pluies » (un texte écrit à l'origine pour l'album *Blonde* de Guesch Patti et mis en musique par Christophe Rose, le

1. Gilles Médioni, *L'Express*, 27 avril 2000, *op. cit.*
2. Ludovic Perrin, *Libération*, 9 décembre 2000.
3. « La Vérité des choses », 2000. Paroles de Françoise Hardy, musique d'Alain Lubrano. © Éditions Kundalini.
4. « La Saison des pluies », 2004. Paroles de Françoise Hardy, musique de Christophe Rose. © Éditions Kundalini.

compagnon de cette dernière). C'est le titre qu'elle souhaitait donner au disque. « Parce que j'en suis là dans ma vie, ayant dépassé la cinquantaine, dit-elle. La vieillesse n'est pas *a priori* très excitante. C'est étrange pour notre génération qui a représenté l'adolescence. Je me considère comme une adolescente très attardée, mais, à partir d'un certain âge, il faut plus se préoccuper de sa prochaine sortie que de savoir si on est toujours désirable[1]. » Cette « perte de l'innocence » et « le soir [qui] tombe sur la Seine, comme sur les espoirs déçus[2] » (elle reprend pour se faire plaisir « Tu ressembles à tous ceux qui ont du chagrin », en souvenir des prémices amoureuses) sont aussi le thème de « Tous mes souvenirs me tuent », sur une musique nostalgique et légère de Django Reinhardt et de Stéphane Grappelli – Françoise la chante, accompagnée à la guitare par son fils Thomas et par Babik Reinhardt, le fils de Django. Mais en filigrane une forme de sérénité transparaît, « fragile et pur[e] comme un cristal ». À *La Saison des pluies* on préfère donc *Clair-obscur*, qui définit mieux le caractère ambivalent de la chanteuse et le climat du disque. Écrite au début des années 1990 pour l'album instrumental *Turkoise* du guitariste de jazz Khalil Chahine, la chanson éponyme a d'abord été interprétée par le choriste Serge Ponsar.

> « Clair-obscur
> Je n'aime rien tant que la fêlure
> Qui lézarde le mur
> De sa résistance[3]... »

1. *Libération*, 29 avril 2000, *op. cit.*
2. « Tous mes souvenirs me tuent » (« Tears »), 2000. Paroles et musique originales de Django Reinhardt et Stéphane Grappelli, adaptation française de Françoise Hardy. © Éditions Kundalini.
3. « Clair-obscur », 2000. Paroles de Françoise Hardy, musique de Khalil Chahine. © Éditions Kundalini.

« La chanson était si belle, raconte Françoise Hardy, qu'on a pensé la proposer à des chanteuses susceptibles de mieux la faire connaître. Notre première idée a été de la proposer à Maurane, qui avait déjà bouclé son album. Je l'ai rencontrée à cette époque et nous sommes depuis devenues copines. C'est finalement Viktor Lazlo qui l'a enregistrée, mais sa version est restée confidentielle. De plus, l'arrangement n'était pas très réussi. Or, le texte me touche de si près que j'ai vraiment eu envie de la refaire[1]. »

Pour les mêmes motifs, elle se réapproprie « La Pleine Lune », écrite sur une musique d'Alain Lubrano pour Jane Birkin en 1998, à la demande de son directeur artistique Philippe Lerichomme. « La chanson était réussie, dit Françoise, mais fut, comme le reste de l'album [*À la légère*], gâchée par une réalisation inadéquate, ainsi que par la très mauvaise idée qu'eut Lerichomme de demander à Jane de chanter encore plus haut qu'elle ne chantait déjà, ce qui l'obligeait à s'égosiller à un point quasi insupportable pour les oreilles sensibles[2]. » L'orientation voulue par le réalisateur musical différait trop à son goût de l'esprit minimaliste de la maquette, à l'accompagnement de guitare. « La difficulté consistait à réaliser quatorze morceaux en un temps très court et de collaborer avec autant d'auteurs-compositeurs d'univers différents, objecte Frank Eulry, à qui incombait la tâche. Ils étaient par ailleurs tous renommés, avec des velléités de production et d'aboutissement de leur propre titre. Il fallait donc s'imposer. Et trouver un lien, une unité, entre tout ça. J'avais proposé quelque chose qui soit entre la pop et le trip hop. Pour le titre écrit par Françoise Hardy, j'étais parti sur une idée très inspirée de Portishead, dans le style *trip hop* anglais, car je trouvais que ça collait mieux à Jane[3]. »

1. *Platine*, n° 71, *op. cit.*
2. Françoise Hardy, *Le Désespoir des singes… et autres bagatelles*, *op. cit.*
3. Entretien avec l'auteur, octobre 2015.

« La Vérité des choses » fait aussi partie des chansons « recyclées », puisqu'elle était destinée à Jeanne Moreau, avant de transiter un temps chez Sylvie Vartan qui la voulait pour son album *Sensible*, sorti en 1998, ce qui lui fut formellement refusé par son compositeur Alain Lubrano.

Clair-obscur vaut à Françoise Hardy de recevoir en décembre des mains de Maurane, qu'elle apprécie beaucoup, le Grand Prix de la Chanson française, dans la catégorie créateur et interprète, décerné par la Sacem. Lors de ce décorum exceptionnel lui rendent hommage Dave (« Doigts »), Ol (« Celui que tu veux ») et Keren Ann qu'elle vient de rencontrer à la faveur d'Henri Salvador – Françoise Hardy a écrit et chanté en duo avec ce dernier « Le Fou de la reine » sur l'album miraculeux *Chambre avec vue* qui l'a remis en selle – et qui reprend « La Question », sa chanson préférée du répertoire hardyen. « Au début des années 2000, j'ai adoré entendre les premiers Keren Ann et Benjamin Biolay. Subitement, de jeunes talents, des mélodistes, faisaient des chansons mélancoliques... J'ai eu l'impression qu'on appartenait à la même famille artistique[1] », déclare Françoise Hardy. « C'est elle qui a fait la démarche de vouloir me rencontrer, précise Keren Ann. Je n'aurais pas osé le faire. J'étais aux anges et cette rencontre reste précieuse à mes yeux. C'est une personne d'une générosité, d'une sincérité et d'une intelligence incroyables. Exactement telle que je l'imaginais à travers ses chansons[2]. » Quelques mois plus tôt, pour l'album *Les Duos de Marc*, c'est Marc Lavoine qui a demandé à Françoise Hardy la faveur de lui donner la réplique dans « Chère Amie (Toutes mes excuses) », une chanson qui lui va comme un gant. De velours.

---

1. *Télérama*, n° 3250, *op. cit.*
2. *Platine*, n° 80, avril 2001.

Amitiés...

Le 10 septembre 2000, invitée d'honneur de Michel Drucker dans « Vivement dimanche », Françoise Hardy demande à recevoir Michel Houellebecq, dont elle apprécie le talent de « visionnaire pessimiste » et l'art de raconter des histoires désespérantes avec subversion et drôlerie. Lui-même raconte avoir été troublé dès son plus jeune âge par la voix douce et mélancolique de la chanteuse, qui fut sa première émotion musicale. C'est de cette façon admirative et chaleureuse de part et d'autre que le contact s'établit entre les deux personnalités deux ans plus tôt, lorsque la chanteuse, après avoir lu et aimé le roman *Les Particules élémentaires*, puis *Extension du domaine de la lutte*, contacta l'écrivain en vue d'une interview pour la revue *Astrologie naturelle*, dirigée par Richard Pellard, disciple de son ami Jean-Pierre Nicola. « Dans le principe, je ne crois pas à l'astrologie, je reste fidèle au raisonnement scientifique, etc., mais je trouve que je ressemble davantage au portrait des Poissons qu'à celui des onze autres, ce qui m'arrange bien, car c'est un signe assez sympa », lui dit en avant-propos ce « saturnien si particulier » quand son interlocutrice lui explique que l'entretien est orienté sur son thème natal. Elle lui apprend en passant qu'il a le même signe que Ben Laden, ce à quoi Houellebecq renchérit : « Je suis un messager de la mort, je suis venu apporter la destruction[1]. » Un début d'amitié naît entre ces deux adolescents attardés à l'émotivité exacerbée, bientôt rompu par un fâcheux malentendu lié à une biographie non autorisée de l'écrivain, parue en 2005, à laquelle la chanteuse astrologue prêtera son concours sans méfiance, ce qui passera pour une trahison aux yeux de l'intéressé. « Les dernières fois que je l'ai aperçu à la télévision, écrit-elle, j'ai eu l'impression navrante d'une propension à prendre l'allure de l'artiste maudit avec les cheveux

1. *Astrologie naturelle*, n° 7, mai 1999.

trop longs, le visage trop maigre et une allure d'épouvantail. Même son regard m'a paru effrayant, un regard d'outre-tombe, dur, où je ne retrouve pas la douceur, la timidité et la relative naïveté qui le rendaient attachant[1]. »

Un après-midi du printemps 2000, Françoise Hardy est frappée d'un coup de foudre pour la jeune pianiste Hélène Grimaud. Happée par sa voix et l'intelligence de son discours, avant même de connaître l'intensité de son jeu, elle découvre sur l'écran de télévision un visage d'une grande beauté, torpillant l'image préconçue de la concertiste classique, un regard bleu pâle pénétrant, traversé d'un mélange ambivalent de douceur et d'assurance. « J'ai été scotchée par la beauté de cet être lumineux, entre femme et ange[2]. » Son intérêt grandit en apprenant que cette surdouée du clavier, célébrée à Paris comme à New York, s'engage par ailleurs en faveur d'une écologie réaliste et concrète : passionnée par les animaux, en particulier les loups qu'elle élève et pour lesquels elle a fondé un Centre pour la préservation des espèces dans l'État de New York, Hélène Grimaud s'est fixé pour mission de sensibiliser les gens à la protection de l'environnement et à la sauvegarde d'une planète à l'agonie. « Les prévisions les plus alarmistes des climatologues et des scientifiques ont été largement dépassées, dit-elle. L'économie a pris le pas sur le politique. Le profit sur le bonheur[3]. » La nature inspire son art, elle l'envisage comme un contrepoint à la musique. Quand son cœur s'emballe pour quelqu'un c'est de manière inconditionnelle et Françoise Hardy se précipite pour acheter tous les disques de la « pianiste aux loups ». Elle apprécie son penchant pour le répertoire romantique et son jeu instinctif, sensible, sensuel et fougueux : « Outre son intelligence de la musique, j'ai découvert son jeu très

1. Françoise Hardy, *Avis non autorisés…*, *op. cit.*
2. *Le Parisien*, 11 février 2005.
3. *Le Figaro*, 18 octobre 2013.

personnel de gauchère. Sa main gauche met les basses en relief, ses contrastes sont très réfléchis[1]. » Elle n'a plus qu'une envie : la rencontrer. Une première opportunité se présente en octobre, sous la forme d'un duplex entre Paris et New York, où réside Hélène Grimaud, dans le cadre d'une émission pour Canal+. Puis, l'interview est diffusée dans *Paris Match* et le journal réunit les deux femmes pour une photo. Une amitié se noue, nourrie d'une admiration réciproque et de centres d'intérêt commun. La jeune pianiste se souvient d'une voix qu'elle entendait, enfant, dans la maison familiale, sa mère l'écoutait en boucle. « Une voix qui a le privilège de se poser. Une voix effilée : ni fluette ni fragile. Une voix qui captive l'attention et souligne la singularité de sa personne[2]. » La chanteuse l'émeut par « son côté tragique. On sent dans son chant une souffrance transcendée[3]. » En l'approchant, elle découvre une femme sans fard, qui « a l'élégance de ne porter aucun masque, de rejeter les faux-semblants, de refuser le pseudo et le simili. Belle, entière, insolite, je l'ai admirée dès notre première rencontre[4]. » Dès le mois suivant, Françoise est invitée à la Cité de la musique où Hélène joue le *Quatrième Concerto* de Beethoven. « Je n'avais jamais été à un concert de musique classique. Elle était toute menue, blonde, dans une tenue vaguement rose. Sentir le poids du concert qu'elle avait sur les épaules m'a bouleversée. C'était magnifique[5]. » Subjuguée, la chanteuse réserve des places dès le lendemain pour aller applaudir sa nouvelle amie à la salle Pleyel le 18 avril 2001, dans le *Concerto* de Schumann, avec l'Orchestre de Paris. Elles dînent

1. *Le Parisien*, 11 février 2005, *op. cit.*
2. *Le Nouvel Observateur*, 30 novembre 2006.
3. *Le Figaro*, 25 août 2015.
4. *Le Nouvel Observateur*, 30 novembre 2006, *op. cit.*
5. *Le Parisien*, 11 février 2005, *op. cit.*

ensemble avant le spectacle, échangent sur divers sujets, la musique, la littérature, l'écologie, l'astrologie... Françoise est sous le charme, elle aime l'éclectisme et la curiosité de son interlocutrice : « C'est un être éveillé, comme disent les bouddhistes. De ces êtres dont le monde a besoin. Une artiste indispensable qui tire vers le haut[1]. » La concertiste va orienter la chanteuse dans sa découverte de la musique classique, bientôt relayée par le journaliste et animateur radio Olivier Bellamy, le bien nommé, que Françoise Hardy rencontre en 2003 à la suite de la publication de son livre *Les Rythmes du zodiaque* (Cherche Midi). Par son intermédiaire elle découvre la pianiste argentine Martha Argerich, à qui Olivier Bellamy va consacrer une biographie – *Martha Argerich, l'Enfant et les Sortilèges* (Buchet Chastel, 2010). Ce grand mélomane est également présent à Lille en février 2004 lors des Victoires de la musique classique où Françoise a le privilège de remettre un trophée d'honneur à Hélène Grimaud. La chanteuse prépare alors son nouvel album, *Tant de belles choses*, et Olivier Bellamy dresse un portrait d'elle pour France 3 qui portera le même titre[2]. « C'est dans son rire que je retrouve totalement Françoise, dit-il. Elle a l'image de quelqu'un de très mélancolique, sa mélancolie fait partie de nous, sa mélancolie très personnelle, telle qu'elle l'exprime, trouve une résonance en nous. En même temps, c'est une des personnes avec qui j'ai le plus ri. C'est une personne très drôle parce qu'elle ne se paie pas de mots. Elle est d'une grande sensibilité et en même temps elle est un juge impitoyable. C'est peut-être ce paradoxe-là[3]. »

En 2002, tandis qu'un coffret rétrospective intitulé *Messages personnels* propose un survol de sa carrière en soixante-quatorze

---

1. *Ibid.*
2. Réalisé par Jean-Pierre Devillers, le documentaire *Tant de belles choses, Françoise Hardy* est diffusé le 3 janvier 2005.
3. « Le Divan », de Marc-Olivier Fogiel, *op. cit.*

chansons réunies sur trois CD, Françoise Hardy écrit la chanson « Une dernière chance » pour le deuxième album de Calogero, dont elle vante les qualités de mélodiste hors pair, et accepte l'invitation de Sheila qui fête ses quarante ans de carrière à la télévision dans une émission spéciale de Michel Drucker – invitée à choisir elle-même la chanson qu'elle souhaite interpréter avec elle, Françoise opte naturellement pour « L'Amitié ».

« Rien ne défera jamais nos liens[1] »

Monticello, été 2003. Un projet d'album prend forme, à la faveur de trois mélodies apportées par Alain Lubrano, dont deux composées avec la complicité d'une jeune inconnue, Pascale Daniel. « La musique, je n'y pensais pas, déclare Françoise Hardy. Quand je ne suis pas dedans, ça ne me travaille pas. Je venais de passer deux années à rédiger un bouquin d'astrologie, à écouter tellement autre chose que du rock[2]... » La motivation retrouvée, la voilà qui prête une oreille attentive à des maquettes expédiées au début de la saison par Thierry Stremler, un auteur-compositeur-interprète et acteur de théâtre, ami de son fils. « Les choses doivent obéir à une logique et des critères qui lui sont extrêmement personnels, donc parfois difficiles à comprendre pour les autres[3] », commente-t-il. Deux mélodies douces et élégantes, aux accents de bossa-nova, trouvent grâce aux yeux de la chanteuse. De retour à Paris, elle s'isole pour écrire. Neuf titres sur treize naîtront de sa plume. Pour le reste, elle exhume de ses tiroirs une chanson de Benjamin Biolay, « À l'ombre de la lune », offerte deux ou trois ans en arrière, mais renonce à « L'Onde amère », que Keren Ann lui a fait parvenir par l'entremise de

1. « Tant de belles choses », 2004. Paroles de Françoise Hardy, musique de Pascale Daniel et d'Alain Lubrano. © Éditions Kundalini.
2. *Libération*, 17 novembre 2004.
3. Blog de Baptiste Vignol, *De la fenêtre d'en haut*, juin 2012.

son éditeur et qu'elle a estimée trop proche de mélodies déjà éprouvées dans le passé[1] – elle consent cependant à reprendre « Surannée », une chanson du répertoire de Keren Ann, en duo avec Jane Birkin sur l'album *Rendez-vous* de cette dernière, même si le résultat se révèle peu satisfaisant à son goût. Puis, elle sollicite l'Irlandais Perry Blake qui correspond à ce type de personnages chétifs et taciturnes qui la fascinent (on le qualifie de « petit frère » de Nick Drake) et avec qui elle a déjà collaboré en 1999 en faisant les chœurs sur « War In France » pour l'album *Still Life* – elle reçoit bientôt deux morceaux d'une douce et sublime tristesse, « Moments » et « So Many Things ». Au chanteur-compositeur anglais Ben Christophers, avec qui elle correspond par e-mail depuis qu'elle s'est entichée de sa musique, elle demande à tout hasard s'il n'aurait pas une mélodie à lui soumettre et elle obtient ce qui deviendra « La Folie ordinaire », au romantisme désespéré.

> « N'est-il pas bien trop tard
> Pour qu'émerge du brouillard
> Au milieu de nulle part
> Dans la nuit noire
> Un peu d'espoir[2] ? »

Mais, alors que l'écriture suit vaillamment le rythme de l'inspiration, Françoise Hardy apprend dans les premiers jours de 2005 qu'elle souffre d'un lymphome. La vie prend tout à coup un autre sens, l'horizon se rétrécit. Rien ne compte plus que l'idée de la maladie et sa perspective funeste à plus ou moins long terme. « Jamais je n'ai été si angoissée, mais le pire a été de constater le désarroi de mes proches, en particulier celui de mon fils, déjà très éprouvé par le fait que son grand-père

---

1. « L'Onde amère » sera finalement enregistrée par Keren Ann pour son album *Nolita* (2004).
2. « La Folie ordinaire », 2004. Paroles de Françoise Hardy, musique de Ben Christophers. © Éditions Kundalini.

[Pierre Dutronc] était mourant au même moment[1]. » Sur une mélodie d'Alain Lubrano et de Pascale Daniel, elle écrit « Tant de belles choses » et livre un de ses textes les plus beaux, celui d'une femme qui parle de son départ à celui qui reste et exprime sa croyance en l'éternité de l'esprit et de l'âme. « J'ai tenté d'y mettre tout l'amour que j'éprouve pour mes proches, en particulier pour mon fils, ainsi que la conviction tirée de mes lectures de textes de spiritualité que la mort concerne le corps et non l'esprit, ce pour quoi les liens terrestres forts se maintiennent autrement quoi qu'il arrive[2]. »

> « Dans le temps qui lie ciel et terre
> Se cache le plus beau des mystères
> Penses-y quand tu t'endors
> L'amour est plus fort que la mort[3]... »

L'orchestration d'Erick Benzi a la préférence, mais Françoise Hardy tient à ce que la version de « Tant de belles choses » arrangée par Alain Lubrano, lequel a supervisé la majorité des titres, apparaisse en piste cachée à la fin du disque. « Quand la chanson est sortie, raconte Françoise Hardy, Jacques l'a entendue chez quelqu'un et m'a téléphoné pour me confier que grâce à la fumée de son cigare et à ses lunettes, on ne pouvait heureusement pas voir son émotion. Pour moi, le summum du summum à propos d'une chanson est qu'elle me mette les larmes aux yeux, aussi avais-je été profondément touchée. Il a été très déçu de découvrir que le texte s'adressait à Thomas et non à lui[4]. » Également touché aux larmes à la première écoute, Thomas Dutronc avoue ne pas avoir souhaité l'entendre une nouvelle fois. Il n'en demeure

1. *Fusées*, n° 9, octobre 2005.
2. *Ibid.*
3. « Tant de belles choses », 2004. Paroles de Françoise Hardy, musique de Pascale Daniel-Alain Lubrano. © Éditions Kundalini.
4. Entretien avec l'auteur, fin décembre 2019.

pas moins très impliqué dans le projet, puisque chargé de la réalisation de quatre plages, en complicité avec Dominique Blanc-Francard – on lui doit en outre quelques fringants solos, notamment sur « Un air de guitare », composé par Jacno. En comparaison avec le texte de la chanson titulaire, les autres pèsent moins lourd, alternant entre mélancolie et détachement, jusqu'à sembler parfois joyeux. On perçoit entre les lignes, entre les maux la volonté d'un apaisement, d'une abdication sereine. « L'air du soir devient plus doux[1]. » Celle qui « hier / le cœur en bandoulière / [aurait] tué père et père / pour un seul regard[2] » se positionne en retrait, « sans jamais perdre la boussole », tel un « jardinier bénévole[3] », un sauveur prêt à ouvrir les bras en cas de besoin. Cette sorte d'abandon, de détachement paisible, Françoise Hardy y aspire, sans l'atteindre tout à fait. Elle chemine et s'élève vers cette idée-là. « Je me pénètre de toutes ces choses-là : je lis de plus en plus d'ouvrages sur la spiritualité. J'ai des croyances, mais que je n'ai pas intégrées à un niveau suffisamment profond pour être totalement sereine. [...]. L'aide que fournit la croyance en un au-delà, si forte soit-elle, n'empêche malheureusement ni la souffrance physique, ni le délabrement[4]. » Au final, un disque « astral, splendide comme une nuit d'août. Les perséides y rivalisent avec les lucioles, il fait frais quand le mercure descend sous les vingt degrés et la chair de poule nous guette[5] », comme résume le critique musical de *L'Humanité*.

La renommée de *Tant de belles choses*, certifié double disque d'or par le Snep (soit deux cent mille ventes), s'étend au-delà

1. « Côté jardin, côté cour », 2004. Paroles de Françoise Hardy, musique d'Alain Lubrano. © Éditions Kundalini.
2. « Soir de gala », 2004. Paroles de Françoise Hardy, musique de Thierry Stremler. *Id.*
3. « Jardinier bénévole », 2004. Paroles de Françoise Hardy, musique d'Alain Lubrano. *Id.*
4. *Platine*, n° 118, février 2005.
5. Sylvain Dépée, *L'Humanité*, 28 décembre 2004.

des frontières, de l'Angleterre au Japon, en passant par le Canada, et permet à Françoise Hardy de pénétrer les *charts* allemands, ce qui ne lui était plus arrivé depuis 1969. En France, on lui décerne la Victoire de la musique de l'interprète féminine de l'année. À quelques jours de là, Guillaume Durand l'invite dans son émission « Trafic.musique » et la convainc de chanter en direct « À l'ombre de la lune », en présence de son auteur et compositeur, Benjamin Biolay, qui chante seul s'accompagnant au piano « Tant de belles choses » et lui donne la réplique dans « Adieu triste amour », un très beau duo qu'il a spécialement écrit pour son nouvel album *À l'origine* – sur le même disque, on reconnaît la voix parlée de Françoise Hardy dans « Mon amour m'a baisé ». Journaliste au quotidien *Le Monde*, Stéphane Davet dresse un portrait anglo-saxon de la chanteuse, laquelle est entourée de ses proches (Thomas Dutronc, Souchon père et fils) et d'invités choisis (Blur, Beck, Garbage, Sandrine Kiberlain, Louis Bertignac).

Partages

Les albums de duos sont à la mode. Après Véronique Sanson, Florent Pagny, Jane Birkin, presque en même temps que Michel Delpech, un peu avant Adamo et bien d'autres, Françoise Hardy se plie à cet exercice pas si évident qu'il n'y paraît. « Il n'y a pas beaucoup de gens avec qui ce soit envisageable de chanter, il est difficile de trouver une chanson qui puisse convenir à un duo[1] », fait-elle remarquer à Bertrand Dicale. Cédant à l'insistance de son directeur artistique et au plaisir que procurent les rencontres artistiques dès lors qu'on les choisit, elle s'est d'abord souvenue de la proposition alléchante d'Alain Bashung qui, ayant lu dans une interview d'elle que sa chanson préférée d'entre

1. RFI Musique, 12 octobre 2006.

toutes était « Que reste-t-il de nos amours ? » de Charles Trenet, avait soufflé l'idée de l'interpréter à deux. Écartée la perspective de le faire en direct à la télévision, un enregistrement s'imposait. Le duo ouvre donc *(Parenthèses)*, le bien nommé. Plus tard, elle dira que ce moment passé en studio avec Bashung compte parmi ses meilleurs souvenirs du métier. « J'étais particulièrement à l'aise, il n'y avait pas de difficultés. Et Bashung est d'une simplicité, d'une humilité touchante et agréable[1]. » Puis, elle a pensé qu'Alain Souchon serait ravi de reprendre avec elle « Soleil », une des chansons qu'il affectionne le plus dans son répertoire. Enfin, elle réalise un rêve formulé quelques années en arrière, au moment de l'enregistrement de « Partir quand même », que cette chanson soit interprétée par Julio Iglesias. Donner la réplique au bel hidalgo ajoute un supplément de satisfaction à l'accomplissement du rêve.

Une fois le projet conçu, tout s'imbrique comme par magie. On puise dans divers répertoires peu convenus et convoque les artistes admirés. Ainsi croise-t-on Rodolphe Burger (« Cet enfant que je t'avais fait », reprise surprenante de Brigitte Fontaine et de Jacques Higelin), Ben Christophers (« My Beautiful Demon », extrait de son album du même nom de 1999), Benjamin Biolay (« Des lendemains qui chantent » de l'album *Négatif* de 2003), Hélène Grimaud au piano (« La Valse des regrets », souvenir d'une passion d'enfance pour Georges Guétary). On demande à Thomas Dutronc et Khalil Chahine de réaliser une nouvelle version du « Fou de la reine » avec l'ami Henri Salvador, qui mourra peu après la parution du disque[2]. Plus attendu est

1. *Ibid.*
2. Henri Salvador envisageait d'enregistrer sa propre version de « Partir quand même », une chanson qu'il aimait beaucoup. Il en avait parlé à Françoise Hardy, mais n'a pu concrétiser son souhait. Il est mort le 13 février 2008.

le duo avec Jacques Dutronc sur « Amour, toujours, tendresse, caresses... », chanson assez dispensable qu'il avait créée en 1969. On est davantage surpris par l'intervention d'Alain Delon sur « Modern Style », très beau texte noir et surréaliste de l'auteur-compositeur et metteur en scène genevois Jean Bart. « Je connaissais le texte parlé sur une rythmique de Jean Bart depuis une dizaine d'années et souhaitais le reprendre sans savoir comment, confesse Françoise Hardy. J'y ai donc repensé pour ce projet d'album de duos et ai tout de suite entrevu que je pouvais le proposer à un acteur, ce qui avait l'intérêt de me sortir du monde finalement petit du show business. Alain Delon s'est immédiatement imposé à moi, car le texte est noir et lui aussi. Il a d'ailleurs mis dans ce texte une intensité dramatique qui donne la chair de poule[1]. » On découvre enfin deux inédits, l'un chanté avec Maurane (« La Rue du Babouin », que Françoise Hardy avait écrit à la fin des années 1960 pour Catherine Lara sur une musique de Michel Fugain), l'autre par Arthur H (« Les Sédiments », signé paroles et musique par Alain Lubrano) – de bon augure :

> « Comme il y a toujours un espoir
> Que le pire n'est pas pour ce soir
> Je voudrais
> J'aimerais
> À tout jamais te voir dans une autre histoire[2]... »

Si la critique est fluctuante – « *(Parenthèses)* porte bien son nom. Il pourrait être utile, mais ne l'est pas. Il pourrait être beau, il l'est parfois, mais se comporte comme un objet incontrôlé[3] », écrit Véronique Mortaigne dans

1. *L'Éventail*, 2007.
2. « Les Sédiments », 2006, avec Arthur H. Paroles et musique d'Alain Lubrano. © Éditions Kundalini.
3. *Le Monde*, 4 décembre 2006.

Le Monde –, le public répond positivement et l'album est certifié platine.

Françoise Hardy partage un autre duo, « Aux fenêtres de ma vie », évocation du temps qui fuit, avec Yves Simon pour le nouvel album de celui-ci, *Rumeurs*, paru à l'automne. « Au moment d'enregistrer, j'ai redouté qu'elle s'étonne que tout soit acoustique, ce qui pouvait lui sembler acceptable sur la maquette. Pas du tout : elle a adoré et, surtout, elle a inventé elle-même des contre-chants magnifiques, sans que personne ne la dirige[1] », commente le chanteur-romancier.

> « Combien de ruses il fallut pour gommer un chagrin ?
> Combien de temps il faudrait pour s'oublier enfin ?
> Aux fenêtres de ma vie, je vois passer le temps[2]… »

Les débuts du fils, le retour du père

Être « fils de » ne présente pas que des inconvénients, cela aura permis à Thomas Dutronc de prendre son temps. Le temps de se fixer un but, d'apprendre la musique, d'exister sur scène en tant que guitariste, de se perfectionner dans des bars, boîtes de nuit, festivals off, prisons ou maisons de retraite au contact de publics plus ou moins attentifs. Sa devise, empruntée à Ninine Garcia, l'un de ses maîtres de musique : « Il faut apprendre à marcher avant de courir. » Après l'obtention de son bac C (mention très bien) et une courte période passée en fac d'arts plastiques, il se passionne pour la photographie et s'essaie à la réalisation de petits films. Un temps, il projette d'entrer à la Fémis comme beaucoup d'aspirants cinéastes. Puis, la musique le happe pour ne plus le lâcher. Lorsqu'il choisit de s'immerger dans le jazz manouche et commence son apprentissage

1. *Platine*, n° 145, novembre 2007.
2. « Aux fenêtres de ma vie », 2006, avec Yves Simon. Paroles et musique d'Yves Simon. © Éditions Transit/Yves Simon.

à *La Chope des Puces*, à Saint-Ouen, sa mère lui donne cinq ans pour réussir et propose de l'aider financièrement, de la même façon que s'il avait décidé d'entreprendre des études de médecine, ou scientifiques – ce qu'elle aurait préféré, du moins sur l'instant, puisqu'elle le rêvait astrophysicien. Passé ce délai durant lequel il a enchaîné les collaborations artistiques (avec ses parents, entre autres), puis fondé avec deux amis corses, Antoine Tatich et Jérôme Ciosi, le AJT Trio, formation de guitare jazz oscillant entre la bossa-nova et le swing gitan, Thomas Dutronc franchit une étape décisive grâce à Biréli Lagrène, digne héritier de Django Reinhardt, qui l'enrôle dans son groupe Gipsy Project en remplacement de son cousin, Holzmano Lagrène, pour une tournée qui le promène à travers le monde. « Jouer aux côtés de Biréli Lagrène pendant un an a été pour moi une des plus belles expériences de ma vie, dit-il. C'est un musicien exceptionnel, un génie... Si l'on considère que Django c'est Dieu, alors Biréli c'est le pape et moi je suis un p'tit curé de campagne[1] ! » Impossible dès lors de se passer de la scène ! Il fonde un quartet, Thomas Dutronc et les Esprits manouches, avec Jérôme Ciosi, Bertrand Papy et Stéphane Chandelier, et présente à travers la France un spectacle musical mis en scène par Matthieu Chedid, son ami d'enfance. Héritier du dandysme nonchalant et de l'humour décalé de son paternel, Thomas y apparaît à l'aise, en parfaite communion avec ses partenaires et le public. « Mes inquiétudes à propos de son avenir s'atténuaient quelque peu[2] », confesse Françoise Hardy qui assiste aux premières représentations à Nanterre, fin septembre 2006, puis à Paris, au Duc des Lombards, au mois de février suivant. L'été venu, afin de garantir la pérennité du spectacle, Thomas se penche sérieusement sur la réalisation d'un album. « J'ai

1. *L'Humanité*, 9 juin 2008.
2. Françoise Hardy, *Le Désespoir des singes... et autres bagatelles*, *op. cit.*

réalisé mon album pour pouvoir continuer financièrement à assurer nos tournées, confirme-t-il. Neuf personnes sur la route, ça représente un sacré budget. Ce disque devait nous aider à franchir un palier. Et j'avoue bien volontiers que mon nom m'a aidé, même si j'ai pris mon temps pour présenter au public un travail exigeant et abouti[1]. » Au départ, il n'a pas envisagé de chanter. L'album ne doit comporter à l'origine que des instrumentaux, à l'exception de deux ou trois morceaux interprétés par une choriste ou une amie chanteuse, comme Marie Modiano, elle aussi « fille de », alors autrice d'un premier album intitulé *I'm Not a Rose* et en préparation d'un deuxième, *Outland*. « Tu devrais chanter », lui dit-elle… La préparation du disque – conception, écriture, enregistrement – se fait dans la plus parfaite discrétion, Thomas ne voulant surtout pas mettre ses parents dans le coup. « Avec Jacques, nous savions qu'il était très occupé et qu'il n'avait pas trop envie de parler de son travail avec nous, témoigne Françoise Hardy. Et puis, un jour, Thomas donne un *showcase* en Corse. J'étais déjà rentrée à Paris, mais pas son père, que j'appelle le lendemain. Il me dit qu'il n'a pas été au concert, sentant, à juste titre, que cela le perturberait. En même temps, Jacques me lâche une vraie bombe : "Un photographe qui y était m'a dit qu'il avait très bien chanté." J'étais suffoquée. C'est ainsi que j'ai découvert que mon fils chantait[2] ! »

Comme un manouche sans guitare, premier album de Thomas Dutronc, à l'ambiance festive, entre accords pop et sonorités de jazz gitan, sort le 30 octobre 2007 chez Universal et remporte un beau succès, bientôt récompensé d'un disque de platine et d'une Victoire de la musique. Et la tournée reprend de plus belle, à guichets fermés. À trente-quatre ans, même si son phrasé et son sens de la déconne ne sont pas sans

1. *L'Humanité*, 9 juin 2008, *op. cit.*
2. *Le Parisien*, 31 mars 2010, *op. cit.*

rappeler ceux de son illustre père, Thomas Dutronc a trouvé sa voie (sa voix) loin de l'ombre musicale de ses parents. Son ambition, désormais : réussir sa vie. « Je considère mon succès actuel comme un casse, une sorte de cambriolage, dit-il. J'espère juste qu'il durera quelques années, le temps de mettre de l'argent de côté, et stop ! j'arrêterai tout[1]. » Le temps n'est pas venu. D'autres albums sont à paraître qui affineront son style, davantage orienté vers la variété pop pour s'ouvrir à un public plus large : *Silence on tourne, on tourne en rond* (2011), *Éternels, jusqu'à demain* (2015), *Live Is Love* (2018), *Frenchy* (2020). Ainsi que des musiques de film… La maman, très fière, assiste à tous les spectacles parisiens, aux meilleures places qu'elle a soin de réserver et de payer. Elle suit la carrière de son « lutin » avec infiniment d'attention, sans perdre une miette de son actualité, lui dispensant quelques conseils à l'occasion.

Les débuts de Thomas ont-ils stimulé l'envie de Jacques de revenir sur scène ? En tout cas, il se plaît à dire que le nouveau spectacle qui s'annonce après dix-sept ans d'absence c'est « un peu la faute » du fiston, car du côté de Françoise on estime la chose peu raisonnable à son âge (soixante-six ans) – elle niera avoir tenu de tels propos, elle trouve simplement dommage d'aborder ce retour sans nouvelles chansons, une opinion grandement partagée par le directeur artistique de Sony. « Si je rechante, c'est un peu pour plaire à Françoise, avoue-t-il cependant. Elle n'aime que les chanteurs, les bons auteurs, les bons mots. Elle, c'est une midinette, moi, je suis une minuitnette[2] ! » Le projet se dessine au cours du premier trimestre 2009, tandis qu'une opération de la hanche avec greffe osseuse l'immobilise pendant plusieurs mois. « J'étais sur un lit médicalisé, entouré de deux belles infirmières, Françoise et Sylvie. J'aurais pu finir ma

1. *Paris Match*, n° 3137, *op. cit.*
2. *Paris Match*, n° 3151, 8 octobre 2009.

vie ainsi, j'étais bien nourri, je ne fumais pas, je ne buvais pas[1]. » Il profite de son hospitalisation pour lire l'autobiographie que Françoise a publiée à l'automne, *Le Désespoir des singes et autres bagatelles*, devenue un best-seller. Le titre fait référence à un arbre que l'on trouve dans le parc de Bagatelle, où la chanteuse effectue sa promenade rituelle à l'heure du déjeuner, un conifère autrement appelé araucaria du Chili, au tronc couvert de grosses écailles triangulaires et au feuillage très piquant, rendant impossible son ascension. « Je ne sais pas s'il m'attire parce que je suis un peu de sa famille ou parce qu'il m'évoque les hommes qui m'ont désespérée[2] », écrit-elle. La lecture de ces mémoires, où prédominent la part de l'intime et l'analyse profonde des sentiments, déroute quelque peu Jacques Dutronc. « Françoise m'a d'abord envoyé les chapitres par mail quand j'étais en Corse, rapporte-t-il. Comme j'avais l'impression de recevoir des messages personnels, je n'arrivais pas à les lire. Plus tard, j'ai attaqué son livre dans le désordre et j'ai appris sur moi des choses assez négatives. Après tout, pourquoi pas ? L'amour, ce n'est pas comme au cinéma. J'ai fait souffrir Françoise sans m'en rendre compte et je me suis confessé depuis. Sur le moment, il m'était difficile de lui expliquer mon comportement. Peut-être avec le recul a-t-elle compris... Si je n'allais pas à nos rendez-vous, je ne pensais pourtant qu'à elle. Quand j'étais avec mes potes – qu'elle appelait ma "cour des miracles" – je leur clamais sans arrêt mon amour pour Françoise. Mais, à elle, je ne faisais aucune déclaration. Je n'y arrivais pas, je me sentais ridicule[3]. » Ce qu'ils ont réussi de plus beau ? Thomas, bien sûr. Alors, s'agissant du retour sur scène de Jacques Dutronc, on émet au départ l'hypothèse d'une tournée commune, réunissant

1. *Ibid.*
2. Françoise Hardy, *Le Désespoir des singes... et autres bagatelles*, *op. cit.*
3. *L'Express*, 8 janvier 2010.

le père et le fils (on nourrit même l'espoir impossible d'un duo avec Françoise Hardy), mais l'idée est rejetée pour des raisons d'incompatibilité d'agendas. Thomas Dutronc participe cependant au choix des chansons de son père et à leur agencement. Et il n'est pas peu fier d'avoir réussi à le soustraire pendant quelque temps à sa retraite corse. Même si les chats ne sont pas d'accord. La tournée d'une cinquantaine de dates, ponctuée de deux étapes parisiennes au Zénith et au palais des Sports, va occuper le revenant pendant l'essentiel de l'année 2010, cependant que Françoise Hardy publie son nouveau disque joliment intitulé *La Pluie sans parapluie*. « Jacques, c'est une force de la nature. Sa forme est époustouflante, malgré ses excès. Il me disait, à quarante ans, que je ferais une très jolie veuve. Il va me survivre[1] », dit-elle en riant.

La pluie…, Hollande et l'ISF

Un jour, alors qu'elle est occupée à l'écriture de son autobiographie, Alain Lubrano lui fait entendre « La Pluie sans parapluie », une chanson d'une jeune artiste allemande nommée Fouxi en écoute libre sur Internet. Il souligne leur similitude artistique et l'intérêt qu'aurait son amie à interpréter ce style de ballade vaporeuse. Elle remise l'idée dans un coin de sa tête, s'applique à terminer ce qu'elle a entrepris. Puis y repense en temps voulu, c'est-à-dire vers janvier 2009, dès lors qu'il s'agit de trouver du matériel pour un nouveau disque. Entre-temps, Fouxi a gravé sa propre version de la chanson. Pour l'adapter à son âge et à sa convenance, Françoise Hardy lui demande l'autorisation de modifier le texte. Dès lors, le projet est lancé. Et l'on garde ce titre pour l'album, *La Pluie sans parapluie*, tant il s'accorde magnifiquement à l'univers hardyen et à sa ligne mélancolique.

1. *Ouest-France*, avril 2010.

« Sois mon parapluie
Chaque jour et chaque nuit
Tiens-moi dans tes bras, j' t'en prie
Prends-moi dans tes rêves
Jusqu'à ce que le jour se lève
Sans toi, la vie n'est pas une vie[1]... »

Ce vingt-sixième album, enregistré et mixé au studio Labomatic de Dominique Blanc-Francard et de Bénédicte Schmitt, se conçoit à peu près comme les précédents, autour de mélodies attractives sur lesquelles la chanteuse écrit l'essentiel des textes. L'entourent quelques complices de plus ou moins longue date, à commencer par le fidèle Alain Lubrano qui réalise les arrangements d'une bonne moitié du disque – Édith Fambuena, Khalil Chahine et Peter von Poehl, entre autres, se chargeant de l'autre moitié – et apporte quatre musiques de sa composition, dont « Champ d'honneur », une mélodie pop rock qui intéressait fortement Jacques Dutronc, en quête de nouveauté pour son retour sur scène, et « Les Pas », dont le très beau texte a été écrit par Françoise au moment de la disparition d'Alain Bashung. C'est la dernière collaboration d'Alain Lubrano avec Françoise Hardy. Il meurt prématurément, à quarante-sept ans, en mai 2011 des suites d'une lourde opération cardiaque. Rencontrée sur *Tant de belles choses*, Pascale Daniel a offert une chanson originellement en espagnol, « La Mitad Del Cielo », devenue « L'Autre Côté du ciel » – Françoise y évoque un cauchemar récurrent qu'elle faisait, enfant, au cours duquel elle est projetée comme une bille dans des cercles lumineux –, et une mélodie langoureuse sur laquelle a été écrit « Un cœur éclaté », le portrait d'un homme « déjà

1. « La Pluie sans parapluie », 2010. Paroles de Fouxi et de Françoise Hardy, musique de Fouxi. © EMI Music France.

usé » qui semble avoir « fait le deuil des idéaux passés » – inspirée du héros d'un roman écrit en 1953 par l'Anglaise Rosamond Lehmann, *Le Jour enseveli (The Echoing Grove)*, et adapté au cinéma en 2003 sous le titre *The Heart Of Me*, l'autrice y voit-elle une correspondance avec l'un des hommes de sa vie ? « Dans mes textes, je suis toujours dans mon rôle, assure-t-elle. Cela ne m'intéresse pas d'écrire une chanson qui n'a pas un rapport quasi total avec mon vécu. Même si, aujourd'hui, mon inspiration provient plus du fantasme que d'autre chose, c'est vraiment du vécu. Parce que c'est mille fois plus jubilatoire de partir de là, de ses sentiments, même si c'est égocentrique[1]. » Autre référence littéraire : « Le Temps de l'innocence » renvoie au roman éponyme de l'Américaine Edith Wharton. Quant à « Je ne vous aime pas », elle emprunte une réplique de Danielle Darrieux à Vittorio De Sica dans le film de Max Ophüls, *Madame de...* Françoise Hardy a également sélectionné parmi cinq musiques offertes par Ben Christophers une ballade aussi lente que belle (« Esquives ») et retenu la partition de « Mieux le connaître » dans les maquettes de Thierry Stremler. Sur une mélodie *up tempo* de Calogero et de son frère Gioacchino Maurici, elle a sollicité Zazie pour le texte mais le résultat ne l'a pas satisfaite : « Zazie m'avait écrit quelque chose de cérébral et de léger, avec des jeux de mots sur les signes du zodiaque. Alors que, pour moi, la mélodie traduisait quelque chose de passionnel, avec une dynamique[2]. » C'est finalement Patrick Loiseau, le compagnon de Dave, qui s'y est collé et a proposé « Noir sur blanc ». « Elle m'a répondu qu'elle trouvait le texte trop tourné vers le passé, mais qu'il y avait de très bonnes choses, rapporte-t-il. Elle a donc tout mis au présent afin qu'on ne puisse pas éventuellement identifier un Jacques Dutronc qui aurait

1. *Ouest-France*, avril 2010, *op. cit.*
2. *Ibid.*

été insensible à ses messages[1]. » Enfin, trois nouveaux venus dans l'univers hardyen se paient le luxe de signer paroles et musique : La Grande Sophie, Jean-Louis Murat et Arthur H. La première, informée par la journaliste Sophie Delassein (*L'Obs*) que Françoise Hardy était absolument fan de son travail, en particulier de la chanson intitulée « Quelqu'un d'autre », a forcé le contact et proposé plusieurs morceaux, dont « Mister », retenu ici, autour d'un homme énigmatique aux airs familiers. Jean-Louis Murat, intervenu au dernier moment, a apporté une mélopée tout en anglais « Memory Divine », pour le bonheur de son interprète qui espérait beaucoup une collaboration avec l'Auvergnat bougon dont elle adore en particulier l'album *Mustango*. « Je n'aurais pas eu l'idée de l'embêter en lui demandant s'il n'avait pas une chanson pour moi, dit-elle. Et puis d'un seul coup, alors que mon disque était presque terminé, il m'a fait parvenir quatre chansons, dont une sur laquelle j'ai craqué instantanément[2]. » Elle a été enregistrée *in extremis* en janvier au studio de la Grande Armée, un jour de neige. Arthur H est arrivé de la même façon impromptue, car Françoise Hardy jugeait leurs univers incompatibles. Elle a pourtant eu le coup de foudre pour cette jolie valse sur laquelle elle a écrit « Les mots s'envolent », un texte idéal pour clore l'album :

> « Les mots s'envolent
> Sans laisser d'autre trace
> Qu'un rayon de lumière
> Un peu d'air[3]. »

En 2011, Françoise Hardy entre dans Le Petit Larousse illustré. Elle accepte l'invitation de Dave à le rejoindre en

1. *Platine*, n° 187, mai-juin 2012.
2. *Le Télégramme*, 7 avril 2010.
3. « Les mots s'envolent », 2010. Paroles et musique d'Arthur H. © EMI Music France.

studio pour le duo « Il n'y a pas de honte à être heureux » qui figure en dernière plage de son *best of Blue-Eyed Soul!*, puis celle d'Hugues Aufray à reprendre « J'entends siffler le train » sur l'album du chanteur *Troubadour*. L'année suivante, elle célèbre ses cinquante ans de carrière par la sortie simultanée d'un nouveau disque et d'un livre qui portent le même titre, *L'Amour fou*. Le 5 mai, François Hollande remporte l'élection présidentielle face au président sortant, Nicolas Sarkozy. Françoise Hardy, dont la carrière a connu sept chefs d'État, crée la polémique en se plaignant dans les colonnes de *Paris Match* des mesures fiscales envisagées par le président socialiste pour les très grosses fortunes. « D'abord, contrairement à ce qui a été écrit, je n'ai pas parlé de "drame" des gens qui payent l'ISF, s'insurge-t-elle peu après vu l'ampleur prise par ses déclarations. Le drame, ce sont les gens qui perdent leur emploi à cause des délocalisations et de la crise, et dont on entend parler tous les jours dans les journaux. Ensuite, je n'ai jamais dit que j'allais me retrouver à la rue. C'est absurde. Et encore moins que j'allais m'exiler[1] ! » En fait, elle reste dans le XVIe arrondissement, proche du parc de Bagatelle où elle a ses habitudes, mais quitte son triplex de l'avenue Foch, moins pour des raisons fiscales que pour des commodités liées à ses ennuis de santé, pour un trois pièces de plain-pied, en rez-de-jardin. Elle vit seule, désormais. Il n'y a plus d'espace pour Jacques Dutronc, exilé en Corse. « Il a l'impression d'être SDF[2] », plaisante-t-elle.

1. *Télérama*, n° 3277, *op. cit.*
2. *Le Monde*, 7 novembre 2012.

VIII

2012-2024

« À PAS DE LOUP JE QUITTE LES CLOUS… »

« […] *Mieux vaut passer la main*
Arrêter de remettre à demain[1]. »

« D'une façon générale, je suis passionnée par tout ce qui traite de l'amour vrai. L'amour sublimé. Les films, les livres que j'aime le plus sont ceux qui en parlent », déclare Françoise Hardy à la sortie de son binôme livre-disque *L'Amour fou*. Et d'ajouter, dans un rire résigné : « Au fond, aujourd'hui, je vis l'amour fou par procuration ! J'aurais aimé aimer comme ça. Cela n'a pas été le cas[2]. »

Cinquante ans de carrière. Bien qu'elle n'ait pas le regard tourné vers le passé, Françoise Hardy se prête de bonne

1. « Les Pas », 2010. Paroles de Françoise Hardy, musique d'Alain Lubrano. © EMI Music France.
2. *Télérama*, n° 3277, *op. cit.*

grâce au jeu commémoratif. Un disque et un livre : sa façon de marquer le coup. L'Amour fou. Son histoire. Le chant de sa vie.

Un amour dominateur, où « le bonheur est un festin de miettes » – la phrase est de Jacques Faizant – et n'a d'égal que la souffrance endurée : « Mieux valent les miettes qu'il lui laisse / Mieux valent sa geôle et sa laisse[1]. » Un amour à distance qui renforce la passion, avant de la détruire : « Loin l'un de l'autre et pourtant tellement près[2]. » Amour sublimé, unique, exclusif : « Un sourire ravageur… / Un seul a mes faveurs… / Le bourreau de mon cœur[3]. » Amour tumultueux, passionnel, sacrificiel. Amour de dépendance, fondamentalement liée à l'attente : « Toute une vie à nous attendre… / Toute une vie / De feux de joie, de tas de cendres[4]. » Amour déraisonné, déraisonnable. Fou comme l'espérance. Ou comme le désespoir. Le poète a toujours raison : « Il n'y a pas d'amour heureux. »

Elle laisse entendre que le disque *L'Amour fou* – son vingt-septième, l'un de ses plus beaux – sera le dernier. Ses textes ont toujours été le reflet de son âme, ses « messages personnels » : ce qu'elle ne sait pas dire, elle le chante. Et il lui semble avoir tout dit. Vraiment ?

Combien de printemps encore, avant le « dernier bis, dernier rappel[5] » ? Combien de fois revoir fleurir les lilas ? Certes, il faudra partir un jour « en catimini / Et sans

---

1. « Soie et fourrures », 2012. Paroles de Françoise Hardy, musique de Thierry Stremler. © EMI Music Publishing France.
2. « Pourquoi vous ? », 2012. Paroles de Françoise Hardy, musique de Calogero. © EMI Music Publishing France/Warner Chappell Music France.
3. « Mal au cœur », 2012. Paroles de Françoise Hardy, musique de Thierry Stremler. © EMI Music Publishing France.
4. « L'Enfer et le Paradis », 2012. Paroles de Benoît Carré et de Françoise Hardy, musique de Benoît Carré. © EMI Music Publishing France.
5. « Piano-bar », 2012. Paroles de Françoise Hardy, musique d'Alain Lanty. © EMI Music Publishing France.

préavis », prendre date « dans une autre vie[1] » pour « vivre au ciel / L'amour éternel[2] ».

En attendant, voilà que « le temps fait machine arrière / Dans son dos le printemps[3] »…

Tirer sa révérence. Les promesses de départ sont récurrentes dans son parcours. Nous y sommes préparés depuis longtemps. Mais dire adieu n'est pas anodin, il y a l'art de réussir sa sortie. Ne pas partir sur une fausse note et laisser une dernière impression de soi dont on ne serait pas fier. Avec *L'Amour fou*, il lui semble avoir atteint une forme d'excellence, si l'on se réfère à la théorie d'Aristote selon laquelle l'excellence est un art que l'on n'atteint que par l'exercice constant. Cet album est le reflet d'elle-même ; il résume l'essentiel de sa vie et de son art. Les textes sont de sa plume, mélancolique et torturée, pour l'essentiel, s'inspirant à défaut d'une passion brûlante vécue dans l'instant de romans d'auteurs qui ne quittent pas sa table de chevet et explorent tous les arcanes du sentiment amoureux, Edith Wharton, Daphné du Maurier, Henry James – elle reprend même un texte écrit par Victor Hugo, « Si vous n'avez rien à me dire… », initialement titré « Chanson » dans le recueil des *Contemplations*, sur une partition musicale de Bertrand Pierre qui l'avait lui-même enregistré sur un opus consacré aux poèmes de l'illustre écrivain. Sublimement arrangées par Dominique Blanc-Francard et Bénédicte Schmitt au studio Labomatic, les musiques, lentes, lancinantes, aux accents classiques, réduites à la combinaison piano et cordes, s'accordent avec les goûts et

1. « Rendez-vous dans une autre vie », 2012. Paroles de Françoise Hardy, musique de François Maurin. © EMI Music Publishing France.
2. « Les Fous de Bassan », 2012. Paroles de Françoise Hardy, musique de Pascal Colomb. © EMI Music Publishing France.
3. « Normandia », 2012. Paroles et musique de Julien Doré. © EMI Music Publishing France.

la voix languide de la chanteuse. Outre Thierry Stremler et Calogero, déjà familiers de l'univers hardyen, ont été sollicités d'autres compositeurs d'univers variés, tels que Pascal Colomb, Benoît Carré (ex-Lilicub), Alain Lanty, François Maurin. Seul Julien Doré, rencontré le temps d'un duo (« BB Baleines ») pour le deuxième album du jeune homme, *Bichon*, a signé paroles et musique d'une chanson parmi les plus belles, « Normandia ». « J'ai vu Julien Doré pour la première fois dans un talk-show où il ne chantait pas, mais il crevait l'écran et ne réagissait pas comme tout le monde. Cela m'avait frappée et il m'avait tout de suite intéressée[1] », dit-elle.

Oui, c'est un album qui lui ressemble. Et s'il atteint une forme d'excellence, c'est aussi parce que tout en creusant le même sillon, frappé de sa marque personnelle, Françoise Hardy a l'art de donner aux expériences intimes une dimension universelle. « *L'Amour fou* impose son rythme. À en devenir ensorcelant. D'abord, parce que dans ses ombres percent mille lumières vives ou tamisées qui donnent à la complexité du sentiment amoureux un infini relief. Ensuite, parce que si on ose l'écouter en face, ce sont aussi nos propres émois et nos propres échecs qu'on y entendra[2] », écrit Valérie Lehoux dans *Télérama*.

En parallèle, encouragée par l'ami Jean-Marie Périer, Françoise Hardy publie un texte introspectif commencé il y a trente ans et sur lequel elle n'a cessé de revenir, tournant inlassablement autour du même pot. Parce qu'il est la synthèse de toutes ses histoires amoureuses et la matrice de tous ses textes de chansons, il lui semble judicieux de le publier en complément du disque, sous un même titre – au départ, elle avait appelé ce texte *Emprise*, pour signifier le caractère obsessionnel et dépendant de ce type de relation.

1. Échange de courriels avec l'auteur, le 2 juin 2021.
2. *Télérama*, n° 3278, 10 novembre 2012.

Mais si l'écoute du disque procure un plaisir envoûtant et l'envie d'y revenir, la lecture de cette somme d'histoires similaires condensées en une seule se révèle laborieuse, voire indigeste.

C'est la « fin du dernier acte », chante-t-elle. Elle prétend être arrivée à ce point qu'elle a tant redouté pendant des années où l'inspiration est tarie. La vieillesse et la maladie la dépossèdent en outre de l'énergie créatrice, occupant l'essentiel de ses pensées. Elle n'aime pas se voir vieillir, ni voir vieillir les gens qu'elle aime. Son ambition se résume désormais à « rester tranquille et relativement à l'aise dans [son] petit bunker[1]. » Elle dit avoir passé l'âge des grandes passions. Cependant, revoir certains films anciens avec Jacques Dutronc, être cueillie subrepticement par la belle jeunesse et l'irrésistible attrait de l'amour de sa vie, ou entendre sa voix de velours dans la bande originale du film *Les Bons et les Méchants*, la transporte d'émotion jusqu'à lui faire venir les larmes aux yeux. « Il a été, il est l'homme de ma vie, dit-elle. En vieillissant, on se souvient davantage des grands moments que de ceux qui vous ont détruite. Quand je vois comme des femmes de qualité, belles et intelligentes, d'une quarantaine d'années ont du mal à trouver quelqu'un avec qui elles aient envie de vivre, je réalise encore plus quel immense privilège ç'aura été pour moi de rencontrer l'homme de ma vie à vingt-trois ans. Notre relation m'a appris qu'il ne faut pas rester à l'entière disposition de l'autre, ni tout accepter de lui, ce qui le porte à imaginer que vous lui êtes acquise à tout jamais, et en l'occurrence revenait à emboîter le pas à sa maman. Aimer quelqu'un est un long apprentissage de toute façon, et quand on est jeune, on a tout à apprendre ou presque. Aujourd'hui, notre relation s'est apaisée, et il y a encore beaucoup d'amour et une infinie tendresse entre nous. Pour ma part, je ressens aussi une grande gratitude à son égard. Je lui dois les plus

1. Françoise Hardy, *Avis non autorisés…*, *op. cit.*

belles années de ma vie. Le perdre me serait insupportable et il me semble que ça vaut en partie pour lui[1]. »

Remercier, donc. C'est ce qu'elle s'applique à faire dans l'épilogue de son dernier album. Le remercier lui, le responsable de ses « plus beaux rêves », des « folies et fièvres », mais aussi de cet enfer vécu, peuplé d'attente et de non-dits. « Je n'en ai jamais voulu à qui que ce soit d'avoir vécu des choses difficiles, car j'ai toujours pris la mesure de ma part de responsabilité, qui était très grande, très grande[2]... » Et donner « rendez-vous dans une autre vie » à celui-là qu'elle se plaît à nommer son « futur veuf », « pour [s']aimer mieux et plus qu'aujourd'hui[3] ». Depuis toujours guidée par une soif inassouvie de connaissances, elle déplore « la brièveté de l'existence qui ne [lui] donne pas la possibilité d'en savoir davantage[4]. » En même temps, elle a foi en un « au-delà » et en l'idée de plusieurs incarnations terrestres dont le but serait de continuer à apprendre, à progresser en clairvoyance et en sagesse. « Si c'est ça le sens des choses, dit-elle, si c'est vrai cette théorie des réincarnations, je me dis que, ayant appris tout ce que j'ai appris, si jamais je me réincarne et que j'ai à nouveau une relation avec quelqu'un qui a beaucoup compté pour moi, j'espère qu'on fera tout beaucoup mieux. Là c'était le brouillon et après ce sera le propre[5]. »

À présent que « la pièce est finie » (c'est du moins ce qu'elle laisse entendre), seuls les anniversaires alimentent l'actualité de Françoise Hardy. Pour célébrer en 2013 les quarante ans de l'album *Message personnel*, on publie un coffret luxueux comportant de nombreux inédits. L'année suivante, la chanteuse s'apprête à voir fleurir les lilas de son soixante-dixième

1. Entretien avec l'auteur, fin décembre 2019.
2. *Télérama*, n° 3277, *op. cit.*
3. « Rendez-vous dans une autre vie », *op. cit.*
4. *Psychanalyse Magazine*, n° 19, *op. cit.*
5. « L'Invité », TV5 Monde, 8 février 2013.

printemps. Lorsque l'on évoque en sa présence le temps passé et la multitude d'artistes qui ont croisé sa route, tous ceux qu'elle a pu inspirer, son rayonnement à travers le monde, tout cela qui lui confère aujourd'hui un statut incontesté d'icône, elle balaie le terme d'un revers de main. Ni idole, ni icône. « Je me sens atrocement normale[1] », dit-elle dans un rire contraint. On la croit volontiers en lisant l'essai qu'elle publie aux Éditions des Équateurs le 5 mars 2015 et dont le titre ne manque point d'éloquence : *Avis non autorisés...* Elle y prend la parole de manière brute et décomplexée pour dire ce qu'elle pense du monde qui l'entoure, distribuer des bons et des mauvais points aux acteurs de la vie politique et aux écrivains, mais aussi témoigner de la difficulté de vieillir et évoquer le calvaire de son état de santé, passant en revue tous les praticiens et charlatans qu'elle a testés sur des conseils d'amis, n'hésitant pas à se mettre à nu de façon impudique. Invitée du *talk-show* « On n'est pas couché » de Laurent Ruquier, elle apparaît très affaiblie et décontenancée devant les arguments du chroniqueur Aymeric Caron en matière de politique, un sujet sur lequel on voudrait bien qu'elle s'abstienne de discourir.

Quelques mois après la sortie de son livre, gros succès de vente, Françoise Hardy, hospitalisée, fait une violente chute sous la douche. Les médecins, alarmistes, la placent dans un coma artificiel. « Comme je m'étais cassé beaucoup de choses, ils ont été obligés de m'opérer, raconte-t-elle. J'ai fait un œdème pulmonaire, il fallait me poser des drains. J'étais dans un état de très grande faiblesse[2]. » Au terme de trois semaines d'inconscience, jugeant la situation irréversible, le corps médical prévient la famille. On propose en dernier recours une chimiothérapie qui va se révéler miraculeuse. Sortie d'affaire, la chanteuse entreprend de raconter son

1. *Le Télégramme*, 7 avril 2010.
2. « Le Divan » de Marc-Olivier Fogiel, *op. cit.*

calvaire dans un nouveau récit, qu'elle intitule d'abord *En sursis*, puis qui sera édité sous le titre *Un cadeau du ciel...* (Éditions des Équateurs). «Je suis convaincue d'avoir été aidée par les prières et la spiritualité[1] », dit-elle. Au point de vouloir donner courage et espoir à Johnny Hallyday, malade et condamné, dans les coulisses de la tournée des Vieilles Canailles où le rocker français livre son dernier combat.

Entre-temps, on retrouve Françoise Hardy sur deux albums collectifs, avec des enregistrements réalisés avant son hospitalisation : elle chante « True Love Ways », un classique du rock, créé par Buddy Holly en 1958, dans le cadre d'un album orchestré par Dominique Blanc-Francard autour des chansons de sa jeunesse, *It's A Teenager Dream*, qui réunit des invités prestigieux parmi lesquels Benjamin Biolay, Jean-Louis Aubert, Carla Bruni, Adamo, Sinclair ; puis, pour les vingt ans de Sidaction et le double CD *Kiss & Love*, initié pour l'occasion par Pascal Obispo au profit de l'association, elle reprend en duo avec Julien Clerc « Seras-tu là ? », « chanson sacrée et bouleversante[2] », l'une de ses chansons préférées de Michel Berger, et insatisfaite des arrangements se réserve une autre version avec sa voix seule pour une possible parution future. Dans les interviews, elle réapparaît en forme, même si elle déclare ne plus pouvoir chanter (elle décline alors une proposition de duo avec Michel Legrand). Elle a repris du poil de la bête et retrouvé le sens de l'humour : « Je fais cinquante-six kilos, une grosse dondon[3] », plaisante-t-elle. Elle se réjouit de voir d'anciens albums cultes réédités, mais n'envisage toujours pas d'en enregistrer un nouveau. Elle estime avoir donné le meilleur d'elle-même. « Quoi que je fasse, je ne ferai plus aussi bien qu'avant, se résigne-t-elle. J'ai fait mon temps. » Puis, dans un sursaut d'optimisme,

1. *Le Parisien*, 30 mars 2018.
2. *Ibid.*
3. *Le Parisien*, 6 juin 2016.

elle laisse échapper : « À moins que d'un seul coup quelqu'un m'envoie une chanson à laquelle je ne puisse pas résister[1] ! »

Marc Maréchal, son ancien attaché de presse et ami, y compte bien, qui a soumis l'idée d'un nouvel album de Françoise Hardy à la direction artistique du label Parlophone. Quelle mélodie va raviver l'éclair d'envie, provoquer un sursaut d'énergie ? Le déclic survient à la faveur d'une chanson – « Sleep », du groupe de pop-rock finlandais Poets Of The Fall – découverte sur YouTube, puis écoutée en boucle jusqu'à occuper complètement son esprit. Elle en écrit une adaptation inspirée, « Dors mon ange », qui évoque la difficulté d'être et les dangers des paradis artificiels. Erick Benzi, qui avait travaillé pour elle sur l'album *Tant de belles choses*, réalise des arrangements adaptés au style et à la voix de la chanteuse. L'album *Personne d'autre* voit le jour à la faveur de nouveaux protagonistes (Yael Naim, Maissiat, David Donatien) et des amis retrouvés (La Grande Sophie, Pascale Daniel, Thierry Stremler, Pascal Colomb). Inspirée, Françoise Hardy écrit huit textes sur douze, privilégiant le thème dominant de son œuvre, explorant une fois encore, la dernière, sa voix portée par des guitares aériennes, les abysses des relations amoureuses, ajouté à la question du temps. Phrases jetées ici et là : « Il est trop tard déjà », « Il me reste peu de temps », « Nous n'avons plus d'âge »... Le temps qui passe, le temps qui reste. « Où sont les photos de ces visages / Si jeunes si beaux mon Dieu quel naufrage[2] ! » Album crépusculaire traversé d'échos nostalgiques, passerelle entre passé et présent. Première rencontre, premiers regards. Le jeu amoureux (« À cache-cache »), les signes indicateurs (« Un seul geste », « Personne d'autre »).

1. *Ibid.*
2. « Quel dommage ! », 2018. Paroles de Françoise Hardy, musique de Maissiat. © Parlophone/Warner Music France.

« Donne-moi un signe / La clé de l'énigme[1] ». Album testamentaire. Déclaration d'amour ultime à l'homme d'une vie, le seul, l'unique, celui qui ouvre la route, éclaire le chemin (« You're My Home »). « Aucun autre décor, aucun autre que toi[2] ». Et, au moment de prendre « le large » (chanson sublime, illustrée d'un vidéo-clip de François Ozon), inviter au voyage dans ce « train spécial » pour un aller sans retour. La mort, comme issue de secours. Partir en éclaireur vers la lumière. « Trois petits tours » et puis s'en va. Tourner la page. Toucher les nuages. « Rien ne s'achève, mais tout commence[3] ». Demain, tout ira bien.

Dans un message posté sur Instagram mardi 11 juin 2024, Thomas Dutronc écrit : « Maman est partie… » Françoise Hardy a pris le large. Lâché nos mains. Percé le mystère. Rien ne défera jamais nos liens. Son chant d'amour est éternel.

---

1. « Brumes », 2018. Paroles de Françoise Hardy, musique d'Erik Benzi. © Parlophone/Warner Music France.
2. « Le Large », 2018. Paroles et musique de La Grande Sophie. © Parlophone/Warner Music France.
3. « Train spécial », 2018. Paroles de Françoise Hardy, musique d'Erik Benzi. © Parlophone/Warner Music France.

ANNEXES

DISCOGRAPHIE

TOUTES LES CHANSONS CHANTÉES PAR FRANÇOISE HARDY

Avertissement *: chaque chanson n'est citée qu'une seule fois, l'année de son enregistrement. Toute reprise en solo ou en duo est portée, avec sa référence, en* nota bene. *Les versions étrangères sont citées séparément.*

1962

1. « Oh oh chéri » (Bobby Lee Trammell/Jil et Jan) – Orchestre : Roger Samyn – Vogue 45 tours EPL 7967/Vogue 33 tours LD 600-30.

Créateur: Bobby Lee Trammell (« Uh Oh », États-Unis, 1958).

Reprises: Kate Sullivan (2000) ; Philippe Katerine, avec Francis et ses peintres (2011).

Sample: The Avalanches (« Summer Crane », 2000 – la phrase *« J'ai froid, hmm hmm, oh oh »* est samplée).

NB : Françoise Hardy a enregistré cette chanson en italien (voir 37), en allemand (101).

2. « Il est parti un jour » (Françoise Hardy-Roger Samyn/Françoise Hardy) – Orchestre : Roger Samyn – Vogue 45 tours EPL 7967/Vogue 33 tours LD 600-30.

3. « J'suis d'accord » (Françoise Hardy-Roger Samyn/Françoise Hardy) – Orchestre : Roger Samyn – Vogue 45 tours EPL 7967/Vogue 33 tours LD 600-30.

Reprises: Aimable (instrumental, 1963) ; Viviane Cousin (1963) ; Dominique Michel (1963) ; Dulce Salles Cunha Braga (1965) ; Sarah Micheau (1997) ; La Monja Enana (« Me da Igual », en espagnol, 1999) ; Beam (2004) ; Ngoc Lan (en franco-vietnamien).

NB : Françoise Hardy a enregistré cette chanson en italien (voir 14), en allemand (99).

4. «**Tous les garçons et les filles**» (Françoise Hardy-Roger Samyn/Françoise Hardy) – Orchestre : Roger Samyn – Vogue 45 tours EPL 7967/Vogue 33 tours LD 600-30.

Reprises : Bébé Hong Suong (1962) ; Sophie Blaede (1962) ; Didier Boland et les Gilles Chœurs (1962) ; Los Catinos («Todos los Chicos y Chicas», en espagnol, 1962) ; Buck Clayton (1962) ; René Frank («Ledere Jongen Geat Uit Met Z'n Meisje», en flamand, 1962) ; Charlie Level (1962) ; Myriam (1962) ; Les Pillibi's (1962) ; Ginette Reno (1962) ; Catherine Spaak (1962) ; Aimable (instrumental, 1963) ; Les Ambassadors (1963) ; Viviane Cousin (1963) ; Dominique (1963) ; Duo DD («Svi Mladici i Devojke», en serbo-croate, 1963) ; Duo Rubam («Todos los Chicos y Chicas», en espagnol, 1963) ; Sys Gregers («Ensom Pige», en danois, 1963) ; Los Mustang («Todos los Chicos y Chicas», en espagnol, 1963) ; Los Pajaros Locos («Todos los Chicos y Chicas», en espagnol, 1963) ; Jetty Stivens («Jongens en Meisjes», en flamand, 1963) ; Les Strangers (instrumental, 1963) ; Nadine Gaudel (1964) ; Barbara Jarc («Vsi Fantke in Dekleta», en slovène, 1964) ; Eny Mara («A Idade do Amor, en portugais», 1964) ; Sweet Sixteen (1964) ; Dulce Salles Cunha Braga (1965) ; Nadia Milton («Aquellos de mi Edad», en espagnol, 1965) ; Margrethe Toresen («Hvor Jeg Enn Gar», en norvégien, 1968) ; Ngoc Lan («Nhung Nu Tinh Xanh», en français et vietnamien, 1974) ; Les Fous du Rock'n'Roll (1977) ; Dick Annegarn & Robert Pete Williams (parodie «Françoise», 1980) ; Yves Lecoq (imitation, 1980) ; Love and Music (1980) ; Eurythmics (1985) ; Sheila & Alice Dona (TV, 1985) ; France Harlow (1986) ; Dorothée (TV, 1987) ; Patricia Castanheira («Na Minha Idade», en portugais, 1988) ; Jan, Will & Rabo («De Tijd», en flamand, 1988) ; Les Cafards (1991) ; Paquitas («Alguém Para Amar», en portugais, 1991) ; Pat Benasta (1995) ; Carla Bruni & Laurent Voulzy (*Les Enfoirés*, 1995) ; Marie Myriam (1996) ; Pop Ramen (1997) ; Sarah Micheau (1997) ; Bernard (2000) ; Dany Jeffrey (2000) ; Thanh Lan («Nhung Nu Tinh Xanh», en français et vietnamien, 2000) ; Génération Boomer (2001) ; Pustule l'Ardéchois (parodie, «Tous les keupons et les skins de mon âge», 2001) ; Jane Birkin (2004) ; Joan Bluteau (2004) ; Raymond & Maria (2004) ; Lucie Therrien (2004) ; Freddy Birset (2005) ; Indigo (2005) ; Gabrielle Roda (2005) ; Marie-Paule (2006) ; UM Dance Collective (2006) ; Zona Sul (2006) ; Cindy Daniel (2007) ; Justyna i Piotr («Trzecia Jesien», en polonais, 2007) ; Laurent N. (2007) ; Adrienne Pauly (2007) ; Ruby (2008) ; Dawn Landes (2009) ; Fanny (2009) ; French Connection (2009) ; Grupo Arte Nascente («Cativar», en portugais, 2009) ; Mystique (2009) ; Two White Horses (2009) ; Hayley Hutchinson (2010) ; Isa (2010) ; Peppermoon (2010) ; Toutes Les Filles (2010) ; The Travelling Band (2010) ; Cœur de Pirate (*Live*, 2011) ; Faust («Je bouffe», 2011) ; Marième (2011) ; Aldrick (2012) ; Tatie Bernardo (2012) ; Elastic No-No Band (2012) ; Fanny Fourquez (2012) ; Caroline Noel (2012) ; Le Prince Miiaou (2011) ; Vitor Hublot (2012) ; Élodie Frégé (TV, 2013) ; Pina

Capobianco (« Chille ca fanno all'ammore », en napolitain, 2013) ; Free Soufriau (2013) ; Carola Moritz (2015) ; Les Jumelles Barabé (2015) ; Cola Jet Set (*Live*, 2017).

BO Films : *Metroland* de Philip Saville (UK-France-Espagne, 1997) ; *Innocents. The Dreamers* de Bernardo Bertolucci (France-UK-Italie, 2002) ; *The Statement (Crime contre l'humanité)* de Norman Jewison (France-États-Unis-Canada, 2003) ; *Se Devo Essere Sincera* de Davide Ferrario (Italie, 2004) ; *Attenberg* de Rachel Athina Tsangari (Grèce, 2010).

NB : Françoise Hardy a enregistré cette chanson en italien (voir 13), en allemand (41), en anglais (65).

5. « C'est à l'amour auquel je pense » (Françoise Hardy-Roger Samyn/ Françoise Hardy) – Orchestre : Roger Samyn – Vogue 45 tours EPL 8047/ Vogue 33 tours LD 600-30.

Reprises : Yvonne Berger (1962) ; Buck Clayton (1962) ; Viviane Lorene (1962) ; Aimable (instrumental, 1963) ; Les Ambassadors (1963) ; Rita Basart (1963) ; Cécile Devile (1963) ; Robert Selmer (1963) ; Teeny Records (1963) ; Anette (« Hvad Tror du Nu Jeg Tænker På ? », en danois, 1964) ; Charlie Mysterio (instumental ; *Live*, 2017).

NB : Françoise Hardy a enregistré cette chanson en italien (voir 33).

6. « Ça a raté » (Françoise Hardy-Roger Samyn/Françoise Hardy) – Orchestre : Roger Samyn – Vogue 45 tours EPL 8047/Vogue 33 tours LD 600-30.

Reprises : Marilena Guidetti (« E' Andata Male », en italien, 1964) ; Adia Victoria (2017).

7. « Le Temps de l'amour » (Jacques Dutronc/Lucien Morisse-André Salvet) – Orchestre : Roger Samyn – Vogue 45 tours EPL 8047/Vogue 33 tours LD 600-30.

Créateurs : El Toro et Les Cyclones (instrumental « Fort Chabrol », France 1962), José Salcy & ses Jam's (version chantée « Le Temps de l'amour », France 1962).

Reprises : Viviane Lorene (1962) ; Colette Rivat (1962) ; Les Scarlet et l'orchestre James Award (1962) ; Les Ambassadors (1963) ; Les Jaguars (1963) ; Jean-Claude Pascal (1963) ; Teeny Records (1963) ; Nadine Gaudel (1964) ; Ruffo y Sus 4 (1964) ; Blue Boys (1966) ; Claude Tranchot (1973) ; Jacques Dutronc (1980) ; Kieu Nga (en franco-vietnamien, 1991) ; Mùa Tinh yêu (en franco-vietnamien, 1991) ; April March (en français et en anglais, « While We're Young », 1995) ; G-Squad (1996) ; Marie Myriam (1996) ; Sarah Micheau (1997) ; Godzuki (1998) ; Les Sans Culottes (1999) ; Thanh Hóa (en français et vietnamien, 1999) ; Thanh Lan (en franco-vietnamien, 2000) ; Bakelite All Stars (2001) ; Drew Weaver and the Alvarados (2001) ; Les Enfoirés (*Live*, 2001) ; The Fur Ones (2001) ; Jenifer (TV, 2001) ; Les Catasfiores (2002) ; Astro Zombies (instrumental, « Fort Chabrol », 2003) ; Samy Goz (2004) ; Mareva Galanter (2006) ; Las Rubias del Norte (2006) ; Sylvie Vartan (2007) ; Hands

Off Dan (2008) ; Andrea Lindsay (2008) ; Sarah Nixey (2008) ; Zen Zila (2008) ; Leïla Bekhti, Marie-Sohna Condé et Chantal Lauby (B.O.F. *Toi, moi, les autres*, 2009) ; The Blue Seeds (2009) ; Laure Briard (2009) ; Jasmine Roy (2009) ; Vanessa Paradis (*Live*, 2010) ; The Puppini Sisters (2010) ; Michèle Laroque & Jean-Baptiste Maunier (TV, 2011) ; Tribute Masters (2011) ; Katia B (2012) ; Bruce the Mover (2012) ; The Choir of Revolutionary Angels (2012) ; Gil Valenza (2012) ; Vicious Sunglasses (2012) ; Basia Bulat (TV, 2013) ; Rover (Live, 2013) ; Théodore, Paul & Gabriel (TV, 2013) ; Deborrah « Moogy » Morgan (2014) ; Lakis Papadopoulos & Antigoni Katsouri (2014) ; Viviane Gorrias (2014) ; Grapevine (2015) ; Miossec (2015) ; Jennifer Scott (2016) ; Christine Peyrouse (2016) ; Cola Jet Set (*Live*, 2017).

BO Film : *Moonrise Kingdom* de Wes Anderson (États-Unis, 2011).

NB : Françoise Hardy a enregistré cette chanson en italien (voir 31).

NB (2) : Françoise Hardy a interprété cette chanson en duo avec Jacques Dutronc, à la télévision, en 1980.

8. « **J'ai jeté mon cœur** » (Françoise Hardy-Roger Samyn/Françoise Hardy) – Orchestre : Roger Samyn – Vogue 45 tours EPL 8047/Vogue 33 tours LD 600-30.

Reprise : Catherine Spaak (« Ho Scherzato con il Cuore », en franco-italien, 1962).

9. « **Ton meilleur ami** » (Françoise Hardy-Roger Samyn/Françoise Hardy) – Orchestre : Roger Samyn – Vogue 45 tours EPL 8047/Vogue 33 tours LD 600-30.

Reprises : Chung Shio Foong (en chinois, 1966) ; Jovia Au & The Jigsaws (en chinois, 1966) ; Rita Chao (en chinois, 1967) ; Corry (« Alleen Maar Vrienden », en flamand, 1982) ; Irene Huang (en chinois, 1984) ; Thanh Lan (« Nguoi Ban Than », en franco-vietnamien, 2000) ; The Touch-me-nots (en anglais, 2007) ; Haroula Rose (en anglais, 2012) ; Huang Li Qing (en chinois, 2015).

NB : Françoise Hardy a enregistré cette chanson en italien (voir 32), en anglais (64).

10. « **On se plaît** » (Françoise Hardy-Roger Samyn/Françoise Hardy) – Orchestre : Roger Samyn – Vogue 45 tours EPL 8047/Vogue 33 tours LD 600-30.

11. « **La Fille avec toi** » (Françoise Hardy-Roger Samyn/Françoise Hardy) – Orchestre : Roger Samyn – Vogue 45 tours EPL 8047/Vogue 33 tours LD 600-30.

Reprise : Kate Sullivan (2000).

Sample : Féfé (« Cause toujours », 2013 – les « *Oh oh, oh oh, yé yé yé yé* » du début de la chanson de Françoise Hardy sont samplées).

12. « **Il est tout pour moi** » (Françoise Hardy-Roger Samyn/Françoise Hardy) – Orchestre : Roger Samyn – Vogue 45 tours EPL 8047/Vogue 33 tours LD 600-30.

Reprises: Teresa Maria («El Es Todo Para Mi», en espagnol, 1963); La Monja Enana («El Es Toto Para Mi», *Live*, 2017).

13. «**Quelli della mia Età**» («Tous les garçons et les filles») (adaptateur: Vito Pallavicini) – Vogue Jolly Italia 45 tours SP 35029/Vogue Jolly Italia 33 tours LP 5034 (1963) – voir 4.

Reprises: Rita Bertolini (1962); Catherine Spaak (1962); Mara Pacini (1963); Lina and the Little Captains (1964); Corinne (1996); Santarosa (1996); Francesca (1998); Gigliola Cinquetti (1999).

Autre version italienne: Pina Capobianco («Chile che Fanno all'Ammore», en napolitain, 2013).

14. «**Ci Sto**» («J'suis d'accord») (adaptateur: Vito Pallavicini) – Vogue Jolly Italia 45 tours SP 35029/Vogue Jolly Italia 33 tours LP 5034 (1963) – voir 3.

Reprises: Graziella Caly (1962); Tony Franciosa (1962).

1963

15. «**L'amour s'en va**» (Françoise Hardy) – 8e Concours Eurovision de la chanson – Orchestre: Marcel Hendrix – Vogue 45 tours EPL 8076.

Reprises: Aimable (instrumental, 1963); Les Ambassadors (1963); Patrick Loiseau (1982).

NB: Françoise Hardy a enregistré cette chanson en italien (voir 35), en allemand (100).

16. «**Je pense à lui**» (Celia Marshall-Norman Margolies/Françoise Hardy-André Salvet) – Orchestre: Marcel Hendrix – Vogue 45 tours EPL 8076.

Créateurs: The Majors («A Wonderful Dream», États-Unis, 1962).

Reprises en VO: The Avons (1962); The Romantics (1978); Franki and the Favorettes (1979); Showaddywaddy (1980).

17. «**L'Amour d'un garçon**» (Hal David-Burt Bacharach/Françoise Hardy) – Orchestre: Marcel Hendrix – Vogue 45 tours EPL 8076/Vogue 33 tours FH1.

Créatrice: Timi Yuro («The Love of a Boy», États-Unis, 1962).

Reprise en VF: Nathalie (1995).

Reprises en VO: Dionne Warwick (1963); Julie Rogers (1964); Evie Sands (1966); Mari Isaacs (2000).

Autres reprises: Anita Lindblom («Jag Lever för Dig», en suédois, 1963); Zarah Leander («Das Herz einer Frau», en allemand, 1963); Carmen Villani («Io Sono Cosi», en italien, 1963); Anna Marchetti («Io Sono Cosi», en italien, 1964).

BO Film: *Jeune et Jolie* de François Ozon (France, 2012).

18. «**Comme tant d'autres**» (Françoise Hardy) – Orchestre: Marcel Hendrix – Vogue 45 tours EPL 8076/Vogue 33 tours FH1.

NB: Françoise Hardy a enregistré cette chanson en italien (voir 34).

19. « Qui aime-t-il vraiment ? » (Jeff Hooven-Hal Winn/Françoise Hardy) – Orchestre : Marcel Hendrix – Vogue 45 tours EPL 8111.

Créateur : Johnny Crawford (« Your Nose is Gonna Grow », États-Unis, 1962).

Reprise en VF : Helena Lemkovitch (1982).

Reprises en français, dans une autre version : Michèle Richard (Québec, « Ton nez s'allongera », 1962) ; Sébastien (« La fille que je veux », 1973).

Reprises en VO : Jan Dalton (1962) ; Emile Ford (1962) ; Nicky Hilton (1962) ; Debby Peters (1962) ; Christine Quaite (1962) ; Rob Robbins (1962).

20. « Saurai-je ? » (Françoise Hardy) – Orchestre : Marcel Hendrix – Vogue 45 tours EPL 8111/Vogue 33 tours FH1.

NB : Françoise Hardy a enregistré cette chanson en italien (voir 38).

21. « Bien longtemps » (Françoise Hardy) – Orchestre : Marcel Hendrix – Vogue 45 tours EPL 8111.

NB : Françoise Hardy a enregistré cette chanson en italien (voir 36).

22. « On dit de lui » (Don Christopher-Don Stirling-Gary Temkin/Françoise Hardy) – Orchestre : Marcel Hendrix – Vogue 45 tours EPL 8111/Vogue 33 tours FH1.

Créatrice : Connie Francis (« It's Gonna Take Me Some Time », États-Unis, 1962).

Reprise : Les Cyclones (instrumental, 1963).

23. « Le Premier Bonheur du jour » (Jean Renard/Franck Gérald) – Orchestre : Marcel Hendrix – Vogue 45 tours EPL 8139/Vogue 33 tours FH1.

Reprises : Los Sonor's (« La Primera Felicidad del Dia », instrumental, 1963) ; Alfa Gungadin (1968) ; Os Mutantes (1968), Ngoc Lan (« Hanh Phúc dau Ngày », en vietnamien, 1992) ; Tatiana (1994) ; Kate St. John (1995) ; Sarah Micheau (1997) ; Gina Dupervil (2000) ; Le Hang (en vietnamien, 2000) ; Dawn (2004) ; Françoiz Breut (2005) ; The Come Ons (2006) ; Nao Wadayama (en japonais, 2007) ; Frau Kraushaar (2012) ; Emma Solal (2012) ; Stacey Kent (2013) ; Halie Loren (2013) ; Pink Martini & The von Trapps (2014) ; Jennifer Scott (2016) ; Yuna (2016).

Sample : Guizmo (« Le Premier Chagrin du jour », 2011 – la boucle musicale et la phrase *« le premier chagrin du jour, c'est la porte qui se ferme »* chantée par Françoise Hardy sont samplées).

BO Films : *Vénus Beauté* de Tonie Marshall (France, 1998) ; *The Statement (Crime contre l'humanité)* (France-États-Unis-Canada, 2003).

NB : Françoise Hardy a enregistré cette chanson en italien (voir 39).

24. « Va pas prendre un tambour » (Jacques Dutronc/Maurice Vidalin) – Orchestre : Marcel Hendrix – Vogue 45 tours EPL 8139/Vogue 33 tours FH1.

25. «**Nous tous**» (Françoise Hardy) – Orchestre : Marcel Hendrix – Vogue 45 tours EPL 8139/Vogue 33 tours FH1.

26. «**J'aurais voulu**» (Françoise Hardy) – Orchestre : Marcel Hendrix – Vogue 45 tours EPL 8139/Vogue 33 tours FH1.

Reprise : Charlie Mysterio (instrumental, *Live*, 2017).

NB : Françoise Hardy a enregistré cette chanson en italien (voir 40), en anglais (66), en allemand (98).

27. «**Le sais-tu ?**» (Françoise Hardy) – Orchestre : Marcel Hendrix – Vogue 45 tours EPL 8179/Vogue 33 tours FH1.

28. «**Avant de t'en aller**» (Paul Anka/Françoise Hardy) – Orchestre : Marcel Hendrix – Vogue 45 tours EPL 8179/Vogue 33 tours FH1.

Créateur : Paul Anka («Think About It», États-Unis, 1963) – la chanson est cependant demeurée inédite dans sa version originale.

Reprises : Paul Anka («Sunshine Baby», en allemand, 1964) ; Wanderley Cardoso («Eu e o Sol», en espagnol, 1965) ; Sacha Distel («Ne dis rien», en français, 1965).

29. «**Toi je ne t'oublierai pas**» (Jean-Pierre Bourtayre/André Salvet-Claude Carrère) – Orchestre : Marcel Hendrix – Vogue 45 tours EPL 8179/Vogue 33 tours FH1.

30. «**L'amour ne dure pas toujours**» (Françoise Hardy) – Orchestre : Marcel Hendrix – Vogue 45 tours EPL 8179/Vogue 33 tours FH1.

Reprises : Jo Lemaire (1990) ; Feist (2004).

31. «**L'Età dell'Amore**» («Fort Chabrol»/«Le Temps de l'amour») (adaptateur : Vito Pallavicini) – Vogue Jolly Italia 33 tours LP 5034 – voir 7.

Reprise : Bébé Requin (2011).

32. «**Il Tuo Migliore Amico**» («Ton meilleur ami») (adaptateur : Vito Pallavicini) – Vogue Jolly Italia 33 tours LP 5034 – voir 9.

33. «**E' all'Amore Che Penso**» («C'est à l'amour auquel je pense») (adaptateur : Vito Pallavicini) – Vogue Jolly Italia 33 tours LP 5034 – voir 5.

Reprise : Mara Pacini (1963).

34. «**Una Ragazza come le Altra**» («Comme tant d'autres») (adaptateur : Vito Pallavicini) – Vogue Jolly Italia 33 tours LP 5034 – voir 18.

35. «**L'Amore Va**» («L'amour s'en va») (adaptateur : Vito Pallavicini) – Vogue Jolly Italia 33 tours LP 5034 – voir 15.

36. «**Per Tanto Tempo**» («Bien longtemps») (adaptateur : Vito Pallavicini) – Vogue Jolly Italia 33 tours LP 5034 – voir 21.

37. «**Oh Oh Chéri**» (version italienne) (adaptateur : Vito Pallavicini) – Vogue Jolly Italia 33 tours LP 5034 – voir 1.

38. «**Io Vorrei (Capirti)**» («Saurai-je ?») (adaptateur : Vita Pallavicini) – Vogue Jolly Italia 33 tours LP 5034 – voir 20.

39. «**Il Saluto del Mattino**» («Le Premier Bonheur du jour») (adaptateur : Vito Pallavicini) – Vogue Jolly Italia 45 tours SP 35043 – voir 23.

40. «**Vorrei Essere Lei**» («J'aurais voulu») (adaptateur: Vito Pallavicini) – Vogue Jolly Italia 45 tours SP 35043 – voir 26.

41. «**Peter und Lou**» («Tous les garçons et les filles») (adaptateur: Ernst Bader) – Vogue 45 tours SP DV. 140141 (Allemagne, 1963)/Vogue 33 tours *Françoise Hardy in Deutschland* BWS 368 (Allemagne, 1965) – voir 4.

42. «**Ich steige dir auf's Dach**» (Fred Gertz/Georg Möckel) – Vogue 45 tours SP DV. 140141 (Allemagne, 1963)/Vogue 33 tours *Françoise Hardy in Deutschland* BWS 368 (Allemagne, 1965).

Créatrice: Bärbel Wachholz (Allemagne, 1957).

1964

43. «**Pourtant tu m'aimes**» (Jimmy Cross-Johnny Cole/Françoise Hardy) – Orchestre: Mickey Baker – Vogue 45 tours EPL 8221/Vogue 33 tours FH2.

Créatrices: The Joys («I Still Love Him», États-Unis, 1964).

Reprise: Belinda Carlisle (2007, en français et en anglais).

NB: Françoise Hardy a enregistré cette chanson en allemand (voir 102).

44. «**Jaloux**» (Françoise Hardy) – Orchestre: Mickey Baker – Vogue 45 tours EPL 8221.

45. «**On se quitte toujours**» (Jean-Pierre Bourtayre/André Salvet) – Orchestre: Marcel Hendrix – Vogue 45 tours EPL 8221.

Reprise: Jean-Claude Pascal (1964).

46. «**C'est la première fois**» (Johnny Beveridge-Peter Oakman/Françoise Hardy) – Orchestre: Mickey Baker – Vogue 45 tours EPL 8221.

Créateurs: Joe Brown and The Bruvvers («Your Tender Look», Grande-Bretagne, 1962).

Reprise en VO: Hogsnort Rupert's Original Flagon Band (1970).

47. «**Et même**» (Françoise Hardy) – Orchestre: Mickey Baker (45 tours); Charles Blackwell (33 tours) – Vogue 45 tours EPL 8222/Vogue 33 tours FH2.

NB: La version du 33 tours est plus rapide que celle du 45 tours.

Reprises: The Words of Love (1989); Baby Birkin (1998); Vic Godard & the Subway Sect (2009).

NB: Françoise Hardy a enregistré cette chanson en anglais (voir 85), en italien (145).

48. «**Tout me ramène à toi**» (Françoise Hardy) – Orchestre: Mickey Baker – Vogue 45 tours EPL 8222.

49. «**C'est le passé**» (Dusty Springfield/Françoise Hardy) – Orchestre: Mickey Baker – Vogue 45 tours EPL 8222.

Créatrice: Dusty Springfield («Once Upon a Time», Grande-Bretagne, 1963).

Reprise en VO: The Searchers (1965).

NB: Une première version par Françoise Hardy, qui figure sur un échantillon monoface appartenant à Vogue, porte le titre « Passe ton chemin ».

50. « **Apprends-le-moi** » (Françoise Hardy) – Orchestre : Mickey Baker – Vogue 45 tours EPL 8222.

51. « **Je n'attends plus personne** » (Gianni Meccia-Enrico Ciacci/Françoise Hardy) – Orchestre : Charles Blackwell – Vogue 45 tours EPL 8290/Vogue 33 tours FH2.

Créateur: Little Tony (« Non Aspetto Nessuno », Italie, 1964).

Reprise en VF: Daniel Guérard (1965).

Reprises en VO: Rita Pavone (1964) ; Ennio Galli (1964) ; Dick Danello (1966)

Autres reprises: Miki Jevremovic (« Meni Ne Treba Niko », en serbo-croate, 1964) ; Lesley Gore (« I Cannot Hope for Anyone », en anglais, 1965).

52. « **Tu ne dis rien** » (Françoise Hardy) – Orchestre : Charles Blackwell – Vogue 45 tours EPL 8290/Vogue 33 tours FH2.

Reprise: Dirty Beaches (2012).

53. « **Pas gentille** » (Marty Wilde/Françoise Hardy) – Orchestre : Charles Blackwell – Vogue 45 tours EPL 8290/Vogue 33 tours FH2.

Créateur: Marty Wilde (« Bad Boy », Grande-Bretagne, 1959).

Reprises en VF: V. Wanson (1966) ; Tony Truant & ses 2 Solutions (2003) ; Fabienne Delsol (2007) ; Jef Barbara (2012).

Reprises en VO: Nirvana (1959) ; Robin Luke (1959) ; Rick and the Bad Boys (1966) ; Alister Jons (1974) ; Freddie Starr (1976) ; Robert Gordon (1980).

54. « **Pars** » (Françoise Hardy) – Orchestre : Charles Blackwell – Vogue 45 tours EPL 8290/Vogue 33 tours FH2.

55. « **Je veux qu'il revienne** » (B. Well *alias* Charles Blackwell/Françoise Hardy) – Orchestre : Charles Blackwell – Vogue 45 tours EPL 8291/Vogue 33 tours FH2.

Créatrices: The Vernons Girls (« Only You Can Do It », Grande-Bretagne, 1964).

Reprises en VF: Elli et Jacno (1981) ; Les Désaxés (« Je veux qu'elle revienne », 1985) Cola Jet Set (*Live*, 2017).

Reprises en VO: Dandy Edmonds (1968) ; Wendie Colter and The Innocents (1999) ; The Fevers (2005) ; Shock Treatment (2012).

NB: Françoise Hardy a enregistré cette chanson en italien (voir 61), en anglais (88).

56. « **Mon amie la rose** » (Cécile Caulier-Jacques Lacome/Cécile Caulier) – Orchestre : Charles Blackwell – Vogue 45 tours EPL 8291/Vogue 33 tours FH2.

Reprises: Janie Jurka (1965) ; Paul Mauriat (instrumental, 1965) ; Robert Tardiveau (1965) ; Cécile Caulier (TV, 1966) ; Diane Denoir

(1966) ; Jean-Louis Palix (1966) ; Éliane Thibault (1966) ; V. Wanson (1966) ; Ngoc Lan (« Nhu Mot Nu Hong », en français et en vietnamien, 1975) ; Sarah Micheau (1997) ; Fabienne Thibeault (1997) ; Natacha Atlas (1999) ; Natacha Atlas & Francis Cabrel (*Live*, 1999) ; Rika Zaraï (2000) ; Michel Montecrossa & The Chosen Few (« My Friend the Rose », en anglais, 2001) ; Le Soldat inconnu (2001) ; Tony Bram's (2004) ; Nhu Mai (« Nàng Hong Hoa », en vietnamien, 2004) ; Marie (2005) ; Zera Vaughan (2006) ; Samiajeste (2007) ; Lynda Thalie (2007) ; Alice (2008) ; Yaël Harboun (2008) ; White Hinterland (2008) ; Fady Maalouf (2008) ; Sara Shams (2008) ; Lynda Thalie et Florence K. (2008) ; Zeline (2008) ; Fókatelep (2009) ; Lara (2009) ; Nawaim (2009) ; Déné Issébéré (2010) ; Cheb Kamir (2011) ; Marie-Christine Maillard (2011) ; Musiques Idolées (2011) ; Tribute Masters (2011) ; Jenny Canto (2012) ; Coup de Chant (2012) ; Musical Art Quintet & NaJe (2012) ; Coralie Clément (2014) ; Slimane & Lina El Arabi (2017) ; Sanae Jabrane & The Zamane (2017) ; Ensemble (2020).

NB : Françoise Hardy a enregistré cette chanson en anglais (voir 126).

57. « **La nuit est sur la ville** » (Françoise Hardy) – Orchestre : Charles Blackwell – Vogue 45 tours EPL 8291/Vogue 33 tours FH2.

Reprises : V. Wanson (1966) ; Natacha Atlas (2010) ; Jennifer Scott (2016).

NB : Françoise Hardy a enregistré cette chanson en italien (voir 62), en anglais (86).

58. « **Nous étions amies** » (Carlo Alberto Rossi-Shei Carson Combo/ Françoise Hardy) – Orchestre : Charles Blackwell – Vogue 45 tours EPL 8291/Vogue 33 tours FH2.

Créateur : Dino (« Eravamo Amici », Italie 1964).

Reprise en VO : The Rokes (1965).

59. « **Tu n'as qu'un mot à dire** » (Françoise Hardy) – Orchestre : Charles Blackwell – Vogue 33 tours FH2.

NB : Françoise Hardy a enregistré cette chanson en anglais (voir 90).

60. « **Dans le monde entier** » (Françoise Hardy) – Orchestre : Charles Blackwell – Vogue 33 tours FH2/Vogue 45 tours EPL 8346 (1965).

NB : Françoise Hardy a enregistré cette chanson en anglais (voir 87), en allemand (95), en italien (120).

61. « **Devi Ritornare** » (« Je veux qu'il revienne ») (adaptateur : Vito Pallavicini) – Vogue Jolly Italia 45 tours SP 35067 – voir 55.

62. « **La Notte sulla Città** » (« La nuit est sur la ville ») (adaptateur : Vito Pallavicini) – Vogue Jolly Italia 45 tours SP 35067 – voir 57.

63. « **La Tua Mano** » (Ezio Leoni/Vito Pallavicini) – Vogue Jolly Italia 45 tours SP 35055.

64. « **Only Friends** » (« Ton meilleur ami ») (adaptateur : Sonny Miller) – Orchestres : Tony Hatch et Bob Leaper – Pye Records 45 tours NEP 24192 (Grande-Bretagne)/Vogue 45 tours EPL 8207 (France) – voir 9.

Reprises: Tracy Huang (1998); The Touch-Me-Nots (2007); Haroula Rose (2012).

65. «Find me a Boy» («Tous les garçons et les filles») (adaptateur: Marcel Stellman) – Orchestres: Tony Hatch et Bob Leaper – Pye Records 45 tours NEP 24192 (Grande-Bretagne)/Vogue 45 tours EPL 8207 (France) – voir 4.

Reprises en anglais: Steve Perry («Find Me a Girl», 1963); Ginette Reno (1973); Mia Frye («All the Boys and Girls», 1984).

BO Film: *The Misadventures of Margaret* (*Les Folies de Margaret*) de Brian Skeet (Grande-Bretagne, 1997).

66. «I Wish It Were Me» («J'aurais voulu») (adaptateur: Marcel Stellman) – Orchestres: Tony Hatch et Bob Leaper – Pye Records 45 tours NEP 24192 (Grande-Bretagne)/Vogue 45 tours EPL 8207 (France) – voir 26.

67. «Catch a Falling Star» (Paul Vance/Lee Pockriss) – Orchestres: Tony Hatch et Bob Leaper – Pye Records 45 tours NEP 24192 (Grande-Bretagne)/Vogue 45 tours EPL 8207 (France).

Créateur: Perry Como (États-Unis, 1957).

Reprises: Peter Alexander («Wunderbares Mädchen», en allemand, 1958); Will Brandes («Wunderbares Mädchen», en allemand, 1958); Les Compagnons de la chanson («Garde ça pour toi», en français, 1958); Sacha Distel («Garde ça pour toi», en français, 1958); Jacques Hélian et son orchestre («Garde ça pour toi», en français, 1958); Rikki Henderson (1958); Didier Lapeyrère («Garde ça pour toi», en français, 1958); Renée Lebas («Garde ça pour toi», en français, 1958); Jeremy Lubbock (1958); Artie Malvin (1958); Bob Mitchell (1958); Claude Parent («Garde ça pour toi», en français, 1958); Ozzie and Harriet (1958); Jo Roland («Wunderbares Mädchen», en allemand, 1958); Roger Williams (instrumental, 1958); Tony Wilson (1958); Eddie Barclay et son Grand Orchestre (instrumental, 1959); Fred Frohberg (1959); Lita Mirial («Garde ça pour toi», en français, 1959); Patrice et Mario («Garde ça pour toi», en français, 1959); Mark Murphy (1960); Johnny Janis (1961); Jane Morgan (1961); Linda Scott (1961); The Hi-Lo's (1962); Mrs Miller (1966); Herb Alpert & The Tijuana Brass (1971); Stacy Dorning (1974); Vince Hill (1974); Verdelle Smith (1974); Spooky & Sue (1974); Anthony Moore (1976); Sunshine (1976); Adam and The Ants (1978); Morgan Fisher (1979); Hybrid Kids (1980); Gary Holton (1984); Dana (1985); Brenda and The Beach Balls (1987); Andre Van Duin («Tranen In Je Ogen», en flamand, 1987); Lawrence Welk (1992); Andrea Black (1995); Bridget St. John (1995); Block (1998); Molly Conole (1999); Almeda Berkey & Soli Deo Gloria Cantorum (2002); Theresa Demerest (2003); Marshall & Alexander (2003); Neal et Leandra (2003); Snooze (2006); Eva Lind & Tobey Wilson (2008); Nina Wall (2008).

1965

68. «**Dis-lui non**» (Robert Douglas Skelton/Françoise Hardy) – Orchestre : Charles Blackwell – Vogue 45 tours EPL 8346/Vogue 33 tours FH3.

Créateur: Bobby Skel *alias* R.D. Skelton («Say It Now», États-Unis, 1964).

Reprise en VO: J. Frank Wilson (1964).

Reprise en VF: Amanda Palmer (2013).

NB : Françoise Hardy a enregistré cette chanson en anglais (voir 125).

69. «**Tu es venu à moi**» (Françoise Hardy) – Orchestre : Charles Blackwell – Vogue 45 tours EPL 8346.

70. «**Son amour s'est endormi**» (Peter Moesser/Françoise Hardy) – Orchestre : Charles Blackwell – Vogue 45 tours EPL 8346.

Créateur: Tommy Kent («Alle Nächte», Allemagne, 1960).

71. «**Le Temps des souvenirs**» (Charles Blackwell/Jacques Datin-Maurice Vidalin) – Orchestre : Charles Blackwell – Vogue 45 tours EPL 8369/Vogue 33 tours FH3.

Créateur: P.J. Proby («Just Call and I'll Be There», États-Unis, 1964).

Reprises en VO: Four Jacks and a Jill (1965) ; Samantha Jones (1965).

Reprise en VF: Anne Germain (1966).

Autre reprise: Samantha Jones («Un Amore Cosi», en italien, 1965).

NB : Françoise Hardy a enregistré cette chanson en anglais (voir 89).

72. «**J'ai bien du chagrin**» (Françoise Hardy) – Orchestre : Charles Blackwell – Vogue 45 tours EPL 8369.

73. «**Tu ne m'attendras pas**» (Françoise Hardy) – Orchestre : Charles Blackwell – Vogue 45 tours EPL 8369.

74. «**Bout de lune**» (Françoise Hardy) – Orchestre : Charles Blackwell – Vogue 45 tours EPL 8369.

75. «**L'Amitié**» (Gérard Bourgeois/Jean-Max Rivière) – Orchestre : Charles Blackwell – Vogue 45 tours EPL 8389/Vogue 33 tours FH3.

Reprises: Seto Orchestra (instrumental, 1965) ; Tony Danieli (instrumental saxo, 1966) ; Denise Filiatrault (1966) ; Claire Lepage (1966) ; Robert Tardiveau (1966) ; Aida Vedischeva (en russe, 1973) ; Edwige Chandelier (1997) ; Sarah Micheau (1997) ; Mélanie (2004) ; Ariane Moffat et Sylvie Moreau (2004) ; Romane Serda (2004) ; Marie-Élaine Thibert (2004) ; Philippe Élan (2005) ; Louise Portal (2005) ; Les Petits Chanteurs du Mont-Royal (2006) ; Mélissa Stylianou (2006) ; Les Enfoirés (2008) ; Isabelle Boulay (2009) ; Camélia Jordana (TV, 2010) ; Mélannye (2011) ; Les Petits Chanteurs d'Aix-en-Provence (2011) ; Voix d'Alaric (2013) ; Klô Pelgag (2016) ; Emma Solal (2017).

BO Film : Les Invasions barbares, de Denys Arcand (France-Québec, 2002).

NB : Françoise Hardy a enregistré cette chanson en anglais (voir 91).

NB (2) : Françoise Hardy a chanté cette chanson en duo avec Michel Delpech (TV, 1974) et avec Sheila (TV, 2002 – édité sur l'intégrale CD de Sheila Juste comme ça, *2006).*

76. « Ce petit cœur » (Françoise Hardy) – Orchestre : Charles Blackwell – Vogue 45 tours EPL 8389/Vogue 33 tours FH3.

Reprises : Pittoresque (2005) ; Rubi (2009) ; Peppermoon (2010).

NB : Françoise Hardy a enregistré cette chanson en anglais (voir 123).

77. « Non, ce n'est pas un rêve » (Charles Blackwell/Françoise Hardy) – Orchestre : Charles Blackwell – Vogue 45 tours EPL 8389/Vogue 33 tours FH3.

Créatrice : Samantha Jones (« Don't Come Any Closer », États-Unis, 1965).

Reprise en VO : Allison Durbin (1968).

NB : Françoise Hardy a enregistré cette chanson en italien (voir 121).

78. « En t'attendant » (Françoise Hardy) – Orchestre : Charles Blackwell – Vogue 45 tours EP 8389/Vogue 33 tours FH3.

79. « Tu peux bien » (Françoise Hardy) – Orchestre : Charles Blackwell – Vogue 45 tours EPL 8411/Vogue 33 tours FH3.

NB : Françoise Hardy a enregistré cette chanson en anglais (voir 127).

80. « Il se fait tard » (Françoise Hardy) – Orchestre : Charles Blackwell – Vogue 45 tours EPL 8411/Vogue 33 tours FH3.

NB : Françoise Hardy a enregistré cette chanson en anglais (voir 124).

81. « Quel mal y a-t-il à ça ? » (Harlan Howard/Françoise Hardy) – Orchestre : Charles Blackwell – Vogue 45 tours EPL 8411/Vogue 33 tours FH3.

Créatrice : Patsy Cline (« When I Get Through With You », États-Unis, 1962).

Reprise en VF : Moose (1993).

Reprises en VO : Lee Sellars (1962) ; Maria Dallas (1966) ; Connie St. John (1991) ; The Hit Co. (2010) ; Rebecca Dawn.

82. « Je t'aime » (Micky Jones/Françoise Hardy) – Orchestre : Charles Blackwell – Vogue 45 tours EPL 8411/Vogue 33 tours FH3.

Reprise : Les Très Bien Ensemble (1999).

83. « Tout ce qu'on dit » (Micky Jones/Françoise Hardy) – Orchestre : Charles Blackwell – Vogue 33 tours FH3.

84. « Je pensais » (Françoise Hardy) – Orchestre : Charles Blackwell – Vogue 33 tours FH3.

85. « However Much » (« Et même ») (adaptateur : Julian More) – Vogue EPL 8348 (France, 1965)/Vogue 33 tours *In English* CLD 699-30 (France, 1966) – voir 47.

86. « Another Place » (« La nuit est sur la ville ») (adaptateur : Julian More) – Vogue EPL 8348 (France, 1965)/Vogue 33 tours *In English* CLD 699-30 (France, 1966) – voir 57.

87. «All Over The World» («Dans le monde entier») (adaptateur: Julian More) – Vogue EPL 8348 (France, 1965)/Vogue 33 tours *In English* CLD 699-30 (France, 1966) – voir 60.

Reprises: Zsuzsa Koncz (1965); The Seekers (1966); Monique Leyrac (1967); Judy Page (1967); Tracy Huang (1977); Michel Montecrossa & The Chosen Few (2001); The Come Ons (2006); Boni Jane (2008); Katie Melua (2012).

BO Film: The Boat that Rocked de Richard Curtis (Grande-Bretagne, 2008).

88. «Only You Can Do It» («Je veux qu'il revienne») (Charles Blackwell) – Vogue EPL 8348 (France, 1965)/Vogue 33 tours *In English* CLD 699-30 (France, 1966) – voir 55.

89. «Just Call and I'll Be There» («Le Temps des souvenirs») (Charles Blackwell) – Vogue 45 tours SP VRS 7001 (Grande-Bretagne, 1965)/ Vogue 33 tours *In English* CLD 699-30 (France, 1966) – voir 71.

90. «You Just Have to Say the Word» («Tu n'as qu'un mot à dire») (adaptateur: Julian More) – Vogue 45 tours SP VRS 7001 (Grande-Bretagne, 1965) – voir 59.

91. «So Many Friends» («L'Amitié») (adaptateur: Julian More) – Vogue 45 tours SP VRS 7004 (UK, 1965) – voir 75.

92. «Wenn dieses Lied erklingt» (Peter Whele/Joe Dixie) – Vogue 33 tours *Françoise Hardy in Deutschland* BWS 368 (Allemagne).

Reprise: Götz Alsmann (1997).

93. «Frag' den Abendwind» (Fred Gordini/Joachim Relin) – Vogue 33 tours *Françoise Hardy in Deutschland* BWS 368 (Allemagne).

Reprises: Anne Gray (1965); Belinda Uhl (1966); Marco Bakker (1981); Janine (1982); Roy Black (1989); Herlinde (1993); Rale (1998); Astrid Harzbecker (2000); Wirtschaftswunder (2002); Diana Sorbello (2006); Duo Thomasius (2008); Ling (2008); Monna B. (2010); Mandy Euler (2012); Francine Jordi (2013).

94. «Dann bist du Verliebt» (Fred Gordini/Joachim Relin) – Vogue 33 tours *Françoise Hardy in Deutschland* BWS 368 (Allemagne).

95. «Ein Fenster wird hell» («Dans le monde entier») (adaptateur: Kurth Hertha) – Vogue 33 tours *Françoise Hardy in Deutschland* BWS 368 (Allemagne) – voir 60.

96. «Er war wie du» (Friedel Berlipp/Ernst Bader) – Vogue 33 tours *Françoise Hardy in Deutschland* BWS 368 (Allemagne).

97. «Wer du bist» (Werner Scharfenberger/Fini Busch) – Vogue 33 tours *Françoise Hardy in Deutschland* BWS 368 (Allemagne).

98. «Ich hab' das Glück» («J'aurais voulu») (adaptateur: Carl Ulrich Blecher) – Vogue 33 tours *Françoise Hardy in Deutschland* BWS 368 (Allemagne) – voir 26.

99. «Ich sag' ja» («J'suis d'accord») (adaptateur: Ernst Bader) – Vogue 33 tours *Françoise Hardy in Deutschland* BWS 368 (Allemagne) – voir 3.

100. « **Die Liebe geht** » (« L'amour s'en va ») (adaptateur : Ernst Bader) – Vogue 33 tours *Françoise Hardy in Deutschland* BWS 368 (Allemagne) – voir 15.

101. « **Oh Oh Cherie** (Oh Oh Wie gut) » (« Uh Oh »/« Oh oh chéri ») (adaptateur : Ernst Bader) – Vogue 33 tours *Françoise Hardy in Deutschland* BWS 368 (Allemagne) – voir 1.

Reprise : Franz Geil (2009).

Autre version allemande : Stéréo Total (« Ach Ach Liebling », 1997).

102. « **Ich bin nun' mal ein Mädchen** » (« I Still Love Him »/« Pourtant tu m'aimes ») (adaptateur : Ernst Bader) – Vogue 45 tours SP DV 14405 (Allemagne) – voir 43.

103. « **La Mer** » (Charles Trenet-Albert Lasry/Charles Trenet) – Vogue Schallplatten 33 tours *Portrait in Musik* LVDS 17028 (Allemagne, 1965)/ Vogue 45 tours SP 45-1798 (France, 1969).

Créateur : Charles Trenet (1946) – les reprises sont innombrables, en français et dans plusieurs langues étrangères.

104. « **Les Feuilles mortes** » (Joseph Kosma/Jacques Prévert) – Vogue Schallplatten 33 tours *Portrait in Musik* LVDS 17028 (Allemagne, 1965)/ Vogue 45 tours SP 45-1798 (France, 1969).

Créateur : Yves Montand (1946) – les reprises sont innombrables, en français et dans plusieurs langues étrangères.

1966

105. « **La Maison où j'ai grandi** » (Luciano Beretta-Miki Del Prete-Adriano Celentano/Eddy Marnay) – Orchestre : Charles Blackwell – Vogue 45 tours SP 1337/Vogue 45 tours EPL 8427/Vogue 33 tours CLD 702-30.

Créateur : Adriano Celentano (« Il Ragazzo della Via Gluck », Italie 1966).

Reprises en VF : Jerry Doucette (1973) ; Diane Tell (1995) ; Diane Tell & Maurane (*Live*, 1996) ; Laetitia Casta et Alain Souchon (*Les Enfoirés*, 1999) ; Marie Denise Pelletier (2003) ; Sarah Micheau (2004) ; Elke Brauweiler (2006) ; Pierre Lapointe (2007) ; Cérena (2008) ; La Grande Sophie (2009) ; Saule (2009) ; Lisa Miller (2010) ; Tribute Masters (2011) ; Emma Solal (2017).

Reprises en VO : Giorgio Gaber (1966) ; I Ragazzi Del Clan (1966) ; Claudia Mori (1983) ; Francesco Napoli (1990) ; Al Bano Carrisi (1999) ; Konrad Beikircher (2005) ; Io e I Gomma Gommas (2008).

Autres reprises : The Cousins (« The Story of a Country Boy », en anglais, 1966) ; Camillo Felgen (« Der Junge aus der Via Gluck », en allemand, 1966) ; Giorgio Gaber (« El Muchacho de la Via Gluck », en espagnol, 1966) ; Verdelle Smith (« Tar and Cement », en anglais, 1966) ; Heidi

Brühl («Wo ist das Haus», en allemand, 1967); Joe Dolan («Tar and Cement», en anglais, 1967); Dušan Jakšic («Decak iz predgrada», en serbo-croate, 1967); Anna-Lena Löfgren («Lyckliga Gatan», en suédois, 1967); Caroline Munro («Tar and Cement», en anglais, 1967); Kari Kuuva («Asfalttia Ja Sementtia», en finnois, 1968); Anna-Lena Löfgren («Immer am Sonntag», en allemand, 1968); Margrethe Toresen («Lykkelige Gate», en norvégien, 1968); Nad'a Urbánková («Zavidim», en tchèque, 1972); Wencke Myhre («Immer am Sonntag», en allemand, 1977); Sanne («Het Huis dat Tussen Rozen Stond», en flamand, 1993); Lotta Engbergs («Lyckliga Gatan», en suédois, 1997); Cesaria Evora & Adriano Celentano («Quel Casinha», en portugais, 2004); Tamara Tol («Die Schönsten Rosen», en flamand, 2007); Flamingokvintetten («Lyckliga Gatan», en suédois, 2008).

BO Films: Some Voices de Simon Cellan Jones (Grande-Bretagne, 2000); *Maman est chez le coiffeur* de Léa Pool (Québec, 2008).

NB: Françoise Hardy interprétera à la télévision une version italo-française de cette chanson, en 1967. Est-ce à dire qu'il existe un enregistrement intégral en italien?

106. «Tu verras» (Guy Bontempelli) – Orchestre: Charles Blackwell – Vogue 45 tours SP 1337/Vogue 45 tours EPL 8427.

Reprise: Christine Delaroche (1995).

107. «Il est des choses» (Eliana De Sabata-Edoardo Vianello/Françoise Hardy) – Orchestre: Charles Blackwell – Vogue 45 tours EPL 8427/Vogue 33 tours CLD 702-30.

Créateur: Tony Renis («Ci Sono Cose Più Grandi», Italie 1966).

Reprises: Elly Nieman («Droom», en flamand, 1966); Anki Lindqvist («Jaat Tyhjaa Katsomaan», en finnois, 1967); Capsula de Sueños (*Live*, 2017).

NB: Françoise Hardy a enregistré cette chanson en italien (voir 122).

108. «Je ne suis là pour personne» (Françoise Hardy) – Orchestre: Charles Blackwell – Vogue 45 tours EPL 8427.

Reprises: Sarah Micheau (1997); Jon Smith (2005); Liz & László (2012); French Boutik (2016); Charlie Mysterio (instrumental, *Live*, 2017).

BO Film: Mr Jealousy de Noah Baumbach (États-Unis, 1997).

NB: Françoise Hardy réenregistrera ce titre en 1989 pour l'album compilation Vingt Ans, Vingt Titres, *sous la direction artistique de David Richards.*

109. «Je changerais d'avis» (Maurizio Costanzo-Ennio Morricone/Jacques Lanzmann-Françoise Hardy) – Orchestre: Johnny Harris – Vogue 45 tours EPL 8487/Vogue 33 tours CLD 702-30.

Créatrice: Mina («Se Telefonando», Italie 1966).

Reprises en VF: Vanessa and The O's (2007); Neil Hannon (2008); The Divine Comedy (*Live*, 2010)

Reprises en VO: Iva Zanicchi (1967) ; Fabio Brescia (1990) ; Rita Forte (2001) ; Rita Pavone (2001) ; Valeria Monetti (2002) ; Orietta Berti (2003) ; Cheryl Porter (2003) ; Delta V (2005) ; Claudio Baglioni (2006) ; Mariella Nava (2007) ; Paola & Chiara (2007) ; Elena Ravelli (2007) ; Holly & Mappa (2011).

NB : Françoise Hardy a enregistré cette chanson en anglais (voir 129).

110. «**Comme**» (Françoise Hardy) – Orchestre : Johnny Harris – Vogue 45 tours EPL 8487/Vogue 33 tours CLD 702-30.

Reprise : Lilianne (1968).

111. «**Rendez-vous d'automne**» (Gérard Bourgeois/Jean-Max Rivière) – Orchestre : Charles Blackwell – Vogue 45 tours EPL 8487/ Vogue 33 tours CLD 702-30.

Reprise : Diane Denoir (1966).

NB : Françoise Hardy a enregistré cette chanson en anglais (voir 128).

112. «**Peut-être que je t'aime**» (Françoise Hardy) – Orchestre : Johnny Harris – Vogue 45 tours EPL 8487/Vogue 33 tours CLD 702-30.

113. «**Si c'est ça**» (Françoise Hardy) – Orchestre : Johnny Harris – Vogue 45 tours EPL 8511/Vogue 33 tours CLD 702-30.

114. «**Surtout ne vous retournez pas**» (Françoise Hardy) – Orchestre : Johnny Harris – Vogue 45 tours EPL 8511/Vogue 33 tours CLD 702-30.

115. «**Je serai là pour toi**» (Françoise Hardy) – Orchestre : Johnny Harris – Vogue 45 tours EPL 8511/Vogue 33 tours CLD 702-30.

116. «**Qu'ils sont heureux**» (André Popp/Eddy Marnay) – Orchestre : Johnny Harris – Vogue 45 tours EPL 8511/Vogue 33 tours CLD 702-30.

Reprise : Rachel (1967).

117. «**Mes jours s'en vont**» (Françoise Hardy) – Orchestre : Johnny Harris – Vogue 33 tours CLD 702-30.

118. «**Tu es un peu à moi**» (Françoise Hardy) – Orchestre : Johnny Harris – Vogue 33 tours CLD 702-30.

119. «**Parlami di Te**» (Edoardo Vianello/Vito Pallavicini) – 16e Festival de San Remo 1966 – Vogue Jolly Italia 45 tours SP 35087.

Cocréateur : Edoardo Vianello (1966).

Reprises : Nancy Cuomo (1966) ; Dick Danello (1966) ; Gerrie (1966) ; Vittorio Paltrinieri (1966) ; Alexandra (1967) ; Rino Gionchetta.

120. «**Nel Mondo Intero**» («Dans le monde entier») (adaptateur : Calimero, *alias* Vito Pallavicini) – Vogue Jolly Italia 45 tours SP 35087 – voir 60.

121. «**Non Svegliarmi Mai**» («Non, ce n'est pas un rêve») (Vito Pallavicini) – Vogue Jolly Italia 45 tours SP 35099 – voir 77.

122. «**Ci Sono Cose Più Grandi**» («Il est des choses») (Edoardo Vianello/Baghira-Eliana De Sabata) – Vogue Jolly Italia 45 tours SP 35099 – voir 107.

123. «**This Little Heart**» («Ce petit cœur») (adaptateur : Julian More) – Vogue 33 tours *In English* CLD 699 30 – voir 76.

124. «**It's Getting Late**» («Il se fait tard») (adaptateur: J. Meredith) – Vogue 33 tours *In English* CLD 699 30 – voir 80.

125. «**Say It Now**» («Dis-lui non») (Robert Douglas Skelton) – Vogue 33 tours *In English* CLD 699 30 – voir 68.

126. «**The Rose**» («Mon amie la rose») (adaptateur: Julian More) – Vogue 33 tours *In English* CLD 699 30 – voir 56.

127. «**It's My Heart**» («Tu peux bien») (adaptateur: J. Meredith) – Vogue 33 tours *In English* CLD 699 30 – voir 79.

128. «**Autumn Rendez-Vous**» («Rendez-vous d'automne») (adaptateur: J. Meredith) – Vogue 33 tours *In English* CLD 699 30 – voir 111.

129. «**I Will Change My Life**» («Se Telefonando»/«Je changerais d'avis») (adaptateur: Julian More) Vogue 33 tours *In English* CLD 699 30 – voir 109.

1967

130. «**Voilà**» (Françoise Hardy) – Orchestre: Jacques Denjean – Vogue 45 tours EPL 8566/Vogue 33 tours *Ma jeunesse fout le camp* CLD 720.

Reprises: Marie France (1987); Michel Montecrossa & The Chosen Few (2001).

Samples: Robbie Williams («You Know Me», 2009); Dirty Beaches («Lord Knows Best», 2011).

NB: Françoise Hardy a enregistré cette chanson en italien (voir 144).

131. «**Au fond du rêve doré**» (Françoise Hardy) – Orchestre: Jacques Denjean – Vogue 45 tours EPL 8566.

Reprises: Nada Surf (2004); Air (2009).

132. «**Qui peut dire?**» (Françoise Hardy) – Orchestre: Jacques Dutronc – Vogue 45 tours EPL 8566/Vogue 33 tours *Ma jeunesse fout le camp* CLD 720.

Reprise: Outrageous Cherry (1996).

133. «**Les Petits Garçons**» (Françoise Hardy) – Orchestre: Jacques Denjean – Vogue 45 tours EPL 8566.

NB: Françoise Hardy réenregistrera ce titre en 1989 pour l'album compilation Vingt Ans, Vingt Titres, *sous la direction artistique de David Richards.*

134. «**Des ronds dans l'eau**» (Raymond Le Sénéchal/Pierre Barouh) – Chanson du film *Vivre pour vivre* de Claude Lelouch – Orchestre: Charles Blackwell – Vogue 45 tours EPL 8595/Vogue 33 tours *Ma jeunesse fout le camp* CLD 720.

Créatrices: Annie Girardot et Nicole Croisille (1967).

Reprises: Pierre Barouh (1967); Nicole Croisille (1967); Teddy Martin (1967); Memo Remigi («Cerchi nell'Acqua», en italien, 1967); Christyne Chartrand (1968); Daniel Guérard (1968); Anki Lindqvist («Pyörteitä», en finnois, 1968) ; Liesbeth List (1968) ; Maria with The Sounds & Co. (1968) ; Patachou (1968) ; Shirley Bassey (« Now You Want to Be Loved », en anglais, 1969) ; Liesbeth List (« Now You Want to be Loved », en anglais, 1969) ; Jean-Claude Pascal (1971) ; Jitka Molavcová (« Je Tu Všechno Jak Drív », en tchèque, 1984) ; Mariko Sugita (en japonais, 1989) ; Hazz (en japonais, 1994) ; Cov' Team Midnight Orchestra (1996) ; Sarah Micheau (1997) ; Lana Cantrell (« Now You Want to be Loved », en anglais, 1998) ; Emé (2002) ; Marie (2005) ; Belinda Carlisle (2006) ; Little (2008) ; French Paradise (2011) ; Marie-Christine Maillard (2011) ; Tribute Masters (2011) ; Musica Nuda (2012).

BO Film : Ricordati di me (Souviens-toi de moi) de Gabriele Muccino (Italie, 2002).

NB : Françoise Hardy a enregistré cette chanson en anglais (voir 162).

135. « En vous aimant bien » (Françoise Hardy) – Orchestre : John-Paul Jones – Vogue 45 tours EPL 8595/Vogue 33 tours *Ma jeunesse fout le camp* CLD 720.

136. « Viens là » (Françoise Hardy) – Orchestre : Charles Blackwell – Vogue 45 tours EPL 8595/Vogue 33 tours *Ma jeunesse fout le camp* CLD 720.

137. « Mon amour adieu » (Tina Hasell/Françoise Hardy) – Orchestre : Charles Blackwell – Vogue 45 tours EPL 8595/Vogue 33 tours *Ma jeunesse fout le camp* CLD 720.

Créateur : Kenny Rankin (« Baby Goodbye », États-Unis 1964 – en anglais et en français sous le titre « Baby adieu »).

138. « Ma jeunesse fout l'camp » (Guy Bontempelli) – Orchestre : Charles Blackwell – Vogue 45 tours EPL 8613/Vogue 33 tours *Ma jeunesse fout le camp* CLD 720.

Créatrice : Michèle Arnaud (1962).

Reprises : Jean-Claude Pascal (1962) ; Guy Bontempelli (1968) ; Camillo (en français et en allemand : « Meine Jugend geht davon », 1969) ; Anki Lind-qvist (« Ohi Nuoruus Nyt On », en finnois, 1972) ; Hana Hegerová (« Boze Muj Ja Chci Zpät », en tchèque, 1973) ; Mariko Sugita (en japonais, 1989) ; Hazz (en japonais, 1994) ; Sarah Micheau (1997) ; Emé (2002) ; Kumiko (en japonais, 2002) ; Lola Dutronic (2004) ; Belinda Carlisle (2006) ; Christine Delaroche (2008) ; Mick est tout seul (2008) ; Hanaki Sachiko (en japonais, 2010) ; Marcie (2016).

139. « Mais il y a des soirs » (Françoise Hardy) – Orchestre : John-Paul Jones – Vogue 45 tours EPL 8613/Vogue 33 tours *Ma jeunesse fout le camp* CLD 720.

Reprises : Ginette Reno (1969) ; Capsula de Sueños (*Live*, 2017).

140. « Il n'y a pas d'amour heureux » (Georges Brassens/Louis Aragon) – Orchestres : Charles Blackwell (version 1967) ; Jean-Pierre Sabar (version 1968) – Vogue 45 tours EPL 8613/Vogue 33 tours *Ma jeunesse fout le camp* CLD 720/Asparagus-Vogue 33 tours CLD 728 (1968).

Créateur: Georges Brassens (1953), d'après le poème de Louis Aragon, extrait de *La Diane française* (1946).

Reprises: Jacqueline Villon (1954); Serge Reggiani (1956); Jeanne Moreau (1957); Jacques Douai (1958); Barbara (1960); Catherine Sauvage (1961); Marc et André (1964); Gemma Barra (1966); Michèle Arnaud (1968); Hélène Martin (1971); Andrée Simons (1973); Ginette Reno (1974); Marc Ogeret (1986); James Ollivier (1991); Gérard André (1992); Renée Claude (1993); Nina Simone (1993); Yossi Banai (en hébreu, 1997); Hugues Aufray (1997); Nicolas Peyrac (1998); Tanger et Keren Ann (2001); La Troupe du Phénix (2001); Danielle Darrieux (BOF *8 femmes*, 2002); Annie Jeanne (2002); Youssou N'Dour (2002); Marie-Jo Thério (2002); Wermut (2004); Maxime Le Forestier (2005); Élodie Frégé (TV, 2006); Georges Nounou (2006); Ángel Parra (2006); François Ingold Trio (2007); Caroline Loeb (2009); Chanteurs latins (2010); Stella Ahangi (2010); Helmie Bellini (2011); Tribute Masters (2011); Union of Sound (2012); Audio Idols (2012); Andrée Lachapelle et Stéphane Archambault (2012); Cola Jet Set (*Live*, 2017).

Autre version, intitulée «La Prière», écrite par Georges Brassens, créée par Patachou (1952) et reprise par Michèle Arnaud (1955); Georges Brassens (1955); Gérard Lenorman (1976); Frida Boccara (1979); James Ollivier (1991); Nana Mouskouri (1997); Damien Saez (2002); Valérie Lagrange (2003); Jean-Claude Gianadda (2005); Maxime Le Forestier (2005); Michèle Torr (*Live*, 2016).

141. «C'était charmant» (Françoise Hardy) – Orchestre: Charles Blackwell – Vogue 45 tours EPL 8613/Vogue 33 tours *Ma jeunesse fout le camp* CLD 720.

NB: Françoise Hardy a enregistré cette chanson en anglais (voir 163).

142. «La Fin de l'été» (Gérard Bourgeois/Jean-Max Rivière) – Orchestre: Charles Blackwell – Vogue 33 tours *Ma jeunesse fout le camp* CLD 720.

Créateur: Gérard Bourgeois («À la fin de l'été [Tu sais]», France 1963).

Reprises: Danielle Darrieux (1963); Orlando (1963); Brigitte Bardot (1964); Kazuko Hohki (en japonais, 1986); Lola Dutronic (2004).

NB: Françoise Hardy a enregistré cette chanson en italien (voir 177).

143. «Il est trop loin» (Danyel Gérard/Daniel Ortis) – Orchestre: Charles Blackwell – Vogue 33 tours *Ma jeunesse fout le camp* CLD 720.

Créateur: Danyel Gérard («Elle est trop loin», France 1963) – *en réalité, ce titre crédité comme un original français est l'adaptation de la chanson américaine* «A Girl of Constant Sorrow», *enregistrée par Joan Baez en 1960 (reprise par d'autres artistes, dont Bob Dylan) et elle-même adaptée de* «Farewell Song», *composée, écrite et créée par Dick Brunett en 1913, devenue un air traditionnel américain, ce qui explique sans doute que le compositeur initial ne soit pas crédité.*

Reprise: Danyel Gérard («Tu Sei Troppo Lontana», en italien, 1963).

144. «**Gli Altri**» («Voilà») (adaptateur: Herbert Pagani) – Vogue Jolly Italia 45 tours SP 35137 – voir 130.

145. «**I Sentimenti**» («Et même») (adaptateur: Vito Pallavicini) – Vogue Jolly Italia 45 tours SP 35137 – voir 47.

Reprise: Lory (1967).

1968

146. «**Je ne sais pas ce que je veux**» (Ray Singer-Alex Spyropoulos-Patrick Campbell-Lyons/Françoise Hardy) – Orchestre: Jean-Pierre Sabar – Vogue 45 tours EPL 8635.

Créateurs: Nirvana («Tiny Goddess», Grande-Bretagne, 1967).

Reprise en VF: Katherine Connella («Je ne sais pas vraiment ce que je veux», 2010).

Reprises en VO: The Jackpots (1968); Tim Andrews (1970; Erehwon (1980); Katherine Connella (2010).

NB: Françoise Hardy a enregistré cette chanson en anglais (voir 173), en italien (176).

147. «**La Terre**» (Françoise Hardy) – Orchestre: Jean-Pierre Sabar – Vogue 45 tours EPL 8635.

148. «**Avec des si**» (Françoise Hardy) – Orchestre: Jean-Pierre Sabar – Vogue 45 tours EPL 8635.

Reprises: Jitka Molavcová («Tohle Jsem Ja», en tchèque, 1984); Valérie Lemercier (TV, 2001).

NB: Françoise Hardy a enregistré cette chanson en italien (voir 179).

149. «**J'ai fait de lui un rêve**» (Françoise Hardy) – Orchestre: Jean-Pierre Sabar – Vogue 45 tours EPL 8635.

150. «**Comment te dire adieu?**» (Jack Gold-Arnold Goland/Serge Gainsbourg) – Orchestre: Jean-Pierre Sabar – Vogue 45 tours EPL 8652/ Vogue 33 tours CLD 728.

Créatrice: Margaret Whiting («It Hurts to Say Goodbye», États-Unis, 1966).

Reprises en VF: Danielle Jourdan (1969); Thierry Le Luron (imitation, 1972); Daniel Darc (1987); Jimmy Somerville & June Miles-Kingston (1989); Project D (1990); Hugo Strasser (1991); Tokyo's Coolest Combo (1992); La Bande Magnetik (1996); Jane Birkin (1996); Véronique Galo (1997); Sarah Micheau (1997); Nadège (1997); Boulevard des Tubes (1998); Tonya Kinzinger (1998); Génération 60 (1999); Danièle Laurin (2000); Les Tubes (2000); Satanicpornocultshop (2000); Belleatec (2001); Blank & Jones (2010); Luis Miguelez (2001); Orange Lounge (2001); Mario Poupette et Les Chevettes (2001); Fabien Fasake (2002); Sonia (2002); Yoshimi (2002); Anne et Stéphanie (2003); Dominique Chagnon (2003); Génération 80 (2003); Montefiori Cocktail (2003); Ruca (2003); Star Academy 3 (2003); Belle et Sebastian (2004); Les

Georges Leningrad (2004) ; O'Tokogi Band (2004) ; Marina (2005) ; Maud Verdeyen (2005) ; Ayako Kawahara (2006) ; Les Quitriche (2006) ; Natasha St. Pier (TV, 2006 et 2012) ; Christophe Willem (TV, 2006) ; Jehan Barbur (2007) ; Fabio Jorge (2007) ; Kahimi Karie (2007) ; Thierry Péala (2007) ; Cédric et Amandine (2008) ; Génération Karaoke (2008) ; Awa (2009) ; Génération Mix (2009) ; La Grande Sophie et Michel Delpech (TV, 2009) ; Kwesi (2009) ; Amanda Lear (2009) ; Leila et Soan (TV, 2009) ; Lilli Mono (2009) ; Émilie Simon et Mika (TV, 2009) ; String Swing (2009) ; In-Grid (2010) ; Marco Lamioni *feat.* Lucrezia von Berger (2010) ; Peppermoon (2010) ; Lucrezia Von Berger (2010) ; C. Wyllis Orchestra (2010) ; Années 70 Orchestra (2011) ; Berry (2011) ; Emiliah (2011) ; Jenifer (TV, 2011) ; L&A Music (2011) ; The Legend Orchestra (2012) ; Nostalgie Disco (2012) ; Top Orchestra (2012) ; Sylvie Vartan (TV, 2011) ; Sylvie Boisel (2012) ; Ginta Kubiliute (2012) ; Meg (2012) ; Sandrine Sael et Kale Khoudair (2012) ; Voxset (2012) ; Sophie-Tith (TV, 2013) ; Emma Solal (2014) ; Nélo (2014) ; Pauline Ngoc (2014) ; Pat Benasta (2014) ; Anna Roig (2015) ; Nicolas Reyno (2015) ; Kate Ryan (2016) ; Maya (2016) ; Stefie Shock & Laurence Nerbonne (2016) ; Hochzeitskapelle (2016).

Autre version française : Ginette Reno (« Avant de dire adieu », 1967).

Reprises en VO : Vera Lynn (1967) ; Jim Nabors (1967) ; Walter Wanderly (1967) ; Nick Noble (1969) ; Ivory Tower (2004) ; Julian Ovenden (2012).

Autres versions : Corrie Brokken (« Ik Kan Niet Zonder Jou », en néerlandais, 1967) ; Arnold Goland (instrumental, 1967) ; Marjia-Leena Hentunen (« Kai Vielä Kohdataan », en finnois, 1967) ; Georges Jouvin (instrumental trompette, 1968) ; Väinö Lehtinen (« Se Jääköön Huomiseen », en finnois, 1968) ; Vasilij-Pia Kokjuschkin (« Kai Vielä Kohdataan », en finnois, 1969) ; Anni-Frid Lyngstad (« Sa Synd du Maste Ga », en suédois, 1969) ; Jochen Brauer Sextett (« Was mach' Ich ohne dich », en allemand, 1970) ; Yoko Miki (en japonais, 1972) ; Hana Hegerová (« Rymovani o Zivote », en tchèque, 1973) ; Aida Vedischeva (en russe, 1974) ; Midori Kinouchi (en japonais, 1975) ; Mikko Alatalo (« Kai Vielä Kohdataan », en finnois, 1979) ; Jun Togawa (« Sayonara Wo Oshiete », en japonais, 1985) ; Ari Klem (« Kai Vielä Kohdataan », en finnois, 1988) ; Erkki Junkkarinen (« Se Jääköön Huomiseen », en finnois, 1989) ; Eini Orajärvi (« Kai Vielä Kohdataan », en finnois, 1989) ; Pepe Lauanne (« Kai Vielä Kohdataan », en finnois, 1990) ; Hazz (en japonais, 1994) ; Terho Mäkinen (« Se Jääköön Huomiseen », en finnois, 1994) ; Hannu Palo (« Se Jääköön Huomiseen », en finnois, 1996) ; Maarit Peltoniemi (« Kai Vielä Kohdataan », en finnois, 1998) ; Jami Tirkkonen (« Kai Vielä Kohdataan », en finnois, 1998) ; Ilona Csakova (« Jedno Tajemstvi », en tchèque, 1999) ; Tanssiorkesteri Hietamäki (« Kai Vielä Kohdataan », en finnois, 2004) ; Le 3 (en japonais, 2005) ; Ingeborga Dapkunaite et Alexander Zhulin (en russe, 2006) ; Franz Geil (« Was mach' Ich ohne dich », en allemand, 2009) ; Hayato Kaori (en japonais, 2009) ; Vicky Leandros (« Ich sage dir adieu », en allemand, 2010) ; La Monja Enana (en espagnol, *Live*, 2017).

NB : Françoise Hardy a enregistré cette chanson en italien (voir 178), en allemand (229).

151. « Il vaut mieux une petite maison dans la main, qu'un grand château dans les nuages » (Gérard Bourgeois/Jean-Max Rivière) – Orchestre : John Cameron – Vogue 45 tours EPL 8652/Vogue 33 tours CLD 728.

152. « Suzanne » (Leonard Cohen/Graeme Allwright) – Orchestre : John Cameron – Vogue 45 tours EPL 8652/Vogue 33 tours CLD 728.

Créatrice : Judy Collins (« Suzanne », États-Unis, 1966).

Adaptateur et créateur de la VF : Graeme Allwright (1968).

Reprises en VF : Pauline Julien (1969) ; Zsuzsa Koncz (1979) ; Maxime Le Forestier & Graeme Allwright (*Live*, 1980) ; A&B (1999) ; Nana Mouskouri (2002) ; Maurane & Graeme Allwright (*Live*, 2003) ; Fabienne Thibeault (2004) ; Babord Amures (2007) ; Sylvie Vartan (2007) ; Gaétane Abrial (2008) ; Alain Bashung (2008) ; Philippe Élan (2010) ; Jorane (2011).

Reprises en VO : The Colours (1967) ; Enchanted Forest (1967) ; Noel Harrison (1967) ; Chad Mitchell (1967) ; Nina Simone (1967) ; Jason Chase (1968) ; Jeremy Dormouse (1968) ; Genesis (1968) ; George IV Hamilton (1968) ; Jack Jones (1968) ; Catherine McKinnon (1968) ; Pearls Before Swine (1968) ; Sanspipers (1968) ; Spanky & Our Gang (1968) ; Josh White Junior (1968) ; Harry Belafonte (1969) ; Joe Brown (1969) ; Bill Coheau (1969) ; Les Contretemps (1969) ; John Davidson (1969) ; Lance D'Owen (1969) ; Fred Holstein (*Live*, 1969) ; Gary McFarland (1969) ; Esther Ofarim (1969) ; Joan Baez (1970) ; Vaclav Neckar & Golden Kids (1970) ; Jimmie Rodgers (1970) ; Nancy Wilson (1970) ; Neil Diamond (1971) ; Humphries Singers (1971) ; FMT *feat.* Camilla (1972) ; Bob Morley (1972) ; Bridget St. John (1972) ; Roberta Flack (1973) ; Fringe Benefit (1977) ; The Big River Band (*Live*, 1978) ; Danny Cox (1979) ; Flying Lizards (1984) ; Annika Bentley (1988) ; He Said (1989) ; Bomb (1991) ; Geoffrey Oryema (1991) ; Camilla (1992) ; Richard Dworsky (1992) ; Novi Sad (1992) ; Chris Paulson (1992) ; Herman Van Veen (1992) ; Melanie Phippard (1994) ; Peter Gabriel (1995) ; Mollys Reach (1995) ; Kim Salmon (1995) ; Nandala (1996) ; Juergen Jaensch (1997) ; Jim Gibson (1998) ; Glen or Glenda (1998) ; Das Holz (1998) ; Kören Wegelius (1998) ; Barbr Jungr (1999) ; Mary McCaslin (1999) ; Sarah Morrau (1999) ; Diane Reeves (1999) ; Panat Rhei (1999) ; Marie-Michèle Desrosiers (2000) ; Dominus of Steel (2000) ; Mathys Roets (*Live*, 2000) ; Bob Rowe (2000) ; Gwen Avery (2001) ; Fleury Dantonaki (2001) ; Laurie McClain (*Live*, 2001) ; John Bergeron (2002) ; The Dreamer and Dragonfly (2003) ; Marti Pellow (2003) ; The Travellers (2003) ; Colm Wilkinson (2004) ; Tori Amos (2005) ; Perla Batalla (2005) ; Blue Engine

String Quartet (2005) ; Jo Anne Kurman (2005) ; Mark Sloniker (2005) ; Take Two (2005) ; Nick Cave (2006) ; Jack The Ripper (2006) ; Lissa Hanner (2007) ; Aretha Franklin (2007) ; Dancing Light (2007) ; Emily Lacy (2007) ; Monsieur Camembert (2007) ; Plan B (2007) ; Pat Surface (2007) ; Aga Zaryan (2007) ; Asario (2008) ; Davey Clark (2008) ; Bryan Hennessey (Live, 2008) ; I Furiosi (2008) ; Leoni Jansen (2008) ; Deborah Kooperman (2008) ; Lena Mandotter (2008) ; Valerie Markell (2008) ; Ian McCulloch (2008) ; Carlos Peron (2008) ; Asher Quinn (2008) ; James Taylor (2008) ; Christel Alsos (2009) ; Micah P. Hinson (2009) ; Steve Sloan (2009) ; George Wallace (2009) ; Doug Jayne (2010) ; Paul McNeill (2010) ; Eugenio Misiti, Raffaella & Colombo (2010) ; Tomas Nicholas (2010) ; Scala & Kolacny Brothers (2010) ; Tangerine Dream (2010) ; Kathleen Daugherty (2011) ; Rose Laughlin (2011) ; Woody Lissauer (2011) ; Patricia O'Callaghan (2011) ; Lee Schwarz *feat.* Ebony Barret, Kennedy & Michael Lewis (2011) ; Tanja Tyskarna (2011) ; Field Music (2012) ; Darren J Matthews (2012) ; Meshell Ndegeocello (2012) ; The Saints of Boogiestreet (2012) ; Suzanne Sheridan (2012) ; John Sorenson (2012) ; Yaj Sri Lam (2012) ; Conspiracy of Beards (*Live*, 2013) ; Druidsong (2013) ; Lauren Fox (2013) ; Rebecca Genay, Rosalie & Nash (2013) ; Danny Ross (2013) ; Joe Crow Ryan (2013) ; Christine Tobin (2014).

Autres versions : Dunja Rajter (« Susann », en allemand, 1969) ; Pierre Ström (en suédois, 1970) ; Anni-Frid Lyngstad (en suédois, 1971) ; Hector (en finnois, 1972) ; Toti Soler (« Susanna », en espagnol, 1972) ; Hanan Yovel (« Suzan », en hébreu, 1974) ; Jürgen Marcus (en allemand, 1976) ; Hage Tunaal (en norvégien, 1976) ; Ralf Paulsen (en allemand, 1978) ; Liisa Tavi (en finnois, 1991) ; Howard Carpendale (en allemand, 1981) ; Mia Sandberg (« Genom Dröm », en suédois, 1982) ; Mia Martini (en italien, 1983) ; VOF de Kunst (en allemand, 1983) ; Roland Zoss (en suisse allemand, 1985) ; Rob de Nijs (en néerlandais, 1987) ; Suzanne Doucet (en allemand, 1989) ; Gunther Emmerlich (en allemand, 1991) ; Herman Van Veen (en allemand, 1992) ; Kristin Solli (en norvégien, 1993) ; Juraj Kukura (en tchèque, 1995) ; Joan Manuel Serrat (« Susanna », en catalan, 1996) ; R.E.M. (« Hope », en anglais, 1998) ; Frank Boeijen & Yasmine (en allemand, 1999) ; Ibrica Jusic (« Ljiljan », en croate, 1999) ; The Parasites (1999) ; Mats Klingström (en suédois, 2000) ; Femming Bamse Jorgensen (en danois, 2001) ; Kevin Parent (2001) ; Jan Erik Lundqvist (en suédois, 2002) ; Luis Morera (en espagnol, 2002) ; Andrea Parodi & Bocephus King (en italien, 2002) ; Zsuzsa Koncz (en hongrois, 2003) ; René Marie (« Bolero/Suzanne », 2003) ; Ester Osta, Adolfo & Formosa (en espagnol, 2004) ; Thomas Troelsen (« Susan », en danois, 2004) ; Jorcx (en catalan, 2006) ; Anna Sise (en suédois, 2006) ; Louis van Dyke (en néerlandais, 2007) ; Acoustic (instrumental, 2008) ; Roel Slofstra (en néerlandais, 2008) ; Tomas Boström (en suédois, 2009) ; Patric (en occitan, 2010) ; Fabrizio De Andre (en italien, 2012) ; Mingrelia (en grec,

2012) ; 3js (Herman van Veen) (en néerlandais, 2013) ; Koos van der Merwe (en africain, 2013).

NB : Françoise Hardy a enregistré cette chanson en anglais (voir 190).

153. « L'Anamour » (Serge Gainsbourg) – Orchestre : Mike Vickers – Vogue 45 tours EPL 8652/Vogue 33 tours CLD 728.

Reprises : Serge Gainsbourg (1968) ; Jean-Pierre Sabar (instrumental orgue, 1969) ; Liesbeth List (1970) ; Ana Lucia (1970) ; Gaëll (1983) ; Zazie et Pascal Obispo (TV, 1993) ; Jane Birkin (1996) ; Jane Birkin et Bruno Maman (TV, 1996) ; Fred Blondin (1996) ; Cachou (1997) ; Mick Harvey (« Non Affair », en anglais, 1997) ; Guesh Patti (1997) ; Sergio Godinho (1998) ; Ole Janßen und Lars Precht (1998) ; Ivy (1999) ; Bambou (2000) ; Jane Birkin & Beck (*Live*, 2000) ; Patrick Péronne (2001) ; Stereo Total (2001) ; Jean Tourneux (2001) ; Velvet Chain (2003) ; O'Tokogi Band (2004) ; Shawn & Salvatore (2005) ; Bévinda (2006) ; Gérard Depardieu (BOF *Quand j'étais chanteur*, 2006) ; Junior Jazz (« Loveless Land », en anglais, 2006) ; Ariane Moffatt & Dewaere (*Live*, 2006) ; Émilie Simon (2006) ; Maxim Roy et Stéphane Lucas (2007) ; David Tétard (*Live*, 2007) ; Gari (en basque, 2008) ; Stéphane Lucas & Maxim Roy (2009) ; Capsula de Sueños. (*Live*, 2017).

154. « À quoi ça sert ? » (Françoise Hardy) – Orchestre : Jean-Pierre Sabar – Vogue 45 tours SP 1535/Vogue 33 tours CLD 728.

BO Film : Jeune et Jolie de François Ozon (France, 2012).

NB : Françoise Hardy a enregistré cette chanson en anglais (voir 197), en italien (200).

155. « Ouverts ou fermés » (Françoise Hardy) – Orchestre : Jean-Pierre Sabar – Vogue 45 tours SP 1535/Vogue 33 tours CLD 728.

156. « Où va la chance ? » (Phil Ochs/Eddy Marnay) – Orchestre : Arthur Greenslade – Vogue 45 tours EPL 8660/Vogue 33 tours CLD 728.

Créatrice : Joan Baez (« There but for Fortune », États-Unis, 1964).

Créateur de la VF : Dominique Walter (1965).

Reprises en VF : Anne-Marie Michel (1966) ; Michèle Arnaud (1967) ; Isabelle Boulay (2011) ; Tribute Masters (2011) Union of Sound (2012) ; Pain noir (2015).

Reprises en VO : Peggie Allen (1965) ; Chad & Jeremy (1965) ; Marianne Faithfull (TV, 1965) ; Rusty Greenfield (1965) ; Jim & Jean (1965) ; Suzanne Scott (1965) ; The Spokesmen (1965) ; Vicky Leandros (1966) ; Living Voices (1966) ; The New Christy Minstrels (1966) ; Nina & Frederick (1966) ; Phil Ochs (1966) ; Dana Valery (1966) ; Cher (1967) ; Françoise Hardy (1968 – voir 170) ; Jackie & Bridie (1970) ; Maralene Powell (1972) ; Peter, Paul & Mary (1981) ; Pamela Ward (1992) ; Paul & Margie (1994) ; Eugene Chadbourne (1995) ; Rex Fowler (1995) ; Samy Walker (1995) ; Dan Zahn (1997) ; Peter Yarrow (1998) ; Magpie (1999) ; Kim Larsen & Kjukken (2001) ; Tim Harrison (2002) ; Peter Gelling (2003) ; Tom Paxton (2005) ; Greg Madden (2006) ; Sloan Wainwright

(2008) ; Downes & Beer (2009) ; Sandra Thomas (2009) ; Disappear Fear (2011) ; Steven Wilborn (2011) ; Heart 'N' Soul (2012) ; Gathering Time (2013) ; Pernille Quigg (2013) ; Hugh & Dana (2015) ; Tammy Metz (2015) ; Ramon Mirabet (2016).

Autres reprises : Tony & Nelly (« Ma Sto Pagando », en italien, 1966) ; Corry Brokken (« Op Het Geluk Na », en flamand, 1968) ; Maria Monti (« Non È Sola Una Casa », en italien, 1972).

NB : Françoise Hardy a enregistré cette chanson en anglais (voir 170) et en italien (voir 219).

157. « La Mésange » (Antônio Carlos Jobim-Chico Buarque de Hollanda/Franck Gérald) – Orchestre : Mike Vickers – Vogue 33 tours CLD 728.

Créatrices : Cynara e Cybele (« Sabià », Brésil 1968).

Reprises en VO : MPB-4 (1968) ; Clara Nunes (1968) ; Elizeth Cardoso (1969) ; Chico Buarque (1970) ; Antonio Carlos Jobim (1970) ; Nara Leao (1971) ; Quarteto em Cy (1979) ; Elis Regina (1980) ; Eliane Elias (1990) ; Nova Banda (1993) ; Vania Bastos (1995) ; Golden Boys (1997) ; Mauro Wilson & Trio Copacabana (1998) ; Zimbo Trio (1999) ; Paula Morelenbaum (2001) ; Yoshiro Nakamura (2003) ; Carole Sergent (2004) ; Dirindi (2005) ; Claudai Amorim (2006) ; Duduka Da Fonseca & Helio Alves (2006) ; Na Ozzetti (2006) ; Claudette Soares (2007).

Autres reprises : Frank Sinatra (« Song of the Sabia », en anglais, 1969) ; Cedar Walton (instrumental, 1972) ; Antonio Carlos Jobim (« Song of the Sabia », en anglais, 1980) ; Billy Higgins (instrumental, 1995) ; Juarez Moreira (instrumental, 1998) ; Daniel Barenboim (instrumental, 2000) ; Dave Liebman (instrumental, 2001) ; Charles Davis (instrumental, 2003), Jamo Savolainen (« Song of the Sabia », en anglais, 2004) ; Grant Stewart (instrumental, 2005) ; Arthur Nestrovski (instrumental, 2007).

158. « Parlez-moi de lui » (Jacques Diéval/Michel Rivgauche) – Orchestre : Arthur Greenslade – Vogue 33 tours CLD 728.

Créatrices : Lili Castel (« J'ai le mal de toi », France, 1965) ; Dalída (« Parlez-moi de lui », France, 1966)

Reprises dans la première version : Colette Deréal (1965) ; Agnès Sarkis (1973) ; Therion (2012)

Reprises dans la seconde version : Ginette Reno (1969) ; Renée Martel (1969) ; Génération Yéyés (2000) ; Tenzen (2000) ; Tribute Masters (2011) Geneviève Leclerc (2017) ; Adia Victoria (2017).

Reprises en anglais (« The Way of Love ») : Jill Day (1965) ; The Four Pennies (1965) ; Kathy Kirby (1965) ; Susan Rufey (1966) ; Al Stillman (1968) ; Cher (1971) ; Shirley Bassey (1972) ; Vikki Carr (1972) ; Jim Nabors (1972) ; John Rowles (1972) ; Agnès Sarkis (1973) ; Ginette Reno (1974) ; Jackie Forrest (1979) ; Brave Combo (1993) ; Studio Group (1999) ; Jan Gelberman (2001) ; Share & Share Alike (2002) ; Nataniël (2006).

Autres reprises: Eva (« Weisst du wie das ist », en allemand, 1965) ; Conny Van Den Bos (« Ja Doet Me Pijn », en flamand, 1965) ; Dalída (« Il Mio Male Sei », en italien, 1966) ; Lalao Rabeson (« Kila Sy May », en malgache, 1967) ; Patty Pravo (« Non So Perche' Mi Sto Innamorando », en italien ; 1971) ; Roger Williams (instrumental, 1972) ; Tommy Garrett (instrumental, 1972).

NB : Françoise Hardy a enregistré cette chanson en anglais (voir 172).

159. « La Rue des cœurs perdus » (Thomas Baker Knight/Pierre Delanoë) – Orchestre : Arthur Greenslade – Vogue 33 tours CLD 728.

Créateur: Ricky Nelson (« Lonesome Town », États-Unis, 1958).

Créateur de la VF: Richard Anthony (1959).

Reprises en VF: Jocelyne Jocya (1959) ; Chris Valois (1962).

Autre version française: Johnny Hallyday (« La Ville des âmes en peine », 1996).

Reprises en VO: Tommy Dunn (1958) ; Grethe & Jorgen Ingmann (1958) ; Johnny Tillotson (1958) ; Mark Murphy (1960) ; The Four Preps (1962) ; The Jordanaires (1962) ; Johnny Crawford (1963) ; The Fleetwoods (1964) ; Russ Sainty and The Nu-Notes (1964) ; The Hep-Stars (1965) ; Jerry Garcia (1974) ; Ronnie Hawkins (1974) ; Shakin' Stevens (1975) ; The Cramps (1979) ; Bob Dylan & Tom Petty (*Live*, 1986) ; Tanya Tucker (1988) ; Dexter Romweber (1996) ; Paul McCartney (1999) ; Clearwater Connection (2000) ; Joey Welz (2000) ; Holly Golightly (2001) ; Colin Paul and The Persuaders (2003) ; Jerry Garcia (2004) ; Marc Jordan (2004) ; Stephen Collins & The 7th Band (2005) ; Death Cab For Cutie (2005) ; Milton Mapes (2005) ; Shakin' Stevens & The Sunsets (2005) ; Michael Angelo (2006) ; Allen Clapp (2006) ; The Downbeat 5 (2006) ; First Child (2006) ; The Refiner's Choir (2007) ; Jason Donovan (2008) ; Richard Hawley (2008) ; Keld Heick (2010).

Autres reprises: The Ventures (instrumental, 1961) ; Peter Wegen (« In der Stadt der Einsamkeit », en allemand, 2005).

NB : Françoise Hardy a enregistré cette chanson en anglais (voir 167).

160. « Étonnez-moi, Benoît ! » (Hughes de Courson/Patrick Modiano) – Orchestre : John Cameron – Vogue 45 tours EPL 8660/Vogue 33 tours CLD 728.

Reprises: Radiomatic (2005), Isabelle Mayereau (2012) ; Emma Solal (2017).

161. « La Mer, les Étoiles et le Vent » (Françoise Hardy) – Orchestre : John Cameron – Vogue 45 tours EPL 8660/Vogue 33 tours CLD 728.

NB : Françoise Hardy a enregistré cette chanson en italien (voir 218).

162. « Now You Want to Be Loved » (« Des ronds dans l'eau ») (adaptateur : Sonny Miller) – 45 tours Vogue/Phono Vox Record SPV 4012 – voir 134.

163. « Tell Them You're Mine » (« C'était charmant ») (adaptateur : Sonny Miller) – 45 tours Vogue/Phono Vox Record SPV 4012 – voir 141.

164. «**Loving You**» (Mike Stoller/Jerry Leiber) – Orchestre : Charles Blackwell – 45 tours United Artists UP-2253 (UK, 1968)/33 tours Vogue *En Anglais* CLD 729 (France, 1969).

Créateur : Elvis Presley (États-Unis, 1957).

Reprises en VO : Duane Eddy (1959) ; Laiber & Stoller (1960) ; Johnny Mann Singers (1961) ; Scotty Moore (1964) ; Nat Stuckey (1969) ; Gabriel (1975) ; Glen Campbell (Live, 1977) ; Helen Shapiro & Johnny Logan (1989) ; Tanita Tikaram (1990) ; Johnny Hallyday (1992) ; Cynthia Schloss (1992) ; Benedictine Chimes of Westminster (1994) ; Frank Dibussolo (1998) ; Corky Hale (1998) ; Good Rockin' Tonight (2001) ; James Naughton (2002) ; Roberto Carlos (2006) ; A Tribute to Elvis Presley (2006) ; Avid All Stars (2007) ; Jack Gatineau (2007) ; Donna Loren (2010).

Reprises en français : Vicky Autier (« Sans amour », 1958) ; François Deguelt (« Sans amour », 1958), Johnny Hallyday (« Ma vie à t'aimer », 1968) ; Frank Michaël (« Sans amour », 2003).

165. «**Will You Love Me Tomorrow**» (Gerry Goffin/Carole King) – Orchestre : Charles Blackwell – 45 tours United Artists UP-2253 (Grande-Bretagne, 1968)/33 tours Vogue *En Anglais* CLD 729 (France, 1969).

Créatrices : The Shirelles (États-Unis, 1960).

Reprises en VO : The 3 Charms (1961) ; Mike Berry with The Outlaws (1961) ; Pat Boone (1961) ; Jean Campbell (1961) ; Ben E. King (1961) ; Brenda Lee (1961) ; The Raindrops (1961) ; Bobby Vee (1961) ; Brook Benton (1962) ; Little Eva (1962) ; The Barbarian Trad' Seven (1963) ; Bobbi Carol (1963) ; The Chiffons (1963) ; Helen Shapiro (1963) ; Tony Sheridan & The Beat Brothers (1964) ; Dusty Springfield (1964) ; The Wild Oats (1964) ; Len Barry (1965) ; The Renegades (1965) ; Cher (1966) ; Jackie DeShannon (1966) ; Bunny Sigler (1966) ; The Bachs Lunch (1967) ; Peaches & Herb (1967) ; The 4 Seasons (1968) ; The Jackpots (1968) ; Sandy Posey (1968) ; The Springfield Rifle (1968) ; Della Humphrey (1969) ; Cliff Richard (1969) ; Linda Ronstadt (1970) ; Watson T. Browne (1970) ; Roberta Flack (1971) ; Hunnicutt (1971) ; Carole King (1971) ; Lynda K. Lance (1971) ; Denise Freeman (1972) ; Cissy Houston (1973) ; Jackie Milton (1973) ; Smokey Robinson (1973) ; Mélanie Safka (1973) ; Dan The Banjo Man (1974) ; Morningside Drive (1974) ; Zulema (1975) ; Tony Monopomy (1976) ; Shandi Sinnamon (1976) ; Graham Bonnet (1977) ; Michael Stanley Band (1977) ; Dave Mason (1978) ; Brotherhood Of Man (1980) ; Andy Gibb & Pat Arnold (1980) ; Barbara Jones (1983) ; Dionne Warwick (1983) ; Laura Branigan (1984) ; Millie Jackson (1989) ; Stephen Lee Garden (1989) ; Maywood (1991) ; Cilla Black (1993) ; Neil Diamond (1993) ; Bryan Ferry (1993) ; The Nylons (1994) ; Bee Gees (1995) ; Debbie Gibson (1995) ; Lobo (1995) ; Shock Tratment (1996) ; Petty Booka (1998) ; Copycats (2000) ; The Shapiros (2001) ; Gracia (2004) ; Willie Nelson *feat.* Carole King (*Live*, 2004) ; Amy

Winehouse (2004) ; Manon's Dream (2005) ; Jacqui Naylor (2005) ; BQE (*a cappella*, 2006) ; Saturday Looks Good To Me (2006) ; Harbor Lights (2007) ; Angela (2008) ; Emilie-Claire Barlow (2010).

Autres reprises : Rex Gildo (« Hast du das alles vergessen ? », en allemand, 1961) ; The Rokes (« Ci Vedremo Domani », 1965) ; Dusty Springfield (« Demain tu peux changer », en français, 1965) ; Kai Hyttinen (« Yön Jälkeen », en finnois, 1975) ; Ami Aspelund (en finnois, 1976) ; Pirkko Mannola (en finnois, 1986).

166. « Hang on to a Dream » (Tim Hardin) – Orchestre : Charles Blackwell – 33 tours United Artists Records ULP 1207 (Grande-Bretagne, 1968)/33 tours Vogue *En Anglais* CLD 729 (France, 1969).

Créateur : Tim Hardin (États-Unis, 1966).

Reprises : Rudy Bennet (1966) ; Johnny Hallyday (« Je m'accroche à mon rêve », en français, 1967) ; Alan Lorber (1967) ; Cliff Richard (1967) ; Gandalf (1968) ; Ian & Sylvia (1968) ; The Nice (1969) ; Roger Chapman (1979) ; Nazareth (1989) ; Emerson, Lake & Palmer (1993) ; Fleetwood Mac (1995) ; Peter Frampton (1995) ; The Delgados (2000) ; Echo & The Bunnymen (2000) ; Linda Carriere (2001) ; Keith Emerson & The Nice (2003) ; Kathryn Williams (2004) ; Aser Quinn (2007).

167. « Lonesome Town » (Thomas Baker Knight) – Orchestre : Arthur Greenslade – 33 tours United Artists Records ULP 1207 (Grande-Bretagne, 1968)/33 tours Vogue *En Anglais* CLD 729 (France, 1969) – voir 159.

168. « Who'll Be the Next in Line » (Dave & Ray Davies) – Orchestre : Arthur Greenslade – 33 tours United Artists Records ULP 1207 (Grande-Bretagne, 1968)/33 tours Vogue *En Anglais* CLD 729 (France, 1969).

Créateurs : The Kinks (1965).

Reprises : Syndicate of Sound (1965) ; Merv Benton (1966) ; The Hitmakers (1966) ; I New Dada (1966) ; The Knack (1967) ; Hounds (1979) ; Gary Myrick & The Figures (1980) ; Sir Douglas Quintet (1981) ; Matinee Idoles (1983) ; Graham Bonnet (1989) ; Forcefield (1989) ; Thee Milkshake (1992) ; Darryl Read (1993) ; Rox Loney and The Longshots (1997) ; Queens Of The Stone Age (2000) ; Mudhoney (2001) ; The Thanes (2004) ; Mean Jake (2007) ; The Rugamuffins Of Love (2007) ; Jerry Cortez (2009) ; Russ Seeger (2010).

169. « Never Learn to Cry » (Simon Napier-Bell/Vicky Wickham) – Orchestre : Simon Napier-Bell – 33 tours United Artists Records ULP 1207 (Grande-Bretagne, 1968)/33 tours Vogue *En Anglais* CLD 729 (France, 1969).

Reprise : Fabienne Delsol (2004).

NB : Françoise Hardy a enregistré cette chanson en français (voir 214).

170. « There but for Fortune » (Phil Ochs) – Orchestre : Arthur Greenslade – 33 tours United Artists Records ULP 1207 (UK, 1968)/33 tours Vogue *En Anglais* CLD 729 (France, 1969).

NB : Françoise Hardy a enregistré cette chanson en français (voir 156) et en italien (voir 219).

171. « That'll Be the Day » (Buddy Holly-Jerry Allison/Norman Petty) – Orchestre : Arthur Greenslade – 33 tours United Artists Records ULP 1207 (Grande-Bretagne, 1968)/33 tours Vogue *En Anglais* CLD 729 (France, 1969).

Créateurs : Buddy Holly & The Crickets (1957).

Reprises : Dave Baucom (1957) ; Larry Page (1957) ; Conny Quick (« Immer mehr und mehr », en allemand, 1957) ; The Tunettes (1957) ; Cliff Richard & The Drifters (1959) ; Pat Boone (1960) ; Johnny Hallyday (« Quand ce jour-là viendra », en français, 1963) ; Bobby Vee (1963) ; Tommy Roe (1964) ; The Blue Diamonds (1965) ; The Everly Brothers (1965) ; The Hullaballoos (1965) ; Die Firestone-Band (1966) ; Skeeter Davis (1967) ; The Bunch (1972) ; Daddy Cool (*Live*, 1973) ; Mike Berry and The Crickets (1974) ; Foghat (1974) ; Waylon Jennings (1974) ; Celly Campello (« Nao Quero Nem Saber », en portugais, 1976) ; The Flamin' Groovies (1976) ; Pure Prairie League (1976) ; Linda Ronstadt (1976) ; Johnny Hallyday & Sylvie Vartan (*Live*, 1978) ; Dillard-Hartford-Dillard (1980) ; The Hollies (1980) ; Fairport Convention (1981) ; Kerschowski & Blankenfelder Boogie Band (« Dettelbacher Weg », en allemand, 1989) ; The Collins Kids (1990) ; Bo Katzman & The Soul Cats (1990) ; The Quarrymen (1995) ; Hank Marvin (1996) ; SuperCountry (1996) ; Brothers (2001) ; Wes Dakus and The Rebels (2006) ; Modest Mouse (2011).

NB : Françoise Hardy interprétera cette chanson en duo avec Sheila à la télévision, en 1989.

172. « The Way of Love » (« Parlez-moi de lui ») (adaptateur : Al Stillman) – Orchestre : Arthur Greenslade – 33 tours United Artists Records ULP 1207 (Grande-Bretagne, 1968)/33 tours Vogue *En Anglais* CLD 729 (France, 1969) – voir 158.

Créatrice : Kathy Kirby (1965).

173. « Tiny Goddess » (Patrick Campbell-Lyons/Alex Spyropoulos-Ray Singer) – Orchestre : Jean-Pierre Sabar – 33 tours United Artists Records ULP 1207 (Grande-Bretagne, 1968)/33 tours Vogue *En Anglais* CLD 729 (France, 1969) – voir 146.

174. « Let It Be Me » (Gilbert Bécaud-Pierre Delanoë/Mann Curtis) – Orchestre : Charles Blackwell – 33 tours United Artists Records ULP 1207 (Grande-Bretagne, 1968)/33 tours Vogue *En Anglais* CLD 729 (France, 1969).

Créateurs : Gilbert Bécaud (« Je t'appartiens », France, 1955) ; Jill Corey (« Let It Be Me », États-Unis, 1957).

Reprises : Chet Atkins (instrumental, 1959) ; The Blue Diamonds (1960) ; The Everly Brothers (1960) ; Dick Jordan (1960) ; Floyd Cramer (1961) ; Herb Alpert & The Tijuana Brass (instrumental, 1962) ; The Lettermen (1962) ; The Anita Kerr Singers (1963) ; Betty Everett & Jerry

Butler (1964) ; Gloria Lynne (1964) ; Andy Williams (1964) ; Molly Bee (1965) ; King Curtis (1965) ; Skeeter Davis & Bobby Bare (1965) ; Walter Jackson (1965) ; Brenda Lee (1965) ; Peter & Gordon (1965) ; The Shadows (1965) ; Sonny & Cher (1965) ; The Escorts (1966) ; Barbara Lewis (1966) ; The Righteous Brothers (1966) ; Jeannie Seely (1966) ; Nancy Sinatra (1966) ; Johnny Young (1966) ; Chuck Jackson & Maxine Brown (1967) ; Sam Moore (1967) ; The Sweet Inspirations (1967) ; Don Cherry (1968) ; Bobbie Gentry & Glen Campbell (1968) ; The Hap Stars (1968) ; Claudine Longet (1968) ; Peaches & Herb (1968) ; The Sundowners (1968) ; The Teenmakers (1968) ; Billy Vaughn (1968) ; Billy Vera & Judy Clay (1968) ; Petula Clark (1969) ; The Delfonics (1969) ; Jim Ed Brown (1969) ; Tom Jones (1969) ; John & Anne Ryder (1969) ; Connie Smith & Nat Stuckey (1969) ; Bob Dylan (1970) ; Roberta Flack (1970) ; Jay & The Americans (1970) ; Henry Mancini & his Orchestra & Chorus (1970) ; Leonard Nimoy (1970) ; Elvis Presley (*Live*, 1970) ; Nancy Wilson (1971) ; Linda Jones (1972) ; Miki & Griff (1972) ; Dakota Staton (1972) ; Peter & Lee (1973) ; Donny Osmond (1974) ; The Pointer Sisters (1974) ; Demis Roussos (1974) ; Nina Simone (1974) ; Stray Cats (1974) ; Rev. Emile Guilmette (1975) ; Percy Sledge (1975) ; B.J. Thomas (1975) ; Jack Jersey (1976) ; Maurice Larcange (1976) ; New Trolls (1976) ; Svenne & Lotta (1976) ; Tracy (1977) ; Dionne Warwick (1977) ; Melanie (1978) ; Kenny Rogers & Dottie West (1979) ; Willie Nelson (1982) ; David Hasselhoff (1984) ; Grant & Forsyth (1993) ; Gordon (1994) ; Julio Iglesias *feat.* Art Garfunkel (1994) ; Jackson Browne (1995) ; Bill Hurley (1995) ; The Maytones (1996) ; Marc Meersman (1998) ; Tamra Rosanes with Dennis Locorriere (1998) ; Michael Stanton (1998) ; Marc Jordan (1999) ; Cliff Richard & Elaine Page (*Live*, 1999) ; Nnenna Freelon *feat.* Kirk Whalum (2000) ; Robyn Hitchcock (2000) ; Mason McClain (2000) ; White Hassle (2000) ; Lobo with Nanette Bohannon (2001) ; John Alford (2002) ; Anne Murray & Vince Gill (2002) ; The Willy DeVille Acoustic Trio (2002) ; Mike Andersen feat. Shaun Nielsen (2003) ; Jan Johansen & Jill Johnson (2003) ; Keren Ann & Dave (2004) ; Olivia Newton-John & Cliff Richard (2004) ; Joshua Payne (2004) ; Paul Weller (2004) ; Lee Lessack & David Burnham (2005) ; Rosie Thomas (2005) ; Marshall & Alexander (2006) ; Louise Setara (2006) ; Christer Sjögren (2006) ; The Temptations (2007) ; Frankie Valli (2007) ; Jason Donovan (2008) ; Roch Voisine (2008, en anglais et en français) ; Elvis Lounge feat. Andrea Canta (2009) ; Rod Stewart & Jennifer Hudson (2009) ; Neil Diamond (2010) ; Chie Ayado (2011) ; Willy DeVille (2011) ; Sylvie Vartan (*Live*, 2014).

NB : Françoise Hardy a enregistré cette chanson en allemand (voir 228).

175. « Empty Sunday » (Simon Napier-Bell/Vicky Wickham) – Orchestre : Simon Napier-Bell – 33 tours United Artists Records ULP 1207 (Grande-Bretagne, 1968)/33 tours Vogue *En Anglais* CLD 729 (France, 1969).

176. «**La Bilancia dell'Amore**» («Tiny Goddess»/«Je ne sais pas ce que je veux») (adaptateur: Vito Pallavicini) – 45 tours SP CGD Recording N 9697 (Italie) – voir 146.

177. «**Io Conosco La Vita**» («La Fin de l'été») (adaptateur: A. Testa) – 45 tours SP CGD Recording N 9697 (Italie) – voir 142.

1969

178. «**Il Pretesto**» («It Hurts to Say Goodbye»/«Comment te dire adieu») (adaptateur: Claudio Daiano) – 45 tours SP CGD N 9711 (Italie) – voir 150.

Reprise: Peppi Nocera (2012).

179. «**Se E Ma**» («Avec des si») (adaptateur: Herbert Pagani) – 45 tours SP CGD N 9711 (Italie) – voir 148.

180. «**Des bottes rouges de Russie**» (André Popp/Jean-Michel Rivat-Frank Thomas) – Orchestre: Jean-Claude Petit – 45 tours Vogue EPL 8676.

Reprise: André Popp (instrumental, 1969).

NB: Françoise Hardy a enregistré cette chanson en italien (voir 198), en allemand (222).

181. «**Il voyage**» (Françoise Hardy) – Orchestre: Jean-Pierre Sabar – 45 tours Vogue EPL 8676/33 tours *Françoise* Sonopresse HY 30 901 (1970).

NB: Françoise Hardy a enregistré cette chanson en anglais (voir 196), en allemand (225).

NB (2): Françoise Hardy réenregistrera ce titre en 1989 pour l'album compilation Vingt Ans, Vingt Titres, *sous la direction artistique de David Richards.*

182. «**L'Heure bleue**» (Françoise Hardy) – Orchestre: Jean-Pierre Sabar – 45 tours Vogue EPL 8676/33 tours *Françoise* Sonopresse HY 30 901 (1970).

NB: Françoise Hardy a enregistré cette chanson en anglais (voir 195), en italien (199).

183. «**Au fil des nuits et des journées**» (Françoise Hardy) – Orchestre: Jean-Pierre Sabar – 45 tours Vogue EPL 8676/33 tours *Françoise* Sonopresse HY 30 901 (1970).

NB: Françoise Hardy a enregistré cette chanson en anglais (voir 194).

184. «**J'ai coupé le téléphone**» (Françoise Hardy) – Orchestre: Jean-Pierre Sabar – 45 tours Vogue SP V.45-1655/33 tours *Françoise* Sonopresse HY 30 901 (1970).

Reprise: Lucien Hétu (instrumental, 1971).

NB: Françoise Hardy a enregistré cette chanson en anglais (voir 193), en espagnol (233).

185. «**Les Doigts dans la porte**» (Ariel Silber/Eddy Marnay) – Orchestre: Jean-Pierre Sabar – 45 tours Vogue SP V.45-1655/33 tours *Françoise* Sonopresse HY 30 901 (1970).

NB: Françoise Hardy a enregistré cette chanson en allemand (voir 227).

186. «**Song of Winter**» (Tommy Brown/Micky Jones) – Orchestre: Jean-Pierre Sabar – 33 tours *One-Nine-Seven-Zero* United Artists Records UAS 29046 (Grande-Bretagne).

Reprise: Year of the Goat (2016).

NB: Françoise Hardy a enregistré cette chanson en français (voir 212), en allemand (231).

187. «**Magic Horse**» (Tommy Brown/Micky Jones) – Orchestre: Jean-Pierre Sabar – 33 tours *One-Nine-Seven-Zero* United Artists Records UAS 29046 (Grande-Bretagne).

NB: Françoise Hardy a enregistré cette chanson en français (voir 208).

188. «**Strange Shadows**» (Tommy Brown/Micky Jones) – Orchestre: Jean-Pierre Sabar – 33 tours *One-Nine-Seven-Zero* United Artists Records UAS 29046 (Grande-Bretagne).

Créateur: Johnny Hallyday («Son amour pour un jeu», France, 1967).

Reprises: Fabienne Delsol (en anglais, 2010); Year of the Goat (2016).

NB: Françoise Hardy a enregistré cette chanson en français (voir 215), en allemand (226).

189. «**All Because of You**» (Scott English/Mark Barkan) – Orchestre: Jean Claude Vannier – 45 tours SP United Artists Records UP 35070 (Grande-Bretagne)/33 tours *One-Nine-Seven-Zero* United Artists Records UAS 29046 (UK).

Reprises: Jessica Sula (BO Série *Skins*, 2012); Year Of the Groat (2016).

NB: Françoise Hardy a enregistré cette chanson en allemand (voir 230).

190. «**Suzanne**» (Leonard Cohen) – Orchestre: John Cameron – 33 tours *One-Nine-Seven-Zero* United Artists Records UAS 29046 (Grande-Bretagne) – voir 152.

191. «**Soon is Slipping Away**» (Tony Macaulay) – Orchestre: Jean-Claude Vannier – 33 tours *One-Nine-Seven-Zero* United Artists Records UAS 29046 (Grande-Bretagne)/45 tours SP United Artists Records UP 35105 (1970).

NB: Françoise Hardy a enregistré cette chanson en allemand (voir 224), en français (234).

192. «**Sunshine**» (Sandy Alpert/Tash Howard) – Orchestre: Saint-Preux – 33 tours *One-Nine-Seven-Zero* United Artists Records UAS 29046 (Grande-Bretagne).

Reprise: Sandy Alpert (1970).

NB: Françoise Hardy a enregistré cette chanson en français (voir 207), en italien (220), en espagnol (232).

193. **«I Just Want to Be Alone»** («J'ai coupé le téléphone») (adaptateur : Pierre Tubbs) – Orchestre : Jean-Pierre Sabar – 33 tours *One-Nine-Seven-Zero* United Artists Records UAS 29046 (UK) – voir 184.

194. **«Times Passing By»** («Au fil des nuits et des journées») (adaptateur : Pierre Tubbs) – Orchestre : Jean-Pierre Sabar – 45 tours SP United Artists Records UP 35070 (Grande-Bretagne)/33 tours *One-Nine-Seven-Zero* United Artists Records UAS 29046 (Grande-Bretagne) – voir 183.

195. **«Midnight Blues»** («L'Heure bleue») (adaptateur : Pierre Tubbs) – Orchestre : Jean-Pierre Sabar – 33 tours *One-Nine-Seven-Zero* United Artists Records UAS 29046 (Grande-Bretagne) – voir 182.

196. **«In the Sky»** («Il voyage») (adaptateur : Pierre Tubbs) – Orchestre : Jean-Pierre Sabar – 33 tours *One-Nine-Seven-Zero* United Artists Records UAS 29046 (Grande-Bretagne) – voir 181.

Reprise : The Words Of Love (1989).

197. **«Why Even Try ?»** («À quoi ça sert ?») (adaptateur : Alan Clayre) – Orchestre : Jean-Pierre Sabar – 33 tours *One-Nine-Seven-Zero* United Artists Records UAS 29046 (Grande-Bretagne) – voir 154.

198. **«Stivali di Vernice Blu»** («Des bottes rouges de Russie») (adaptateur : Herbert Pagani) – 45 tours SP Asparagus-CGD N 9748/33 tours *Françoise In Italian* World Record ORC 6072 (Afrique du Sud, 1970) – voir 180.

199. **«L'Ora Blu»** («L'Heure bleue») (adaptateur : Herbert Pagani) – 45 tours SP Asparagus-CGD N 9748/33 tours *Françoise In Italian* World Record ORC 6072 (Afrique du Sud, 1970) – voir 182.

200. **«Il Male d'Amore»** («À quoi ça sert ?») (adaptateur : Herbert Pagani) – 33 tours Asparagus-CGD FGS 5052 (Italie, 1969)/33 tours World Record ORC 6072 (Afrique du Sud, 1970) – voir 154.

201. **«Souvenirs der ersten großen Liebe»** (Klaus Munro/Ralf Arnie) – Orchestre : Hans Hammerschmidt – 45 tours SP Philips 388.367 PF (Allemagne, 1969)/33 tours *Träume* Philips 6305.008 (Allemagne, 1970).

202. **«Einmal, wenn du gehst»** (Udo Jürgens) – Orchestre : Hans Hammerschmidt – 45 tours SP Philips 388.367 PF (Allemagne, 1969)/33 tours *Träume* Philips 6305.008 (Allemagne, 1970).

1970

203. **«Le Crabe»** (Bernard Estardy/Étienne Roda-Gil) – Orchestre : Bernard Estardy – 45 tours EP Hypopotam-Sonopresse HY 1101/33 tours Hypopotam-Sonopresse HY 39.902.

NB : Françoise Hardy a enregistré cette chanson en italien (voir 221).

204. **«Tu ressembles à tous ceux qui ont eu du chagrin»** (Françoise Hardy) – Orchestre : Jean-Pierre Sabar – 45 tours EP Hypopotam-Sonopresse HY 1101/33 tours Hypopotam-Sonopresse HY 39.902.

Reprise : Ariane Moffat et Katie Moore (2012).

NB : Françoise Hardy réenregistrera ce titre en 2000 pour l'album Clair-Obscur.

205. **« Assiette niet »** (Mireille/Jean-Noël Dupré) – Orchestre : Jean-Pierre Sabar – 45 tours EP Hypopotam-Sonopresse HY 1101.

Reprise : Mireille (1975).

206. **« Un petit sourire, un petit mot »** (Françoise Hardy) – Orchestre : Jean-Pierre Sabar – 45 tours EP Hypopotam-Sonopresse HY 1101/33 tours Hypopotam-Sonopresse HY 39.902.

Reprise : Emma Solal (2017).

NB : Une version alternative de ce titre figure sur le 33 tours Françoise In French *édité en 1970 au Brésil (Philips SLP 199.038) et en Afrique du Sud (World Records ORC 6073).*

207. **« Soleil »** (**« Sunshine »**) (adaptatrice : Françoise Hardy) – Orchestre : Saint-Preux – 45 tours SP Hypopotam-Sonopresse HY 45.901/33 tours Hypopotam-Sonopresse HY 39.902 – voir 192.

Reprise : Emma Solal (2017).

NB : Françoise Hardy réenregistrera ce titre en duo avec Alain Souchon en 2006 pour l'album (Parenthèses).

208. **« Je fais des puzzles »** (« Magic Horse ») (adaptateurs : Hughes de Courson et Patrick Modiano) – Orchestre : Jean-Pierre Sabar – 45 tours SP Hypopotam-Sonopresse HY 45.901/33 tours Hypopotam-Sonopresse HY 39.902 – voir 187.

209. **« Dame souris trotte »** (Normando Marquès/Hughes de Courson) – Orchestre : Jean-Claude Vannier – 45 tours SP Hypopotam-Sonopresse HY 45.906/33 tours Hypopotam-Sonopresse HY 39.902.

210. **« Point »** (Françoise Hardy) – Orchestre : Tommy Brown & Micky Jones – 45 tours SP Hypopotam-Sonopresse HY 45.906/33 tours Hypopotam-Sonopresse HY 39.902.

211. **« San Salvador »** (Traditionnel/Hughes de Courson-Patrick Modiano) – Orchestre : Jean-Pierre Sabar – 33 tours Hypopotam-Sonopresse HY 39.902.

Créateur : Narcisso Yepes, d'après un traditionnel du XIXe siècle composé par Fernando Sor (thème du film *Jeux interdits*, France, 1951).

Reprises : Lill Lindfors (« Du Är den Ende », en suédois, 1967) ; Renate Kern (« Herbstwind », en allemand, 1968) ; Marie Laforêt (« L'air que tu jouais pour moi », en français, 1968) ; Raphaël (« Tema de Amor », en espagnol, 1968) ; Nana Mouskouri (« Le Souvenir », en français, 1969) ; Lili Ivanova (en allemand, 1970) ; Ria Valk (« Waar Zijn de Zomers », en flamand, 1972) ; Julio Iglesias (« Quiero », en espagnol, 1975) ; Romuald (« Corps à corps », en français, 1975) ; Markku Aro (« Kielletyt Leikit », en finnois, 1976) ; Bernhard Brink (« Liebe auf Zeit », en allemand, 1976) ; Mireille Mathieu (« Amour défendu », en français, 1977 ; « Walzer der Liebe », en allemand, 1977) ; Chantal Pary (en français, 1978) ; Monika Herz (« Die Besten Wünsche von mir », en allemand, 1979) ; Francis Goya (instrumental, 1980) ; Dalída (« Ton prénom dans mon cœur », en français, 1983 ; « Tu Nombre », en espagnol, 1983) ; Tapani Kansa (en finnois, 1989) ; Jo Vally (« Kind van de Zon », en flamand, 1992) ; Pedro Ibanez et les Chœurs de l'Armée rouge (en russe, 1996) ; Jasmine (en finnois, 1997) ; Benny Neyman (« 't Doel van Het Leven », en flamand, 1997) ; Emanuel Ortega (« Tema de Amor », en espagnol, 1997) ; Pearl Jam (« Better Man », en anglais, 2001) ; Giovanni Marradi (instrumental, 2001) ; Johannes Kalpers (« Du bist mein Himmel auf Erden », en allemand, 2002) ; Paul Mauriat (instrumental, 2003) ; Frank Michaël (« Jeux interdits », en français, 2003) ; Jeane Manson (« Il n'y a guère que l'amour », en français, 2005) ; Marielle (« Languir d'amour », en français, 2007) ; Nao Wadayama (en japonais, 2007) ; Patrick Fiori (« La Ballade des jeux interdits », en français, 2008) ; Loes Luca (« Quiero », en espagnol, 2011).

NB : Françoise Hardy a enregistré cette chanson en allemand (voir 237).

212. « **Fleur de lune** » (« Song of Winter ») (adaptatrice : Françoise Hardy) – Orchestre : Jean-Pierre Sabar – 33 tours Hypopotam-Sonopresse HY 39.902 – voir 186.

Reprises : Benoît et La Lune (2008) ; Felix Dyotte & Kandle (2015) ; Emma Solal (2017).

213. « **Effeuille-moi le cœur** » (Bernard Ilous/Johnny Rech) – Orchestre : Saint-Preux – 33 tours Hypopotam-Sonopresse HY 39.902.

Reprises : Hazz (en japonais, 1994) ; Felix Dyotte & Kandle (2015) ; Emma Solal (2017).

214. « **Mon monde n'est pas vrai** » (« Never Learn to Cry ») (adaptatrice : Françoise Hardy) – Orchestre : Jean-Pierre Sabar – 33 tours Hypopotam-Sonopresse HY 39.902 – voir 169.

215. « **L'Ombre** » (« Strange Shadows ») (adaptateur : Pierre Delanoë) – Orchestre : Jean-Pierre Sabar – 33 tours Hypopotam-Sonopresse HY 39.902 – voir 188.

216. « **The Bells of Avignon** » (Tony Macaulay) – 45 tours SP United Artists Records UP 35105.

217. « **Lungo il Mare** » (Giuseppe Torrebruno/Luigi Albertelli-Donato Renzetti) – 45 tours SP CGD N 9783 (Italie)/33 tours World Record ORC 6072 (Afrique du Sud).

218. « **Il Mare, le Stelle, il Vento** » (« La Mer, les Étoiles et le Vent ») (adaptatrice : Annarita) – 45 tours SP CGD N 9783 (Italie)/33 tours World Record ORC 6072 (Afrique du Sud) – voir 161.

219. « **C'è la Fortuna** » (« Où va la chance ? ») (adaptateur : Herbert Pagani) – 33 tours World Record ORC 6072 (Afrique du Sud) – voir 156.

220. « **Sole ti Amo** » (« Sunshine »/« Soleil ») (adaptateur : Nino Tristano) – 45 tours SP Asparagus-CGD N 9821 (Italie) – voir 192 et 207.

221. « **Il Granchio** » (« Le Crabe ») (adaptateur : Mauro) – 45 tours SP Asparagus-CGD N 9821 (Italie) – voir 203.

222. «**Die Roten Russenstiefel**» («Des bottes rouges de Russie») (adaptateur: Walter Brandin) – Orchestre: Jean-Claude Petit – 45 tours SP Asparagus-Philips 6003.009 (Allemagne)/33 tours *Träume* Philips 6305.008 (Allemagne) – voir 180.

Reprises: Rut Rex (1972)

223. «**Träume**» (Martin Böttcher/Fred Weyrich) – Orchestre: Hans Hammerschmidt – 45 tours Sonopresse SP 45.902 (France)/45 tours SP Asparagus-Philips 6003.009 (Allemagne)/33 tours *Françoise* Hypopotam-Sonopresse HY 30.901 (France)/33 tours *Träume* Philips 6305.008 (Allemagne).

Reprise: Capsula de Sueños (*Live*, 2017).

224. «**Bald ist so lange her**» («Soon is Slipping Away») (adaptateur: Fred Jay) – Orchestre: Jean-Claude Vannier – 33 tours *Träume* Philips 6305.008 (Allemagne) – voir 191.

225. «**Er muss reisen**» («Il voyage») (adaptateur: Walter Brandin) – Orchestre: Jean-Pierre Sabar – 33 tours *Träume* Philips 6305.008 (Allemagne) – voir 181.

226. «**Fremde Schatten**» («Strange Shadows»/«L'Ombre») (adaptateur: Peter Lach) – Orchestre: Jean-Pierre Sabar – 33 tours *Träume* Philips 6305.008 (Allemagne) – voir 188 et 215.

227. «**Das tut weh**» («Les Doigts dans la porte») (adaptateur: Max Colpet) – Orchestre: Jean-Claude Vannier – 33 tours *Träume* Philips 6305.008 (Allemagne) – voir 185.

228. «**Zeig mir bei Nacht die Sterne**» («Let It Be Me»/«Je t'appartiens») (adaptateur: Hans Bradtke) – Orchestre: Charles Blackwell – 33 tours *Träume* Philips 6305.008 (Allemagne) – voir 174.

229. «**Was mach' Ich ohne dich**» («It Hurts To Say Goodbye»/«Comment te dire adieu») (adaptateur: Walter Brandin) – Orchestre: Jean-Pierre Sabar – 33 tours *Träume* Philips 6305.008 (Allemagne) – voir 150.

230. «**Wie im Kreis**» («All Because of You») (adaptateur: Klaus Munro) – Orchestre: Jean-Claude Vannier – 33 tours *Träume* Philips 6305.008 (Allemagne) – voir 189.

231. «**Höre auf den Nachtwind**» («Song of Winter»/«Fleur de lune») (adaptateur: Dieter Rasch) – Orchestre: Jean-Pierre Sabar – 33 tours *Träume* Philips 6305.008 (Allemagne) – voir 186 et 212.

232. «**Sol**» («Sunshine»/«Soleil») (adaptateur: J.M. Pater) – 45 tours SP *Canta en Español* Hispavox H-609 (Espagne) – voir 192 et 207.

BO Film: La Pièce manquante de Nicolas Birkenstock (France, 2012).

Reprise: Pedro Trillo (2008).

233. «**El Telefono Corté**» («J'ai coupé le téléphone») (adaptateur: J.M. Pater) – 45 tours SP *Canta en Español* Hispavox H-609 (Espagne) – voir 184.

Reprise: Cyber Yé-Yé (1999).

234. «**À cloche-pied sur la Grande Muraille de Chine**» («Soon is Slipping Away») (adaptateurs: Hughes de Courson et Patrick Modiano) – 33 tours Philips SLP 199.038 (Brésil) et 33 tours *Françoise In French*, World Records ORC 6073 (Afrique du Sud) – voir 191.

235. «**Les Glaces**» (Bernard Estardy/Étienne Roda-Gil) – 33 tours Philips SLP 199.038 (Brésil) et 33 tours *Françoise In French*, World Records ORC 6073 (Afrique du Sud).

236. «**Des yeux d'enfant**» (Françoise Hardy) – 33 tours *L'Heure bleue* Philips 6305.007 (Allemagne)

237. «**San Salvador**» (en allemand) (Anonyme) – 33 tours World Record ORC 6071 (Afrique du Sud) – voir 211.

1971

238. «**T'es pas poli**» (avec Patrick Dewaere) (Patrick Dewaere) – Guitares: Patrick Dewaere, Jacques Higelin et Joël Favreau – 45 tours SP Hypopotam-Sonopresse HY 45.907.

239. «**Let My Name Be Sorrow**» (Gilles Marchal-Georges Chatelain/ Bernard Estardy-Martine Habib) – Arrangements: Hervé Roy – 45 tours SP Hypopotam-Sonopresse HY 45.907/33 tours Kundalini KUN 65057 (France, 1972).

Créateur: Gilles Marchal («Quand je te regarde vivre», France 1970).

Reprises: Mary Hopkin (en anglais, en français et en japonais, 1971); Marcel Amont (en français, 1972); Päivi Paunu («Surun Lapsi», en finnois, 1976); Gérard Vermont (en français, 2013).

240. «**Le Martien**» (Tuca/Franck Gérald) – Arrangements: Tuca et Raymond Donnez – 45 tours Hypopotam-Sonopresse HY 45.908/33 tours Hypopotam-Sonopresse HY 30.902.

241. «**Chanson d'O**» (Tuca/Bob du Pac) – Arrangements: Tuca et Raymond Donnez – 45 tours Hypopotam-Sonopresse HY 45.908/33 tours Hypopotam-Sonopresse HY 30.902.

242. «**Même sous la pluie**» (Tuca/Franck Gérald) – Arrangements: Tuca et Raymond Donnez – 45 tours Hypopotam-Sonopresse HY 45.909/33 tours Hypopotam-Sonopresse HY 30.902.

Reprises: Kazuko Hohki (1991); Hazz (en japonais, 1994); Emma Solal (2017).

243. «**La Question**» (Tuca/Françoise Hardy) – Arrangements: Tuca et Raymond Donnez – 45 tours Hypopotam-Sonopresse HY 45.909/33 tours Hypopotam-Sonopresse HY 30.902.

Reprises: Rubi (2008); Keren Ann & Doriand (BOF *Thelma, Louise et Chantal*, 2009); Elodie Frégé (TV, 2016); Emma Solal (2017) .

244. «**Viens**» (Tuca/Pascal Bilat) – Arrangements: Tuca et Raymond Donnez – 33 tours Hypopotam-Sonopresse HY 30.902.

Reprises: Spring (1995) ; Michel Montecrossa (« Come », en anglais, 2005) ; Katherine Connella (2010) ; Aurélie Taguet (2013).

245. « **Mer** » (Tuca/Françoise Hardy) – Arrangements : Tuca et Raymond Donnez – 33 tours Hypopotam-Sonopresse HY 30.902.

Reprises: Michel Montecrossa (« Sea », en anglais, 2002) ; Sans Sébastien (2011).

246. « **Oui, je dis adieu** » (Tuca/Françoise Hardy) – Arrangements : Tuca et Raymond Donnez – 33 tours Hypopotam-Sonopresse HY 30.902.

247. « **Doigts** » (Françoise Hardy) – Arrangements : Tuca et Raymond Donnez – 33 tours Hypopotam-Sonopresse HY 30.902.

Reprises : Arielle et Les Innocents (1998) ; Camille (2003).

248. « **La Maison** » (Tuca/G.G.) – Arrangements : Tuca et Raymond Donnez – 33 tours Hypopotam-Sonopresse HY 30.902.

249. « **Si Mi Caballero** » (Tuca/Franck Gérald) – Arrangements : Tuca et Raymond Donnez – 33 tours Hypopotam-Sonopresse HY 30.902.

Reprises : Mariko Sugita (en japonais, 1990) ; Hazz (en japonais, 1994).

250. « **Bâti mon nid** » (Tuca/Franck Gérald) – Arrangements : Tuca et Raymond Donnez – 33 tours Hypopotam-Sonopresse HY 30.902.

Reprise : Michel Montecrossa (« Building My Retreat », en anglais, 2005).

251. « **Rêve** » (Taiguara/Françoise Hardy) – Arrangements : Tuca et Raymond Donnez – 33 tours Hypopotam-Sonopresse HY 30.902/45 tours Hypopotam-Sonopresse HY 45.910 (1972).

Créatrice : Taiguara (« A Transa », Brésil 1970).

Reprises : Jay-Jay Johanson (« A Letter to Lulu Mae », en anglais, 1998) ; Michel Montecrossa (en anglais, 2005).

252. « **Bown Bown Bown** » (en portugais) (Micky Jones-Tommy Brown/Nara Leâo) – 45 tours SP Philips 6069.004 (Brésil).

NB : Françoise Hardy a enregistré cette chanson en français (voir 265), en anglais (276.)

1972

253. « **Poisson** » (Jacques Blanchard) – Arrangements : Jean-Claude Vannier – 45 tours Hypopotam-Sonopresse HY 45.910.

254. « **La Berlue** » (Françoise Hardy) – Arrangements : Tony Cox – 45 tours Hypopotam-Sonopresse HY 45.911/33 tours Hypopotam-Sonopresse HY 30.903.

Reprise : Étienne Daho (1991).

255. « **Nuit d'été** » (Georges Chatelain/Jean-Max Rivière – Françoise Hardy) – Arrangements : Georges Chatelain – 45 tours Hypopotam-Sonopresse HY 45.911.

256. « **L'Éclairage** » (Françoise Hardy) – Arrangements : Tony Cox – 33 tours Hypopotam-Sonopresse HY 30.903.

Reprise: Guillaume Fédou (2003).

257. «**Pardon**» (Françoise Hardy) – Arrangements: Tony Cox – 33 tours Hypopotam-Sonopresse HY 30.903.

Reprises: The Hangs-Up (1999); Capsula de Sueños (*Live*, 2017).

258. «**Bruit de fond**» (Françoise Hardy) – Arrangements: Tony Cox – 33 tours Hypopotam-Sonopresse HY 30.903.

259. «**Le Soir**» (Françoise Hardy) – Arrangements: Tony Cox – 33 tours Hypopotam-Sonopresse HY 30.903.

260. «**Cafard**» (Jacques Dutronc/Françoise Hardy) – Arrangements: Tony Cox – 33 tours Hypopotam-Sonopresse HY 30.903.

Reprise: Jacno («Le Cafard», 1991).

261. «**Où est-il?**» (Françoise Hardy) – Arrangements: Tony Cox – 33 tours Hypopotam-Sonopresse HY 30.903.

262. «**Prisons**» (Françoise Hardy) – Arrangements: Tony Cox – 33 tours Hypopotam-Sonopresse HY 30.903.

263. «**Quand mon amour va prendre l'air**» (Françoise Hardy) – Arrangements: Tony Cox – 33 tours Hypopotam-Sonopresse HY 30.903.

264. «**Ma vie intérieure**» (Françoise Hardy) – Arrangements: Tony Cox – 33 tours Hypopotam-Sonopresse HY 30.903.

265. «**Bown, bown, bown**» (en français) (Micky Jones-Tommy Brown/Françoise Hardy) – Arrangements: Micky Jones et Tommy Brown – 33 tours Hypopotam-Sonopresse HY 30.903 – voir 276.

266. «**Et si je m'en vais avant toi**» (Françoise Hardy) – Arrangements: Micky Jones et Tommy Brown – 33 tours Hypopotam-Sonopresse HY 30.903.

Reprises: Étienne Daho (1984); Filip (2010); Julien Doré (2014).

NB: Françoise Hardy enregistrera cette chanson en duo avec Étienne Daho, en 1985.

267. «**If You Listen**» (Micky Jones/Tommy Brown) – Arrangements: Tony Cox – 33 tours Kundalini KUN 65057.

Reprise: Elizabeth Mitchell (2006).

268. «**Ocean**» (Beverley Martyn) – Arrangements: Tony Cox – 33 tours Kundalini KUN 65057.

Créateurs: John & Beverley Martyn («The Ocean», Grande-Bretagne, 1970).

269. «**Until It's Time for You to Go**» (Buffy Sainte-Marie) – Arrangements: Tony Cox – 33 tours Kundalini KUN 65057.

Créatrice: Buffy Sainte-Marie (États-Unis, 1965).

Reprises: The Four Pennies (1965); Cher (1966); Jim Croce (1966); Bobby Darin (1966); Nancy Sinatra (1966); Billie Davis (1967); Claudine Longet (1967); Carmen McRae (1967); Paul Anka (1968); Eddy Arnold (1968); Chet Atkins (1969); Glen Campbell (1969); Vikki Carr (1969); Neil Diamond (1969); Al Martino (1969); Barbra Streisand (1969); Gabor Szabo (1969); Roberta Flack (1970); Johnny Mathis

(1970) ; New Birth (1970) ; Oliver (1970) ; Evie Sands (1970) ; Shirley Bassey (1971) ; Jim Nabors (1971) ; Grover Washington Jr. (1971) ; Ray Bryant (1972) ; Vera Lynn (1972) ; Charles Brutus McClay (1972) ; Elvis Presley (1972) ; Andy Williams (1972) ; Maureen McGovern (1973) ; Peters & Lee (1973) ; Helen Reddy (1973) ; Petula Clark (1974) ; Bette Davis (1976) ; Beresford Creek (1977) ; Hildegard Knef (Solange Du bei mir bist, en allemand, 1977) ; Willie Nelson (1984) ; The Monkees (2000) ; Anita Carter (2004) ; Emilie-Claire Barlow (2010).

270. « The Garden of Jane Delawnay » (Tobias Boshell) – Arrangements : Tony Cox – 33 tours Kundalini KUN 65057.

Créateurs : Trees (« The Garden of Jane Delawney », Grande-Bretagne, 1970).

Reprises : Andrew John & Lissa (1976) ; All About Eve (1988) ; Vera Coomans (2002) ; Kuroyuri Shimai (2003) ; Dark Sanctuary (2005) ; Ygdrassil (2005) ; Mothers Of Intention (2007).

271. « Sometimes » (Allan Taylor) – Arrangements : Tony Cox – 33 tours Kundalini KUN 65057.

Créateur : Allan Taylor (Grande-Bretagne, 1971).

272. « Brûlure » (Françoise Hardy) – Arrangements : Tony Cox – 33 tours Kundalini KUN 65057.

273. « Can't Get the One I Want » (Beverley Martyn) – Arrangements : Tony Cox – 33 tours Kundalini KUN 65057.

Créateurs : John & Beverley Martyn (Grande-Bretagne, 1970).

274. « I Think It's Gonna Rain Today » (Randy Newman) – Arrangements : Tony Cox – 33 tours Kundalini KUN 65057.

Créateur : Julius La Rosa (États-Unis, 1966).

Reprises : Judy Collins (1966) ; Eric Burdon & The Animals (1967) ; Bobby Darin (1967) ; Chris Barber & His Band (1968) ; The Ian Campbell Folk Group (1968) ; Bud Dashiell (1968) ; Claudine Longet (1968) ; Lyn & Graham Mccarthy (1968) ; Ricky Nelson (1968) ; Dusty Springfield (1968) ; Jack Jones (1969) ; Peggy Lee (1969) ; Leonard Nimoy (1969) ; Nina Simone (1969) ; Herman van Veen (« Ik Denk Dat Niemand Mij Morgen Mist », en allemand, 1969) ; Tom Northcott (1970) ; Helen Reddy (1970) ; Neil Diamond (1971) ; The Sandpipers (1971) ; Dave Van Ronk (1971) ; Maxine Weldon (1971) ; Kenny Burrell (1972) ; Cass Elliot (1972) ; Houston Person (1972) ; Melanie (1974) ; Joe Cocker (1975) ; Cleo Laine (1975) ; UB40 (1980) ; Tony Rice (1983) ; Barbara Dickson (1987) ; Bette Midler (1988) ; David Lasley (1989) ; Carol Kidd (1990) ; Manfred Mann (1997) ; Sidsel Endresen (1999) ; Maggie Reilly (2000) ; Chris Farlowe (2001) ; Jolls Holland & David Gray (2003) ; Katie Melua (2003) ; Joel Grey (2004) ; Blackmore's Night (2005) ; Norah Jones (2005) ; Curtis Stigers (2005) ; Lori Cullen (2006) ; Audra McDonald (2006) ; Roseanna Vitro (2006) ; David Gray (2007) ; Madeleine Peyroux (2007) ; Julie Christensen

(2008) ; Jack L (2008) ; Irma Thomas (2008) ; Mark Karan (« Think It's Gonna Rain », 2009) ; Val Kilmer (2009) ; Rob Paparozzi (2009) ; Anne Soldaat (2010) ; Paul Carrack (2010) ; Frida Boccara (2010) ; Hanne Boel with Carsten Dahl (2010) ; Peter Gabriel (2010) ; Victoria Vox (2011) ; Marit Larsen (2012) ; Barbra Streisand (2012) ; Laura Osnes (2012) ; Tom Odell (2013) ; The Idea of North (2013).

275. « Take My Hand for a While » (Buffy Sainte-Marie) – Arrangements : Tony Cox – 33 tours Kundalini KUN 65057.

Créatrice : Buffy Sainte-Marie (États-Unis, 1968).

Reprises : George Hamilton IV (1968) ; Glen Campbell (1969) ; Jack Greene (1969) ; Al Martino (1969) ; Dotie West (1969) ; Victor Wood (1969) ; Richard Barnes (1970) ; Pozo Seco (1970) ; Rick Price & Mike Sheridan (1970) ; Eddy Arnold (1971) ; Carl Wayne (1972) ; Don Williams (1975) ; Gracie Riviera (1977) ; Paula Dee (1979) ; Red Box (2010).

276. « Bown Bown Bown » (en anglais) (Micky Jones/Tommy Brown) – Arrangements : Tony Cox – 33 tours Kundalini KUN 65057 – voir 265.

277. « Till the Morning Comes » (Neil Young) – Arrangements : Tony Cox – 33 tours Kundalini KUN 65057.

Créateur : Neil Young (États-Unis, 1970).

Reprises : John Macrae ; Jefferies Tin (2009).

1973

278. « Message personnel » (Michel Berger/Françoise Hardy-Michel Berger) – Orchestre : Michel Bernholc – 45 tours SP Warner Bros-WEA-Filipacchi Music WB 16.331/33 tours *Message personnel* Warner Bros-WEA-Filipacchi Music WB 56.019.

Reprises : Willeke Alberti (« Als Je Komt dan Zal Ik Thuis Zijn », en flamand, 1974) ; Michel Berger (1980) ; Eleonora Giorgi (« Messaggio Personale », en italien, 1981) ; Jeanne Mas & Michel Berger (TV, 1985) ; Pauline Ester & Les Charts (TV, 1993) ; Christine Delaroche (1995) ; Graziella de Michele (1996) ; France Gall (1996) ; Les Enfoirés (Emmanuelle Béart, Elsa, Laurent Voulzy et Pascal Obispo, 1997) ; Fabienne Thibault (1997) ; Juliette Gréco (1998) ; Willeke Alberti & Is Ook Schitterend (« Als Je Komt dan Zal Ik Thuis Zijn », en flamand, 1999) ; Patrick Bruel (TV, 1999) ; Véronique Sanson (1999) ; Michel Montecrossa (en anglais, 2000) ; Olivia Ruiz (TV, 2001) ; Isabelle Huppert (BOF *8 femmes*, 2002) ; Calogero (TV, 2003) ; Philippe Élan (2003) ; Élodie Frégé (TV, 2003) ; Hélène Segara (TV, 2003) ; Sarah Le Carpentier & Claudine Follet (2004) ; Les Sadiques (2004) ; Marie (2005) ; Marc André Niquet & Véronique Bannon (2005) ; Mimie Mathy, Patrick Fiori et les 500 choristes (TV, 2006) ; Gilles David Orchestra (2007) ; Desseine (2007) ; Julie Pietri (2007) ; Cuizinier (« Message perso », 2008) ; Claire Marie (2008) ; Nouvelle Star (2008) ; Lara Fabian

(2009) ; La Grande Sophie & Alain Chamfort (TV, 2010) ; Marie-Christine Maillard (2011) ; Sarah Manesse (2011) ; Musiques Idolées (2011) ; Tribute Masters (2011) ; Barbara Carlotti (2012, *live*) ; Studio Allstars (2012) ; Barbara Carlotti & Dominique A (2013) ; Jenifer (2013) ; Trio Esperança (2013) ; Emma Solal (2017).

NB : Françoise Hardy a enregistré cette chanson en anglais (voir 289).

279. « **Première Rencontre** » (Michel Berger) – Orchestre : Michel Bernholc – 45 tours SP Warner Bros-WEA-Filipacchi Music WB 16.331/33 tours *Message personnel* Warner Bros-WEA-Filipacchi Music WB 56.019.

Reprises : Hanna Haller (« Ich geh allein durch die Räume », en allemand, 1976) ; Hildegard Knef (en allemand, 1978) ; Michel Bernholc (instrumental, 1984) ; Kim Wilde (*Live*, 1987) ; Les Charts (1994) ; Michel Montecrossa (en anglais, 2000) ; Sophie-Tith (2013).

BO Film : Jeune et Jolie de François Ozon (France, 2012).

NB : Françoise Hardy a enregistré cette chanson en allemand (voir 306), en anglais (voir 298).

280. « **Rêver le nez en l'air** » (Jean-Pierre Pouret/Françoise Hardy-Jean-Noël Dupré) – Orchestre : Michel Bernholc – 33 tours *Message personnel* Warner Bros-WEA-Filipacchi Music WB 56.019.

Reprises : Sarah Micheau (1997) ; Michel Montecrossa (« Dreaming With My Head Up High », en anglais, 2000) ; Emma Solal (2017).

281. « **L'Amour en privé** » (Jean-Claude Vannier/Serge Gainsbourg) – Orchestre : Jean-Claude Vannier – 33 tours *Message personnel* Warner Bros-WEA-Filipacchi Music WB 56.019.

Reprise : Nina Becker (2009).

NB : La musique de ce titre a été composée et utilisée pour le film Projection privée *de François Leterrier (France, 1973).*

282. « **Berceuse** » (Vinicius de Moraes/Georges Moustaki) – Orchestre : Michel Bernholc – 33 tours *Message personnel* Warner Bros-WEA-Filipacchi Music WB 56.019.

Créateurs : Vinicius de Moraes & Toquinho (« Valsa Para Uma Menininha », Brésil, 1972).

Reprises : Toquinho (« Menininha », en portugais, 1980) ; Michel Montecrossa (en anglais, 2002) ; Maria Belthania (en portugais, 2004) ; Brazilian Voices (en portugais, 2005).

283. « **Pouce, au revoir** » (Jean-Pierre Castelain/Françoise Hardy) – Orchestre : Michel Bernholc – 33 tours *Message personnel* Warner Bros-WEA-Filipacchi Music WB 56.019.

Reprise : Michel Montecrossa (en anglais, 2000).

NB : Françoise Hardy a enregistré cette chanson en anglais (voir 293).

284. « **L'Attente** » (Gérard Kwaczynski/Françoise Hardy) – Orchestre : Michel Bernholc – 33 tours *Message personnel* Warner Bros-WEA-Filipacchi Music WB 56.019.

285. «**La Bataille**» (Intermède) (Françoise Hardy) – 33 tours *Message personnel* Warner Bros-WEA-Filipacchi Music WB 56.019.

NB: Il s'agit d'une phrase (« On joue à la bataille, je perds quand tu veux... [rire] »), dite par Françoise Hardy, et qui clôt la face A du disque.

286. «**On dirait**» (Jean-Pierre Pouret/Françoise Hardy) – Orchestre: Michel Bernholc – 33 tours *Message personnel* Warner Bros-WEA-Filipacchi Music WB 56.019.

Reprise: Donna Regina (1995).

287. «**L'Habitude**» (avec Georges Moustaki) (Georges Moustaki) – Orchestre: Michel Bernholc – 33 tours *Message personnel* Warner Bros-WEA-Filipacchi Music WB 56.019.

Reprise: Georges Moustaki (1974).

288. «**Chanson floue**» (Thierry Matioszek/Christian Ravasco) – Orchestre: Michel Bernholc – 33 tours *Message personnel* Warner Bros-WEA-Filipacchi Music WB 56.019.

289. «**Message personnel**» (en anglais) – 45 tours SP Warner Bros-WEA-Filipacchi Music PRO 317/33 tours *Love Songs* WEA 242.220-1 WE 381 (1987)/CD *Love Songs* WEA 2292-42220-2 (1987) – voir 278.

290. «**Wenn wilde Schwäne flieh'n**» (Michael Holm) – 45 tours SP WEA WB 16.314 (Allemagne, 1973)/2CD Deluxe *40e anniversaire Message personnel* Warner Music France-Rhino-WEA Music 5.053105.894925 (2013).

291. «**Kind unserer Zeit**» (Michael Holm/Rainer Pietsch) – 45 tours SP WEA WB 16.314 (Allemagne, 1973)/2CD Deluxe *40e anniversaire Message personnel* Warner Music France-Rhino-WEA Music 5.053105.894925 (2013).

292. «**Première rencontre**» (version anglaise) – 2CD Deluxe *40e anniversaire Message personnel* Warner Music France-Rhino-WEA Music 5.053105.894925 (2013) – voir 279.

NB: Enregistrée en 1973, cette version demeurera inédite jusqu'en 2013.

293. «**Pouce, au revoir**» (version anglaise) – 2CD Deluxe *40e anniversaire Message personnel* Warner Music France-Rhino-WEA Music 5.053105.894925 (2013) – voir 283.

NB: Enregistrée en 1973, cette version demeurera inédite jusqu'en 2013.

NB (2): En 1973, Françoise Hardy enregistre «Le Renard à l'anneau d'or» *(Georges Moustaki/Daniel Boubline & Georges Moustaki), chanson qui servira de générique au feuilleton franco-belge du même nom diffusé en Belgique en 1974 et en France en 1975. Il s'agit à l'origine d'un instrumental de Georges Moustaki, intitulée «Lettre à Marianne». La version de Françoise Hardy demeurera inédite.*

1974

294. «**Je suis moi**» (Michel Berger) – Orchestre: Michel Bernholc – 45 tours SP WEA-Filipacchi Music WB 16.416 (1974)/2CD Deluxe *40e anniversaire Message personnel* Warner Music France-Rhino-WEA Music 5.053105.894925 (2013).

Reprises: Helen Chappelle («Be my Man», en anglais, 1974); Michel Montecrossa («It's Me», en anglais, 2000).

295. «**Demain, c'est hier**» (Michel Berger/Françoise Hardy) – Orchestre: Michel Bernholc – 45 tours SP WEA-Filipacchi Music WB 16.416 (1974)/2CD Deluxe *40e anniversaire Message personnel* Warner Music France-Rhino-WEA Music 5.053105.894925 (2013).

296. «**Ce soir**» (Jean-Pierre Castelain/Françoise Hardy) – Orchestre: Jean-Pierre Castelain – 45 tours WEA-Filipacchi Music WB 16.518/33 tours *Entracte* WEA-Filipacchi Music 56.091.

297. «**Je te cherche**» (André Georget/Françoise Hardy) – Orchestre: Jean-Pierre Castelain et André Georget – 45 tours WEA-Filipacchi Music WB 16.518/33 tours *Entracte* WEA-Filipacchi Music 56.091.

298. «**Merveilleux**» (Gérard Kawczynski/Françoise Hardy) – Orchestre: Jean-Pierre Castelain et André Georget – 33 tours *Entracte* WEA-Filipacchi Music 56.091.

Reprises: Michel Montecrossa («Light of Wonder», en anglais, 2002); Rubi (2008).

299. «**Et voilà**» (Jean-Pierre Castelain/Françoise Hardy) – Orchestre: Jean-Pierre Castelain et André Georget – 33 tours *Entracte* WEA-Filipacchi Music 56.091.

300. «**Je n'aime pas ce qu'il dit**» (Jean-Pierre Castelain/Françoise Hardy) – Orchestre: Jean-Pierre Castelain et André Georget – 33 tours *Entracte* WEA-Filipacchi Music 56.091.

301. «**Chanson noire**» (Hughes de Courson/Françoise Hardy) – Orchestre: Del Newman – 33 tours *Entracte* WEA-Filipacchi Music 56.091.

302. «**S'il avait été**» (Catherine Lara/Françoise Hardy) – Orchestre: Del Newman – 33 tours *Entracte* WEA-Filipacchi Music 56.091.

303. «**Bonjour, bonsoir**» (Michel Sivy/Françoise Hardy) – Orchestre: Francis Moze – 33 tours *Entracte* WEA-Filipacchi Music 56.091.

304. «**Il y a eu des nuits**» (Catherine Lara/Françoise Hardy) – Orchestre: Del Newman – 33 tours *Entracte* WEA-Filipacchi Music 56.091.

Reprise: Rubi (2008).

305. «**Fin d'après-midi**» (Jacques Dutronc-Françoise Hardy/Françoise Hardy) – Orchestre: Jean-Pierre Castelain et André Georget – 33 tours *Entracte* WEA-Filipacchi Music 56.091.

Reprise: Michel Montecrossa («Late Afternoon», en anglais, 2002).

306. « **Ich** » (« Première rencontre ») (adaptateur : Fred Weyrich) – 45 tours SP WEA WB 16.375 (Allemagne, 1974)/2CD Deluxe Edition collector *40e anniversaire Message personnel* Warner Music France-Rhino-WEA Music 5.053105.894925 (2013) – Voir 279.

307. « **Les Paradis perdus** » (avec Christophe) (Daniel Bevilacqua/Jean-Michel Jarre) – 2 CD Deluxe Édition collector *40e anniversaire Message personnel* Warner Music France-Rhino-WEA Music 5.053105.894925 (2013)

NB : Françoise Hardy a chanté cette chanson de Christophe en duo avec ce dernier le 9 février 1974 dans l'émission « 5, 6, 7 » sur Europe 1. L'enregistrement sera édité en 2013 lors de la réédition de l'album Message personnel.

308. « **Peut-être toi, peut-être moi** » (avec Michel Berger) (Michel Berger) – 2 CD Deluxe Édition collector *40e anniversaire Message personnel* Warner Music France-Rhino-WEA Music 5.053105.894925 (2013).

NB : Françoise Hardy a chanté cette chanson de Michel Berger en duo avec ce dernier le 9 février 1974 dans l'émission « 5, 6, 7 » sur Europe 1. L'enregistrement sera édité en 2013 lors de la réédition de l'album Message personnel.

1975

309. « **Que vas-tu faire ?** » (Jean-Michel Jarre/Françoise Hardy) – Production et arrangements : Jean-Michel Jarre – 45 tours SP WEA-Filipacchi Music WB 16.664.

Reprise : Michel Montecrossa (« What Will You Do ? », en anglais, 2000).

310. « **Le Compte à rebours** » (Jean-Michel Jarre) – Production et arrangements : Jean-Michel Jarre – 45 tours SP WEA-Filipacchi Music WB 16.664.

311. « **La Déclaration d'amour** » (Michel Berger) – 2 CD Deluxe *40e anniversaire Message personnel* Warner Music France-Rhino-WEA Music 5.053105.894925 (2013).

NB : Françoise Hardy a interprété cette chanson de France Gall dans une émission radiophonique sur Europe 1 le 28 août 1975. Cette version sera publiée en 1973, dans les bonus de la réédition de l'album Message personnel.

1976

312. « **Une femme parmi les femmes** » (Francis Lai/Pierre Barouh) – BO du film *Si c'était à refaire* de Claude Lelouch – Arrangements : Michel Carras et Michel Bernholc – 45 tours SP RCA-Saravah SH 40.071 et SH 40.072.

Cocréatrice : Betty Mars (1976).

313. «**Tu t'amuses**» (Aram Sedefian/Chris Rambault) – Arrangements : Michel Carras et Jean-Pierre Auffredo – 45 tours SP RCA-Saravah SH 40.072.

NB : En 1976, Françoise Hardy participe à la comédie musicale télévisée Émilie ou la Petite Sirène 76, *écrite (avec la complicité de Franck Lipstick) et composée par Michel Berger. Elle y chante en solo « Cette chanson-là est au moins pour quelqu'un » et, en duo avec le comédien Patrick Bouchitey, « Est-ce que par hasard c'est vous ? » Les deux chansons sont inédites sur disque.*

1977

314. «**Star**» (Janis Ian/Françoise Hardy) – Orchestre : Gabriel Yared – 33 tours Pathé Marconi-EMI 2C 066-14.426.

Créatrice : Janis Ian («Stars», États-Unis, 1974).

Reprises en VO : Cher (1974) ; Barbara Cook (1977) ; Mel Tormé (1977) ; Nina Simone (1981) ; Judi Connelli (1999) ; Hélène Delavault (2003) ; Michel Montecrossa (2005) ; Kuta (2007).

Autre reprise : Conny Vandebos («Kind Je Bent Een Ster», en flamand, 1980).

Autre version française : Marie Laforêt («Star [Star Story]», 1976 – texte d'Eddy Marnay).

315. «**Chanson sur toi et nous**» (Gabriel Yared/Françoise Hardy) – Orchestre : Gabriel Yared – 33 tours Pathé Marconi-EMI 2C 066-14.426.

316. «**Enregistrement**» (Serge Gainsbourg) – Orchestre : Gabriel Yared – 33 tours Pathé Marconi-EMI 2C 066-14.426.

317. «**À Vannes**» (Michel Jonasz) – Orchestre : Gabriel Yared – 33 tours Pathé Marconi-EMI 2C 066-14.426.

Reprises : Hazz (en japonais, 1994) ; Carlos Berlanga («Cannes», en espagnol, 2001).

318. «**Flashbacks**» (Roland Vincent/Luc Plamondon) – Orchestre : Gabriel Yared – 33 tours Pathé Marconi-EMI 2C 066-14.426.

319. «**L'Impasse**» (Pierre Papadiamandis/Françoise Hardy) – Orchestre : Gabriel Yared – 33 tours Pathé Marconi-EMI 2C 066-14.426.

320. «**Ton enfance**» (Alain Goldstein/Pierre Grosz) – Orchestre : Gabriel Yared – 33 tours Pathé Marconi-EMI 2C 066-14.426.

321. «**Je ne suis que moi**» (Catherine Lara/Françoise Hardy) – Orchestre : Gabriel Yared – 33 tours Pathé Marconi-EMI 2C 066-14.426.

Reprise : Michel Montecrossa (en anglais, 2002).

322. «**Drôle de fête**» (William Sheller/Françoise Hardy) – Orchestre : Gabriel Yared – 33 tours Pathé Marconi-EMI 2C 066-14.426.

323. «**Fatiguée**» (Gabriel Yared/Françoise Hardy) – Orchestre : Gabriel Yared – 33 tours Pathé Marconi-EMI 2C 066-14.426.

1978

324. «**J'écoute de la musique saoule**» (Gabriel Yared/Michel Jonasz) – Orchestre: Gabriel Yared – 45 tours SP Pathé Marconi-EMI 2C008-14703/33 tours *Musique saoule* Pathé Marconi-EMI 2C070-14697.

NB: Il existe une version longue «Spécial disco mix» de ce titre, éditée sur Maxi 45 tours Pathé Marconi-EMI 2C052-52822 Z.

Reprises: Sarah Micheau (1997); Dear Garçon (1999); Serge Novototchine (instrumental, 2001); Liane Foly (2016).

325. «**Occupé**» (Gabriel Yared/Michel Jonasz) – Orchestre: Gabriel Yared – 45 tours SP Pathé Marconi-EMI 2C008-14703/33 tours *Musique saoule* Pathé Marconi-EMI 2C070-14697.

326. «**Hallucinogène**» (Alain Goldstein/Michel Jonasz) – Orchestre: Gabriel Yared – 33 tours *Musique saoule* Pathé Marconi-EMI 2C070-14697.

327. «**Brouillard dans la rue Corvisart**» (avec Jacques Dutronc) (Gabriel Yared/Michel Jonasz) – Orchestre: Gabriel Yared – 33 tours *Musique saoule* Pathé Marconi-EMI 2C070-14697.

Reprise: Katherine Connella (2010).

328. «**Tu m'vois plus tu m'sens plus**» (Michel Jonasz) – Orchestre: Gabriel Yared – 33 tours *Musique saoule* Pathé Marconi-EMI 2C070-14697.

329. «**Nous deux, nous deux et rien d'autre**» (Gabriel Yared/Michel Jonasz) – Orchestre: Gabriel Yared – 33 tours *Musique saoule* Pathé Marconi-EMI 2C070-14697.

330. «**Swing au pressing**» (Alain Goldstein/Michel Jonasz) – Orchestre: Gabriel Yared – 33 tours *Musique saoule* Pathé Marconi-EMI 2C070-14697.

331. «**Perdu d'avance**» (Gabriel Yared/Françoise Hardy) – Orchestre: Gabriel Yared – 33 tours *Musique saoule* Pathé Marconi-EMI 2C070-14697.

332. «**Tip, tap, t'entends mes pas**» (Alain Goldstein/Michel Jonasz) – Orchestre: Gabriel Yared – 33 tours *Musique saoule* Pathé Marconi-EMI 2C070-14697.

333. «**Si je le retrouve un jour**» (Alain Goldstein/Michel Jonasz) – Orchestre: Gabriel Yared – 33 tours *Musique saoule* Pathé Marconi-EMI 2C070-14697.

334. «**Beau Boeing, Belle Caravelle**» (Michel Jonasz) – Orchestre: Gabriel Yared – 33 tours *Musique saoule* Pathé Marconi-EMI 2C070-14697.

1979

335. «**Chanson de la sorcière**» (extrait du conte musical *Émilie Jolie*) (Philippe Chatel) – Orchestre : Jean-Louis Bucchi – 45 tours promo RCA Victor DB 8470/Double 33 tours *Émilie Jolie* RCA Victor PL 37338.

Reprises : Axelle Red (1997) ; Emilie Benoît (2002) ; Katherine Connella (2010) ; Enju Hotaku (2011).

1980

336. «**Jazzy retro Satanas**» (Gabriel Yared/Bernard Ilous) – Orchestre : Gabriel Yared – 45 tours SP Pathé Marconi-EMI 2C008-72110/33 tours *Gin Tonic* Pathé Marconi-EMI 2C070-14869.

337. «**Seule comme une pomme**» (Alain Goldstein) – Orchestre : Gabriel Yared – 45 tours SP Pathé Marconi-EMI 2C008-72110/33 tours *Gin Tonic* Pathé Marconi-EMI 2C070-14869.

338. «**Juke-box**» (Gabriel Yared/Michel Jonasz) – Orchestre : Gabriel Yared – 45 tours SP Pathé Marconi-EMI 2C008-72253/33 tours *Gin Tonic* Pathé Marconi-EMI 2C070-14869.

339. «**Branche cassée**» (Jean-Claude Vannier) – Orchestre : Gabriel Yared – 45 tours SP Pathé Marconi-EMI 2C008-72253/33 tours *Gin Tonic* Pathé Marconi-EMI 2C070-14869.

340. «**Ame s'trame drame**» (Alain Goldstein) – Orchestre : Gabriel Yared – 33 tours *Gin Tonic* Pathé Marconi-EMI 2C070-14869.

341. «**Si c'est vraiment vraiment vrai**» (Michel Jonasz) – Orchestre : Gabriel Yared – 33 tours *Gin Tonic* Pathé Marconi-EMI 2C070-14869.

342. «**Bosse bossez bossa**» (Gabriel Yared/Michel Jonasz) – Orchestre : Gabriel Yared – 33 tours *Gin Tonic* Pathé Marconi-EMI 2C070-14869.

343. «**Gin tonic**» (Gabriel Yared/Françoise Hardy) – Orchestre : Gabriel Yared – 33 tours *Gin Tonic* Pathé Marconi-EMI 2C070-14869.

Reprise : Maissiat (2013).

344. «**Chanson ouverte**» (Gabriel Yared/Alain Goldstein) – Orchestre : Gabriel Yared – 33 tours *Gin Tonic* Pathé Marconi-EMI 2C070-14869.

345. «**Minuit minuit**» (Gabriel Yared/Michel Jonasz) – Orchestre : Gabriel Yared – 33 tours *Gin Tonic* Pathé Marconi-EMI 2C070-14869

346. «**Que tu m'enterres**» (Gabriel Yared/Michel Jonasz) – Orchestre : Gabriel Yared – 33 tours *Gin Tonic* Pathé Marconi-EMI 2C070-14869.

Créateur : Gabriel Yared (1979).

Reprise : Jeanne Cherhal (2013).

1981

347. «**Tamalou**» (Pierre Groscolas/Françoise Hardy) – Orchestre : Gabriel Yared – 45 tours SP Flarenasch-WEA 721.643/33 tours *À suivre…* Flarenasch-WEA 723.623.

Reprises: Françoise Hardy & Sheila (TV, 1984) ; Sarah Micheau (1997) ; Pierre Groscolas (2004).

348. **« Vert ouvert »** (Gabriel Yared/Françoise Hardy) – Orchestre : Gabriel Yared – 45 tours SP Flarenasch-WEA 721.643/33 tours *À suivre...* Flarenasch-WEA 723.623.

349. **« Villégiature »** (Jean-Pierre Bourtayre/Étienne Roda-Gil) – Orchestre : Gabriel Yared – 45 tours SP Flarenasch-WEA 721.649/33 tours *À suivre...* Flarenasch-WEA 723.623.

350. **« Ça va comme ça »** (Pierre Groscolas/Françoise Hardy) – Orchestre : Pierre Groscolas et Hervé Roy – 45 tours SP Flarenasch-WEA 721.649/33 tours *À suivre...* Flarenasch-WEA 723.623.

351. **« Voyou voyou »** (Louis Chedid/Françoise Hardy) – Orchestre : Gabriel Yared – 33 tours *À suivre...* Flarenasch-WEA 723.623.

352. **« Ça m'suffit »** (Michel Bernholc) – Orchestre : Gabriel Yared – 33 tours *À suivre...* Flarenasch-WEA 723.623.

Reprises : Mariko Fuji (en japonais, 1984) ; Hazz (en japonais, 1994).

NB : Il existe une version alternative de ce titre, qui figure sur un 33 tours de Michel Bernohlc (LP #0847 CBS 28AP.3219), pressé au Japon, où Françoise Hardy fredonne des « la, la, la ».

353. **« Sentimentale »** (Jean-Claude Vannier) – Orchestre : Gabriel Yared – 33 tours *À suivre...* Flarenasch-WEA 723.623.

354. **« Plus personne »** (Daniel Perreau/Françoise Hardy) – Orchestre : Gabriel Yared – 33 tours *À suivre...* Flarenasch-WEA 723.623.

355. **« Rêve de Starlett »** (Gabriel Yared/Valérie Mairesse) – Orchestre : Gabriel Yared – 33 tours *À suivre...* Flarenasch-WEA 723.623.

Créatrice : Valérie Mairesse (1980).

Reprise : Hazz (en japonais, 1994).

356. **« L'amour c'est trop fort »** (Jean-Claude Vannier) – Orchestre : Gabriel Yared – 33 tours *À suivre...* Flarenasch-WEA 723.623.

Créateur: Jean-Claude Vannier (« L'amour est trop fort », 1981).

Reprise : Hazz (en japonais, 1994).

357. **« Coupure de courant »** (Pierre Groscolas/Françoise Hardy) – Orchestre : Pierre Groscolas et Hervé Roy – 33 tours *À suivre...* Flarenasch-WEA 723.623.

Reprise : Hazz (en japonais, 1994).

358. **« À suivre... »** (Françoise Hardy) – Orchestre : Gabriel Yared – 33 tours *À suivre...* Flarenasch-WEA 723.623.

1982

359. **« Tirez pas sur l'ambulance »** (Gabriel Yared/Carole Coudray) – Orchestre : Gabriel Yared – 45 tours SP Flarenasch-WEA 721.685/33 tours *Quelqu'un qui s'en va* Flarenasch-WEA 723.643.

360. «**L'Auréole néon**» (Michel Fugain/Françoise Hardy) – Orchestre: Gabriel Yared – 45 tours SP Flarenasch-WEA 721.685/33 tours *Quelqu'un qui s'en va* Flarenasch-WEA 723.643.

361. «**Quelqu'un qui s'en va**» (Gabriel Yared/Carole Coudray) – Orchestre: Gabriel Yared – 33 tours *Quelqu'un qui s'en va* Flarenasch-WEA 723.643.

Reprise: Hazz (en japonais, 1994).

362. «**Un deux trois chat**» (Gabriel Yared/Carole Coudray-Françoise Hardy) – Orchestre: Gabriel Yared – 33 tours *Quelqu'un qui s'en va* Flarenasch-WEA 723.643.

363. «**Retour de nuit**» (Gabriel Yared/Carole Coudray-Françoise Hardy) – Orchestre: Gabriel Yared – 33 tours *Quelqu'un qui s'en va* Flarenasch-WEA 723.643.

364. «**Mazurka**» (Gabriel Yared/Carole Coudray) – Orchestre: Gabriel Yared – 33 tours *Quelqu'un qui s'en va* Flarenasch-WEA 723.643.

365. «**Tabou**» (Michel Fugain/Françoise Hardy) – Orchestre: Gabriel Yared – 45 tours Flarenasch-WEA 721.712/33 tours *Quelqu'un qui s'en va* Flarenasch-WEA 723.643.

366. «**C'est bien moi**» (Alain Souchon) – Orchestre: Gabriel Yared – 45 tours Flarenasch-WEA 721.712/33 tours *Quelqu'un qui s'en va* Flarenasch-WEA 723.643.

367. «**Ces petits riens**» (Serge Gainsbourg) (1964) – Orchestre: Gabriel Yared – 33 tours *Quelqu'un qui s'en va* Flarenasch-WEA 723.643.

Créatrice: Juliette Gréco (1964).

Reprises: Serge Gainsbourg (1964); Serge Gainsbourg & Catherine Deneuve (1981); Zizi Jeanmaire (1994); Jane Birkin (1996); Claire Chevalier (1996); Czerkinsky (1997); Christiane Canavese (1999); Annie Papin (2001); Angélique Kidjo (2002); Trio Brassens (2003); Bévinda (2006); Carla Bruni («Those Little Things», en anglais, 2006); Marisa Sannia & Giangilberto Monti («Quei Piccoli Niente», en italien, 2006); Don Nino (2007); Maurice Garrel (2007); Stacey Kent (2007); Florence Davis (2008); Elina Duni (2008); Simone Tassimot (2009); Claire Elzière (2009); Jazz-velours (2010); Luc Lazza (2010); La Machete (2010); Malax (2010); Asa (2011); Solveig Røgler (2011); We Are Enfant Terrible (2011); Chloé Perrier (2012); Josée Pascale Perrette (2012); Sophie Milman (2012); Anna Maria Sturm Quintett (2014); Clara Cahen Trio (2014); Gabrielle Ducomble (2014); Hot Club of Flatbush (2014); Marianne Day (2014); Poulik (2014); Vocal in Vienne (2014); Hervé Vilard (2015); Paulien (2015); Why Note? (2015); Christine Peyrouse (2016); Patrick Rouiller (2016); Geneviève Leclerc (2017).

368. «**En scope et en stéréo**» (Daniel Perreau/Françoise Hardy) – Orchestre: Gabriel Yared – 33 tours *Quelqu'un qui s'en va* Flarenasch-WEA 723.643.

1983

369. «**Comme une valse**» (Gabriel Yared/Françoise Hardy) – Orchestre: Gabriel Yared – 2 CD compilation *Les Années Flarenasch 1980-1990* Flarenasch 182 762 (1993).

NB: Cette chanson, enregistrée en 1983, devait illustrer le générique du film de Jean-Jacques Beineix La Lune dans le caniveau, *puis fut écartée et finalement publiée sur une double compilation CD de 1993.*

1984

370. «**Moi vouloir toi**» (Louis Chedid/Françoise Hardy) – Réalisation: Louis Chedid – 45 tours SP Flarenasch-WEA 721.693/33 tours Flarenasch-WEA WE 381 (1986).

Reprises: Zazie (1996); Sarah Micheau (1997); La Grande Sophie (2010).

371. «**Casse pas toute ma maison**» (Louis Chedid/Françoise Hardy) – Réalisation: Louis Chedid – 45 tours SP Flarenasch-WEA 721.693.

1986

372. «**V.I.P.**» (Jean-Noël Chaléat/Françoise Hardy) – Réalisation: Jean-Noël Chaléat – 45 tours SP Flarenasch-WEA 721.837/33 tours Flarenasch-WEA WE 381.

Reprise: Michel Montecrossa (en anglais, 2005).

NB: Il existe une version longue remixée de ce titre, éditée sur Maxi 45 tours Flarenasch-WEA 72.837.

373. «**Jamais synchrones**» (Jean-Noël Chaléat/Françoise Hardy) – Réalisation: Jean-Noël Chaléat – 45 tours SP Flarenasch-WEA 721.837/33 tours Flarenasch-WEA WE 381.

374. «**Voyageurs de la nuit**» (Michel Bernholc/Jean-Jacques Burah) – 33 tours *Michel Bernholc* LP #0847 CBS 28AP.3219 (Japon).

Cocréateur: Michel Delpech (1986).

NB: Il s'agit d'un instrumental de Michel Bernholc, composé pour le film japonais La Route, *où Françoise Hardy fredonne des «la la la».*

1987

375. «**Mon Ange**» (interprétée par Julien Clerc, avec la voix de Françoise Hardy dans les chœurs) (Julien Clerc-Jean Roussel/Françoise Hardy) – 33 tours de Julien Clerc *Les Aventures à l'eau* Virgin Records VI 877872.

NB: Julien Clerc et Françoise Hardy chanteront ce titre en duo sur la scène du palais des Sports le 4 octobre 1997; on retrouve cet enregistrement sur le 33 tours live Julien le 4 octobre *Virgin Records 8453672 (1997).*

1988

376. «**La Sieste**» (Jean-Noël Chaléat/Françoise Hardy) – Production : Jean-Noël Chaléat et Stephen Stewart Short – 33 tours *Décalages* Flarenasch-WEA 723.690/CD *Décalages* Flarenasch-WEA WE 851-728.690/45 tours Flarenasch-Carrère 14.695 (1989).

Reprises : Elsa Lunghini (*Live*, 1997) ; Rubi (2008).

377. «**Une miss s'immisce**» (Jean-Noël Chaléat/Françoise Hardy) – Production : Jean-Noël Chaléat et Stephen Stewart Short – 45 tours Flarenasch-WEA 721.957/33 tours *Décalages* Flarenasch-WEA 723.690/ CD *Décalages* Flarenasch-WEA WE 851-728.690.

Reprise : Exotica (2014).

378. «**Laisse-moi rêver**» (Étienne Daho/Françoise Hardy) – Production : Jean-Noël Chaléat et Stephen Stewart Short – 45 tours Flarenasch-WEA 721.957/33 tours *Décalages* Flarenasch-WEA 723.690/CD *Décalages* Flarenasch-WEA WE 851-728.690.

NB : Il existe deux versions longues et remixées de ce titre, Maxi club DBF et Maxi Daho, éditées sur CDS Flarenash-WEA 727.957-WE 731.

379. «**Vibrations**» (Rico Conning/Françoise Hardy) – Production : Jean-Noël Chaléat et Stephen Stewart Short – 33 tours *Décalages* Flarenasch-WEA 723.690/CD *Décalages* Flarenasch-WEA WE 851-728.690.

380. «**Décalages**» (Les Holroyd/Françoise Hardy) – Production : Jean-Noël Chaléat et Stephen Stewart Short – 33 tours *Décalages* Flarenasch-WEA 723.690/CD *Décalages* Flarenasch-WEA WE 851-728.690.

Créateurs : Barclay James Harvest («Waiting for the Right Time», Grande-Bretagne, 1983).

381. «**Partir quand même**» (Jacques Dutronc/Françoise Hardy) – Production : Jean-Noël Chaléat et Stephen Stewart Short – 33 tours *Décalages* Flarenasch-WEA 723.690/CD *Décalages* Flarenasch-WEA WE 851-728.690.

Reprises : Rhoda Scott (1992) ; Sarah Micheau (1997) ; Maissiat (2016).

NB : Il existe une version longue de ce titre, «remix spécial club», éditée sur Maxi 45 tours Flarenasch-WEA 722.940-WE 221et CDS Flarenash-WEA (727.940-WE 731).

NB (2) : Françoise Hardy a interprété cette chanson à la télévision, en duo avec Cyril Cinélu (Star Academy 2006) et Michal (Star Academy 2007), et l'a enregistrée avec Julio Iglesias en 2006 pour l'album (Parenthèses).

382. «**Dilettante**» (Jean-Noël Chaléat/Françoise Hardy) – Production : Jean-Noël Chaléat et Stephen Stewart Short – 33 tours *Décalages* Flarenasch-WEA 723.690/CD *Décalages* Flarenasch-WEA WE 851-728.690.

383. «**Dire tout**» (Jean-Pierre Mader-Patrick Doublé/Françoise Hardy) – Production : Jean-Noël Chaléat et Stephen Stewart Short – 33 tours *Décalages* Flarenasch-WEA 723.690/CD *Décalages* Flarenasch-WEA WE 851-728.690.

Reprise : Jean-Pierre Mader (1991).

384. «**Arrêtons**» (Tobo/Françoise Hardy) – Production : Jean-Noël Chaléat et Stephen Stewart Short – 33 tours *Décalages* Flarenasch-WEA 723.690/CD *Décalages* Flarenasch-WEA WE 851-728.690/45 tours Flarenasch-Carrère 14.695 (1989).

Reprise: Sanya Starr (2010).

NB : Cette chanson est créditée à la Sacem à Boris Crépinior et Xavier Géronimi.

385. «**Je suis de trop ici**» (Jean-Noël Chaléat/Françoise Hardy) – Production : Jean-Noël Chaléat et Stephen Stewart Short – 33 tours *Décalages* Flarenasch-WEA 723.690/CD *Décalages* Flarenasch-WEA WE 851-728.690.

386. «**Avec toute ma sympathie**» (Jean-Noël Chaléat/Françoise Hardy) – Production : Jean-Noël Chaléat et Stephen Stewart Short – CD *Décalages* Flarenasch-WEA WE 851-728.690.

387. «**La vraie vie, c'est où ?**» (William Sheller/Françoise Hardy) – CD *Décalages* Flarenasch-WEA WE 851-728.690.

NB : Ce titre est une variation sur la musique de la chanson de William Sheller, «Darjeeling» *(1987).*

1989

388. «**En résumé, en conclusion**» (Jean-Noël Chaléat/Françoise Hardy) – Réalisation : David Richards – 45 tours hors commerce Flarenasch-Carrère FL 12/01/CD compilation *Vingt Ans, Vingt Titres* Flarenasch-Carrère 96.735.

Cocréateur : Jean-Pierre Mader (1989).

389. «**Fais-moi une place**» (Julien Clerc/Françoise Hardy) – Réalisation : David Richards – CD compilation *Vingt Ans, Vingt Titres* Flarenasch-Carrère 96.735

Créateur : Julien Clerc (1989).

Reprises : Comateens («A Place for Me», en anglais, 1990) ; Conny Vandenbos («Zomer en Winter», en flamand, 1992) ; Soliferia («Desde Siempre», en espagnol, 1992) ; Willy Sommers («Een Plaatsje in Je Hart», en flamand, 1993) ; Cov' Team Midnight Orchestra (1996) ; Emmanuelle Béart & Marc Lavoine (*Les Enfoirés*, 1997 ; Marie-Paule Belle (1997) ; Michel Delpech (1997) ; Sarah Micheau (1997) ; Gilbert Montagné (1998) ; Maurane & Lara Fabian (TV, 1999) ; Philippe Élan (2003) ; John Eyzen (TV, 2004) ; Sarah Le Carpentier & Claudine Follet (2004) ; Marc-André Niquet (2004) ; Jérémy Amelin («Star Academy», 2005) ; Humana

(2005) ; Willy Denzey *feat.* Wallen (2006) ; Michel Leeb (2006) ; Anna (TV, 2008) ; Rob de Nijs (« Geef Mij Een Plaats », en flamand, 2008) ; Leïla (TV, 2009) ; Coup de Chant (2010) ; Sjos Van Der Panne (2010) ; Emma Solal (2017).

390. « **Tommy & Co** » (choriste) (Bill Pritchard) – CD de Bill Pritchard, *Three Months, Three Weeks and Two Days*, Midnight Music CHIME 00.49 CD.

1992

391. « **Profil** » (Alain Lubrano/Françoise Hardy) – Réalisation : Alain Lubrano – CD *Profil* (compilation japonaise) Epic ESCA 56762/CD *Françoise Hardy Blues 1962/1993* (France) Vogue 74321156922.

392. « **Si ça fait mal** » (avec Alain Lubrano) (Alain Lubrano/Françoise Hardy) – Réalisation : Alain Lubrano – CD Alain Lubrano, *Eaux troubles*, Vibration-Flarenasch 180.912/Vibration-Flarenasch CDS 182 652.

Reprise : Sanya Starr (2010)

NB : Françoise Hardy et Alain Lubrano créent cette chanson en duo, puis la reprennent chacun de leur côté en solo la même année. On trouve la version de Françoise Hardy en solo sur le double CD collectif Urgences (27 artistes pour la recherche contre le sida) – *Institut Pasteur-Virgin 34.013.*

NB (2) : On trouve sur le single deux mix de ce duo, l'un avec un texte entièrement en français (mix F), l'autre avec des paroles franco-anglaises (mix A).

1994

393. « **Revenge of the Flowers** » (avec Malcolm McLaren) (Malcolm McLaren-Lee Gorman-Didier Makaga/Françoise Hardy [texte français]-Malcolm McLaren [texte anglais]) – CD single *No!* Licenced Prod-NOCD.800/CD Malcolm McLaren *Paris* Vogue 74321191392.

1995

394. « **To the End (La Comédie)** » (version française, avec Blur) (Alex James-Damon Albarn-Dave Rowntree-Graham Coxon/Damon Albarn [texte anglais]-Françoise Hardy [texte français]) – CD single EMI 7243.8.82177.2.9/CD Blur *The Great Escape* EMI 7243.8.35349.2.0.

1996

395. « **Les Madeleines** » (Alain Lubrano/Françoise Hardy-Alain Lubrano) – Réalisation : Alain Lubrano – CDS 4 digipacks de couleurs différentes Virgin 7243.8.954292.1 ; 7243.8.945322.5 ; 7243.8.945312.6 ; 17243.8.945302.7/CD *Le Danger* Virgin 7243.8.416612.0

396. « **Un peu d'eau** » (Jean-Noël Chaléat/Françoise Hardy) – Réalisation : Jean-Noël Chaléat et Alain Lubrano – CDS 4 digipacks de couleurs différentes Virgin 7243.8.954292.1 ; 7243.8.945322.5 ; 7243.8.945312.6 ; 17243.8.945302.7/CD *Le Danger* Virgin 7243.8.416612.0.

Reprise : Florence Chitacumbi (2006).

NB : Une seconde version de cette chanson est proposée sur CDS « Plus 2 Musique » (réf. : sa 3845) vendu avec le CD Le Danger, *en décembre 1996.*

397. « **Mode d'emploi ?** » (Alain Lubrano/Françoise Hardy) – Réalisation : Alain Lubrano – CD *Le Danger* Virgin 7243.8.416612.0.

Reprise : Michel Montecrossa (« User Instruction », en anglais, 2005).

398. « **La Beauté du diable** » (Rodolphe Burger/Françoise Hardy) – Réalisation : Rodolphe Burger – CD *Le Danger* Virgin 7243.8.416612.0.

Reprise : Michel Montecrossa (« The Beauty of the Devil », en anglais, 2005).

399. « **L'Obscur Objet** » (Alain Lubrano/Françoise Hardy) – Réalisation : Alain Lubrano et Rodolphe Burger – CD *Le Danger* Virgin 7243.8.416612.0.

400. « **Zéro partout** » (Jean-Noël Chaléat/Françoise Hardy) – Réalisation : Alain Lubrano – CD *Le Danger* Virgin 7243.8.416612.0.

Reprise : Michel Montecrossa (« Zero for All », en anglais, 2005).

401. « **Le Danger** » (Alain Lubrano/Françoise Hardy-Alain Lubrano) – Réalisation : Alain Lubrano – CD *Le Danger* Virgin 7243.8.416612.0.

402. « **Dix Heures en été** » (Rodolphe Burger/Françoise Hardy) – Réalisation : Rodolphe Burger – CD *Le Danger* Virgin 7243.8.416612.0.

Reprises : Rodolphe Burger (2013) ; Sanya Starr (2010).

403. « **Tout va bien** » (Alain Lubrano/Françoise Hardy) – Réalisation : Alain Lubrano et Rodolphe Burger – CD *Le Danger* Virgin 7243.8.416612.0.

404. « **Contre-jour** » (Rodolphe Burger/Françoise Hardy) – Réalisation : Rodolphe Burger – CD *Le Danger* Virgin 7243.8.416612.0.

405. « **Ici ou là ?** » (Alain Lubrano/Françoise Hardy) – Réalisation : Alain Lubrano et Rodolphe Burger – CD *Le Danger* Virgin 7243.8.416612.0.

406. « **À sa merci** » (Alain Lubrano/Françoise Hardy) – Réalisation : Alain Lubrano et Rodolphe Burger – CD *Le Danger* Virgin 7243.8.416612.0.

Reprise : Michel Montecrossa (« At Her Mercy », en anglais, 2005).

407. « **Regarde-toi** » (Jean-Noël Chaléat/Françoise Hardy) – Réalisation : Alain Lubrano – CD *Le Danger* Virgin 7243.8.416612.0.

Reprises : Michel Montecrossa (2002) ; Rubi (2008).

408. « **Solitude des latitudes** » (Gérard Manset) (1989) – CD *Route Manset* (collectif de 11 artistes) EMI Music 852469.2.

Créateur : Gérard Manset (1989).

1997

409. «**I'll Be Seeing You**» (avec Iggy Pop) (Irving Kahal/Sammy Fain) – Réalisation : Rodolphe Burger – CD collectif *Jazz à Saint-Germain* Virgin 7243-8-45288-2 -9.

Créatrice : Tamara Drasin (États-Unis, 1938 – de la comédie musicale *Right This Way*).

Reprises : Tommy Dorsey & His Orchestra with Frank Sinatra (1940) ; Dick Todd (1940) ; Ambrose & His Orchestra with Rita Marlowe (1944) ; Eddie Brunner and His Original Teddies & Billy Toffel (1944) ; Bing Crosby & John Scott Trotter and His Orchestra (1944) ; Billie Holiday with Eddie Heywood & His Orchestra (1944) ; Dinah Shore (1948) ; Mario Lanza (1952) ; Joni James (1953) ; Eve Boswell with The Reg Owen Orchestra (1956) ; Don Shirley (1958) ; Jo Stafford (1959) ; Frank Sinatra (1961) ; Tammy Grimes (1962) ; Johnny Hallyday (« Je te reverrai », en français, 1964) ; Dean Martin (1965) ; Johnny Tillotson (1965) ; Teresa Brewer (1966) ; Ray Charles (1967) ; Etta James (1984) ; Abbey Lincoln (*Live*, 1987) ; Rosemary Clooney (1991) ; Van Craven (1994) ; Michael Bublé (1996) ; Steve Tyrell (1999) ; Tim Seelig (2001) ; Rod Stewart (2002) ; Jools Holland & Blues Orchestra *feat.* Little Jimmy Scott (2003) ; The Blanks (2004) ; Chris Botti & Billy Childs (2005) ; Hansi Lang, Thomas Rabitsch & Wolfgang Schlögl (2005) ; Gladys Knight (2006) ; Boots Randolph (2007) ; Jon Rauhouse *feat.* Tommy Connell (instrumental, 2007) ; Chase Masterson (2008) ; Andrea Corr (2011) ; Tanja Siebert (2011).

NB : Françoise Hardy reprendra ce duo en 200 sur son album Clair-Obscur *(Virgin 7243.8.492032.6).*

1998

410. «**Quelqu'un qui m'ressemble**» (avec Sylvie Vartan et Étienne Daho) (Arnold Turboust/Étienne Daho) – CD *Irrésistiblement Sylvie* Polydor Universal Music 546.126-2.

Créateur : Étienne Daho (1986).

Reprise : Sylvie Vartan (1995).

411. «**Sa raison d'être**» (collectif) (Pascal Obispo/Lionel Florence) CDS promo VVR 5003903P/CD Ensemble V2 Sidaction VVR 1003892.

412. «**Jeanne**» (avec le groupe Air) (Jean-Benoît Dunckel-Nicolas Godin/Françoise Hardy) – CD 4 titres de Air, *Sexy Boy*, Virgin 7243.8.94802.2.1.

1999

413. «**War in France**» (choriste) (Perry Blake) – CD de Perry Blake, *Still Life*, Naïve NV3261-1.

2000

414. «**Puisque vous partez en voyage**» (avec Jacques Dutronc) (Mireille/Jean Nohain) – Réalisation : Jean-Pierre Sabar – 45 tours hors commerce Virgin 8449/CDS Virgin 24389.67642/CD *Clair-Obscur* Virgin 7243.8.492032.6.

Créateurs : Mireille et Jean Sablon (France 1935).

Reprises : Jean Sablon (1961) ; Mireille (1965) ; Micheline Presle & Daniel Gélin (1969) ; Caroline Cler & Christian Borel (1975) ; Georges Brassens (1980) ; Sarah Micheau (2004) ; Miss Dominique & Christophe Willem (TV, 2006) ; Nolwenn Leroy & François Morel (2007) ; Elsa Lunghini & Élie Semoun (2010) ; Maria Lavalle (2011) ; Nolwenn Leroy & Charles Aznavour (TV, 2013) ; Clara Bellar & Ivan Lins (2013) ; Jenifer & Emmanuel Moire (TV, 2013).

415. «**Tous mes souvenirs me tuent**» (Django Reinhardt-Stéphane Grappelli/Françoise Hardy) – Réalisation : Babik Reinhardt – CD *Clair-Obscur* Virgin 7243.8.492032.6.

Créateurs : Django Reinhardt («Tears», France 1937).

Reprise en VO instrumentale : Stéphane Grappelli (1979).

416. «**Celui que tu veux**» (avec Ol) (Olivier Ngog-Yonis Balmayer/Olivier Ngog) – Réalisation : Alain Lubrano – CD *Clair-Obscur* Virgin 7243.8.492032.6.

417. «**Clair-obscur**» (Khalil Chahine/Françoise Hardy) – Réalisation : Khalil Chahine – CD *Clair-Obscur* Virgin 7243.8.492032.6.

Créateur : Serge Ponsar (France 1990).

Reprises : Viktor Lazlo (1991, en français et en anglais : «Light and Dark») ; Khalil Chahine (instrumental, 1999) ; Rubi (2008).

418. «**Un homme est mort**» (José-Maria Cano/Françoise Hardy) – Réalisation : Jean-Pierre Sabar – CD *Clair-Obscur* Virgin 7243.8.492032.6.

Créateurs : Mecano («Otro Muerto», Espagne 1998).

419. «**Duck's Blues**» (Alain Lubrano/Françoise Hardy) – Réalisation : Alain Lubrano – CD *Clair-Obscur* Virgin 7243.8.492032.6.

Reprise : Rubi (2008).

420. «**La Pleine Lune**» (Alain Lubrano/Françoise Hardy) – Réalisation : Alain Lubrano – CDS Virgin 24389.67642/CD *Clair-Obscur* Virgin 7243.8.492032.6.

Créatrice : Jane Birkin (1998).

421. «**So Sad**» (avec Étienne Daho) (Don Everly) – Réalisation : Étienne Daho et Les Valentins – CD *Clair-Obscur* Virgin 7243.8.492032.6.

Créateurs : The Everly Brothers (États-Unis, 1960).

Reprises: Jack De Nijs (1960) ; Don Duke (1960) ; The Everly Brothers (« Buona Fortuna Amore Mio », en italien, 1965) ; Mike Warner & His New Stars (1965) ; Ronnie Bird (« Cette maudite solitude », en français, 1966) ; Les Nouveaux Baronets (« C'est triste », en français, 1966) ; Gene Clark/& Doug Dillard (1969) ; Brian Hyland (1969) ; Hank Williams Jr. (1970) ; Miki & Griff (1972) ; Peter & Freddy (1975) ; Connie Smith (1976) ; Don Everly (1977) ; Saskia & Serge (1977) ; Emmylou Harris (1982) ; Albert Lee (1982) ; Sweethearts of the Rodeo (1988) ; Tommy McLain (1989) ; SuperCountry (1990) ; Frank Ifield (1991) ; Larry John McNally & Jennifer Kimball (1993) ; Tracy Huang (1997) ; Mott The Hoople (1998) ; John Prine & Connie Smith (1999) ; Dudley Connell & Don Rigsby (2001) ; The Kentucky Headhunters (2005) ; Riem De Wolff (2005) ; Raul Malo (2006) ; Jeff Lynne (2012) ; Dawn McCarthy & Bonnie Prince Billy (2013).

NB : Étienne Daho réalisera un nouveau mix de ce duo en 2011.

422. « La Saison des pluies » (Christophe Rose/Françoise Hardy) – Réalisation : Dominique Blanc-Francard – CD *Clair-Obscur* Virgin 7243.8.492032.6.

NB : À l'origine, cette chanson avait été écrite pour Guesch Patti sous le titre « La Roue de la fortune » pour son album Blonde *en 1995, mais elle ne l'a pas enregistrée.*

423. « Contre vents et marées » (Eric Clapton/Françoise Hardy) – Réalisation : Michel Bernholc – CD *Clair-Obscur* Virgin 7243.8.492032.6.

Créateur : Eric Clapton (instrumental, « Theme From a Movie That Never Happened », 1998).

Reprise : Marie Carmen (2008).

424. « La Vérité des choses » (Alain Lubrano/Françoise Hardy) – Réalisation : Alain Lubrano – CD *Clair-Obscur* Virgin 7243.8.492032.6.

425. « Noël ensemble » (collectif) (Pascal Obispo/Lionel Florence-Patrice Guirao) – CDS V2 Music/ECS VVR 1003892.

426. « Le Fou de la reine » (avec Henri Salvador) (Henri Salvador/Françoise Hardy) – CD d'Henri Salvador, *Chambre avec vue*, Virgin 7243.8.502472.6.

NB : Une seconde version de cette chanson sera enregistrée pour l'album (Parenthèses) *en 2006.*

2001

427. « Chère amie (Toutes mes excuses) » (avec Marc Lavoine) (Fabrice Aboulker/Marc Lavoine) – CD de Marc Lavoine, *J'ai tout oublié*, Mercury Records-Universal 586.208-2.

Créateur : Marc Lavoine (1989).

Reprises : Florent Pagny (1999) ; Giovanni & Lionel (2002) ; Merwan Rim (2007) ; David Pascucci (2007) ; Cyril Mokaiesh (2011).

2004

428. «**Tant de belles choses**» (Pascale Daniel-Alain Lubrano/Françoise Hardy) – Réalisation: Erick Benzi – CD *Tant de belles choses* Virgin-EMI 473.23.52.2.

Reprises: Benjamin Biolay (*Live*, 2005); Michel Montecrossa («There's So Much Beauty», en anglais, 2005); Pluriel (2005); Alice («Tante belle cose», en italien, 2014).

NB: Une seconde version, réalisée par Alain Lubrano, est proposée en titre caché sur le même CD.

429. «**À l'ombre de la lune**» (Benjamin Biolay) – Réalisation: Thomas Dutronc et Dominique Blanc-Francard – CD *Tant de belles choses* Virgin-EMI 473.23.52.2.

430. «**Jardinier bénévole**» (Alain Lubrano/Françoise Hardy) – Réalisation: Alain Lubrano – CD *Tant de belles choses* Virgin-EMI 473.23.52.2.

431. «**Moments**» (Perry Blake-Marco Sabiu/Perry Blake) – Réalisation: Perry Blake et Marco Sabiu – CD *Tant de belles choses* Virgin-EMI 473.23.52.2.

Reprise: Michel Montecrossa (2005).

432. «**Soir de gala**» (Thierry Stremler/Françoise Hardy) – Réalisation: Thomas Dutronc et Dominique Blanc-Francard – CD *Tant de belles choses* Virgin-EMI 473.23.52.2.

433. «**Sur quel volcan?**» (Pascale Daniel/Françoise Hardy-Pascale Daniel) – Réalisation: Alain Lubrano – CD *Tant de belles choses* Virgin-EMI 473.23.52.2.

434. «**So Many Things**» (Perry Blake-Marco Sabiu/Perry Blake) – Réalisation: Perry Blake et Marco Sabiu – CD *Tant de belles choses* Virgin-EMI 473.23.52.2.

Reprise: Perry Blake (2011).

435. «**Grand Hôtel**» (Thierry Stremler/Françoise Hardy) – Réalisation: Thomas Dutronc et Dominique Blanc-Francard – CD *Tant de belles choses* Virgin-EMI 473.23.52.2.

436. «**La Folie ordinaire**» (Ben Christophers/Françoise Hardy) – Réalisation: Thomas Dutronc et Dominique Blanc-Francard – CD *Tant de belles choses* Virgin-EMI 473.23.52.2.

437. «**Un air de guitare**» (Jacno/Françoise Hardy) – Réalisation: Jacno – CD *Tant de belles choses* Virgin-EMI 473.23.52.2.

Créateur: Jacno (instrumental «Lulu», 2002).

438. «**Tard dans la nuit...**» (Alain Lubrano-Pascale Daniel/Françoise Hardy) – Réalisation: Alain Lubrano – CD *Tant de belles choses* Virgin-EMI 473.23.52.2.

439. «**Côté jardin, Côté cour**» (Alain Lubrano/Françoise Hardy) – Réalisation: Alain Lubrano – CD *Tant de belles choses* Virgin-EMI 473.23.52.2.

440. «**Surannée**» (avec Jane Birkin) (Benjamin Biolay/Keren Ann Zeidel-Benjamin Biolay) – CD de Jane Birkin, *Rendez-vous*, Capitol-EMI 072435987592.7.

Créatrice: Keren Ann (2002).

Reprise: Keren Ann («Seventeen», en anglais, 2003).

2005

441. «**Adieu triste amour**» (avec Benjamin Biolay) (Benjamin Biolay) – CD de Benjamin Biolay, *À l'origine*, Virgin-EMI 7243.8.73621.2.3.

442. «**Mon amour m'a baisé**» (voix parlée) (avec Benjamin Biolay) (Benjamin Biolay) – CD de Benjamin Biolay, *À l'origine*, Virgin-EMI 7243.8.73621.2.3.

2006

443. «**Que reste-t-il de nos amours?**» (avec Alain Bashung) (Charles Trenet-Léo Chauliac/Charles Trenet) – Réalisation: Rodolphe Burger – CD *(Parenthèses)* Virgin-EMI 0946.3.504022.7.

Créateur: Charles Trenet (1942) – les reprises sont innombrables, en français et dans plusieurs langues étrangères.

444. «**Modern Style**» (avec Alain Delon) (Jean Bart) – Réalisation: Rodolphe Burger – CD *(Parenthèses)* Virgin-EMI 0946.3.504022.7.

Créateur: Jean Bart (1995).

445. «**Amour, toujours, tendresse, caresse**» (avec Jacques Dutronc) (Jacques Dutronc/Jacques Lanzmann) – Réalisation: Thomas Dutronc et Dominique Blanc-Francard – CD *(Parenthèses)* Virgin-EMI 0946.3.504022.7.

Créateur: Jacques Dutronc (1968).

BO Film: Sightseers (Touristes!) de Ben Wheatley (Grande-Bretagne, 2011).

446. «**My Beautiful Demon**» (avec Ben Christophers) (Ben Christophers) – Réalisation: Erick Benzi – CD *(Parenthèses)* Virgin-EMI 0946.3.504022.7.

Créateur: Ben Christophers (1999).

447. «**Cet enfant que je t'avais fait**» (avec Rodophe Burger) (Jacques Higelin/Brigitte Fontaine) – Réalisation: Rodolphe Burger – CD *(Parenthèses)* Virgin-EMI 0946.3.504022.7.

Créateurs: Brigitte Fontaine & Jacques Higelin (1967).

Reprises: Camille & Jacques Higelin (2014); Alone and Me & Franco Mannara (2015); Camélia Jordana & Raphaële Lannadère (2015); Sylvie Cernesse et Jean-Marc Dos Santos (2016).

448. «**Les Sédiments...**» (avec Arthur H) (Alain Lubrano) – Réalisation: Alain Lubrano – CD *(Parenthèses)* Virgin-EMI 0946.3.504022.7.

449. «**La Rue du Babouin**» (avec Maurane) (Michel Fugain/Françoise Hardy) – Réalisation : Khalil Chahine – CD *(Parenthèses)* Virgin-EMI 0946.3.504022.7.

Reprise : Michel Fugain (2007).

450. «**La Valse des regrets**» (avec Hélène Grimaud au piano) (Johannes Brahms/Louis Poterat) – CD *(Parenthèses)* Virgin-EMI 0946.3.504022.7.

Créateur : Georges Guétary («Valse des regrets», 1943), d'après la *Valse n° 15 en* la *bémol majeur*, opus 39, de Johannes Brahms (1874).

Reprises : Georges Guétary (en grec, 1959) ; Tribute Masters (2011).

451. «**Des lendemains qui chantent**» (avec Benjamin Biolay) (Benjamin Biolay) – Réalisation : Benjamin Biolay et Dominique Blanc-Francard – CD *(Parenthèses)* Virgin-EMI 0946.3.504022.7.

Créateur : Benjamin Biolay (2003).

452. «**Requiem for a Jerk**» (avec Faultline et Brian Molko) (Serge Gainsbourg-Michel Colombier/Serge Gainsbourg) – CD *Monsieur Gainsbourg Revisited* Barclay-Universal 983.710-9.

Créateur : Serge Gainsbourg («Requiem pour un con», 1968).

Reprises de la VO : Oberkampf (1983) ; Lili White (1990) ; F.F.F. (1991) ; United Future Organization (1992) ; INRI (1993) ; AC/DIC (1994) ; Rico («On s'la donne», sample, 1996) ; Mick Harvey (en anglais, 1997) ; Marie-Chantal Toupin (1997) ; Franz Treichler (1997) ; Epo (en japonais, 1998) ; L'Affaire Louis Trio (1998) ; Rachid (1998) ; Nicolas Repac (1998) ; Bill Wells Octet (1998) ; Général Alcazar (1999) ; Florent Pagny (1999) ; Bérangère Basty (2000) ; Doudou Masta (2000) ; Christophe Miossec (2000) ; Bunbury (en espagnol, 2001) ; Pierre-Alain Goualch (2001) ; Vanessa Paradis (*Live*, 2001) ; Zazie (2001) ; The Orb (2002) ; The Eclectics (2005) ; Stomy Bugsy & Les Tambours du Bronx (TV, 2006) ; Disiz La Peste (2006) ; The Loser's Lounge (2006) ; Pascal Rault (2006) ; Sol Air Missile (2006) ; Jean-Louis Aubert (*Live*, 2007) ; Dismensionel (2007) ; Olivia Ruiz (2007) ; Reggie Washington (2007) ; Rodolphe Burger & Metor Band, avec Daniel Darc et Jacques Higelin (2008) ; Florence Davis (2008) ; Laurence Revey (2008) ; White Hinterland (2008) ; Bad Lovers & Hysteria Iberika (2009) ; Soan (TV, 2009) ; Martin Solveig (2009) ; Yaso (2009) ; Jacques Higelin & Julia Stone (TV, 2010) ; Manu Godjia Trio (2010).

2007

453. «**Aux fenêtres de ma vie**» (avec Yves Simon) (Yves Simon) – CD d'Yves Simon, *Rumeurs*, Barclay-Universal 530.531-1.

2010

454. «**Noir sur blanc**» (Calogero-Gioacchino Maurici/Françoise Hardy-Patrick Loiseau) – Réalisation: Calogero et Dominique Blanc-Francard – CD *La Pluie sans parapluie* Virgin-EMI 5099962764322.

Reprise: Tribute Masters (2011).

455. «**Mieux le connaître**» (Thierry Stremler/Françoise Hardy) – Réalisation: Thierry Stremler – CD *La Pluie sans parapluie* Virgin-EMI 5099962764322.

456. «**Champ d'honneur**» (Alain Lubrano/Françoise Hardy) – Réalisation: Alain Lubrano – CD *La Pluie sans parapluie* Virgin-EMI 5099962764322.

457. «**La Pluie sans parapluie**» (Fouxi/Françoise Hardy-Fouxi) – Réalisation: Alain Lubrano – CD *La Pluie sans parapluie* Virgin-EMI 5099962764322.

Créatrice: Fouxi (2009).

NB: Il existe une version courte de ce titre éditée pour la radio sur CDS Virgin-EMI.

458. «**Les Pas**» (Alain Lubrano/Françoise Hardy) – Réalisation: Alain Lubrano – CD *La Pluie sans parapluie* Virgin-EMI 5099962764322.

459. «**Le Temps de l'innocence**» (Alain Lubrano/Françoise Hardy) – Réalisation: Alain Lubrano – CD *La Pluie sans parapluie* Virgin-EMI 5099962764322.

NB: Le titre de cette chanson est emprunté au roman d'Edith Wharton, The Age of Innocence *(Prix Pulitzer 1921).*

460. «**Je ne vous aime pas**» (en hommage à Danielle Darrieux) (Alain Lubrano/Françoise Hardy) – Réalisation: Alain Lubrano – CD *La Pluie sans parapluie* Virgin-EMI 5099962764322.

461. «**Esquives**» (Ben Christophers/Françoise Hardy) – Réalisation: Khalil Chahine – CD *La Pluie sans parapluie* Virgin-EMI 5099962764322.

462. «**Mister**» (La Grande Sophie) – Réalisation: Édith Fambuana et Marcello Giuliani – CD *La Pluie sans parapluie* Virgin-EMI 5099962764322.

Reprise: La Grande Sophie (2010).

463. «**Memory Divine**» (Jean-Louis Bergheaud *alias* Jean-Louis Murat) – Réalisation: Jean-Louis Murat – CD *La Pluie sans parapluie* Virgin-EMI 5099962764322.

Reprise: Jean-Louis Murat (2010).

464. «**Un cœur éclaté**» (en hommage à Rosamond Lehmann) (Pascale Daniel/Françoise Hardy) – Réalisation: Alain Lubrano – CD *La Pluie sans parapluie* Virgin-EMI 5099962764322.

465. «**L'Autre côté du ciel**» (Pascale Daniel/Françoise Hardy) – Réalisation: Alain Lubrano, Marcello Giuliani et Peter Van Poehl – CD *La Pluie sans parapluie* Virgin-EMI 5099962764322.

Créatrice: Pascale Daniel («La Mitad Del Cielo», en italien, 2009).

466. «**Les mots s'envolent**» (Arthur H) – Réalisation: Édith Fambuena et Bénédicte Schmitt – CD *La Pluie sans parapluie* Virgin-EMI 5099962764322.

467. «**Sur un fil**» (avec Sylvie Vartan) (Eddie Vartan/Jean Renard) – CD bonus du coffret collector de Sylvie Vartan, *Soleil bleu*, RCA Victor International B0045EH4GK.

Créatrice: Sylvie Vartan (1968).

2011

468. «**B.B. Baleine**» (avec Julien Doré) (Julien Doré) – Réalisation: Renaud Letang – CD de Julien Doré, *Bichon*, Columbia-Sony Music 886978-59262.

469. «**J'entends siffler le train**» (avec Hugues Aufray) (Hedi West/ Jacques Plante) – CD d'Hugues Aufray, *Troubador Since 1948*, Mercury-Universal 278 488-1.

Créateurs: The Journeymen («500 Miles Away from Home», 1961).

Autres interprètes en VF: Les Ambassadors (1962); Richard Anthony (1962); Hugues Aufray (1962); Didier Bolan (1962); Charlie Level (1962); Guy Criaki (1986); Xavier Anthony (1988); Franco Battatio (2000).

470. «**Il n'y a pas de honte à être heureux**» (avec Dave) (Cyril Assous/Patrick Loiseau) – CD de Dave, *Blue-Eyed Soul!*, 323 Records 83.45122802.

Créateur: Dave (1975).

2012

471. «**L'Amour fou**» (Thierry Stremler/Françoise Hardy) – Réalisation: Thierry Stremler – CD *L'Amour fou* Virgin-EMI 5099997278726.

472. «**Les Fous de Bassan**» (Pascal Colomb/Françoise Hardy) – Réalisation: Pascal Colomb – CD *L'Amour fou* Virgin-EMI 5099997278726.

473. «**Mal au cœur**» (Thierry Stremler/Françoise Hardy) – Réalisation: Thierry Stremler – CD *L'Amour fou* Virgin-EMI 5099997278726.

474. «**Si vous n'avez rien à me dire...**» (Bertrand Pierre/Victor Hugo) – Réalisation: Pascal Colomb – CD *L'Amour fou* Virgin-EMI 5099997278726.

Créateur: Bertrand Pierre (2008).

NB: Ce poème de Victor Hugo est issu du recueil de poésies Les Contemplations.

475. «**Normandia**» (Julien Doré) – Réalisation: Julien Doré et Bénédicte Schmitt – CD *L'Amour fou* Virgin-EMI 5099997278726.

476. «**Piano-bar**» (Alain Lanty/Françoise Hardy) – Réalisation : Alain Lanty – CD *L'Amour fou* Virgin-EMI 5099997278726.

477. «**Pourquoi vous ?**» (Calogero/Françoise Hardy) – Réalisation : Calogero et Dominique Blanc-Francard – CD *L'Amour fou* Virgin-EMI 5099997278726.

478. «**Soies et fourrures**» (Thierry Stremler/Françoise Hardy) – Réalisation : Thierry Stremler – CD *L'Amour fou* Virgin-EMI 5099997278726.

479. «**L'Enfer et le Paradis**» (Benoît Carré/Benoît Carré-Françoise Hardy) – Réalisation : Erick Benzi – CD *L'Amour fou* Virgin-EMI 5099997278726.

480. «**Rendez-vous dans une autre vie**» (François Maurin/Françoise Hardy) – Réalisation : François Maurin et Dominique Blanc-Francard – CD *L'Amour fou* Virgin-EMI 5099997278726.

2014

481. «**Seras-tu là ?**» (avec Julien Clerc) (Michel Berger) – 2 CD *Kiss & Love – 20 Duos pour les 20 ans du Sidaction* – Warner Music France 5054196325725.

Créateur : Michel Berger (1975).

Reprises : Michel Berger & Jean-Jacques Goldman (TV, 1985) ; Véronique Sanson (*Live*, 2000) ; Sylvie Vartan & David Hallyday (2002) ; Emmanuelle Béart (2009) ; Les Enfoirés (2014) ; Fabien Castet (2016) ; Renaud Hantson (*Live*, 2016) ; David Hallyday (TV, 2017) ; Louane (TV, 2017).

N.B. : En 2018, Françoise Hardy reprendra « Seras-tu là ? » en solo dans son album *Personne d'autre* (réalisation : Erik Benzi).

2016

482. «**True Love Ways**» (Norman Petty/Buddy Holly) – CD collectif *It's A Teenager Dream*, par Dominique Blanc-Francard, Parlophone 0190295975784.

Créateur : Buddy Holly (1958).

2018

483. «**À cache-cache**» (Erik Benzi/Françoise Hardy) – Réalisation : Erik Benzi – CD *Personne d'autre* Parlophone 0190295680176.

484. «**Dors mon ange**» (Marko Saaresto - Markus Kaarlonen – Olli Tukiainen/Françoise Hardy) – Réalisation : Erik Benzi – CD *Personne d'autre* Parlophone 0190295680176.

Créateurs : Poets of the Fall (« Sleep », 2005).

485. «**Personne d'autre**» (Françoise Hardy/Pascale Daniel) – Réalisation : Erik Benzi – CD *Personne d'autre* Parlophone 0190295680176.

486. «**Un seul geste**» (Erik Benzi/Françoise Hardy) – Réalisation : Erik Benzi – CD *Personne d'autre* Parlophone 0190295680176.

487. «**You're My Home**» (David Donatien/Yael Naim) – Réalisation : Erik Benzi – CD *Personne d'autre* Parlophone 0190295680176.

488. «**Quel dommage**» (Françoise Hardy/Maissiat) – Réalisation : Erik Benzi – CD *Personne d'autre* Parlophone 0190295680176.

489. «**Train spécial**» (Erik Benzi/Françoise Hardy) – Réalisation : Erik Benzi – CD *Personne d'autre* Parlophone 0190295680176.

490. «**Brumes**» (Erik Benzi/Françoise Hardy) – Réalisation : Erik Benzi – CD *Personne d'autre* Parlophone 0190295680176.

491. «**Trois petits tours**» (Françoise Hardy/Thierry Stremler) – Réalisation : Thierry Stremler et Pascal Colomb – CD *Personne d'autre* Parlophone 0190295680176.

492. «**Le Large**» (La Grande Sophie) – Réalisation : La Grande Sophie – CD *Personne d'autre* Parlophone 0190295680176.

493. «**Un mal qui fait du bien**» (Françoise Hardy/Thierry Stremler) – Réalisation : Thierry Stremler et Pascal Colomb – CD *Personne d'autre* Parlophone 0190295680176.

CHANSONS ÉCRITES PAR FRANÇOISE HARDY POUR D'AUTRES INTERPRÈTES

1963

Doug Shelton, «Personne ne peut la faire sourire» («No One Can Make My Sunshine Smile») (Gerry Goffin-Jack Keller/Françoise Hardy) – 45 tours EP Decca Records 454.098.

1964

Éric Périer, «C'n'est pas un drame» («I Did My Part») (Naomi Neville/Françoise Hardy) – 45 tours EP Pathé EG 724.

197

Marianne, «Dans la chambre où tu t'endors» («Maria do Futuro») (Taiguera/Michel Renard-Françoise Hardy) – 45 tours SP Barclay 61.597.

1985

Jacno, «Tant de baisers perdus» (Jacno/Françoise Hardy) – 45 tours SP CBS A 6037.

1986

Diane Tell, « Faire à nouveau connaissance » (Diane Tell/Françoise Hardy).

(Prix Les Classiques de la Sogan, au 16e Gala de la Société canadienne des auteurs, compositeurs et éditeurs de musique, à Montréal, en 2005.)

Reprise : Emma Solal (2017).

Diane Tell, « L'Âge bête » (Diane Tell/Françoise Hardy),

Diane Tell, « Paradis d'espace » (Diane Tell/Françoise Hardy),

33 tours LP *Faire à nouveau connaissance*, France EMI/Pathé Marconi 240 550-1.

1987

Julien Clerc, « Mon ange » (Jean Roussel/Françoise Hardy),

Julien Clerc, « Pour qui tu t'prends » (Julien Clerc-Matt Clifford/Françoise Hardy),

33 tours LP *Les Aventures à l'eau*, Virgin 7088/CD Virgin 877872.

Julien Clerc, « Appel urgent » (Jean Roussel-Julien Clerc/Françoise Hardy).

Uniquement sur le CD Virgin 877872.

1988

Jacno, « Tout m'fout en rogne (Négatif) » (Jacno/Françoise Hardy),

33 tours LP + CD *T'es loin, T'es près* Barclay 837 905.

1989

Jean-Pierre Mader, « En résumé... en conclusion » (Jean-Noël Chaléat/Françoise Hardy),

33 tours LP + CD *Midi à minuit* Polydor 841 175/Polydor 80101142.

NB : Existe en deux versions, single + album.

1990

Julien Clerc, « Fais-moi une place » (Julien Clerc/Françoise Hardy) *(Victoire de la musique 1991 : chanson originale de l'année)*,

33 tours LP + CD *Fais-moi une place* Virgin 70725/Virgin 30725.

1991

Viktor Lazlo, « Clair-obscur » (Khalil Chahine/Françoise Hardy),

33 tours LP + CD *Mes poisons délicieux* Polydor 849 565.

Patrick Juvet, « Solitudes » (Patrick Juvet/Françoise Hardy),

33 tours LP + CD *Solitudes*, Baxter Music/PolyGram 191.020.

NB : Existe en version longue dance remix (Maxi 45 tours Baxter Music 190.061-1).

1992

Alain Lubrano, « La Fuite en avant »,
Alain Lubrano, « Baby Doll »,
Alain Lubrano, « L'Étoile »,
Alain Lubrano, « Dormir debout »,
Alain Lubrano, « Comment savoir ? »,
Alain Lubrano, « Parallèle »,
Alain Lubrano, « Eaux troubles »,
Alain Lubrano, « La Situation » –
(Alain Lubrano/Françoise Hardy)
CD *Eaux troubles*, Flarenasch (181602).

1995

Guesch Patti, « Un peu... beaucoup » (Franck Langolff/Françoise Hardy),
CD *Blonde*, XIII Bis Records/Arcade Music 5549-01844-2.

1997

Ana Torroja, « Les Murs » (« A contratiempo ») (Bonnie Hayes/Françoise Hardy),
CD *Points cardinaux*, BMG France/Ariola (7-43215-30122-6).

1998

Jane Birkin, « La Pleine Lune » (Alain Lubrano/Françoise Hardy),
CD *À la légère...*, Philips/Mercury 546.322-2.

2000

Henri Salvador (avec Françoise Hardy), « Le Fou de la Reine » (Henri Salvador/Françoise Hardy),
CD *Chambre avec vue*, Source/Virgin 7243-8-502472-6.
X-Ray Pop, « J'applaudirai » (Doc Pilot/Françoise Hardy),
CD *Absolutely Nice*, EastWest/Warner Music 857382721-2.

2002

Calogero, « Une dernière chance » (Calogero/Françoise Hardy),
CD *Calogero*, Mercury/Universal Music 44506-50562-4).

2007

Michel Fugain, « La Rue du Babouin » (Michel Fugain/Françoise Hardy),
CD *Bravo et merci*, Shokaway/Capitol/EMI (0-94637-92142-5).

2010

Mercedes Audras, « Yeux d'enfant » (Françoise Hardy/Version arrangée par Henri Graetz et Mercedes Audras).

(Chanson enregistrée au début des années 1970 par Françoise Hardy, sous le titre « Des yeux d'enfant » ; elle a été éditée dans un album de compilation destiné exclusivement au marché allemand : LP L'Heure bleue, Philips 6305.007, 1970.)

CD *10 000 km*, Popart Music/Sony BMG 7955052.

FILMOGRAPHIE

1963

Château en Suède

Film franco-italien de Roger Vadim, d'après la pièce de théâtre de Françoise Sagan.

Avec: Jean-Claude Brialy (Sébastien), Suzanne Flon (Agathe), Curd Jürgens (Hugo Falsen), Jean-Louis Trintignant (Éric), Monica Vitti (Éléonore), Françoise Hardy (Ophélie).

1965

What's New Pussycat? (Quoi de neuf, Pussycat ?)

Film américain de Clive Donner.

Avec: Peter O'Toole (Michael James), Romy Schneider (Carole Werner), Woody Allen (Victor Shakapopulis), Peter Sellers (Dr. Fritz Fassbender)... et Françoise Hardy, non créditée au générique (la secrétaire de mairie dans la scène finale, apparition).

Une balle au cœur

Film franco-grec de Jean-Daniel Pollet.

Avec: Sami Frey (Francesco), Françoise Hardy (Anna), Jenny Karézi (Carla)...

1966

Grand Prix

Film américain de John Frankenheimer.

Avec: James Garner (Pete Aron), Eva Marie Saint (Louise Frederickson), Yves Montand (Jean-Pierre Sarti), Antonio Sabato (Nino Barlini), Françoise Hardy (Lisa).

Masculin Féminin

Film français de Jean-Luc Godard.

Avec : Chantal Goya (Madeleine Zimmer), Jean-Pierre Léaud (Paul), Marlène Jobert (Élisabeth)...et Françoise Hardy, non créditée au générique (la compagne de l'officier américain, apparition).

1972
Les Colombes
Film québécois de Jean-Claude Lord.

Avec : Jean Besré (Julien Ferland), Lise Thouin (Josianne Boucher), Jean Duceppe (L'oncle Albert), Paul Berval (Philippe), Jean Coutu (M. Ferland), Françoise Hardy (la jeune hippie).

1976
Si c'était à refaire
Film français de Claude Lelouch.

Avec : Anouk Aimée (Sarah Gordon), Catherine Deneuve (Catherine Berger), Charles Denner (l'avocat)... et Françoise Hardy (qui chante « Femme parmi les femmes », apparition).

BIBLIOGRAPHIE

OUVRAGES PUBLIÉS PAR FRANÇOISE HARDY

Chansons sur toi et nous, Éditions des Équateurs, 2021.
Un cadeau du ciel…, Éditions des Équateurs, 2016.
Avis non autorisés , Éditions des Équateurs, 2015.
L'Amour fou, Albin Michel, 2012.
Le Désespoir des singes et autres bagatelles, Robert Laffont, 2008.
Les Rythmes du zodiaque, Le Cherche Midi, 2003.
L'Astrologie universelle, Albin Michel, 1990.
Entre les lignes, Entre les signes, avec Anne-Marie Simond, Éditions RMC/Flammarion, 1986.
Le Grand Livre de la Vierge, avec Béatrice Guénin, Tchou, 1979.
Je chante donc je suis, autobiographie de Françoise Hardy recueillie par Claude Dufresne, collection « Voici ceux dont on parle », Union générale d'éditions, 1964.

BIOGRAPHIES ET ESSAIS D'AUTEURS DIVERS

Daniel Lesueur, *Françoise Hardy, Catch a Rising Star*, Camion Blanc, 2016.
Pierre Mikaïloff, *Françoise Hardy, Tant de belles choses*, Alphée, 2008 ; Carpentier, 2015.
Michel Aroumi, *Françoise Hardy, Pour un public majeur*, Éditions Orizons, 2012.
Yann Plougastel, *Hardy-Dutronc*, Biographie, Flammarion, 2004.
Gilles Verlant, *Françoise Hardy, Ma vie intérieure*, Albin Michel, 2002.

Éric Dumont, *Françoise Hardy, Notes secrètes*, Albin Michel, 1991.
Étienne Daho et Jérôme Soligny, *Françoise Hardy, Superstar et ermite*, Jacques Grancher, 1986.

ALBUMS DE PHOTOS

Jean-Marie Périer, *Françoise*, Éditions du Chêne, 2011.
Catherine Rotulo, *Françoise Hardy, Ses plus belles années*, La Martinière, 2007.

SITES INTERNET

Site officiel :
http://www.francoise-hardy.com/

Autres sites, blogs et forums :
http://www.mon-amie-hardy-rose.com/
http://totally-hardy.ober-blog.com/
http://erikdoorme.be/
http://www.geroki.de/index.htm
http://www.fhardy.de/index.html
http://www.all-over-the-world.com/Francoise-Hardy/index.shtml
http://www.musica-la-vita.com/index.htm

TABLE

REMERCIEMENTS

J'adresse toute ma gratitude à Françoise Hardy, pour le temps qu'elle m'a généreusement accordé et pour nos sympathiques échanges par courriels. La crise sanitaire a empêché une véritable rencontre, et je le regrette.

Je remercie chaleureusement toutes les personnes qui m'ont aidé dans la réalisation de cet ouvrage, en particulier : Ermes Alesi, Charles Benarroch, Frank Eulry, Marie-Françoise Hendrickx, Marie-Hélène Jarno-Taphorel, Hadi Kalafate, René Koering, Jean-Marie Périer, Colette Piette, Jean-Max Rivière et Zouzou pour leurs précieux témoignages.

Merci à Erik Doorme pour tous les documents généreusement partagés sur Internet et pour nos échanges par mail, ses précisions, ses corrections sur des événements concernant la carrière de Françoise Hardy.

Merci également à Félix Kirié pour ses encouragements, ainsi qu'à tous les fans qui communiquent autour de Françoise Hardy. Leur aide n'a pas été négligeable dans la réalisation de ce livre.

Merci à Bruno Chevillard, Éric Goossens, Frank Michon pour les traductions d'articles anglais ; Ann-Katrin von Linstow pour la traduction d'un article allemand.

Merci à mes fidèles lecteurs et amis qui, quoi que j'écrive, me soutiennent et m'encouragent à la persévérance…

Merci à ma famille.

Merci enfin à mon éditeur pour sa confiance renouvelée, ainsi qu'à Pauline Lépinay et à toute l'équipe de l'Archipel.

À mon père…

DU MÊME AUTEUR
CHEZ LE MÊME ÉDITEUR

JANE BIRKIN

Scandaleuse à ses débuts sur grand écran dans *Blow Up* d'Antonioni, puis murmurante en muse de Gainsbourg dont elle restera l'héritière et la meilleure interprète, Jane Birkin, « ex-fan des sixties », a su se faire une place dans le paysage de la chanson française.

Sur scène, tour à tour grave et légère, émouvante et joyeuse, prompte à plaisanter, elle ressuscite ses amours. Elle chante, danse, tournoie dans sa robe rouge comme un oiseau frêle prêt à s'envoler.

Avec sa légèreté et sa fantaisie *so british*, elle trace son chemin, enchaînant dans les années 1980 des collaborations au cinéma, avec Jacques Doillon ou Jacques Rivette et au théâtre avec Patrice Chéreau.

Depuis 1991, année de la disparition de Serge à qui elle ne cessera de rendre hommage, « Jane B. » reste sur le devant de la scène, pour la musique comme pour les combats qu'elle mène à travers le monde. Avec cette flamme qui, malgré les épreuves, ne s'est jamais éteinte.

ISBN 978-2-8098-1803-1 / 20 €

SERGE LAMA
La rage de vivre

Il y eut d'abord la volonté de réussir là où son père avait échoué pour l'amour d'une femme, sa mère, volonté nourrie à la fois par la passion de la chanson et un désir de vengeance personnelle.

Serge Lama avait foulé ses premières scènes porté par une ambition arrogante. Prêt à tout dévorer. Un accident de voiture a brisé net cet élan. Un signe, sans doute, pour un homme qui croit au destin. On ne sort pas indemne d'une tragédie. De la sienne, Lama sort physiquement et moralement brisé.

À vingt-deux ans, il vient de perdre son premier grand amour et, le cœur et le corps boitant, s'apprête à conquérir le public. L'esprit serein, une fois le chagrin bu. Avec une rage de vivre supplémentaire. Une autorité nouvelle. Mais une sensibilité affirmée. Plus ouvert aux autres, plus humain. Donc prêt à être aimé.

« D'aventures en aventures », Serge Lama a tracé son chemin, entre gravité et humour, avec un appétit de vivre qui force l'admiration. Fort de 55 ans de carrière, 22 albums studio et 9 albums live, il est l'un de nos chanteurs les plus populaires.

Cette biographie documentée, riche d'une vingtaine d'entretiens avec ses proches, revient en détails sur la carrière de cet artiste généreux.

ISBN 978-2-8098-4050-6 / 20 €

PATRICK BRUEL
AU FIL DES MOTS
Abécédaire

Déjà quarante années de carrière pour l'idole de toute une génération ! Cet album rassemble, en quelque 90 entrées alphabétiques, tout Patrick Bruel : des confidences faites par l'artiste, des anecdotes inconnues et révélatrices, des souvenirs, des photos parfois inédites, souvent étonnantes.

Frédéric Quinonéro explore les vies multiples de l'artiste (chanteur, acteur, comédien), ses coups de cœur, ses tubes comme ses passions (le poker, l'opéra, le football ou… l'huile d'olive !).

D'*Acteur* à *Zénith*, en passant par *Enfoirés*, *Musette* ou encore *(Le) Prénom*, film pour lequel il reçut un César du meilleur acteur, tout Bruel est rassemblé dans cet album.

ISBN 978-2-8098-4456-6 / 24,95 €

JACQUES DUTRONC L'INSOLENT

« L'insolence cache beaucoup de choses,
elle cache l'essentiel. »

Artiste inclassable et insaisissable, roi du canular, Jacques Dutronc a tracé son chemin à l'intuition, sans chercher à faire carrière. D'abord guitariste, il aborde la chanson (« un métier d'escroc ») par un curieux hasard. Dans les *mid-sixties*, ses succès, écrits à quatre mains avec son « meilleur ennemi » Jacques Lanzmann (« Et moi, et moi, et moi », « Les Cactus », « Les Playboys »), pointent déjà les dérives de la société de consommation, avec un sens de la formule qui fait mouche.

Au cinéma, ce faux désinvolte a fait preuve d'une rare exigence et tourné avec les plus grands, de Zulawski à Pialat (il obtint le César du meilleur acteur pour Van Gogh en 1992), en passant par Lelouch, Deville, Godard ou Chabrol.

En duo avec son fils Thomas, il a accepté de participer à une tournée exceptionnelle d'avril 2022 à février 2023, immortalisée par un album studio. Un baroud d'honneur ?

Nourrie des témoignages de Françoise Hardy et d'amis intimes, tels Jean-Marie Périer ou Hadi Kalafate, cette biographie dévoile, derrière l'humour et l'insolence, la part la plus sensible de Jacques Dutronc.

Archipoche – ISBN 979-1-0392-0222-0 / 9,50 €

Cet ouvrage a été composé
Par Atlant'Communication au Bernard (Vendée)

Impression réalisée par
CPI France
en juin 2024
pour le compte des Éditions de l'Archipel
département éditorial
de la S.A.S. Écriture-Communication.

#lisez! engagé
www.lisez.com
Pour plus d'information :
Imprimé sur du papier issu de forêts gérées durablement.

Imprimé en France
Rang de tirage : 01
N° d'impression : 3051619
Dépôt légal : juillet 2024